Annual Report on International Arbitration of
Intellectual Property Rights in China

中国国际知识产权仲裁年度报告(2023)

中国国际经济贸易仲裁委员会　主编

中国法制出版社
CHINA LEGAL PUBLISHING HOUSE

编辑委员会

编委会

王承杰　中国国际经济贸易仲裁委员会副主任兼秘书长

王正志　中华全国律师协会常务理事兼知识产权专业委员会主任、高文律师事务所主任

杨　明　北京大学知识产权学院常务副院长

杨　帆　中国国际经济贸易仲裁委员会知识产权争议解决处处长

沙仁高娃　高文律师事务所合伙人

马　畅　高文律师事务所律师

曹芸芹　中国国际经济贸易仲裁委员会知识产权争议解决处职员

主　笔（以姓氏笔画为序）

于泳璐　丹树辰洋律师事务所律师

马　畅　高文律师事务所律师

马翔翔　安杰世泽律师事务所合伙人

王文田　广东心怡律师事务所合伙人

王正志　中华全国律师协会常务理事兼知识产权专业委员会主任、高文律师事务所主任

王闻君　高文律师事务所律师

左轩宇　安徽大学法学学士

卢杰锋　对外经济贸易大学副教授

兰　鹏　浩天律师事务所合伙人

邢贺通　中国政法大学民商经济法学院博士研究生

苏志甫　汇仲律师事务所高级顾问

李亚楠　高文律师事务所律师

李静传　泰和泰律师事务所合伙人

杨　明　北京大学知识产权学院常务副院长

沙仁高娃　高文律师事务所合伙人

张荣康　泰和泰律师事务所律师

邵　伟　永新智财律师事务所主任

邵渝棋　立方律师事务所律师

罗淑文　对外经济贸易大学法学院研究生

赵　婷　泰和泰律师事务所合伙人

徐文韬　中豪律师事务所律师

葛黄斌　新加坡律明律师事务所董事合伙人

谢冠斌　立方律师事务所合伙人

前　言
PREFACE

习近平总书记指出，"知识产权保护工作关系国家治理体系和治理能力现代化，关系高质量发展，关系人民生活幸福，关系国家对外开放大局，关系国家安全"。[①] 党的十八大以来，在以习近平同志为核心的党中央坚强领导下，我国知识产权事业的发展取得了显著成效。其中，完善知识产权争议解决体系，推进多元争议解决机制建设，日益显现出其在构建知识产权大保护格局中的重要地位。

作为中国最早设立的和最具代表性的国际性常设仲裁机构，近70年来，中国国际经济贸易仲裁委员会（以下简称贸仲）共处理了6万余件案件，当事人涉及160多个国家和地区，裁决在全世界范围内得到承认和执行。2021年，贸仲被评为全球五大最受欢迎的国际仲裁机构之一，这也是中国内地仲裁机构首次跻身全球前五；在2023年发布的中国仲裁公信力评估报告中，贸仲获评"全国十佳仲裁机构"和"涉外服务十佳仲裁机构"双第一，在当事人偏好选择的国内和境外仲裁机构排行榜上高居榜首、远超第二。这些都体现了国际仲裁界和广大仲裁用户对贸仲仲裁公信力的高度认可和肯定。

贸仲历来重视知识产权保护。近年来，在国家重要政策性文件的指引下，贸仲从案件审理、平台建设、宣传拓展、研究交流、队伍建设、机构合作、人才培养等方面多管齐下，充分发挥经验优势、队伍优势和国际化优势，积极构

[①] 《习近平：全面加强知识产权保护工作 激发创新活力推动构建新发展格局》，载国家知识产权局官方网站，https：//www.cnipa.gov.cn/art/2020/12/3/art_ 2473_ 155384.html，2024年3月7日访问。

建知识产权多元争议解决机制，坚持提供优质高效、多元化的知识产权争议解决服务，大力推进知识产权强国建设。据不完全统计，贸仲有近15%的仲裁案件的争议与知识产权有涉。近5年来，贸仲受理知识产权仲裁案件近500件，所涉争议金额近200亿元人民币，其中不少案件具有重大影响。2022—2023年，贸仲受理的涉知识产权仲裁案件数量为215件，所涉争议金额近30亿元，涉及来自美国、我国香港特区、意大利、日本、加拿大、新加坡、法国、韩国等近20个国家和地区的当事人。

为落实国家知识产权强国战略，促进知识产权法治建设，加强知识产权争议解决的理论研究和实践指引，贸仲充分发挥自身的经验优势和专家优势，组织业内专家开展专项课题研究，编写了《中国国际知识产权仲裁年度报告（2022）》（以下简称《2022知识产权仲裁报告》）。该年度报告已于2022年4月贸仲知识产权争议解决论坛上正式发布，是贸仲知识产权仲裁中心设立以来完成并发布的首部报告，也是目前国内一部聚焦国际知识产权仲裁的研究成果，具有开创性的重要意义。为长期跟进境内外知识产权仲裁领域的发展，不断提升中国知识产权仲裁的国际影响力和公信力，贸仲决定继续编写并发布《中国国际知识产权仲裁年度报告（2023）》（以下简称《2023知识产权仲裁报告》）。

《2023知识产权仲裁报告》除前言与年度小结外，共有5章，分别为"境内外知识产权仲裁新发展""知识产权纠纷可仲裁性的现状及发展趋势""知识产权仲裁案件概览""重点行业的知识产权仲裁案例分析""数字产业的知识产权仲裁案例分析"，在编排与内容上具有四大亮点：

第一，本报告延续《2022知识产权仲裁报告》的框架，采用理论与实践相结合的研究方法，梳理境内外知识产权仲裁理论研究最新成果，汇集境内外知识产权纠纷典型仲裁案件。其中，"境内外知识产权仲裁新发展"与"知识产权仲裁案件概览"两章在《2022知识产权仲裁报告》研究成果的基础上对境内外知识产权仲裁理论研究、法规政策、案件数据等情况进行更新，重点关注2023年的新动态。

第二，知识产权纠纷可仲裁性问题在本报告中独立成章。本报告聚焦知识产权纠纷可仲裁性这一知识产权仲裁领域的焦点问题，用一章的篇幅梳理知识产权纠纷可仲裁性在世界各国和地区的现状及发展趋势，总结世界各国和地区立法经验和成果，并结合案例展现知识产权纠纷可仲裁性在我国的现状，展望未来发展趋势。

第三，知识产权仲裁案例分析在本报告中共占两章的篇幅，为"重点行业的知识产权仲裁案例分析"与"数字产业的知识产权仲裁案例分析"。通过研究贸仲典型知识产权案件，本报告一改按照商标、专利、著作权、商业秘密等传统知识产权仲裁案件的分类，采用一行业/产业一分析的编排体例，增强了报告的可读性与实用性，更具参考价值。本报告聚焦信息传输与通信业、制造业、服务业以及科教文卫等重点行业和直播业、网游业、短视频业三大新兴数字产业的典型知识产权仲裁案件，归纳行业、产业知识产权纠纷整体情况，并结合具体案情为相关行业、产业的从业者、投资者提示常见风险，提供实务指南。

第四，本报告立足全球视野，既聚焦于我国知识产权仲裁的发展现状，也介绍了其他国家和地区知识产权仲裁的立法与理论研究新动态，并收录了境内外知识产权仲裁典型案件，以期汲取国际经验，助力我国仲裁事业建设者探索出一条符合我国国情的知识产权仲裁高质量发展道路，提升中国仲裁的国际公信力和影响力。

本报告努力在专业性、学术性和指引性上达到高水平，希冀对建设中的知识产权多元争议解决机制产生深远影响。一如既往，中国国际知识产权仲裁年度总结希望积极推动我国知识产权仲裁事业的发展，在严格保护知识产权、推动营商环境建设、打造知识产权纠纷解决优选地等方面发挥重要作用。

本报告课题组组长由中华全国律师协会常务理事兼知识产权专业委员会主任、高文律师事务所主任、贸仲仲裁员王正志律师和北京大学知识产权学院常务副院长杨明老师共同担任，课题组成员详见"编辑委员会"主笔者名单。本报告撰写章节具体分工如下：第一章由葛黄斌、马翔翔、杨明、李亚楠、王闻君、于泳璐负责撰写，第二章由邢贺通、王文田负责撰写，第三章由邵伟、邢贺通、谢冠斌、苏志甫负责撰写，第四章由卢杰锋、罗淑文、谢冠斌、邵渝棋、沙仁高娃、邵伟、苏志甫负责撰写，第五章由徐文韬、马翔翔、杨明、李静传、赵婷、张荣康、兰鹏负责撰写。由马畅统稿，贸仲副主任兼秘书长王承杰、贸仲知识产权争议解决处处长杨帆及处员曹芸芹、张芷毓等对本报告进行了审稿。

特别致谢中国知识产权法学研究会副会长、最高人民法院知识产权司法保护中心研究员金克胜，中国知识产权研究会理事、中国知识产权法学研究会理事、中央财经大学教授、博士生导师杜颖，原四川省高级人民法院民三庭庭长杨丽作为评审专家，对本报告进行了评审，提出了极具指导性的意见，使本报告从体例、内容上均得以进一步完善。中国法制出版社的编辑程思、于昆等为本书的出版给予了大力支持。在此一并表示由衷感谢！

《中国国际知识产权仲裁年度报告（2023）》课题组
2024 年 3 月

目　录
CONTENTS

第一章　境内外知识产权仲裁新发展

第一节　境内外知识产权仲裁新发展概述 / 2
一、境内知识产权仲裁新发展 / 2
二、境外知识产权仲裁新发展 / 4

第二节　境内外知识产权仲裁的理论研究新动态 / 9
一、境内新动态 / 9
二、境外新动态 / 20

第三节　境内外知识产权仲裁的立法新动态 / 29
一、境内新动态 / 29
二、境外新动态 / 38

第四节　我国知识产权仲裁案件数据 / 59
一、2023年新成立的仲裁机构知识产权专业部门 / 59
二、仲裁机构受理知识产权仲裁案件的情况 / 60
三、内地人民法院与国际仲裁机构的合作 / 62
四、分析与结论 / 62

第五节　我国知识产权仲裁事业的发展 / 64

第二章　知识产权纠纷可仲裁性的现状及发展趋势

第一节　境外知识产权纠纷可仲裁性观察 / 70
一、普通法系的现状及发展趋势 / 71
二、大陆法系的现状及发展趋势 / 88

第二节　境内知识产权纠纷可仲裁性观察 / 96
一、立法现状 / 96
二、实务现状及典型案例 / 97
三、未来发展趋势 / 113

第三章　知识产权仲裁案件概览

第一节　知识产权仲裁案件特点 / 116
一、知识产权仲裁国际化因素突出 / 119
二、仲裁机构审理的知识产权争议对抗性相对较低 / 122
三、知识产权仲裁对于技术问题具有更强的专业性 / 124
四、知识产权仲裁的保密性 / 128
五、知识产权仲裁的时效性、便捷性和灵活性 / 130
六、知识产权仲裁可适用临时措施 / 133

第二节　知识产权仲裁案件热点及难点 / 135
一、知识产权仲裁范围问题 / 135
二、知识产权侵权与违约纠纷竞合情形下的处理难点 / 141
三、证据规则在知识产权仲裁案件中的适用 / 144
四、临时措施在知识产权仲裁案件中的适用 / 146

第三节　知识产权争议解决发展趋势 / 148
一、我国知识产权争议解决发展趋势 / 148
二、全球知识产权争议解决发展趋势 / 156

三、我国知识产权争议解决研判 / 163

第四章　重点行业的知识产权仲裁案例分析

第一节　重点行业整体发展及知识产权纠纷情况概述 / 170
一、信息传输与通信业 / 170
二、制造业 / 176
三、服务业 / 181
四、科教文卫行业 / 184

第二节　信息传输与通信业知识产权仲裁案例分析 / 190
一、信息传输与通信业背景与发展现状 / 190
二、信息传输与通信业常见知识产权纠纷类型 / 191
三、信息传输与通信业知识产权纠纷的典型案例 / 192

第三节　制造业知识产权仲裁案例分析 / 201
一、2021—2023年汽车行业国内专利申请情况 / 202
二、汽车行业知识产权纠纷特点 / 204
三、仲裁解决汽车行业知识产权纠纷的优势 / 211
四、汽车行业知识产权纠纷的典型案例 / 215

第四节　服务业知识产权仲裁案例分析 / 222
一、服务业的背景、概况及其重要分支 / 222
二、软件服务业知识产权仲裁案例的整体特点 / 223
三、仲裁解决软件服务业知识产权纠纷的程序优势及典型案例 / 225
四、仲裁解决软件服务业知识产权合同纠纷的优势及典型案例 / 226
五、仲裁解决软件服务业知识产权纠纷的法律和技术问题的优势及典型案例 / 231

第五节　教科文卫行业知识产权仲裁案例分析 / 235

一、教科文卫行业知识产权法律纠纷概况 / 235

二、仲裁在解决教科文卫行业知识产权纠纷的优势 / 238

三、教科文卫行业知识产权纠纷的典型案例 / 240

第五章　数字产业的知识产权仲裁案例分析

第一节　数字产业整体发展及知识产权纠纷情况概述 / 260

一、直播业 / 260

二、网游业 / 267

三、短视频 / 271

第二节　直播业知识产权仲裁案例分析 / 278

一、直播行业发展情况 / 278

二、仲裁解决直播行业知识产权纠纷的优势 / 279

三、直播行业知识产权纠纷的典型案例 / 284

四、直播行业仲裁机制的前景展望和完善建议 / 292

第三节　网游业知识产权仲裁案例分析 / 295

一、游戏行业知识产权纠纷相关特点 / 295

二、仲裁游戏行业知识产权纠纷的优势 / 297

三、仲裁解决游戏行业知识产权纠纷的优势和典型案例 / 298

第四节　短视频知识产权仲裁案例分析 / 309

一、短视频知识产权纠纷概述 / 309

二、仲裁解决短视频知识产权纠纷优势和典型案例 / 310

年度小结

一、我国知识产权仲裁发展情况概述 / 324

二、我国知识产权仲裁焦点问题：知识产权争议的可仲裁性 / 324

三、知识产权仲裁年度观察之重点行业 / 325

四、知识产权仲裁年度观察之数字产业 / 327

五、中国国际知识产权仲裁的未来 / 328

第一章

境内外知识产权仲裁新发展

第一节　境内外知识产权仲裁新发展概述

一、境内知识产权仲裁新发展

仲裁是国际通行的争议解决方式，是我国纠纷多元化解决机制的重要"一元"，在保护当事人的合法权益，保障社会主义市场经济健康运行，促进国际经济交往等方面发挥着重要作用。就知识产权仲裁机制而言，其具有广阔的发展前景。国家从战略角度，也多次强调其对于解决知识产权争议的作用，并要求建立和完善其在实践中的具体机制。近几年，我国在知识产权仲裁领域的立法、实践和理论研究方面均有一系列新发展。

具体而言，中共中央、国务院于2021年9月22日印发的《知识产权强国建设纲要（2021—2035年）》明确提出："建立完善知识产权仲裁、调解、公证、鉴定和维权援助体系……提升知识产权仲裁国际化水平。"[1] 国务院于2021年10月9日印发的《"十四五"国家知识产权保护和运用规划》进一步提出：

---

[1] 《知识产权强国建设纲要（2021—2035年）》第（十）条规定："健全统一领导、衔接顺畅、快速高效的协同保护格局。坚持党中央集中统一领导，实现政府履职尽责、执法部门严格监管、司法机关公正司法、市场主体规范管理、行业组织自律自治、社会公众诚信守法的知识产权协同保护。实施知识产权保护体系建设工程。明晰行政机关与司法机关的职责权限和管辖范围，健全知识产权行政保护与司法保护衔接机制，形成保护合力。建立完善知识产权仲裁、调解、公证、鉴定和维权援助体系，加强相关制度建设。健全知识产权信用监管体系，加强知识产权信用监管机制和平台建设，依法依规对知识产权领域严重失信行为实施惩戒。完善著作权集体管理制度，加强对著作权集体管理组织的支持和监管。实施地理标志保护工程。建设知识产权保护中心网络和海外知识产权纠纷应对指导中心网络。建立健全海外知识产权预警和维权援助信息平台。"

第（二十）条规定："积极参与知识产权全球治理体系改革和建设。扩大知识产权领域对外开放，完善国际对话交流机制，推动完善知识产权及相关国际贸易、国际投资等国际规则和标准。积极推进与经贸相关的多双边知识产权对外谈判。建设知识产权涉外风险防控体系。加强与各国知识产权审查机构合作，推动审查信息共享。打造国际知识产权诉讼优选地。提升知识产权仲裁国际化水平。鼓励高水平外国机构来华开展知识产权服务。"

完善知识产权纠纷多元化解决机制。培育和发展知识产权调解组织、仲裁机构、公证机构。建立健全知识产权调解、仲裁、公证、社会监督等人才的选聘、培养、管理、激励制度。推动完善知识产权纠纷投诉受理处理、诉讼调解对接、调解仲裁对接、行政执法与调解仲裁对接等机制。[①] 同时，从现阶段立法和政策层面，中央和地方相关立法和政府机构也已注意到相关发展趋势，并在国家战略的指引下制定了相关的配套法规和政策，接下来的工作重心是如何在操作层面予以落实。

各仲裁机构知识产权案件的数量保持稳定或有所增长，仲裁机构处理知识产权纠纷经验不断丰富。立法和实践的发展进一步推动了知识产权仲裁的理论研究。目前，知识产权仲裁在实体法和程序法方面都有一些研究成果值得关注，并仍存在一些疑难问题有待未来继续探索。其中，在实体法方面，主要集中在对相关争议可仲裁性的研究，尤其是随着一些新型纠纷的出现（如 SEP 许可费争议等），关于其是否可通过仲裁进行解决，以及仲裁在解决该类型争议方面的优势，从而避免在司法程序中可能出现的问题，在已有研究的基础上还需进一步深化。就程序性问题，仲裁中的临时措施、专家证人制度等是该领域的普遍问题，此类机制的有效运用对于当事人首选仲裁作为解决纠纷的方式具有决定性作用。对程序性问题的深入理论研究，有利于促进知识产权仲裁在实践中的适用。

随着知识经济的蓬勃发展，近年来中国知识产权纠纷数量迅速攀升，人民法院的知识产权案件审判压力日益加剧，同时现有诉讼模式难以完全满足知识产权纠纷解决的特殊需求。根据知识产权纠纷自身特点完善诉讼外多元化纠纷解决机制，对提高纠纷解决质量和效率具有重要的现实意义。仲裁作为成熟完善的社会型纠纷解决机制，具有专业性强、保密性高、周期短、国际认可度高、

[①] 《"十四五"国家知识产权保护和运用规划》第（七）条第一款规定："加强知识产权协同保护。完善知识产权纠纷多元化解决机制。培育和发展知识产权调解组织、仲裁机构、公证机构。鼓励行业协会、商会建立知识产权保护自律和信息沟通机制。建立健全知识产权调解、仲裁、公证、社会监督等人才的选聘、培养、管理、激励制度。推动完善知识产权纠纷投诉受理处理、诉讼调解对接、调解仲裁对接、行政执法与调解仲裁对接等机制。探索维权援助社会共治模式，鼓励高校、社会组织等开展维权援助工作。建立完善知识产权侵权纠纷检验鉴定工作体系，加强知识产权鉴定机构专业化、规范化建设，推动建立知识产权鉴定技术标准。建立国防领域知识产权纠纷多元化处理机制。"

跨境执行力强等优势，是解决知识产权纠纷的理想方式。仲裁若能被应用在知识产权纠纷解决领域，将极大地提升知识产权纠纷解决效率，为我国经济技术的创新发展提供坚实的法律保障。但是，由于仲裁诉讼化倾向加深、知识产权效力纠纷可仲裁性不确定、仲裁临时措施过于原则简单等问题，我国知识产权仲裁尚处于起步发展阶段，知识产权仲裁受案量长期低迷，并且存在小众化、非重点、过于传统的问题。进一步发挥仲裁处理知识产权争议的优势，扩大仲裁可适用的知识产权纠纷范围，优化知识产权仲裁的程序和具体机制，都需要在立法层面有一系列纲领性规定以及配套的具体制度予以指引。

法律价值目标的实现，离不开法律的社会实践活动，包括基于国家的立法、执法、司法、守法而形成的法治体系；同时，法律价值实现是价值目标和价值构成体系践行的过程和结果，从而将法律价值转化为法治进步的现实力量。[①]这个价值目标和价值构成体系的形成与建立极大程度上依赖于相关学科领域的理论研究。知识产权仲裁的建立和完善是我国法治体系建设的一个新兴领域，其立法和实践亦有赖于该领域理论研究的发展；而作为新兴领域，立法和实践反馈的新问题层出不穷，各类问题也引导着该领域理论研究的方向。随着知识产权仲裁的认可度和公信力在实践中得到大幅提升，此领域的理论研究也将进一步深化。

二、境外知识产权仲裁新发展

近年来，世界知识产权组织（World Intellectual Property Organization，WIPO）受理包含仲裁、调解、专家裁决（包括协助双方）在内的案件数量逐年上升，从2012年的31起上升至2021年的263起，2022年更是呈爆炸性增长，达到了548起，较上一年度同比上升108.4%。经过2013—2023年10年的发展，目前WIPO受理案件纠纷类型比例呈现为：国际专利纠纷占29%、国际著作权纠纷占24%、国际商标纠纷占20%、国际信息与通信技术纠纷占14%、国际商

[①] 吴汉东：《〈民法典〉知识产权制度的学理阐释与规范适用》，载《法律科学（西北政法大学学报）》2022年第1期。

事纠纷占12%。① 造成上述趋势的原因有：一方面，在涉及国际知识产权合同相关问题上，由于法院诉讼程序有严格的属地管辖权限制，已经不能再满足全球化不断发展下的复杂的跨境交易和国际知识产权纠纷的要求；② 另一方面，相较于诉讼而言，在国际知识产权纠纷解决方式上，仲裁更具有独特优势，③ 这体现在其国际性、可执行性、保密性、专业性、灵活性等特征上。

根据2021年业内权威调查显示，国际仲裁全球排名前五的仲裁地分别为伦敦和新加坡（并列第一）、我国香港特区、巴黎、日内瓦、纽约和北京（并列第五），其中地处亚洲的仲裁地首次占了三席。④ 目前上述排名未有更新。排名前五的国际商事仲裁机构依次为国际商会国际仲裁院（International Chamber of Commerce）、新加坡国际仲裁中心（Singapore International Arbitration Centre）、香港国际仲裁中心（Hong Kong International Arbitration Centre）、伦敦国际仲裁院（The London Court of International Arbitration）和中国国际经济贸易仲裁委员会（China International Economic and Trade Arbitration Commission），其中总部在亚洲的仲裁机构首次占了三席。⑤ 而且，日本于2018年为知识产权争议设立了东京国际仲裁中心，⑥ 尚未开设知识产权仲裁中心的仲裁机构也纷纷采取相关措施，例如2022年5月新加坡国际仲裁中心特别设立知识产权专家仲裁员小组，满足当事人知识产权仲裁方面的需求。

知识产权裁决可执行性的确定与否，依然是当事人是否选择知识产权仲裁最重要的考虑因素之一，其中影响知识产权裁决可执行性的一个重要因素在于

---

① 参见世界知识产权组织官方网站，https://www.wipo.int/amc/en/center/caseload.html，2023年11月23日访问。

② 参见慕尼黑知识产权争议解决论坛官方网站，www.ipdr-forum.org/mission，2023年11月23日访问。

③ "Products of the Mind" Require Special Handling: Arbitration Surpasses Litigation for Intellectual Property Disputes, 参见美国仲裁协会官方网站，http://www.adr.org/sites/default/files/document_repository/AAA192_Intellectual_Property_Disputes.pdf，2023年11月23日访问。

④ Queen Mary University of London and White & Case, '2021 International Arbitration Survey: Adapting Arbitration to a Changing World', p.6.

⑤ Queen Mary University of London and White & Case, '2021 International Arbitration Survey: Adapting Arbitration to a Changing World', p.10.

⑥ 参见东京国际仲裁中心官方网站，https://www.iactokyo.com/，2023年11月23日访问。

知识产权争议的可仲裁性。迄今为止，已有172个成员国签订《承认及执行外国仲裁裁决公约》（以下简称《纽约公约》），①使《纽约公约》在世界范围内拥有广泛的法律约束力。根据《纽约公约》第五条第二款第（甲）项，成员国可以案件的不可仲裁性为由拒绝执行仲裁裁决。由于知识产权纠纷种类性质各异，当事人选择放弃或转让某些知识产权权利的，事后如发生争议，将面临个案涉知识产权的具体权利是否属于当事人可自由处分范畴的问题，即知识产权争议的可仲裁性问题。具体而言，此等权利纠纷是否属于国家知识产权行政管理范畴或者国家专门法院（如知识产权法院、专利法院）专属司法管辖范畴，取决于国家或具体法域与仲裁程序法相关的知识产权立法。

对于当事人在仲裁协议中约定将知识产权纠纷提交仲裁的，仲裁协议的有效性和可执行性以及仲裁程序方面相关问题，可适用双方约定的仲裁协议适用法律或仲裁地法律规定。②即使是在有效仲裁协议下作出的仲裁裁决，其效力范围和裁决可执行性仍然受到知识产权立法的约束，即应由仲裁地或裁决执行地有管辖权的法院，依照本国法律认定该具体争议是否具有可仲裁性、是否违反国际公共政策等。如此，相较于普通国际商事仲裁争议的可仲裁性问题而言，跨国知识产权争议的可仲裁性问题存在更多不确定因素。另外，知识产权争议通常涉及合同第三方的权益，例如知识产权被许可人、专利权质押持有人等。此类非仲裁合同方是否受仲裁合同或仲裁裁决影响的问题，还有待立法的进一步明确。就仲裁双方尤其是被侵权方的实质的权益而言，与普通商业仲裁不同的是，知识产权争议中的申请方通常希望获得紧急和临时措施以及禁令性救济等非金钱救济，及时制止专利侵权或令侵权方从市场上移除侵权商品等，达到及时止损的目的。这些问题均可对当事人在谈判阶段权衡选择仲裁地造成实质性影响。

随着资产数字化现象的推动，知识产权领域迅速发展。受到提倡替代性争议解决的推动以及政策倡导的影响，理论研究和业内讨论主流声音，更多倾向

---

① 参见联合国国际贸易法律委员会官方网站，https://uncitral.un.org/zh/texts/arbitration/conventions/foreign_arbitral_awards/status2，2023年11月23日访问。

② Anupam Mittal v Westbridge Ventures II Investment Holdings［2023］SGCA 1 at［55］。

于鼓励立法在此问题上进一步更新和完善法律法规，从而更充分承认知识产权相关争议的可仲裁性。在互联网信息传播和商业交易速度飞快的今天，对于知识产权的有效和高效争议解决方式的探讨至关重要。尽管大多数法域尚未颁布专门的知识产权仲裁法，但在专门性法律缺失的情况下，无论是普通法系还是大陆法系国家和地区，都主要通过法院的司法指引来临时解决实际中涉及知识产权的问题。

可以看到，新加坡和中国香港特区通过立法明确表示，所有知识产权争议均可通过仲裁解决。相对于缺乏成文法律保障的其他普通法系法域，以及那些尚未实施知识产权仲裁法的大陆法系国家和地区而言，这两个地区在国际知识产权争议仲裁方面显然更具竞争力。全面的知识产权仲裁法不仅提高了仲裁生态系统的程序透明性和稳定性，增加了国际仲裁案件的受理数量，还推动了这两个地区整个国际仲裁服务产业链的发展，提升了它们在亚太地区甚至全球争议解决中心建设方面的竞争实力。

在国际知识产权仲裁领域，各国和地区的司法态度逐渐变得更加开放和灵活。虽然知识产权可仲裁性的核心问题在于社会公共利益，但国家权力机构越来越多地承认和执行与知识产权纠纷有关的仲裁裁决。然而，从目前的立法实践来看，两大法系主要国家和地区在未来较长一段时期内仍将面临知识产权纠纷仲裁法律法规的空白和缺位问题，需要进行深入思考和完善解决。

习近平总书记在中央政治局第二十五次集体学习时指出，要统筹推进知识产权领域国际合作和竞争。要坚持人类命运共同体理念，坚持开放包容、平衡普惠的原则，深度参与世界知识产权组织框架下的全球知识产权治理，推动完善知识产权及相关国际贸易、国际投资等国际规则和标准，推动全球知识产权治理体制向着更加公正合理方向发展。[①] 我们期待中国能够充分考虑现阶段的国情，适度借鉴国外法域的经验，尽快明确知识产权可仲裁性问题的解决方案，从而提升国内仲裁环境的竞争力，力争在2025年达到"横向互联、纵向互通、央地协同、合作共享的海外知识产权纠纷应对机制基本建立，便捷高效的国际

[①] 参见中国政府网，https://www.gov.cn/xinwen/2020-12/01/content_5566183.htm，2023年11月23日访问。

知识产权风险预警和应急机制初步形成，知识产权涉外风险防控体系更加健全，海外知识产权纠纷应对指导服务网络更为完善，我国企业海外知识产权保护意识显著增强，海外知识产权纠纷应对能力明显提升，海外知识产权纠纷应对指导工作社会满意度达到并保持较高水平，知识产权保护对国际贸易的促进作用更加突出"的宏伟目标。①

---

① 《国家知识产权局、中国国际贸易促进委员会关于进一步加强海外知识产权纠纷应对机制建设的指导意见》（国知发保字〔2021〕33号）。

第二节　境内外知识产权仲裁的理论研究新动态

一、境内新动态

关于知识产权仲裁的理论研究，尽管国内学者的关注时间相对较晚，但近几年在该领域就一些问题，特别是知识产权争议的可仲裁性问题，已有一些研究成果值得关注。从本报告检索的文献来看，关于知识产权仲裁的理论研究目前主要涉及以下几个方面的内容：

（一）知识产权纠纷的可仲裁性问题

争议事项的可仲裁性问题，在本质上是一个程序性问题而非实体性问题。① 知识产权具有地域性的限制，对知识产权的保护措施主要由国内法规定，并且知识产权制度与问题也和各国公共政策紧密联系。知识产权传统上被认为不能通过仲裁方式解决，但随着科学技术与国际经贸交易的发展，高科技领域知识产权的跨国争议越来越多。② 《与贸易有关的知识产权协定》（以下简称《TRIPs协定》）要求全体成员承认知识产权为私权，并将仲裁作为世界贸易组织解决成员之间知识产权国际争议的方式之一。1993年9月，WIPO建立"世界知识产权组织仲裁与调解中心"，为国际私人之间有关知识产权的纠纷建立专门性非诉讼纠纷解决机制。

知识产权争议按照类型可以划分为财产性质的争议和人身性质的争议。参考《民事案件案由规定》，③ 可进一步将知识产权民事纠纷划分为三类：知识产权合同关系纠纷、知识产权权属纠纷和知识产权侵权纠纷。鉴于此，有学者以

---

① 寇丽：《现代国际商事仲裁法律适用问题研究》，知识产权出版社2013年版，第83页。
② 江伟、肖建国主编：《仲裁法》（第四版），中国人民大学出版社2023年版，第150页。
③ 参见《民事案件案由规定》（法〔2020〕347号）第五部分"知识产权与竞争纠纷"。

知识产权纠纷所涉及的不同具体问题为依据，将其分为合同纠纷、有效性或权属纠纷和侵权纠纷。[1] 其中，基于知识产权特别是商标、专利需要经过相关行政机关审查并授权，并存在行政机关介入宣布无效或驳回的情况，就知识产权有效性或权属纠纷项下的授权、确权纠纷的可仲裁性问题，目前存在较大争议。

此外，在实践中，涉及人身性质的知识产权争议不可避免地关联着利益问题，单纯提出人身问题的纠纷并不多见。而基于知识产权许可使用、转让合同而发生争议的可仲裁性已被我国认可并在实践中积累了大量案例，但关于知识产权授权、确权纠纷与知识产权侵权纠纷的可仲裁性仍存在争议。

1. 知识产权授权、确权纠纷的可仲裁性问题

知识产权授权、确权纠纷的可仲裁性问题存在争议的主要原因在于公权力在授权、确权中所起到的作用。其中存在的观点包括：一项专利或者商标能否被授权仅属于国家公共机构考虑的范畴，只有国家有权授予这种垄断权。任何关于其授权或者无效的争议都在仲裁范畴之外。[2] 因此，专利或商标授权后，仲裁庭作为典型的非行政机构，无权就相关专利权或商标权宣告无效，而且还有观点主张，个人不能享有通过私有程序处置国家行为的权利。[3]

一直以来，由于专利权和商标权的效力问题往往会涉及国家公权力，甚至会影响到社会公众的利益，相关争议能否提交仲裁在学界一直存在较大争议。[4]综上观点，主张权利授权、确权争议不能通过仲裁解决的核心理由在于知识产权与一国公共政策或者公共利益有着密切相关的特殊性，因而围绕这类财产发生的争议并不属于当事人享有完全自主处分权的类型，当事人的意思自治应当受到公共政策的限制和约束，故上述争议的可仲裁性存在问题。

在法律依据方面，从我国加入《纽约公约》时所作"商事保留"的声明来

---

[1] 程松亮：《中国知识产权纠纷仲裁解决机制及对策研究》，载《商事仲裁（第九集）》，法律出版社 2012 年版。

[2] M Haster, Law and Practice of International Commercial Arbitration, London：Sweet and Maxwell, 2004：139.

[3] K. H. Bockstiegel, Public Policy and Arbitrability, ICCA Congress Series, 1986.

[4] 周晨宇、张润：《专利权有效性争议可仲裁性的理论反思 与制度构建研究》，载《商事仲裁与调解》2023 年第 1 期；宋连斌：《国际商事仲裁管辖权》，法律出版社 2013 年版，第 65 页。

看，知识产权纠纷显然属于"根据中华人民共和国法律认定为属于契约性和非契约性商事法律关系所引起的争议"；而从国内立法来看，《中华人民共和国仲裁法》（以下简称《仲裁法》）没有明确排除知识产权纠纷的仲裁解决，《中华人民共和国著作权法》（以下简称《著作权法》）第六十条也已经部分承认了知识产权纠纷的可仲裁性；并且在实践中，贸仲和其他仲裁机构已受理了多起知识产权纠纷仲裁案件，并得到法院的执行，表明知识产权纠纷的可仲裁性在我国得到了事实上的承认。

对于著作权归属的争议，由于其并不涉及国家公权力而纯属私权争议，因此其具有可仲裁性；但对于专利与商标权归属的争议，虽然其涉及在当事人的法律关系中谁才是真正的专利申请权人或者商标申请权人的问题，往往成为向国家机关申请取得权利或者撤销权利的基础，但其性质上仍然纯属私权争议，因此具备可仲裁性。[①]

2. 知识产权侵权纠纷的可仲裁性问题

传统意义上可适用仲裁制度的纠纷范围边界仅限于合同纠纷，侵权纠纷并不具有可仲裁性，除非双方当事人能够在事前订立合法有效的仲裁协议。[②] 该类型争议中，对于没有协议的侵权行为是否具有可仲裁性尚有争议，其逻辑基础在于仲裁是当事人意思表示合意的结果。对于有协议前提下发生的争议，原则上具有可仲裁性。但是针对没有合同基础的知识产权侵权纠纷，由于侵权人事前的不确定性，再加之当事人对侵权行为的无法预见性，因而当事人几乎不可能在行为发生前就订立仲裁协议或仲裁条款；且一旦侵权的事实行为发生，当事人很可能处于利益对立的状态中，也不太可能在此时形成仲裁解决纠纷的合意。[③]

将知识产权侵权纠纷纳入可仲裁的范畴，符合可仲裁性的一般理论标准，并且符合当前的国际趋势。[④] 我国《仲裁法》第二条和第三条虽然未明确表示

[①] 倪静：《知识产权争议多元化解决机制研究》，法律出版社2015年版，第223页。
[②] 顾艳钰：《知识产权侵权纠纷可仲裁性问题探析》，载《成都行政学院学报》2012年第4期，第25—29页。
[③] 张曼：《我国知识产权仲裁法律问题研究》，知识产权出版社2023年版，第73页。
[④] 张曼：《我国知识产权仲裁法律问题研究》，知识产权出版社2023年版，第73—74页。

知识产权纠纷能够仲裁,但也没有排除知识产权纠纷适用仲裁解决的可能性。在 2020 年对一系列知识产权专门法进行修改时,特别通过《著作权法》第六十条确认了有关的著作权纠纷可以提交仲裁机构仲裁,其中必然包括著作权侵权纠纷。即使关于专利权和商标权纠纷能否由仲裁机构仲裁的问题仍然有待于法律的进一步明确,但现行《著作权法》的规定表明了我国对知识产权纠纷提交仲裁解决的尝试和支持,在一定程度上说明了立法和司法实践的方向和趋势。[1]与此同时,就商标权侵权纠纷,值得注意的是,国家知识产权局于 2023 年 1 月 13 日发布的《中华人民共和国商标法修订草案(征求意见稿)》(以下简称《商标法修订草案》)第七十四条增加了如下内容:侵犯注册商标专用权行为之一,引起纠纷的,由当事人协商解决;也可以根据当事人达成的书面仲裁协议,向仲裁机构申请仲裁;不愿协商、协商不成或者没有书面仲裁协议的,商标注册人或者利害关系人可以向人民法院起诉,也可以请求负责商标执法的部门处理。[2]如果该条最终落地,将在立法层面为通过仲裁解决商标侵权纠纷提供明确的界定,对当事人选择通过仲裁解决商标侵权争议起到强有力的助推作用。总而言之,鉴于知识产权侵权纠纷是平等主体之间的财产性纠纷,该类型纠纷符合《仲裁法》所规定的可以适用仲裁解决纠纷的基本要件。

3. 关于涉及人身性质的知识产权纠纷的可仲裁性

因为《著作权法》中规定了人身权,著作权领域涉及人身性质的知识产权纠纷是否具有可仲裁性也存在很大的争议。法国上诉法院在 Zeldin v. Sté Editions Recherches 案[3]中肯定了通过仲裁解决与作者精神权利相关的知识产权纠纷的可能性,加拿大最高法院在 2003 年的 Éditions Chouette inc. v. Desputeaux 案[4]中也肯定了有关作者精神权利纠纷的可仲裁性。目前世界上大多数国家和地区

---

[1] 张曼:《我国知识产权仲裁法律问题研究》,知识产权出版社 2023 年版,第 76 页。

[2] 参见国家知识产权官方网站,https://www.cnipa.gov.cn/art/2023/1/13/art_78_186543.html,2024 年 3 月 7 日访问。

[3] Zeldin v. Sté Editions Recherches, Cour d'appel de Paris. 26 mai 1993, Revue internationale du droit d'auteur 1994. 292.

[4] Éditions Chouette inc. v. Desputeaux. Cour Suprême du Canada. 21 mars 2003. Rev Arb 2003, 473.

对于涉及精神权利的知识产权纠纷是否可以仲裁没有立法规则和司法判例。①

我国有观点认为，涉及人身性质的知识产权争议具有可仲裁性。② 《仲裁法》第二条将仲裁范围限定在"合同纠纷和其他财产权益纠纷"，而著作人格权纠纷能否纳入其他财产权益纠纷要考虑两个方面问题：一是著作人格权具有的财产属性。二是财产权益纠纷的范围所在，立法者认为其他财产权益纠纷主要是侵权纠纷，且在知识产权领域较为常见。而1987年我国加入《纽约公约》时，在商事保留的声明中明确了"中华人民共和国只对根据中华人民共和国法律认定为属于契约性和非契约性商事法律关系所引起的争议适用该公约"。最高人民法院进一步明确"所谓'契约性和非契约性商事法律关系'，具体的是指由于合同、侵权或者根据有关法律规定而产生的经济上的权利义务关系"。③ 所以财产权益纠纷的内涵要小于《纽约公约》中的非契约性争议，而更强调在经济上的权利义务关系。著作人格权本质上涉及商业流通和财产归属，直接影响经济上的权利义务，因此应纳入其中。

（二）知识产权纠纷可仲裁性延伸问题——专利开放许可

为提高专利成果的转化率，我国在《中华人民共和国专利法》（以下简称《专利法》）第四次修改时确立了开放许可制度。④ 专利许可成立的基础是许可合同，因此与之相关的纠纷主要是违约纠纷。但由于专利权的行使具有可分性，包括禁止他人实施生产、销售、许诺销售、使用、进口等行为，如果双方约定的许可范围只是其中一部分，被许可人超范围行使权利，就会使违约行为同时侵犯专利权人的其他权利，例如被许可人未按约定的地域、时间实施，或者超出约定的方式实施等。因此，许可合同在履行过程中也会发生违约责任和侵权责任竞合的情形。

---

① 倪静：《知识产权争议多元化解决机制研究》，法律出版社2015年版，第226页。
② 冯硕：《论我国著作人格权纠纷的可仲裁性》，载《北京仲裁》2017年第2期。
③ 参见《最高人民法院关于执行我国加入的〈承认及执行外国仲裁裁决公约〉的通知》（法（经）发〔1987〕5号）。
④ 具体见《专利法》第五十条至第五十二条，即指专利权人自愿通过声明方式，作出许可任何主体实施其专利的意思表示，该声明经国家知识产权局审查合格后予以公告，有意愿实施该专利的主体以书面方式通知专利权人，并按声明中要求的方式支付许可费后，即获得专利实施许可。

在开放许可纠纷解决方面，《专利法》第五十二条规定了行政调解和向法院起诉两种途径，签订、履行开放许可合同过程中产生的纠纷均可通过这两种途径解决。就诉讼途径而言，诉讼周期一般较长，通过诉讼较难实现开放许可促进技术成果转化的目的，因此在《专利法》规定的途径之外，有必要探索其他纠纷解决方式。①

在实践中，如果争议事项是单纯的违约纠纷，则纠纷的可仲裁性没有争议，如果合同一方主张对方在履行合同过程中的侵权责任，则法院在认定该侵权纠纷是否受仲裁条款约束时，通常会涉及对仲裁条款和主合同条款的解释，由此可能导致不同的审理结果；即在认定侵权纠纷是否属于仲裁条款所约定的"与本合同有关的争议"，进而判断该纠纷是否属于仲裁事项方面，不同法院的审理思路并不统一，由此会产生一些偏差，不利于纠纷的及时解决。②

尽管现阶段知识产权纠纷的可仲裁性在我国得到了事实上的承认，但是专利等知识产权纠纷在我国是否可仲裁尚不确定，《仲裁法》《专利法》等都未有明确规定；实践中，仲裁机构受理的绝大多数也是知识产权合同争议。鉴于法院拥有仲裁协议效力和管辖的司法审查权，为实现仲裁在解决专利纠纷案件中的恰当性和优越性，最高人民法院出台司法审查标准可以让仲裁庭在作出决定时有所参照，增加仲裁庭审查结果的确定性，减少仲裁庭的决定被法院撤销的情形。

(三) 知识产权纠纷可仲裁性延伸问题——反垄断案件

在知识产权学界，学者认为基于专有性即法定垄断性的特性，知识产权在形式上可视为一种合法的垄断权。但是，知识产权的"使用"如果构成滥用行为，就会受到反不正当竞争法的制裁。③ 根据2022年修正的《中华人民共和国反垄断法》（以下简称《反垄断法》），经营者滥用知识产权，排除、限制竞争

---

① 于伟艳、邵伟：《专利开放许可及其纠纷解决体系的构建》，载《商事仲裁与调解》2023年第1期。
② 参见北京市高级人民法院（2019）京民辖终100号民事裁定书。
③ 吴汉东：《知识产权基本问题研究》，中国人民大学出版社2019年版，第184页。

的行为,适用该法。① 鉴于实体法层面对于知识产权滥用属于《反垄断法》规制的范围,目前学界对于反垄断争议可仲裁性的探讨,在此也纳入知识产权仲裁理论研究的范畴。

然而,反垄断法具有公共政策的属性,其与基于私权处分而产生的仲裁在适用上存在逻辑矛盾,这是反垄断可仲裁性一度不被认可的根本原因。② 但随着公共执法和私人纠纷解决之间的界限日益模糊,私人反垄断纠纷的可仲裁性成为一个备受争议的话题。基于比较法的视野,1985 年美国法院通过"三菱汽车公司案"③ 承认了反垄断争议可以通过国际商事仲裁解决;1999 年欧洲法院就"Eco Swiss 案"④ 作出初步裁决(preliminary ruling),明确法院可基于公共政策审查仲裁机构在欧盟竞争法下作出的仲裁裁决,该案被视为欧盟正式开始认可反垄断纠纷的可仲裁性。从美国和欧盟的法律发展来看,其对于反垄断问题的可仲裁性均有一个从否定到肯定的接受过程,而其现在的实践趋势也表明,特定法律的公共性已不再被视为确定反垄断纠纷可仲裁性的决定性因素。

从我国现阶段的法律实践来看,各级法院对反垄断纠纷的可仲裁性问题亦存在较大分歧。在 2022 年 8 月 19 日发布的一起纵向垄断协议纠纷的民事裁定书⑤中,最高人民法院撤销了北京知识产权法院作出的认可垄断民事纠纷可仲裁的一审裁定,认为:反垄断法具有明显的公法性质。在垄断行为的认定与处理完全超出了合同相对人之间的权利义务关系的情况下,本案当事人在协议中约定的仲裁条款不能成为排除人民法院管辖垄断协议纠纷的当然和绝对依据。

从立法层面,2022 年 8 月 1 日起施行的修正后的《反垄断法》仍未明确反垄断纠纷能否仲裁的问题。

(四) 知识产权纠纷可仲裁性延伸问题——SEP 许可费纠纷

标准必要专利(Standard Essential Patent,SEP)是技术标准包含的必不可

---

① 《反垄断法》第六十八条规定:"经营者依照有关知识产权的法律、行政法规规定行使知识产权的行为,不适用本法;但是,经营者滥用知识产权、排除、限制竞争的行为,适用本法。"
② 邓志松:《反垄断争议的可仲裁性实务研究:欧盟与英国》,载《商事仲裁与调解》2020 年第 4 期。
③ Mitsubishi Motors Corp. v SolerChrysler-Plymouth, Inc, 473 U.S. 614 [1985].
④ Eco Swiss China Time Ltd. v. Benetton International NV, [1999] ECR I-3055.
⑤ 参见最高人民法院(2022)最高法知民终 1276 号民事裁定书。

少和不可替代的专利，也是企业为生产技术标准化产品而不得不使用和不可规避的专利。为了避免技术标准被专利权人挟持，很多标准组织要求参与标准制定过程的专利权人事先声明保证将来按照"公平、合理、无歧视"（Fair, Reasonable, and Non-discriminatory, FRAND）的许可条件向标准实施者发放专利许可。[1] FRAND 许可承诺是作为标准组织成员的标准必要专利权人应普遍遵循的一项义务，该承诺可以被解释为：（1）标准必要专利权人不得拒绝许可；（2）标准必要专利权人执行的许可费率不得高于该专利被纳入标准之前有替代技术与之相竞争时的许可费率；（3）对没有竞争关系的产品，可以适用不同的许可费率，但应受到（2）的限制。[2] 其将标准必要专利的许可费限制在专利本身的价值范围内，以解决因专利挟持和许可费叠加引起的利益失衡。

在实施者不愿意接受专利权人许可提议的情况下，受到专利权地域性的限制，标准必要专利的持有者只能在不同法域行使其合法权利，分别针对未经许可使用其专利的行为提起诉讼。该类平行诉讼，不仅费用高、耗时长，而且不同国家和地区的法院可能会对近似问题采取不同观点甚至作出有冲突的判决。虽然理想状态是由某一独立的国际法庭来裁定全球 FRAND 许可条件，以避免上述潜在冲突，但目前行业内并没有公认的国际法庭来处理此类争议。[3]

与之相比，替代性争议解决机制，特别是仲裁，能够更高效灵活地解决 FRAND 争议，在解决该类争议方面有极大的优势。FRAND 诉讼一般需要耗费数年时间。例如，某为诉某互数字确认中国 FRAND 许可费率一案，自起诉至二审判决作出共用时 22 个月，而后续的再审程序更是横跨数年。在某为诉某文森确认中国 FRAND 费率一案中，南京中级人民法院从受理案件（2018 年 1 月）至作出一审判决（2019 年 9 月）用了 20 个月，随后双方在上诉过程中达成和解，案件总时长约 34 个月（2020 年 11 月）。由于争议的复杂性，某 O 诉某普一案仅处理管辖权争议问题就花费了 17 个月。同样地，外国的平行诉讼也需要

---

[1] 崔国斌：《标准必要专利诉讼中禁诉令的适用》，载《知识产权》2023 年第 2 期。
[2] 罗娇：《论标准必要专利诉讼的"公平、合理、无歧视"许可——内涵、费率与适用》，载《法学家》2015 年第 3 期。
[3] 左玉国：《探析标准必要专利 FRAND 纠纷的仲裁解决路径》，载《科技·知产财经》2022 年 2 月，第 58—63 页。

数年才能得到解决。与之相比，根据 WIPO 的研究总结，WIPO 预估其 FRAND 仲裁程序的最终裁决一般可以在 14—16 个月内作出，并且其 FRAND 简易仲裁程序的最终裁决一般可以在 6—8 个月内作出。① 鉴于上述，在解决 FRAND 争议方面，仲裁比诉讼更快捷，也能更好适应高速更新迭代的通信行业的发展。

目前理论研究方面已经有一些有关 FRAND 和 SEP 许可费的研究，就其可仲裁性以及在实际仲裁中具体制度，例如 FRAND 仲裁裁决的域外执行、反垄断执法机构对 FRAND 仲裁的认可，都有待进一步探究。电信行业现行的手机通信标准在全球范围内适用，要求标准必要专利许可在全球范围内授予。为了适应行业发展趋势，并且在具体争议中避免不同司法辖区的冲突，更深入研究 FRAND 争议的可仲裁性和仲裁的具体制度，都具有极强的现实意义。

（五）知识产权仲裁的临时措施

仲裁临时措施（interim measures），也称临时性保全措施（interim measures of protection, conservatory or provisional remedies）、临时性救济（interim measures of relief, interim relief）。《中华人民共和国民事诉讼法》（以下简称《民事诉讼法》）和《仲裁法》就该等措施采用狭义概念，即指为保证将来仲裁裁决的执行或避免一方当事人合法权益受到严重损害的保全措施，不包括中间裁决、仲裁程序令等广义上的临时措施。②

知识产权作为无形财产权，可在同一时间被多个主体在不同地域使用，并且从利用角度不具有排他性，因而权利也易遭到侵害，并且该等侵权损害在短时间内一般难以恢复。鉴于此，知识产权权利人有迫切需求，要求能够尽可能迅速地禁止侵权产品的制造和销售。而临时禁令措施可及时制止知识产权侵权，有效避免侵权后果扩大化。同时，在知识产权侵权诉讼中，由于其证据具有隐蔽性、易毁性等特点，较之普通民事诉讼证据更难以取得和容易灭失，证据保全也尤为重要。

知识产权仲裁机构的程序性规范，既应遵循一般的程序性规范，也应针对

---

① 世界知识产权组织：《世界知识产权组织 FRAND 替代性争议解决机制（ADR）指南》，https://www.wipo.int/publications/en/details.jsp?id=4232，2024 年 1 月 14 日访问。
② 江伟、肖建国主编：《仲裁法》（第四版），中国人民大学出版社 2023 年版，第 249 页。

知识产权纠纷设计契合其特性的规则。目前在我国知识产权仲裁中，还未普遍适用类似知识产权诉讼的"禁令"制度，但由于知识产权纠纷的特殊性，当事人的合法权益能否得到维护、仲裁裁决能否得到实际有效的履行很大程度上依赖于仲裁临时措施的救济。因此，仲裁临时措施的构建与维护当事人的合法权益以及仲裁裁决的有效性和权威性密切相关。[1] 鉴于此，当事人是否考虑选择仲裁来解决知识产权纠纷，在一定程度上，取决于能否获得与司法途径相似的保护措施。

《TRIPs协定》考虑到知识产权的易被侵害性、受侵害后不易恢复性以及保护有期限性等特征，将司法保护中的临时措施规定在该协定第三节第五十条中，主要包括诉前禁令与证据保全等类型。随着当今国际贸易纠纷的日益复杂化，国际商事仲裁实践中要求发布临时措施的需求也越来越多。然而，目前《纽约公约》对临时措施制度没有作出明确规定，《联合国国际贸易法委员会国际商事仲裁示范法》（以下简称《贸法会示范法》）的条文过于简约，难以指导实践；各国仲裁立法与国际仲裁机构仲裁规则对这一问题的规定也存在一定差异。

目前就知识产权临时措施的讨论，集中在如下几个方面：赋予仲裁机构临时措施决定权，临时措施种类的扩大，申请临时措施的具体标准以及法院对仲裁临时措施的承认和执行等。而在实践中，虽然我国法律没有直接规定禁诉令的签发，但是已有法院在实践中签发禁诉令。[2] 然而，目前我国法院还没有签发涉及仲裁的禁诉令。《中华人民共和国仲裁法（修订）（征求意见稿）》（以下简称《仲裁法修订意见稿》）第三十四条赋予了仲裁庭签发临时禁诉令的权利。如《仲裁法修订意见稿》通过，我国仲裁程序的当事人可考虑选择向仲裁庭申请禁令。

（六）基于知识产权仲裁责任探讨专家证人制度

就知识产权仲裁的责任问题研究，目前集中在对仲裁机构和仲裁员的责任认定两个方面。目前，各国对仲裁机构的责任认定尚未作出明确的立法规定，

---

[1] 倪静：《知识产权仲裁机制研究》，厦门大学出版社2013年版，第173页。
[2] 翟颖：《仲裁禁诉令的合理性、可操作性及其在我国的应用前景》，载《商事仲裁与调解》2021年第5期。

在实践中也很少发生对仲裁机构进行问责的情况。① 学者结合相关国家的仲裁制度，对知识产权仲裁机构和仲裁员的责任总结了责任豁免论、责任承担论和责任有限豁免论三种类型。② 目前，我国对仲裁机构和仲裁员责任缺少相应规定，不可避免地会影响当事人选择通过仲裁解决知识产权争议的意愿。

从实务角度，知识产权争议往往具有高度技术性和专门性，如果纠纷的裁决者能够具备相应的专业或者技术背景，熟悉相关的行业规则及其商业实践，将在很大程度上有利于争议的高效、公正解决。与诉讼不同，仲裁允许当事人自主选择在某一领域具有较长从业时间、相对精通某方面专业知识的人士作为裁判者，这也成为仲裁解决知识产权争议最大的优势之一。但是在仲裁的实践中，由于各种主、客观原因的限制，当事人并没有聘请或者聘请到这样的专业人士来裁判案件。比如，部分仲裁机构有专门的仲裁名册，规定当事人只能从中选择仲裁员，而这些仲裁员不一定能够满足所有案件专业性的要求，或者一些专家虽然在自己的领域属于权威人士，但是对仲裁程序缺乏最基本的了解，难以适当履行仲裁员的职责等。

针对上述问题，为促进争议当事人选择仲裁作为解决知识产权纠纷的方式，在该类仲裁中借助专家证人机制可作为一个解决方案，并正处于理论探讨中。事实上，仲裁员可以根据专家证人的证词，结合自己的专业知识并依据其他证据对案件作出正确的裁决。由于仲裁员通常具备相关领域的专业知识和背景，因此专家可以更直接、便利地就相关技术问题与仲裁员沟通。仲裁员会以严肃的态度对待专家证言，并且将其作为重要的证据对待。

我国司法实践中存在专家证人。当事人向法院申请具有专门知识的人员出庭就案件的专门性问题进行说明，一般是在有关专门性的问题已经经法定鉴定部门或者根据情况由法院指定鉴定人作出鉴定的情况下，让具有专门知识的人员出庭以便在法庭上明确某些专业技术问题。但在仲裁机制中，涉及技术或专

---

① 张曼：《我国知识产权仲裁法律问题研究》，知识产权出版社2023年版，第135页。
② 江伟、肖建国主编：《仲裁法》（第四版），中国人民大学出版社2023年版，第136—151页。

业问题的处理，更常见的是鉴定制度。[1] 然而，专家证人与鉴定有着实质差异，二者的地位和资格要求均不同，并且鉴定人一般由司法机关聘请和指派，而专家证人可以由当事人自由选任，也可以由裁判机关选任。虽然鉴定、专家证人二者之间存在极大差异，但彼此并不矛盾，我国仲裁可考虑多从实践角度参考借鉴诉讼的专家证人制度，以更有利于案件的裁判以及仲裁制度本身公信力的建立和增强。

二、境外新动态

就国际商事仲裁领域而言，本节仅讨论在国际私法（Private International Law）和跨国法（Transnational Law）语境下国际知识产权纠纷相关问题。在国际或跨国私人主体之间的合意关系中，当事人的意思自治是选择仲裁或其他解纷方式的核心原则，同时也是选择适用法律的指导原则。国际私法中的契约自由原则推动了跨国或地区交易规范的发展。尽管在某些情况下，往往取决于当事人所属国的法律法规和法定机关的认可或许可，但由私人主体制定的各个领域的知识产权规范可能是真正的国际准则。[2] 这一点在英国、美国、加拿大、澳大利亚、瑞士、法国、德国等国家的知识产权争议解决法规中得以体现。

在国际知识产权法的框架内，尽管与世界贸易组织（World Trade Organization, WTO）有关的《TRIPs协定》引发的争端牵涉到执行 WTO 仲裁裁决、国家责任等问题，特别是涉及反制措施的问题，已成为知识产权引发的国际争端的议题，[3] 但这并不属于本节国际商事仲裁讨论的范畴。

通过对各国或地区知识产权争议仲裁法规和司法实践的分析可见，破解跨国或地区知识产权争端可仲裁性的不确定状态，是当事人决定选择仲裁作为跨

---

[1] 《仲裁法》第四十四条规定："仲裁庭对专门性问题认为需要鉴定的，可以交由当事人约定的鉴定部门鉴定，也可以由仲裁庭指定的鉴定部门鉴定。根据当事人的请求或者仲裁庭的要求，鉴定部门应当派鉴定人参加开庭。当事人经仲裁庭许可，可以向鉴定人提问。"

[2] Irene Calboli et al., Handbook of Intellectual Property Research, Oxford University Press, 2021, p. 21.

[3] 例如，2022年2月18日，欧盟就中国法院审理 SEP 诉讼有关禁诉令措施，在 WTO 争端解决机制下向中国提出措施请求（DS611），但磋商未果，2023年7月4日，欧盟和中国通知 WTO 争端解决机构，双方同意该项争议适用《争端解决规则和程序谅解》第25条"仲裁"。参见世界贸易组织官方网站，https://www.wto.org/english/tratop_e/dispu_e/cases_e/ds611_e.htm，2023年11月23日访问。

国或地区知识产权交易争议解决方式的核心前提。此外，即使选择了国际仲裁，有关国际仲裁的临时救济措施是否属于仲裁协议下仲裁庭权力的行使范畴，以及是否符合案涉仲裁地法律下对仲裁决定程序的规定，都是至关重要的问题。当事人能否有效且及时地申请执行仲裁的临时措施，将对争端的最终结果产生重大影响。因此，跨国或地区知识产权纠纷的当事人无论是申请仲裁庭的临时命令，还是寻求有司法管辖权的法院介入仲裁案件的临时措施的问题，包括知识产权纠纷仲裁程序的合法性和有效性等问题，都是当前国际知识产权仲裁领域非常关键的理论问题。

(一) 跨国或地区知识产权争议的可仲裁性问题

争议标的可仲裁性问题，是影响跨国或地区知识产权仲裁协议有效性的核心问题。对于跨国或地区知识产权争议的可仲裁性，存在不同维度的法律含义。概念上，这包含两个方面：一是具体跨国或地区交易中知识产权争议标的本身能否通过国际仲裁解决；二是该项知识产权争议的国际仲裁协议当事人主体适格性问题。而程序上，具体而言，在仲裁庭对跨国或地区知识产权争议事项作出裁决之前和之后的两个不同阶段，有关法院对同一个诉争事项可仲裁性问题进行司法监督时，不同阶段的审裁依据是有差异的。

首先，在仲裁庭已经对跨国或地区知识产权争议作出了裁决的阶段，就具体知识产权争议所涉及的事项而言，如果根据执行地国内法，该争议属于保留给该国法院专属管辖的范围，那么该争议不可仲裁。[①] 当事人签署了涉及不可仲裁事项的协议，很可能会面临法律效力缺失的问题，最终可能导致仲裁裁决难以执行，正如《纽约公约》第二条第一款所规定的："……争议，如关涉可以公断解决事项之确定法律关系……应提交公断时，各缔约国应承认此项协定。"跨国或地区知识产权争议的可仲裁性因涉及的各个法域的立法和司法实践不一而存在不确定性，当事人通常在事后使得仲裁结果落入不确定的窘困。如前所述，在新加坡、中国香港特区以及美国等国家和地区的法律下，专利有效性纠纷、专利侵权纠纷、商标纠纷、著作权纠纷等知识产权权利纠纷原则上都

---

① Bernard Hanotiau, The Law Applicable to Arbitrability, 26 Sing. Acad. L. J. 874 (2014).

可以仲裁，但在某些国家和地区，尽管国内法承认知识产权争议的可仲裁性，却存在一些限制，例如，在西班牙，只有当商标注册争议涉及禁止商标注册的相对理由时，该争议才可通过仲裁解决；① 又如，在印度，尽管专利许可引起的争议是可仲裁的，但涉及专利有效性的争议却不可仲裁。②

正如《纽约公约》第五条第二款规定的那样，执行地法院可以以案涉争议的不可仲裁性为由拒绝执行仲裁裁决。由于跨国或地区知识产权争议的可仲裁性缺乏统一性和确定性，这成为执行地法院审查仲裁裁决阶段当事人不可避免面临的挑战。举例来说，假定两个非新加坡属地的当事人明确约定某项知识产权相关争议适用新加坡国际仲裁中心规则在新加坡仲裁，对于商务条款和法律条款则明确约定适用印度法。在仲裁庭裁决印度专利无效后，如前所述，根据新加坡法律，这样的裁决在专利纠纷仲裁当事人之间是有效的，然而，在印度执行该裁决时，可能会因在印度法律下，专利的有效性不可仲裁，而为裁决的执行带来困难。对于特定争议事项的可仲裁性问题如何认定，过去各国或地区法院在对跨国或地区仲裁裁决进行司法监督审查时，或参考适用仲裁协议的法律，或参照本国法律，③ 这种二选一做法通常仅适用于仲裁裁决作出后的承认和执行阶段。

其次，在仲裁裁决作出前的待审裁阶段，类似冲突场景也会出现。在2023年新加坡最高法院上诉庭 Anupam Mittal v Westbridge Ventures II Investment Holdings [2023] SGCA④ 案中，当事人约定目标公司股份协议适用印度法，并且约定有关公司管理争议或与该股份协议相关争议，依照国际商会规则在新加坡仲裁。事后，双方发生了有关公司小股东受压和公司管理不善的纠纷。按照印度法律，此类纠纷由印度法院专属管辖，然而，按照新加坡法律，即使印度法不

---

① 参见世界知识产权组织官方网站，https://wipolex-res.wipo.int/edocs/lexdocs/laws/en/es/es080en.html，2023年11月23日访问。

② Kshama A. Loya & Gowree Gokhale, Arbitrability of Intellectual Property Disputes: A Perspective from India, 14 J. Intell. Prop. L. & Prac. 634 (2019).

③ 《联合国贸易法委员会秘书处关于〈承认及执行外国仲裁裁决公约〉（1958年，纽约）的指南》，联合国2016年版，第49页。

④ 参见新加坡最高法院电子诉讼官方网站，https://www.elitigation.sg/gd/gd/2023_SGCA_1/pdf，2023年11月23日访问。

允许仲裁，该纠纷在新加坡也是可仲裁的。与上述讨论的争议可仲裁性问题的基础不同的是，该案焦点在于争议实体事项处于仲裁裁决作出前的待审裁阶段，而不是仲裁裁决作出后的承认和执行阶段。在对于仲裁裁决作出前的阶段程序中争议标的事项是否具有可仲裁性的问题上，法院认为，在当事人既没有明示约定也没有默示约定仲裁协议适用法律的情况下，必须将仲裁地法律和仲裁协议准据法综合起来，一并考虑适用问题。只有同时满足这两项法律规定下争议的可仲裁性要求，才能认定争议标的事项是可仲裁的。这与仲裁裁决作出后阶段所适用的二选一做法显然不同。

因此，争议的可仲裁性是跨国或地区知识产权争议仲裁的核心。我们需要在《纽约公约》执行裁决的司法监督维度上继续研究，同时也应在知识产权争议仲裁法律适用的仲裁审理维度上进行多层面、多视角、多维度的立体理解。

（二）跨国或地区知识产权争议仲裁的临时措施问题

在前述 2023 年 7 月的欧盟和中国有关 TRIPS 项下禁令措施争议仲裁案中，我们可以看到临时救济措施在跨国或地区知识产权执行实务中发挥着关键作用。然而，在国际商事仲裁背景下，临时救济在保护跨国或地区知识产权权利人免受侵权以及进行证据保全等方面，具体执行时往往缺乏一般的衔接机制，存在一些制度缺陷。

通常情况下，仲裁临时救济需要在仲裁程序开始时迅速提供，否则可能导致争议解决结果无法实现，失去实际意义。在 2006 年版《贸法会示范法》中，仲裁庭行使临时措施权力的法律地位得到了承认。① 然而，在实际操作中，当事人提名组庭的完成时间以及仲裁庭的程序性审裁时间，都可能导致临时救济措施的延误。为避免这一问题，仲裁协议的当事人往往会选择法院诉前保全，通过法院颁发的临时救济令来协助双方的仲裁。但是，在关联到仲裁待审争议的事项

---

① 《联合国贸易法委员会国际商事仲裁示范法（1985 年附 2006 年通过的修正案）》第 17 条规定："仲裁庭下令采取临时措施的权力（1）除非当事人另有约定，仲裁庭经一方当事人请求，可以准予采取临时措施。（2）临时措施是以裁决书为形式的或另一种形式的任何短期措施，仲裁庭在发出最后裁定争议的裁决书之前任何时候，以这种措施责令一方当事人实施以下任何行为：（a）在争议得以裁定之前维持现状或恢复原状；（b）采取行动防止目前或即将对仲裁程序发生的危害或损害，或不采取可能造成这种危害或损害的行动；（c）提供一种保全资产以执行后继裁决的手段；或（d）保全对解决争议可能具有相关性和重要性的证据。"

上，各国法院在是否应当裁定仲裁程序下争议事项的临时救济方面存在不一致的做法，甚至在一国法院的不同法域中也存在不同的法律观点和司法实践。

例如，在美国，只要当事人原告的申请符合联邦巡回法院正常的初步禁令门槛标准，大多数巡回法院通常会签发临时禁令。但有些巡回法院采用更严格的限制性标准，要求当事人双方必须明示约定在仲裁期间维持现状，法院才能签发临时禁令。相反，另一些巡回法院则认为，只要有保全之必要，即可裁定予以临时救济，无须当事人提供上述明示约定维持现状的要求。[①]

考虑到知识产权争议的性质，尤其是一方需要进行证据保全，而另一方可能需要销毁侵权物证的情景，这些临时措施申请以及禁令执行的异议问题在跨国或地区知识产权争议仲裁中显得尤为突出。针对这一问题，美国仲裁协会国际争议解决中心首次在2006年的仲裁规则中引入了紧急仲裁机制，成为第一家采纳紧急仲裁员程序的仲裁机构。[②] 目前，新加坡国际仲裁中心、贸仲、国际商会国际仲裁院、香港国际仲裁中心、伦敦国际仲裁院、斯德哥尔摩商会仲裁院等国际仲裁机构的规则中，也都已经引入了紧急仲裁员程序，以保证当事人在仲裁庭组成之前可以向紧急仲裁员申请临时措施或禁令，实现财产保全、证据保全以及其他救济，而无须申请法院介入仲裁临时救济。[③]

然而，从《纽约公约》的角度来看，即使跨国或地区知识产权争议的当事人一方获得了仲裁庭许可的临时救济令，无论是由通常程序下的仲裁庭签发，还是由临时紧急仲裁程序下的仲裁员作出，都将面临执行异议的问题。由于《纽约公约》未对"仲裁裁决"进行定义，各法院在确定某些决定是否可作为《纽约公约》意义上的"仲裁裁决"时，对仲裁员作出的决定适用了上述两项

[①] Kate Brown, The Availability of Court-Ordered Interim and Conservatory Measures in Aid of International Arbitration in the United States of America and France: A Comparative Essay, 8 Int'l Trade & Bus. L. 135, 141-42 (2003).

[②] 参见美国律师协会官方网站，https://www.americanbar.org/groups/dispute_resolution/publications/dispute_resolution_magazine/2022/april/use-of-icdr-emergency-arbitration-procedures/，2023年11月23日访问。

[③] 葛黄斌：《紧急仲裁员机制的现实性与挑战性——以新加坡为视角》，载《2012航运金融法律评论》，上海浦江教育出版社2012年版，第103页。

标准——即裁决的终局性和约束力，[①] 简而言之，《纽约公约》意义上的仲裁裁决普遍指的是仲裁庭作出的具有终局性和约束力的裁决。然而，《纽约公约》在有关承认和执行外国仲裁庭临时措施禁令方面还存在一些空白。

上述问题从中国实践来看，2019年10月1日起生效的《最高人民法院关于内地与香港特别行政区法院就仲裁程序相互协助保全的安排》和2022年3月25日起生效的《最高人民法院关于内地与澳门特别行政区就仲裁程序互协助保全的安排》显示，中国内地法院作出支持仲裁的保全措施，同时也支持香港或澳门仲裁庭作出的临时救济措施，这些措施可以在内地执行。这一点对当前跨越内地、香港、澳门三地法域的知识产权仲裁而言至关重要，因为跨境知识产权纠纷案件通常牵涉多个法域的侵权行为，侵权证据和侵权物证可能分散在多个法域的不同地点，需要由多个法域的法院执行临时措施。

值得注意的是，对于中国香港、澳门地区之外的其他国家或法域仲裁庭作出的临时措施，与前述两地仲裁保全的两项安排不同，中国法院明确持有"我国法院缺乏承认与执行外国仲裁庭作出的临时措施、初步命令的法律依据"的立场。[②] 并且，这一立场自2006年5月4日在联合国国际贸易法委员会第三十九届工作会议文件中确立临时措施令（interim order）观点以来，未见再次修订，因而中国在未来恐怕仍然缺乏承认和执行任何外国仲裁庭所作的临时措施令的法律依据，[③] 其中亦包括跨国或地区知识产权争议仲裁中的临时救济措施或其他禁令。从前述《纽约公约》意义上的仲裁裁决语境来看，当前中国司法的态度和举措并没有与《纽约公约》形成任何冲突。其他一些国家，如韩国、

[①] 《联合国贸易法委员会秘书处关于（承认及执行外国仲裁裁决公约）（1958年，纽约）的指南》，联合国2016年版，第11—14页。

[②] 参见联合国贸法会工作文件 A/CN.9/609/Add.1《中国方面关于对联合国国际贸易法委员会第二工作组有关文件草案意见的复函》，https：//documents-dds-ny.un.org/doc/UNDOC/GEN/V06/538/31/PDF/V0653831.pdf?OpenElement，2023年11月23日访问。

[③] 葛黄斌：《紧急仲裁员机制的现实性与挑战性——以新加坡为视角》，载《2012航运金融法律评论》，上海浦江教育出版社2012年版，第109页。

智利和俄罗斯等,也明确表示不执行外国仲裁庭作出的临时措施。①

而在世界范围实践中,目前,全球88个国家和地区中有121个法域已将《贸法会示范法》作为当地仲裁法的蓝本,其中42个法域采用了2006年版《贸法会示范法》。新加坡则在2001年版基础上对1985年版《贸法会示范法》进行了修改,赋予仲裁庭作出临时措施的权力。② 因此,至少有43个法域通过立法明确,在其法域内的法院可以执行仲裁庭签发的临时措施或禁令,③ 为各国当事人选择这些仲裁地提供了成文法律保障,增强了当事人的信心。

事实上,各国对仲裁庭签发临时措施的法定权力的立法,也为当事人在跨国或地区知识产权纠纷仲裁中提供了便利的程序。以美国为例,在纽约南区联邦地区法院审理的 CE International Resources Holdings LLC v. S. A. Minerals Ltd. Partnership 一案④中,原告和被告涉及美国公司、泰国公司以及非美籍国民。合同规定适用纽约法,依照纽约法执行合同,并约定合同纠纷由美国仲裁协会《国际争议解决程序》(International Dispute Resolution Procedures,IDRP)裁决。原告向法院申请执行仲裁员签发的临时措施,要求被告提供1000万美元的担保金,并在未能缴纳足额担保金的情况下,冻结被告在全球范围内的任何资产(最高金额限制为1000万美元)。被告则请求法院撤销仲裁临时措施令,理由是仲裁员的行为明显违反了纽约法律,因为纽约法律不允许对一项金钱司法判决的原告作出可获得待决的担保金。法院经审理认为,双方自主同意适用IDRP,该程序第二十一条授予仲裁员行使临时救济管辖权的权利,可以采取他们认为

---

① 参见全球仲裁评论网站,https://globalarbitrationreview.com/guide/the-guide-challenging-and-enforcing-arbitration-awards/3rd-edition/article/enforcement-of-interim-measures#footnote-019-backlink,2023年11月23日访问。

② 新加坡《国际仲裁法》(第二部分"国际商事仲裁")第12条第(1)款规定,在不损害该法其附则示范法明文规定的仲裁庭权力情形下,该条款明确规定仲裁庭行使(a)至(j)共十大项权力,其中第(i)项为仲裁庭作出临时禁令或其他任何临时措施命令的权力。

③ 具体国家或43个法域名称,参见联合国国际贸易法委员会官方网站,https://uncitral.un.org/en/texts/arbitration/modellaw/commercial_arbitration/status,2023年11月23日访问。

④ https://jusmundi.com/en/document/decision/en-ce-international-resources-holdings-llc-v-s-a-minerals-ltd-partnership-tantalum-technology-inc-and-yeap-soon-sit-decision-and-order-granting-petitioners-application-for-confirmation-and-enforcement-of-the-interim-arbitral-award-of-the-united-states-district-court-for-the-southern-district-of-new-york-monday-10th-december-2012,2024年4月3日访问。

必要的任何临时措施。法院进一步认为，执行仲裁庭命令不违反纽约法律，也不违背纽约的公共政策。最终，法院裁定执行仲裁员的临时措施令，驳回了被告的请求。

早在10年前，为了加强本国或法域在常见国际仲裁条款中的优势地位，新加坡和中国香港，这两个在2021年国际仲裁中位列前二的仲裁地，① 已经通过修订仲裁法案或将"仲裁庭"的定义范围扩大至"包括紧急仲裁员"，② 或通过立法规定"强制执行紧急仲裁员批给的紧急济助"等方式采取了积极的举措。③

2022年10月，新加坡法院在 CVG v CVH [2022] SGHC 249 一案④中作出了重要判决，首次确认了对外国紧急仲裁员临时救济裁决在新加坡的可执行性。在这起跨国知识产权纠纷案中，被申请人自1997年起是申请人在新加坡的特许经营商，也在马来西亚、中国台湾地区和菲律宾经营有申请人授权的特许经营店。此案源于2022年5月22日，原告因终止特许经营协议引发专属标识纠纷，在美国仲裁协会国际争议解决中心提起仲裁并申请紧急保护措施（包括禁令救济）。紧急仲裁员于2022年6月15日在美国宾夕法尼亚州作出救济裁决，原告于2022年6月29日向新加坡法院申请执行，而被告则于2022年7月22日提出法院撤销执行令的申请。新加坡高等法院认为，在新加坡《国际仲裁法》的"外国裁决"章节中，⑤ 对"外国裁决"的定义不仅包括《纽约公约》中所指的"仲裁裁决"，还涵盖了新加坡《国际仲裁法》的"国际商事仲裁"章节中"仲裁庭"权力项下作出的有关命令或裁定，⑥ 而该处国际商事仲裁"仲裁庭"定义范围包含"紧急仲裁员"，⑦ 尽管《国际仲裁法》中并未明确"外国裁决"

---

① 伦敦与新加坡并列第一，中国香港特区位列第二。
② 详见新加坡《国际仲裁法》（第二部分"国际商事仲裁"）第2条第（1）款，2012年修订。
③ 详见中国香港特区《仲裁条例》第22B条，2013年增补。
④ https://www.elitigation.sg/gd/s/2022_SGHC_249，2024年4月3日访问。
⑤ 详见新加坡《国际仲裁法》（第三部分"外国裁决"）第27条第（1）款项下的"书面协议""仲裁裁决""仲裁协议""公约""公约国家""法院""外国裁决"释义。
⑥ 详见新加坡《国际仲裁法》（第二部分"国际商事仲裁"）第12条第（1）款第（c）至（j）项"仲裁庭"权力项下的有关命令或裁定。如注脚124所示，其中第（i）项为仲裁庭作出临时禁令或其他任何临时措施命令的权力。
⑦ 新加坡《国际仲裁法》（第二部分"国际商事仲裁"）第2条第（1）款"仲裁庭"定义范围包括"紧急仲裁员"。

与"仲裁庭"之间的定义关系，但法院为了确认对该外国裁决的承认和执行，将"仲裁裁决"释义特意扩展为包括紧急仲裁员的裁决。因此，法院确定新加坡《国际仲裁法》第二十九条关于承认和执行外国裁决的条款同样适用于紧急仲裁员作出的外国裁决。①

这一里程碑性的判例法解决了新加坡执行外国紧急仲裁员裁决的不确定性问题。该判决对于跨国或地区知识产权纠纷仲裁临时救济理论以及国际知识产权仲裁领域的法律研究具有重要参考价值。

---

① 新加坡《国际仲裁法》（第三部分"外国裁决"）第29条第（1）款规定，在不违反该法"外国裁决"章节部分的规定情形下，可通过诉讼、或按照该法第19条执行新加坡裁决的相同方式，在法院强制执行外国裁决；第（2）款规定，前款第（1）项下可执行的外国裁决，无论出于任何目的必须承认裁决对其中当事人的约束力，而裁决项下的任何当事人，可以此等裁决作为新加坡任何法律程序下的答辩、抵销或其他抗辩依据。

第三节　境内外知识产权仲裁的立法新动态

一、境内新动态

（一）现行法规政策梳理

1. 各层级之立法

首先，我国于 1995 年 9 月 1 日开始施行《仲裁法》，此后《仲裁法》分别于 2009 年和 2017 年对个别条款进行了修正。自 2019 年起，司法部开始组织研究起草《仲裁法修订意见稿》及其说明（以下简称《仲裁法修订说明》），并于 2021 年 7 月 30 日向社会公开征求意见。

现行《仲裁法》第二条[1]的规定为知识产权仲裁发展奠定了法律基础。根据《仲裁法修订说明》，法律规定可以仲裁的范围较窄，很多伴随新经济新业态涌现的新类型纠纷无法纳入仲裁范围，影响仲裁作用的发挥。而《知识产权强国建设纲要（2021—2035 年）》的提出和实施旨在回应新技术、新经济、新形势对知识产权制度变革提出的挑战。[2] 新经济中的大量业态都基于自 20 世纪

---

[1] 《仲裁法》第二条规定："平等主体的公民、法人和其他组织之间发生的合同纠纷和其他财产权益纠纷，可以仲裁。"

[2] 《知识产权强国建设纲要（2021—2035 年）》第一部分"战略背景"规定："党的十八大以来，在以习近平同志为核心的党中央坚强领导下，我国知识产权事业发展取得显著成效，知识产权法规制度体系逐步完善，核心专利、知名品牌、精品版权、优良植物新品种、优质地理标志、高水平集成电路布图设计等高价值知识产权拥有量大幅增加，商业秘密保护不断加强，遗传资源、传统知识和民间文艺的利用水平稳步提升，知识产权保护效果、运用效益和国际影响力显著提升，全社会知识产权意识大幅提高，涌现出一批知识产权竞争力较强的市场主体，走出了一条中国特色知识产权发展之路，有力保障创新型国家建设和全面建成小康社会目标的实现。进入新发展阶段，推动高质量发展是保持经济持续健康发展的必然要求，创新是引领发展的第一动力，知识产权作为国家发展战略性资源和国际竞争力核心要素的作用更加凸显。实施知识产权强国战略，回应新技术、新经济、新形势对知识产权制度变革提出的挑战，加快推进知识产权改革发展，协调好政府与市场、国内与国际、以及知识产权数量与质量、需求与供给的联动关系，全面提升我国知识产权综合实力，大力激发全社会创新活力，建设中国特色、世界水平的知识产权强国，对于提升国家核心竞争力，扩大高水平对外开放，实现更高质量、更有效率、更加公平、更可持续、更为安全的发展，满足人民日益增长的美好生活需要，具有重要意义。"

下半叶以来的微电子技术、生物工程技术、新材料技术、网络技术和基因技术而发展起来。鉴于此，《仲裁法修订意见稿》重申了仲裁法有关事项可以仲裁的原则。① 结合上述《仲裁法修订说明》，为通过仲裁解决知识产权争议，从仲裁法立法和进一步修订的角度，均奠定了理论支持。

其次，在知识产权具体法律规则的项下，《著作权法》明确规定"著作权纠纷"可仲裁。② 根据目前已生效施行的法律法规，虽然现行《中华人民共和国商标法》（以下简称《商标法》）、《专利法》并未如《著作权法》的规定，确定地将仲裁作为解决纠纷方式，但这两部法律也未对仲裁采取否定态度，并均规定了纠纷可以由"当事人协商解决"。

同时，就商标权侵权纠纷，《商标法修订草案》第七十四条明确规定：侵犯注册商标专用权行为之一，引起纠纷的，由当事人协商解决；也可以根据当事人达成的书面仲裁协议，向仲裁机构申请仲裁；不愿协商、协商不成或者没有书面仲裁协议的，商标注册人或者利害关系人可以向人民法院起诉，也可以请求负责商标执法的部门处理。③《商标法修订草案》的该等规定，是我国首次在商标法层面明确仲裁可以用于解决商标的某一类争议，体现了健全商标纠纷多元化解机制的立法意图。如果该条最终通过，将在立法层面为通过仲裁解决商标侵权纠纷起到强有力的推动作用。

此外，就专利领域的争议，如前文所述，我国在《专利法》第四次修改时已确立了开放许可制度。④ 专利许可成立的基础是许可合同，因此与之相关的纠纷主要是违约纠纷；然而该等许可合同在履行过程中也会发生违约责任和侵权责任竞合的情形。就该等竞合情形可能带来的仲裁可适性问题，在未来立法

---

① 《仲裁法修订意见稿》第二条规定："平等主体的公民、法人和其他组织之间发生的合同纠纷和其他财产权益纠纷，可以仲裁。"

② 《著作权法》第六十条第一款规定："著作权纠纷可以调解，也可以根据当事人达成的书面仲裁协议或者著作权合同中的仲裁条款，向仲裁机构申请仲裁。"

③ 参见国家知识产权局官方网站，https://www.cnipa.gov.cn/art/2023/1/13/art_78_186543.html，2024年3月7日访问。

④ 参见《专利法》第五十条至第五十二条，即指专利权人自愿通过声明方式，作出许可任何主体实施其专利的意思表示，该声明经国家知识产权局审查合格后予以公告，有意愿实施该专利的主体以书面方式通知专利权人，并按声明中要求的方式支付许可费后，即获得专利实施许可。

和实践中亦会成为持续关注讨论的问题。如未来能有类似《商标法修订草案》的规定，即使仅涉及专利开放许可内容，也会对实践产生积极的指导作用。

2. 公共政策层面

自 2018 年以来，中共中央、国务院印发多个关于知识产权内容的政策性文件，如《"十四五"国家知识产权保护和运用规划》中明确提出"完善知识产权纠纷多元化解决机制。培育和发展知识产权调解组织、仲裁机构……"知识产权仲裁事业的高度实际已上升到国家战略层面。

此外，多个政策性文件以及地方性法规、条例均明确仲裁是知识产权纠纷解决机制的组成部分并鼓励其发展，具体见下表：

表 1-1：关于明确仲裁作为知识产权纠纷解决机制的
组成部分并鼓励其发展的规定

类别	数量	具体名称	政策导向
政策性文件	7 部	国家知识产权局印发《关于开展知识产权纠纷仲裁调解试点工作的通知》（2017 年 3 月 9 日施行）	鼓励发挥知识产权仲裁优势。贯彻实施《国务院关于新形势下加快知识产权强国建设的若干意见》，以促进产业发展、改善创新环境为出发点，遴选需求强、基础好的地方、机构、社会组织或者协会作为试点单位，探索将知识产权纠纷仲裁和调解工作共同纳入试点范畴。发挥知识产权仲裁高效便捷、专业性强、保密性好、无地域管辖限制等优势，服务国家"一带一路"建设和企业"走出去"。发挥知识产权调解快速、灵活、有效的特点，为相关行业、产业集聚区自贸区及专业市场等提供知识产权纠纷快速解决渠道，不断完善知识产权纠纷多元化解决机制。
		国家知识产权局印发《关于开展知识产权仲裁调解机构能力建设工作的通知》（2018 年 3 月 15 日施行）	肯定了知识产权仲裁的价值，并指出了目前面临的问题。当前，越来越多的仲裁调解机构面向市场开展知识产权仲裁调解业务，国内外创新主体对通过仲裁调解方式解决知识产权纠纷的需求日趋旺盛，但知识产权仲裁调解服务还存在工作运行机制不够高效顺畅，相关机构业务重点不够突出、能力有待提升等问题。为此，有必要通过遴选一批机构重点支持其加强能力建设和提高化解知识产权纠纷的水平，进而提升仲裁调解工作的社会认知度和认可度，强化知识产权保护体系建设。

续表

类别	数量	具体名称	政策导向
政策性文件	7部	广东省自贸办关于印发《加强中国（广东）自由贸易试验区知识产权工作的指导意见》（2015年8月18日施行）	完善知识产权纠纷调解和维权援助机制，建立知识产权纠纷仲裁、调解等多元化争端解决机制，引入国际仲裁机制，推进国内外知识产权仲裁机构开展合作设立广东自贸试验区知识产权综合调解中心，引入第三方调解机制，鼓励行业协会、专业服务机构参与知识产权调解工作，进一步推动知识产权纠纷解决构建包含行政调解、社会组织调解在内的多元化知识产权争端解决与维权援助机制。
		中共中央办公厅、国务院办公厅印发《关于强化知识产权保护的意见》（2019年11月24日施行）	建立健全知识产权仲裁、调解、公证社会监督等人才的选聘、管理、激励制度。加强知识产权保护专业人才岗位锻炼，充分发挥各类人才在维权实践中的作用。
		中共中央、国务院印发《知识产权强国建设纲要（2021—2035年）》（2021年9月22日施行）	完善知识产权纠纷多元化解决机制培育和发展知识产权调解组织、仲裁机构、公证机构。鼓励行业协会、商会建立知识产权保护自律和信息沟通机制。
		国家知识产权局、司法部关于印发《关于加强知识产权纠纷调解工作的意见》（2021年10月22日施行）	加强知识产权纠纷调解组织与行政执法部门、司法机关、仲裁机构等衔接联动建立健全知识产权纠纷投诉与调解对接、诉调对接、仲调对接等工作机制。
		《最高人民检察院关于全面加强新时代知识产权检察工作的意见》（2022年2月28日施行）	明确了加强司法保护与行政确权、行政执法、调解、仲裁、公证存证等环节的信息沟通和共享，促进行政执法标准和司法裁判标准统一，形成有机衔接、优势互补的运行机制。
地方法规	5部	《天津市知识产权保护条例》（2019年11月1日施行）	第三十四条①倡导通过仲裁解决知识产权纠纷。
		《辽宁省知识产权保护条例》（2021年10月1日施行）	第三十四条②鼓励仲裁机构开展知识产权仲裁业务，加强知识产权仲裁专业化建设。

① 《天津市知识产权保护条例》第三十四条规定："本市建立和完善知识产权纠纷多元解决机制.促进知识产权行政裁决、调解、仲裁、诉讼等纠纷解决途径的有效衔接，保护当事人合法权益，维护公平竞争的市场秩序。"

② 《辽宁省知识产权促进和保护条例》第三十四条规定："鼓励人民调解组织、行业协会以及其他社会组织建立知识产权纠纷调解机制。鼓励仲裁机构开展知识产权仲裁业务，加强知识产权仲裁专业化建设。"

续表

类别	数量	具体名称	政策导向
地方法规	5部	《江苏省知识产权促进和保护条例》（2022年4月26日施行）	第三十七条①推动负有知识产权管理职责的部门、行业组织加强与仲裁机构合作，引导当事人在合同中约定知识产权仲裁条款，运用仲裁方式高效化解纠纷。
		《北京市知识产权保护条例》（2022年7月1日施行）	第十条②鼓励境外知识产权仲裁机构开展业务。第五十三条③倡导通过仲裁解决知识产权纠纷。
		《河北省知识产权保护和促进条例》（2023年11月1日施行）	第三十八条④鼓励和支持仲裁机构开展知识产权仲裁业务。第五十条⑤明确发生知识产权纠纷时，当事人可以自行协商和解。协商和解不成的，可以依法申请调解、仲裁、行政裁决等。

3. 特定知识产权纠纷仲裁制度

现有立法中已有通过仲裁解决展会知识产权纠纷的相关内容。展会作为招商引资的有效手段，是主办方参与行业生存竞争的强力器，是参展商塑造形象、推广品牌、拓展市场的营销平台，也是观展人员了解行业动态信息的有效途径。然而，展会知识产权侵权法律纠纷又具有侵权行为的高度集中性、侵权认定的

---

① 《江苏省知识产权促进和保护条例》第三十七条规定："完善知识产权纠纷多元化解决机制，引导当事人通过仲裁、调解等方式化解纠纷。支持仲裁机构建设专业化知识产权仲裁平台和仲裁员队伍，提升知识产权纠纷仲裁能力。推动负有知识产权管理职责的部门、行业组织加强与仲裁机构合作，引导当事人在合同中约定知识产权仲裁条款，运用仲裁方式高效化解纠纷。当事人可以通过人民调解、行政调解、司法调解、行业调解等方式化解知识产权纠纷。知识产权纠纷经过依法设立的调解组织调解达成具有民事合同性质协议的，当事人可以依法向人民法院申请确认其效力。"

② 《北京市知识产权保护条例》第十条规定："本市扩大知识产权领域开放合作，支持境外知识产权服务机构、仲裁机构等依法在本市设立机构、开展业务，推动建立国际知识产权交易运营平台。"

③ 《北京市知识产权保护条例》第五十三条规定："支持仲裁机构加强知识产权纠纷仲裁服务能力建设，为当事人提供专业、优质、高效的仲裁服务。政府有关部门应当为仲裁机构开展涉外知识产权仲裁业务提供相关人员工作居留及出入境、跨境收支等方面的便利。"

④ 《河北省知识产权保护和促进条例》第三十八条规定："县级以上人民政府知识产权主管部门、管理部门应当优化和完善知识产权纠纷调解程序。省、设区的市知识产权主管部门应当依法受理专利侵权纠纷行政裁决申请。行政裁决前可以遵循当事人自愿原则先行调解，调解不成的及时作出行政裁决。鼓励和支持仲裁机构开展知识产权仲裁业务。"

⑤ 《河北省知识产权保护和促进条例》第五十条规定："本省建立健全知识产权纠纷多元化解机制。发生知识产权纠纷时，当事人可以自行协商和解。协商和解不成的，可以依法申请调解、仲裁、行政裁决，或者向人民法院提起诉讼。鼓励和支持行业组织依法成立知识产权纠纷调解组织，引导当事人通过调解解决纠纷。"

紧迫性、侵权解决的复杂性等特点,[①] 因此规范展会知识产权保护,并明确仲裁作为纠纷解决方式,是知识产权保护落地非常重要的举措,也是立法层面解决特定知识产权争议的成就之一。

截至目前,通过仲裁方式解决展会知识产权纠纷在《深圳经济特区知识产权保护条例》《上海市知识产权保护条例》《山西省知识产权保护工作条例》中均有体现,具体见下表:

表1-2:地方性法规对知识产权

类别	数量	具体名称	规定可仲裁争议类型
地方法规	3部	《深圳经济特区知识产权保护条例》(2020年7月3日施行)	第五十七条[②]规定展会知识产权纠纷可仲裁,纠纷类型是知识产权侵权纠纷。
		《上海市知识产权保护条例》(2021年3月1日施行)	第三十九条第一款[③]明确展会知识产权纠纷可仲裁,纠纷类型是知识产权侵权纠纷。
		《山西省知识产权保护工作条例》(2021年7月1日施行)	第三十一条[④]明确展会知识产权纠纷可仲裁,纠纷类型是知识产权侵权纠纷。

(二) 知识产权仲裁立法探索

基于上述立法经验,知识产权仲裁领域的相关法规和政策,试图结合知识产权争议的特点,从如下方面解决长期存在于知识产权仲裁领域的难点问题,

---

① 刘莹、赵孝贤:《展会知识产权法律保护的完善》,载《法制与社会》2019年第16期。

② 《深圳经济特区知识产权保护条例》第五十七条规定:"参展方在同一展会主办单位举办或者承办单位承办的展会活动上再次侵犯他人知识产权,或者在展会期间两次以上侵犯他人知识产权的,展会主办单位或者承办单位应当在两年内禁止该参展方参加其举办或者承办的展会活动。"

③ 《上海市知识产权保护条例》第三十九条规定:"本市举办大型展示、展览、推广、交易等会展活动,会展举办单位应当要求参展方提交未侵犯他人知识产权的合规性书面承诺或者知识产权相关证明文件。未按照要求提交的,会展举办单位不得允许其参加会展相关活动。会展举办单位可以根据会展规模、期限等情况,自行或者与仲裁机构、行业协会、知识产权服务机构等设立会展知识产权纠纷处理机构。市知识产权部门应当会同市商务等部门制定会展知识产权保护规则,推动知识产权保护条款纳入会展活动相关合同示范文本。"

④ 《山西省知识产权保护工作条例》第三十一条规定:"展会主办单位或者承办单位应当在展会举办期间依法保护知识产权。参展产品、作品、技术或者宣传材料上标注知识产权信息的,参展方应当提供合法有效的知识产权权属证明;未提供的,展会主办单位或者承办单位应当取消其参展资格。展会举办时间三天以上的,展会主办单位或者承办单位应当自行或者与仲裁机构、行业组织、知识产权服务机构等设立展会知识产权纠纷处理机构,并在展会显著位置以及有关宣传资料上公布纠纷处理机构的联系方式、纠纷处理规则等信息。"

进一步去除实务中运用仲裁解决知识产权争议的法律障碍。

1. 进一步探讨知识产权争议的可仲裁性

探讨知识产权争议可仲裁性的核心就是明确仲裁庭是否可对如专利、商标等知识产权权利的效力作出认定。如前所述，产生这一探讨的基础在于商标、专利等知识产权权利的授权、确权与国家行政机关有着密切的关系，而仲裁庭作为"民间组织"是否可以就上述属于公权力机关认定范畴内的事项进行评价存在疑问。

从立法层面来看，我国目前将专利无效等行政争议排除于仲裁范围之外。法律依据有：《仲裁法》第三条规定应当由行政机关处理的行政争议不属于可仲裁事项范围，《专利法》第四十五条、第四十六条规定了专利有效性争议的处理权限专属于国务院专利行政部门，国务院专利行政部门有权宣告专利权无效或者作出维持专利权的决定。

如果排除该类争议的可仲裁性，实践中就会产生一个问题：在大多数知识产权侵权案件中，侵权人往往对权利人主张的权利基础提出挑战，以专利为例，在侵权纠纷中，被控侵权人在得知自己被控侵权后一般会针对权利基础专利提出无效宣告请求。如果仲裁庭没有对专利效力审查的管辖权，仲裁程序就可能面临中止的局面，通常行政审查时限较长，再加之后续的司法救济程序，就会使整个效力审查时间十分漫长，这样一来仲裁的高效性也就荡然无存。但如果承认仲裁庭可对如专利效力进行认定，又会出现与现行法律规定冲突的局面。

实践中确已存在知识产权仲裁的案件类型为侵权纠纷，根据本报告对仲裁机构受理知识产权争议纠纷仲裁案件数量及类型的统计可知，我国仲裁机构已经受理了知识产权合同争议、合同类侵权争议等，目前对于权利有效性，如专利、商标权利有效性争议基于前文所述的理论争议，实践中尚无大量案例，但本质上该类知识产权核心问题无法回避，有待为仲裁解决该等争议做准备。

2. 建立健全知识产权多元化纠纷解决机制

前文所述多项法律、法规和政策均明确要建立多元化纠纷解决机制，仲裁是其中重要的组成部分，其中《"十四五"国家知识产权保护和运用规划》明确载明完善知识产权纠纷多元化解决机制。培育和发展知识产权调解组织、仲裁机构、公证机构。鼓励行业协会、商会建立知识产权保护自律和信息沟通机制。此外，国家知识产权局、司法部发布的《关于加强知识产权纠纷调解工作的意见》中亦明确建立健全知识产权纠纷调解衔接联动机制。采取联合调解、协助调解、委托移交调解等方式，建立知识产权纠纷人民调解、行政调解、行业性专业性调解、司法调解衔接联动工作机制。加强知识产权纠纷调解组织与行政执法部门、司法机关、仲裁机构等衔接联动，建立健全知识产权纠纷投诉与调解对接、诉调对接、仲调对接等工作机制。

现阶段，建立健全上述机制仍存在诸多困难。国家知识产权局办公室印发《关于开展知识产权仲裁调解机构能力建设工作的通知》明确，当前，越来越多的仲裁调解机构面向市场开展知识产权仲裁调解业务，国内外创新主体对通过仲裁调解方式解决知识产权纠纷的需求日趋旺盛，但知识产权仲裁调解服务还存在工作运行机制不够高效顺畅，相关机构业务重点不够突出、能力有待提升等问题。

但实践中已有相关成功经验，2017年4月最高人民法院与WIPO签署了谅解备忘录，建立合作框架，其中包括最高人民法院将与WIPO仲裁与调解中心在调解领域进行合作，以促进在中国的知识产权和技术争议的解决。自2020年以来，在这一合作下共有37起国际知识产权案件移送至WIPO调解，结案13起，涉及发明专利、商标、著作权、不正当竞争、技术服务合同等领域。

综上可知，如何在现有立法基础上不断改进、提高，补足不足，建立健全知识产权纠纷仲裁、调解等多元化纠纷解决方式的衔接制度具有重要意义。

3. 明确人身性质的知识产权争议的可仲裁性

如前文所述，基于知识产权兼具财产性和人身性的特点，知识产权争议类型中包含很重要的一类，即涉及人身性质的知识产权争议。该类知识产权争议的可仲裁性问题在立法层面并未明确，因此在实践中存在少量误解。

我国《著作权法》规定著作权纠纷可以根据当事人达成的书面仲裁协议或者著作权合同中的仲裁条款，向仲裁机构申请仲裁。著作权纠纷属于上位概念，其中常见的纠纷类型包含权属、侵权以及许可争议等。因作者享有的人身性权利是著作权保护范畴的组成部分，因此人身性质的著作权纠纷也应属于可仲裁的纠纷类型。《仲裁法》第三条对不可仲裁的事项进行了规定，即婚姻、收养、监护、扶养、继承纠纷和依法应当由行政机关处理的行政争议，所以人们误以为与人身性质相关联的知识产权争议不属于可仲裁的事项。

在实践中，人身性质的知识产权争议往往与知识产权权属争议存在交叉，而认为著作权权属纠纷不具有可仲裁性，或多或少受到了专利和商标的影响。根据我国《专利法》和《商标法》的相关规定，对于专利与商标的侵权争议，行政机关与法院才是有权处理的主体，现行法律并未明确将仲裁作为争议解决渠道之一；而对于专利与商标的有效性争议，往往认为行政机关处理是第一位的，法院诉讼是第二位的，基本上已经排除了仲裁的介入。该等认识也影响了对于人身性质知识产权争议可仲裁性的理解和适用。鉴于上述在实践中可能存在的误解，考虑到人身性权利的特殊性，建议对该类争议的可仲裁性在法规层面予以明确。

4. 完善职务发明权利归属争议可仲裁的适用范围

职务发明的归属一直是知识产权领域的热点问题。特别是在学术理论界，也对于立法上将职务发明创造统归单位存在争议，而在实践中，由于法条规定不甚明确、司法实践标准存在分歧等原因，职务发明界定以及奖励报酬支付常常会引发争议。明确该类争议，特别是涉及权利归属争议的可仲裁性，对于高效解决当事人纠纷、优化司法资源都具有重要作用。

关于职务发明涉及的权利归属问题，现行法律法规尚未明确规定其是否属于可仲裁的事项。目前最接近该事项的已有立法行为是《南京市知识产权促进和保护条例》，该条例第五十条规定："违反本条例规定，单位未履行法定或者约定义务，致使职务发明创造发明人、设计人以及知识产权完成人未能享有相关权益，经协商不成的，可以向知识产权行政管理部门申请调解、依法申请仲裁或者向人民法院提起诉讼。"从条例规定来看，该规定也并非直接针对职务发明权属纠纷，但从法规层面为该类争议以仲裁作为解决机制创设了空间。

基于实务中层出不穷的职务发明权属争议，以及现行法律法规对于职务发明的规定存在不明确和争议之处，完善权利归属争议可仲裁的适用范围应是立法探索的内容之一。

5. 完善知识产权仲裁裁决执行制度

我国于 1986 年 12 月 2 日加入《纽约公约》，该公约于 1987 年 4 月 22 日对我国生效，为知识产权仲裁裁决的跨境执行提供了制度保障。但《仲裁法》第三条规定应当由行政机关处理的行政争议不属于仲裁范围；《专利法》第四十五条、第四十六条规定了专利有效性争议的处理权限专属于国务院专利行政部门，国务院专利行政部门有权宣告专利权无效或者作出维持专利权的决定；同时《民事诉讼法》第二百九十一条规定涉外仲裁机构对于无权仲裁的事项作出的裁决，法院有权裁定不予执行。此外，人民法院认定执行该裁决损害社会公共利益的，裁定不予执行。

在实践中，国际诉讼和仲裁是知识产权权利人，特别是专利权人常用的维权手段。在对专利侵权纠纷进行仲裁时，如同专利诉讼，往往伴随着对专利效力的请求。各国对专利效力可仲裁性的规定也存在差异，例如美国允许任何关于专利的争端进行仲裁，即使争端涉及专利的效力问题，也可以进行仲裁；在英国涉及专利效力的请求通常也会被仲裁庭接受。[①] 而基于上述我国的法律规定，涉外仲裁裁决特别是有关专利效力的裁决在我国可能面临无法执行的困境。

知识产权仲裁的国际化是其发展趋势，而涉外仲裁裁决的可执行性使其成为有吸引力的解决国际知识产权争议的渠道之一。如面临裁决无法执行的局面，会导致我国知识产权仲裁无法与国际争议解决潮流接轨，发展空间将受到约束。

二、境外新动态

当前，大多数国家和法域尚未制定专门性的知识产权仲裁法律。然而，近年来，各地的法律和司法态度普遍表现出更加开放和灵活的趋势。各国或地区司法机构越来越多地承认和执行与知识产权纠纷有关的仲裁裁决，这包括所有权、有效性和侵权等争议。解决知识产权纠纷是否可以通过仲裁进行的问题时，许多国家或地区通过确保裁决仅对当事人之间产生效力来处理。

在普通法和大陆法两大法系中，对知识产权仲裁的法律立场逐渐趋于融合。

[①] 陈健：《专利仲裁制度研究》，载《北京仲裁》2021 年第 1 辑，总第 115 辑。

综合来看，截至2023年，几大领先法域并未出现明显的新的立法动态或相关判例。在理论方面，学者和从业者近年来一直看好开放和灵活的趋势，并在具体知识产权和特定法域的基础上不断探索。

这一趋势反映了对知识产权争议更加高效解决方式的需求，强调了仲裁作为一种有效的争议解决机制。这也为未来知识产权仲裁领域的发展提供了一定的方向和借鉴。

（一）普通法系主要法域

虽然许多普通法系国家均为《纽约公约》的签署国，但由于知识产权的地域属性，各国适用知识产权的法律制度不尽相同，特别是有关知识产权的注册和有效性的做法往往大相径庭。因此虽然知识产权仲裁在许多国家或法域已经较为普遍，但知识产权本身及其争议是否具有可仲裁性的问题在各法域中也随法院判例法的具体指引而异。

普通法系各法域高度重视司法判例，因此大多数普通法系国家或法域通过司法判例确认特定知识产权类型的可仲裁性，而非颁布实施专门的知识产权仲裁成文法。然而作为例外，新加坡和中国香港特区为了发展知识产权事业，打造或提升所在司法管辖区在国际知识产权纠纷仲裁的中心地位，相继立法明确知识产权争议的可仲裁性。例如，新加坡《知识产权（争议解决）法》、[1] 新加坡《仲裁法》、[2] 新加坡《国际仲裁法》[3] 以及中国香港特区《仲裁条例》[4] 均全面具体地对各自法域下可仲裁的知识产权权利释义、知识产权争议释义、知识产权仲裁裁决效力适用等问题作出明确规定。均明确有关专利、商标、地理标志、已注册的外观设计、著作权、集成电路的受保护布图设计权利、对植物品种的保护权利、对机密信息或商业秘密或专有技术的权利、为保护商誉对假

---

[1] Intellectual Property (Dispute Resolution) Act 2019，参见新加坡政府机构网站，https：//sso.agc.gov.sg/Acts-Supp/23-2019/Published/20190911？DocDate＝20190911，2023年11月23日访问。

[2] Arbitration Act 2001，参见新加坡政府机构网站，https：//sso.agc.gov.sg/Act/AA2001，2023年11月23日访问。

[3] International Arbitration Act 1994，参见新加坡政府机构网站，https：//sso.agc.gov.sg/Act/IAA1994，2023年11月23日访问。

[4] Cap. 609 Arbitration Ordinance，参见电子版香港法例网，https：//www.elegislation.gov.hk/hk/cap609！en-sc？INDEX_ CS＝N，2023年11月23日访问。

冒或类似的不正当竞争行为提起诉讼的权利或者任何其他性质的知识产权权利争议，均允许当事人通过仲裁方式解决，且明确在上述仲裁法律下作出的知识产权裁决在仲裁当事人之间有约束效力，但不对任何第三人产生影响。

1. 新加坡

早在2019年，新加坡政府就认为，创新经济需要一套运作良好、信誉良好、值得信赖的知识产权制度作支撑，知识产权争议解决体系机制是其中的关键部分。为了帮助知识产权权利人增加信心，保持知识产权受益人继续投资创新创意活动的动力，让新加坡经济和社会从中受益，巩固新加坡作为国际知识产权仲裁中心的优势地位，新加坡决定对知识产权争议解决体系机制进行重大改革。① 在这一背景下，2019年8月，新加坡国会通过了《知识产权（争议解决）法》。同年11月，新加坡《知识产权（争议解决）法》有关知识产权争议仲裁部分正式生效施行，新加坡《仲裁法》和《国际仲裁法》中有关修订知识产权争议部分的规定也同时生效，明确了知识产权争议可仲裁性的具体适用情形。

2019年新加坡《知识产权（争议解决）法》、②《仲裁法》修订后的第五十二B条和《国际仲裁法》修订后的第二十六B条，均以相同的内容明确规定"知识产权争议可以仲裁"。③ 为强调知识产权及其争议概念在新加坡法律中的完整一致性，上述三部法律均采用相同的"知识产权权利"内容释义，即专利、商标、地理标志、已注册的外观设计、著作权、集成电路的受保护布图设计权利、对植物品种的保护权利、对机密信息或商业秘密或专有技术的权利、

---

① 参见新加坡政府机构网站，https://www.mlaw.gov.sg/news/parliamentary-speeches/second-reading-speech-by-senior-minister-of-state-for-law-mr-edwin-tong-on-intellectual-property-dispute-resolution-bill，2023年11月23日访问。

② 该法第2（52B）条有关修订《仲裁法》知识产权仲裁、第8（26B）条有关修订《国际仲裁法》知识产权仲裁。

③ 此三部法律均规定：（1）知识产权争议标的，能够通过仲裁方式，在纠纷当事人之间解决。（2）仲裁中的知识产权争议，无论是主要争点还是附带问题，第（1）款均适用。（3）知识产权争议，不会仅因为新加坡或其他法域的下列法律而不能通过仲裁解决：（a）赋予指定主体行使知识产权争议裁定管辖权；以及（b）未述及知识产权争议可能通过仲裁方式解决。（4）在第（3）款中，"指定主体"指新加坡或其他法域法律规定的下列任何一项主体：（a）法院；（b）仲裁庭；（c）担任行政职位或执行职务的人；（d）任何其他主体。

为保护商誉对假冒或类似的不正当竞争行为提起诉讼的权利或者任何其他性质的知识产权权利。此外，三部法律对"知识产权争议"也采用了相同的宽泛定义，争议涵盖：(1)关于知识产权的可执行性、侵权、存在性、有效性、所有权、范围、期限或任何其他方面的争议；(2)有关知识产权交易纠纷；和(3)有关知识产权任何赔偿款项争议。

上述规定是为了"澄清知识产权争议能够通过仲裁解决，换言之，它们是可仲裁的"，同时也明确规定了"此类仲裁裁决仅对仲裁程序中的当事人具有约束力"。[①] 这意味着，虽然当事人可以通过仲裁解决其知识产权争议，但任何仲裁裁决都只会约束参加仲裁的当事人（即在仲裁当事人之间产生效力），而不会影响知识产权登记机构在册的知识产权效力。例如，无论哪个国家颁发的专利，如果仲裁庭认定其无效，这一认定仅影响仲裁中的当事人而不影响其他任何人，专利在原登记国仍然有效。

新加坡《仲裁法》第五十二 C（3）条、《国际仲裁法》第二十六 C（3）条对于涉及知识产权仲裁裁决的效力也作了相同的规定：对于一项仲裁裁决，第三方是知识产权担保权益相关的专利权人或被许可人的，该事实本身并不使第三方通过裁决项下的任何一方仲裁当事人提出权利主张，第三方不可根据该项仲裁裁决提出权利主张，且不影响第三方与仲裁裁决项下任何一方当事人之间，因其他合同关系或其他法律操作产生的权利或责任。

可见，新加坡仲裁裁决的效力（包括有关知识产权有效性的裁决效力）仅限于仲裁双方之间，由于该类仲裁裁决不具有普遍适用性，对于同一知识产权有效性问题，因个案当事人的不同可能会出现多个类似仲裁案件的情形，可能导致因案情差异出现裁决相互矛盾的现象。

2019 年《知识产权（争议解决）法》作为新加坡第一部鼓励和促进知识产权仲裁的成文法，无疑是新加坡向全球知识产权仲裁中心目标迈进的重要一步。该法实施后两年，新加坡从 2019 年国际优选仲裁地排名第三位一跃成为 2021 年与伦敦并列第一。新加坡荣获该项国际仲裁声誉成就，知识产权仲裁立法的

---

① Hansard Singapore Parliamentary Debates, Vol. 94, Sitting No 107, 5 August 2019.

成果作用不容小觑。2021 年 4 月 26 日，新加坡知识产权局启动了 2030 年新加坡知识产权战略（Singapore IP Strategy，SIPS），① 在原 2013 年知识产权中心总体规划基础上制订了十年蓝图。② 其中一个关键策略是发展新加坡国际知识产权争议解决机制，支持新加坡国际争议解决机构壮大，进一步加强新加坡立法框架建设，以确保新加坡法律与时俱进，密切回应国际商业需求。

2. 中华人民共和国香港特别行政区（以下简称香港特区）

香港特区政府的一贯政策，是提升香港特区作为亚太区主要国际法律及解决争议服务中心及区内首屈一指的知识产权贸易中心的地位。为厘清知识产权仲裁在香港特区法律下的法律状况，吸引争议各方（包括国际当事人）在香港特区通过仲裁解决知识产权争议，亦便利在香港特区强制执行相关的仲裁裁决，香港特区政府颁布了《2017 年仲裁（修订）条例》，③ 澄清了香港特区的法律立场，即知识产权纠纷可予仲裁，且执行涉及知识产权的仲裁裁决并不违反香港特区的公共政策。④ 事实上，前述新加坡《知识产权（争议解决）法》正是借鉴了《2017 年仲裁（修订）条例》。⑤

《2017 年仲裁（修订）条例》第一百零三 B（1）条规定，该法下的"知识产权权利"是指：专利、商标、地理标志、外观设计、版权或有关权利、域名、集成电路的布图设计（拓扑图）、植物品种权利、对机密资料、商业秘密或工业知识享有的权利，藉提起有关于假冒的诉讼（或相类的针对不公平竞争的诉讼）以保护商誉的权利，或不论属何性质的任何其他知识产权。该法第一百零三 C 条还将"知识产权争议"定义为：（1）关于知识产权可否强制执行，侵犯知识产权，或知识产权的存在、有效性、拥有权、范围、期限或任何其他

---

① 参见新加坡政府机构网站，https://www.ipos.gov.sg/docs/default-source/default-document-library/singapore-ip-strategy-report-2030-18may2021.pdf，2023 年 11 月 23 日访问。
② Singapore IP Steering Committee, 'Intellectual Property (IP) Hub Master, Developing Singapore as a Global IP Hub in Asia', April 2013.
③ 《2017 年仲裁（修订）条例》（"《修订条例》"），参见中国香港特区律政司官方网站，https://www.doj.gov.hk/tc/legal_dispute/pdf/arbitration_briefNote_c.pdf，2023 年 11 月 23 日访问。
④ 《2017 年仲裁（修订）条例》（"《修订条例》"），参见中国香港特区律政司官方网站，https://www.doj.gov.hk/tc/legal_dispute/pdf/arbitration_briefNote_c.pdf，2023 年 11 月 23 日访问；又见 Philipp Hanusch, 'New Arbitration Provisions Confirm that IP Disputes are Arbitrable in Hong Kong', 12 January 2018。
⑤ Hansard Singapore Parliamentary Debates, Vol. 94, Sitting No 107, 5 August 2019.

方面的争议；（2）关于知识产权交易的争议；（3）关于须就知识产权支付补偿的争议。同时，《2017年仲裁（修订）条例》第一百零三条进一步规定，香港特区《专利条例》[①] 第一百零一（2）条并不阻止任何一方在仲裁程序中对某项专利的有效性提出争论。

该法最重要的成就系通过该条例第一百零三 D 条明确规定"可就知识产权争议进行仲裁"的成文立法，[②] 从而确定了知识产权争议能通过仲裁在争议的各方之间解决。第一百零三 D（4）条进一步订明，如果香港特区的其他法律或者香港特区域外的法律已经授权其他实体来裁定某种知识产权争议，但在裁定的方式中没有明示仲裁（也并未禁止仲裁），并不影响适用本法下知识产权争议的可仲裁性。[③]

香港特区标准专利可在第 3 年届满后每年续期一次，有效期最长达 20 年；短期专利则可在申请的提交日期起计 4 年后续期，有效期最长达 8 年。[④] 根据《专利条例》第一百二十九（1）条，只有在符合法定条件的情况下，短期专利所有人才可以在法院展开强制执行程序。[⑤] 相对地，根据香港特区《仲裁条例》

[①] Cap. 514 Patents Ordinance，参见电子版香港法例网，https：//www.elegislation.gov.hk/hk/cap514，2023 年 11 月 23 日访问。

[②] 该条明文规定：（1）知识产权争议能藉仲裁，在争议的各方之间解决。（2）在确定各方之间是否有第 19（1）条（《贸法会示范法》第 7（1）条的备选案文一是藉该第 19（1）条而具有效力）所指的仲裁协议时，各方如达成协议，将某项知识产权争议交付仲裁，该协议即视为各方达成内容如下的协议：将各方之间一项确定的法律关系中已经发生或可能发生的争议，交付仲裁。（3）不论有关知识产权争议在有关仲裁中，属主要争论点或附带争论点，第（1）款均适用。（4）为施行第（1）款，某项知识产权争议不会仅因有以下情况，而不能藉仲裁解决 —— （a）香港法律或其他地方的法律，给予某指明实体管辖权，裁定该项争议；及（b）该等法律并无述明该项争议有可能藉仲裁解决。（5）在第（4）（a）款中 —— 指明实体（specified entity）指香港法律或其他地方的法律下的任何以下实体 —— （a）法院；（b）审裁处；（c）出任政务或行政职位的人；（d）任何其他实体。（6）根据第 70 条给予仲裁庭的、在裁定某项知识产权争议时判给补偿或济助的权力，受该项争议的各方之间的协议所规限。

[③] 香港《2017 年仲裁（修订）条例》（"《修订条例》"），参见中国香港特区律政司官方网站，https：//www.doj.gov.hk/tc/legal_dispute/pdf/arbitration_briefNote_c.pdf，2023 年 11 月 23 日访问。

[④] 参见 https：//www.ipd.gov.hk/sc/intellectual_property/patents/how_to_apply.htm，2023 年 11 月 23 日访问。

[⑤] 该条明文规定：只有在以下情况下，短期专利的所有人方可为强制执行根据本条例就该项专利而赋予的权利，在法院展开法律程序（强制执行程序）—— （a）已有实质审查证明书就该项专利发出；（b）已有人根据第 127B 条提出请求，请求对该项专利进行实质审查，而法院未有根据第 101A（4）（b）条，命令终止该项审查；或（c）已有由法院根据第 84（1）条批给的证明书，核证法院以下裁断 —— （i）该项专利属全部有效；或（ii）（如该强制执行程序关乎该项专利的某一有关方面）该项专利在该方面属有效。

第一百零三J条关于短期专利的仲裁程序规定,无论是否满足上述《专利条例》第一百二十九(1)条的任何要求,都可以对短期专利权进行仲裁,除非专利权人在非正审程序中申请禁令。按照《专利条例》第一百二十九(2)条,在仲裁程序中,短期专利权人负有举证证明专利有效性的责任,仍然需要在仲裁意见论证中确定专利的有效性,所谓已被授予专利的事实本身,并不是证明专利有效性的证据。①

随着《2017年仲裁(修订)条例》的颁布施行,香港特区从2018年国际优选仲裁地排名第四位②上升到2021年的第二位,③ 香港国际仲裁中心也从2018年国际优选仲裁机构排名第四位上升为第三位。④ 而且,香港国际仲裁中心2018年至2022年期间受案量稳定在483件至520件之间,知识产权案件数量比例同比从1.8%曾上升到4%,但2022年知识产权纠纷案件比例是0.6%。⑤

继《2017年仲裁(修订)条例》之后,香港特区2022年6月30日《宪报》刊登《2022年仲裁及法律执业者法例(与仲裁结果有关的收费架构)(修订)条例》。修订后的《仲裁条例》第十B部分规定了"关乎仲裁且与结果有关的收费架构的协议",包括为仲裁采用的按条件收费协议、按损害赔偿收费协议及混合式按损害赔偿收费协议,虽然这项最新的仲裁立法并不具体针对知识产权仲裁,但由于当事人对此等安排的需求很大,⑥ 这一规定无疑会吸引有此等财务资助需求的当事人选择香港特区作为仲裁地,使知识产权仲裁以及其他类型仲裁案件更方便在香港特区进行。

---

① Matthew R Reed, Ava R Miller, Hiroyuki Tezuka and Anne-Marie Doernenburg, Wilson Sonsini Goodrich & Rosati and Nishimura & Asahi, 'Arbitrability of IP Disputes', Global Arbitration Review, 9 February 2021.

② Queen Mary University of London and White & Case, '2018 International Arbitration Survey: The Evolution of International Arbitration'.

③ Queen Mary University of London and White & Case, '2021 International Arbitration Survey: Adapting Arbitration to a Changing World'.

④ Queen Mary University of London and White & Case, '2021 International Arbitration Survey: Adapting Arbitration to a Changing World'.

⑤ 参见香港国际仲裁中心官方网站,https://www.hkiac.org/about-us/statistics,2023年11月23日访问。

⑥ 香港法律改革委员会报告书《与仲裁结果有关的收费架构》(2021年12月),参见香港法律改革委员会官方网站,https://www.hkreform.gov.hk/chs/docs/rorfsa_c.pdf,2023年11月23日访问。

3. 英国

与新加坡和中国香港特区不同的是，英国目前仍没有关于知识产权仲裁的明确立法。英国《仲裁法》并没有以成文法形式承认知识产权争议的可仲裁性，[1] 然而其中规定英国仲裁的一般原则是：当事人只要在遵守公共利益所需的保障措施规定下，就应当有权自由约定如何解决各方争议。[2]

就专利纠纷来讲，1977 年英国《专利法》明确规定，只有在极其严格的情形下才允许进行专利仲裁。[3] 例如，在权利人反对强制性专利许可申请程序时，如果整个申请程序或者程序中出现的任何事实问题或争点，有下列两种情形之一的，均可以通过仲裁方式解决：（1）当事人同意仲裁；（2）因需要花很长时间进行文件审查，或需要进行任何科学调查，或需要在当地进行调查，而专利审查员认为自己并不能很方便地进行审查调查。在此等情形下，专利审查员可以命令双方提交仲裁，且仲裁员须向其报告认定结论。[4]

另外，英国法院已经在很大程度上承认了知识产权争议的可仲裁性，[5] 其中商标侵权、著作权侵权明确均可仲裁。[6] 与前述新加坡知识产权仲裁立法规定类似，根据英国法作出的有关专利有效性仲裁裁决仅在仲裁当事人之间具有效力，[7] 不对第三人产生任何影响。

为了更好地了解英国现行标准必要专利框架，鼓励创造、创新和行业中的良性竞争，英国知识产权局于 2021 年 12 月发起了公开征集意见活动，其中一个关键问题是"应如何进一步探索以行业主导的 SEP 特定领域的仲裁方法"。

---

[1] 'Final Report on Intellectual Property Disputes and Arbitration', 9 ICC International Court of Arbitration Bulletin 42–43 (1998).

[2] UK Arbitration Act 1996, Section 1 (b).

[3] Kenneth R Adamo, 'Overview of International Arbitration in the Intellectual Property Context' (2011) 2 Global Bus. L. Rev. 7, p.18.

[4] UK Patents Act 1977, Section 52 (5).

[5] Matthew R Reed, Ava R Miller, Hiroyuki Tezuka and Anne-Marie Doernenburg, Wilson Sonsini Goodrich & Rosati and Nishimura & Asahi, 'Arbitrability of IP Disputes', Global Arbitration Review, 9 February 2021.

[6] Kenneth R Adamo, 'Overview of International Arbitration in the Intellectual Property Context' (2011) 2 Global Bus. L. Rev. 7, pp.18-19.

[7] Kenneth R Adamo, 'Overview of International Arbitration in the Intellectual Property Context' (2011) 2 Global Bus. L. Rev. 7, p.18.

此举被法律相关从业人士赞称显示了英国政府"方向上的正确",但目前为止具体立法的实际行动依旧拭目以待。①

4. 美国

类似英国,美国也没有专门就全面总体性的知识产权仲裁立法。不过,1982年《美国法典》第三十五篇(专利篇)中有关专利侵权救济的第二百九十四条规定(35 U.S.C. 294),允许当事人将专利纠纷问题作为仲裁的适格标的,自愿接受仲裁的约束。

《美国法典》第二百九十四(a)条明确允许将专利有效性和侵权问题提交仲裁,② 据此,仲裁程序中被指称的专利侵权人,就能向声称专利权人的当事一方,提出不存在侵权、专利不具执行性,或专利无效等理由的抗辩。③

根据第二百九十四(c)条规定,④ 专利仲裁裁决的约束效力仅限于仲裁当事人之间,对任何第三方都没有效力。换言之,即使一项美国仲裁裁决宣告专利无效,也并不会排除专利所有人向第三方主张同一专利的权利。⑤ 这点与新加坡2019年《知识产权(争议解决)法》类似。值得注意的是,《美国法典》第二百九十四(c)条进一步规定,对于作为仲裁标的物的专利,如果美国法

---

① Enrico Bonadio, Diana Filatova and Anushka Tanwar, The UK Call for View on Standard Essential Patents and the Case for Arbitration, Kluwer Patent Blog, January 18, 2022.

② 该条规定: (a) 凡涉及专利或专利项下任何权利的合同,对于合同项下与专利有效性,或与专利侵权有关的任何争议,合同可以包含有关此等争议须仲裁的规定。合同无此项规定,当事人发生专利有效性争议,或专利侵权争议的,可以书面协议约定仲裁解决纠纷。此等合同规定或协议都是有效的、不可撤销的,而且,都是可执行的,除非存在法律或衡平法撤销合同的任何理由。

③ Matthew R Reed, Ava R Miller, Hiroyuki Tezuka and Anne-Marie Doernenburg, Wilson Sonsini Goodrich & Rosati and Nishimura & Asahi, 'Arbitrability of IP Disputes', Global Arbitration Review, 9 February 2021.

④ 该条规定: (c) 仲裁员裁决应当为终局裁决,在仲裁各方当事人之间具有约束力,但对任何其他人并无任何效力。对于仲裁裁决标的是专利的情形,仲裁当事人各方还可以约定,事后如果对此项专利有管辖权的法院,最终裁定专利无效或不可执行,且当事人不能上诉或上诉不能的,任何一方仲裁当事人均可向任何有管辖权法院申请修改裁决。自法院修改裁决之日起,仲裁当事人之间的权利义务适用法院修改后规定。

⑤ 该条规定: (c) 仲裁员裁决应当为终局裁决,在仲裁各方当事人之间具有约束力,但对任何其他人并无任何效力。对于仲裁裁决标的是专利的情形,仲裁当事人各方还可以约定,事后如果对此项专利有管辖权的法院,最终裁定专利无效或不可执行,且当事人不能上诉或上诉不能的,任何一方仲裁当事人均可向任何有管辖权法院申请修改裁决。自法院修改裁决之日起,仲裁当事人之间的权利义务适用法院修改后规定。

院随后裁定专利无效或不可执行，那么根据仲裁当事人协议，仍然可以通过法院修改该项具有约束力的专利裁决。鉴于有此等兜底立法规定，如果诉争专利所适用的合同中没有限制仲裁的字词，那么所有与美国专利有关的问题，都适合在美国进行有约束力的仲裁。[①] 例如，在苹果诉比亚迪案[②]中，美国加利福尼亚州北区法院裁定支持有关专利侵权索赔强制仲裁令的动议。

与前述美国成文法规定许可专利仲裁不同的是，对于版权争议受仲裁约束问题，美国没有制定立法。但是，美国法院认为，联邦法律并未禁止因合同关系引起的版权有效性或版权侵权争议受仲裁约束；另外，对于缺乏合同基础的版权纠纷，也很可能适合于约束性仲裁，因此，版权争议是可仲裁的。[③] 例如，美国联邦第七巡回法庭早在 Saturday Evening Post Co. v. Rumbleseat Press, Inc[④] 一案中就认定，联邦法律不禁止版权有效性争议仲裁，只要诉争有效性成为合同纠纷仲裁的争点即可；美国加利福尼亚州北区法院在 Packeteer, Inc. v. Valencia Systems, Inc.[⑤] 一案裁定中也提到，美国联邦第九巡回法庭已假定版权有效性是可仲裁的；而针对适用《数字千年版权法》（Digital Millennium Copyright Act, DMCA）的版权侵权通知争议，纽约州南区法院在 Boss Worldwide LLC v. Crabill[⑥] 一案中认定，DMCA 版权争议属于合同仲裁条款范围，法院否定了有关美国国会排除 DMCA 版权仲裁的抗辩观点。可见，美国与英国一样，在有关版权纠纷的可仲裁性问题没有立法的情况下，由法院判例法作出澄清。

类似地，对于有关商标争议仲裁问题，美国联邦法律以及各州法律均未作出明确规定。尽管有一些保守观点仍然持不同意见，[⑦] 但美国联邦法院可能会

[①] Kenneth R Adamo, 'Overview of International Arbitration in the Intellectual Property Context' (2011) 2 Global Bus. L. Rev. 7, p. 15.

[②] APPLE INC. V. BYD CO. LTD., NO. 15-CV-04985-RS.

[③] Matthew R Reed, Ava R Miller, Hiroyuki Tezuka and Anne-Marie Doernenburg, Wilson Sonsini Goodrich & Rosati and Nishimura & Asahi, 'Arbitrability of IP Disputes', Global Arbitration Review, 9 February 2021.

[④] Saturday Evening Post Co. v. Rumbleseat Press, Inc (816 F. 2d 1191, 7th Cir. 1987).

[⑤] Packeteer, Inc. v. Valencia Systems, Inc. (No. 06-7342, 2007 WL 707501).

[⑥] Boss Worldwide LLC v. Crabill (2020 WL 1243805, S. D. N. Y 2020).

[⑦] Kenneth R Adamo, 'Overview of International Arbitration in the Intellectual Property Context' (2011) 2 Global Bus. L. Rev. 7, p. 15.

认为商标有效性和侵权问题适合于约束性仲裁。譬如夏威夷州地区法院在 Daiei, Inc. v. US Shoe Corp.① 一案中认定，案涉商标使用许可合同争议问题，应当依照仲裁协议约定的仲裁规则，由仲裁员决定，法院不对诉争事项可仲裁性发表意见。

虽然美国没有全面地制定知识产权仲裁法律，但是，随着 1982 年《美国法典》第二百九十四条的颁布和施行，美国有关知识产权权利纠纷主要通过国内法院审理的传统有所改变。2019 年前后，该类案件开始大量转向仲裁。② 2022 年美国仲裁协会受案量为 10273 件，争议总金额超过 178 亿美元，其中科技争议金额 1.07 亿美元，比 2021 年增加了 12%，但电信争议比 2021 年下降了 16%。③

5. 加拿大

与英美两国类似，加拿大也没有全面的知识产权仲裁立法，但法院对有关知识产权仲裁的态度相较英美似乎更加严格。

对于专利仲裁，加拿大没有明确立法赋权当事人通过仲裁解决专利纠纷，也没有任何成文法认可专利仲裁的法律地位。此外，有关影响专利注册的裁定权、因专利注册影响第三方权利的裁定权，以及裁定商标无效或裁定宣告无侵权行为的管辖权，均由加拿大联邦法院行使专属管辖权。④ 尽管如此，当事人选择以加拿大为仲裁地进行仲裁的，仲裁庭涉及专利的仲裁裁决，通常可在仲裁当事人之间执行（即裁决在当事人之间具有约束效力），但是加拿大专利局不承认仲裁庭裁定专利无效的裁决。⑤ 甚至有观点认为，在加拿大，专利有效性不可仲裁。⑥

---

① Daiei, Inc. v. US Shoe Corp., 755 F. Supp. 299 (D. Haw. 1991).
② Kluwer Arbitration Blog, 'IP Arbitration on the Rise', 16 July 2019.
③ 参见美国仲裁协会官方网站，https://www.adr.org/sites/default/files/document_repository/AAA423_2022_B2B_Infographic.pdf，2023 年 11 月 23 日访问。
④ The Canadian Patent Act 1985, Section 60 (1); Adam Haller, 'IP rights enforcement in Canada', 15 May 2020.
⑤ Matthew R Reed, Ava R Miller, Hiroyuki Tezuka and Anne-Marie Doernenburg, Wilson Sonsini Goodrich & Rosati and Nishimura & Asahi, 'Arbitrability of IP Disputes', Global Arbitration Review, 9 February 2021.
⑥ Kenneth R Adamo, 'Overview of International Arbitration in the Intellectual Property Context' (2011) 2 Global Bus. L. Rev. 7, p. 17.

关于版权纠纷的可仲裁性，加拿大最高法院在 Desputeaux v. Éditions Chouette[①]一案中认定，仲裁协议项下当事人实际上完全有权不受限制地自主界定仲裁争议标的；版权法主要与版权经济管理有关，并不禁止艺术家达成版权交易，甚至不禁止艺术家利用其精神权利获取收入。加拿大最高法院认定，立法机关承认版权交易的合法性，也承认仲裁解决此等交易纠纷的有效性；对于有关职业艺术家与推广人之间代理合同法令的解释问题，立法机关规定在没有明确放弃仲裁的情况下，艺术家和推广人之间的每一项争议都应提交仲裁员。

在加拿大没有版权仲裁立法的情形下，加拿大最高法院通过对有关《职业艺术家与推广人之间代理合同法令》[②]的解释，认定有关艺术作品合同解释引起的争议解决机制就是仲裁，除非艺术家和推广人另作约定，反映了加拿大法院支持仲裁的司法观点。

在加拿大缺乏整体性的知识产权仲裁立法的情形下，法院和知识产权主管部门在解决知识产权争议方面居于主导地位，且对有关知识产权纠纷可仲裁性问题采取了较为严格的限制态度，尽管知识产权纠纷当事人仍然可以自主地选择仲裁，但仅限于仲裁当事人之间可产生裁决约束效力。

（二）大陆法系主要法域

总的来看，瑞士和德国等大陆法系国家和地区有关专利纠纷解决程序的立法实际上并不属于专门性的"知识产权仲裁立法"，而是民事诉讼法或冲突法下没有明确禁止知识产权仲裁的解释应用。

与普通法系大多数国家和地区法域类似，大陆法系国家和地区在很大程度上认为，私人主体之间的知识产权纠纷是可仲裁的，特别是涉及知识产权的合同索赔、合同义务履行纠纷的仲裁。但对于专利有效性等知识产权本质性争议问题，仍由国家法院专属管辖，被视为不可仲裁。这主要是因为，专利是国家

---

① Desputeaux v. Éditions Chouette (1987) inc., 2003 SCC 17 (CanLII), [2003] 1 SCR 178.
② Act respecting the professional status of artists in the visual arts, rts and crafts and literature, and their contracts with promoters (R. S. C., 1988, c. S-32.01).

授予专利持有人的权利，仅限于专门具体的标的物、地域和时间期限。① 对于创作完成即享有、无须登记即享有的知识产权权利以及精神权利，例如著作权、未注册商标、未注册设计权利、商业秘密、技术诀窍等，因为不涉及前述专属管辖权问题，多认为是可仲裁的；在法国、德国、瑞士和葡萄牙，作者的精神权利受法律特别保护；有关文学艺术作品、科学作品著作权的所有权、真实性则不可仲裁。②

1. 瑞士

在大陆法系司法管辖区中，瑞士是对知识产权仲裁持最开放、支持态度的国家之一。③ 瑞士联邦最高法院早在1945年就裁定，瑞士联邦《专利法》第七十六条有关管辖权保留给州法院的规定，不具有排他性。1975年瑞士联邦知识产权局决定，仲裁庭有权决定所有知识产权问题，包括专利、商标、设计的有效性问题，④ 长久以来瑞士司法实践都认为，在该国法下知识产权纠纷是可仲裁的，不受任何成文法律限制。⑤

瑞士并没有针对知识产权仲裁专门立法，然而，业界普遍认为，根据1987年瑞士《国际私法》第一百七十七（1）条的宽泛定义，知识产权纠纷是可仲裁的。瑞士《国际私法》第一百七十七条规定："1. 任何涉及经济利益的权利争议主张均可提交仲裁。2. 仲裁协议项下当事一方系一国政府、或由一国政府拥有企业、或由一国政府控制组织的，不得援引本国法律，对其仲裁行为能力、

---

① Erik Schäfer, 'Part IV: Selected Areas and Issues of Arbitration in Germany, Arbitration of Intellectual Property Related Disputes in Germany', in Patricia Nacimiento, Stefan Kroll et al (eds), Arbitration in Germany: The Model Law in Practice, 2nd edition, Kluwer Law International, 2015, p.910.

② Erik Schäfer, 'Part IV: Selected Areas and Issues of Arbitration in Germany, Arbitration of Intellectual Property Related Disputes in Germany', in Patricia Nacimiento, Stefan Kroll et al (eds), Arbitration in Germany: The Model Law in Practice, 2nd edition, Kluwer Law International, 2015, p.17.

③ David Rosenthal, Chapter 5: IP & IT Arbitration in Switzerland', in Manuel Arroyo (ed), Arbitration in Switzerland: The Practitioner's Guide, 2nd edition, Kluwer Law International 2018, pp.957-958.

④ Kenneth R Adamo, 'Overview of International Arbitration in the Intellectual Property Context' (2011) 2 Global Bus. L. Rev. 7, p.18.

⑤ World Intellectual Property Organization, 'Worldwide Forum on the Arbitration of Intellectual Property Disputes', 3-4 March 1994, at 2.2.

或者对仲裁协议所涵盖的争议的可仲裁性，提出异议。"①

以上法条被普遍解读为任何所有权利益纠纷均可在瑞士进行国际仲裁。而就瑞士国内仲裁而言，瑞士《民法典》第三百五十四条规定，凡当事人有权自由处分的任何诉求权利，均可通过国内仲裁解决，当事人能够自由处分的经济性质权利，就属此等情形。② 有关文学艺术或科学作品的所有权，或者真实性的精神权利，如涉及创作者无处分权部分争议的，不可仲裁。③

1992年6月23日，瑞士联邦最高法院就 Fincantieri Cantieri Navali Italiani SpA et OTO Melara Spa v. ATF 一案裁定，该案的可仲裁性不以索赔权利的实质性存在为基础。因此，如果仅仅适用强制性规则或公共政策实质性规定，就以当事人主张的权利无效或者无法执行权利为由，直接否定当事人该项权利的可仲裁性，是不可行的，只能根据瑞士法律理解的公共政策要求，在按规定应当保留外国权力机关对当事人有关权利主张行使专属管辖权的情形下，才能否定此等权利主张的可仲裁性。④

瑞士联邦最高法院还进一步明确指出，立法者在考虑选择有关可仲裁性适用实质性规则的解决方案上，明显不排除其他国家和地区不执行瑞士仲裁裁决的可能情形，即由当事人自行判断裁决可能无法执行的风险。因此，如果逆向考虑限制瑞士《国际私法》第一百七十七条的适用问题，只能是基于个案的某种双重条件的设想，通过援引某项包含有强制适用外国法的公共政策，且该外国法拥有不可仲裁性的一般规则，此时，方可基于所指向的外国法下限制可仲裁性的一般规则，作为限制适用瑞士《国际私法》第一百七十七条的依据。⑤

---

① 参见瑞士联邦法律官方网站，https://www.fedlex.admin.ch/eli/cc/1988/1776_1776_1776/en，2023年11月23日访问。

② T. Legler, Arbitration of Intellectual Property Disputes, ASA Bulletin, 2009, pp. 289-304（293-294）.

③ Gabriel M. Lentner, The Rumors of Arbitrability's Death have been Greatly Exaggerated: Revisiting Arbitrability of IP Disputes from a Transatlantic Perspective, Stanford-Vienna TTLF Working Paper No. 71, p. 17.

④ World Intellectual Property Organization, 'Worldwide Forum on the Arbitration of Intellectual Property Disputes', 3-4 March 1994, at 2.4.

⑤ World Intellectual Property Organization, 'Worldwide Forum on the Arbitration of Intellectual Property Disputes', 3-4 March 1994, 第2.4.3段和2.4.4段。

此外，关于专利侵权和有效性争议的仲裁裁决，仲裁地为瑞士的，裁决在瑞士作出后可以执行。① 关于专利有效性的仲裁裁决，经瑞士法院宣告裁决可执行的，由专利登记机关进行必要的登记后，瑞士联邦知识产权局予以承认和执行。通过该项程序获得承认的仲裁裁决，将具有普遍性的约束效力，② 经法院宣告可执行的裁决，是修改或取消专利的依据，就这点而言，瑞士并不认为许可知识产权权利属于"主权行为"。③

实践中，只要仲裁庭专利裁决获得瑞士法院的可执行证明，仲裁裁决将予以普遍适用，并约束所有与该项专利权利有关的当事人。虽然2012年瑞士设立联邦专利法院，对专利有效性、专利侵权民事案件享有专属管辖权，但业界多数意见普遍认为，瑞士是允许专利仲裁的。④

诚然，瑞士《国际私法》并不构成一项知识产权仲裁立法，但如前所述，1987年瑞士通过对《国际私法》成文法律编纂，⑤ 1992年通过联邦最高法院案例司法指引，对《国际私法》第一百七十七条予以宽泛解释，已经在国际私法层面上解决了知识产权争议在瑞士是否可仲裁的问题。这是一项引人瞩目的国际私法立法成就，使瑞士较早地站在推动知识产权仲裁的前沿，通过在国际仲裁领域发挥国际私法作用，彰显瑞士专利仲裁裁决具有普遍效力的独特性。

瑞士日内瓦多次被列为世界上前五位最受欢迎的仲裁地。⑥ 瑞士商会仲裁

---

① R Robert L Baechtold, 'The Intellectual Property Review', 5th Edition, Law Business Research Ltd, Chapter 25.

② Matthew R Reed, Ava R Miller, Hiroyuki Tezuka and Anne-Marie Doernenburg, Wilson Sonsini Goodrich & Rosati and Nishimura & Asahi, 'Arbitrability of IP Disputes', Global Arbitration Review, 9 February 2021.

③ Gabriel M. Lentner, The Rumors of Arbitrability's Death have been Greatly Exaggerated: Revisiting Arbitrability of IP Disputes from a Transatlantic Perspective, Stanford-Vienna TTLF Working Paper No. 71, pp. 16-17.

④ David Rosenthal, 'Chapter 5: IP & IT Arbitration in Switzerland', in Manuel Arroyo (ed), Arbitration in Switzerland: The Practitioner's Guide, 2nd edition, Kluwer Law International 2018, p. 959.

⑤ Kadner Graziano, 'Journal of Private International Law', 2015, vol. 11, no. 3, p. 585.

⑥ Queen Mary University of London and White & Case, '2021 International Arbitration Survey: Adapting Arbitration to a Changing World'; Queen Mary University of London and White & Case, '2018 International Arbitration Survey: The Evolution of International Arbitration'.

机构仲裁案件数量可观，2004 年至 2019 年受理案件超过 1150 起。① 2009 年知识产权涉及许可纠纷及其他类型纠纷案件，占瑞士商会仲裁机构受案量的 4%左右。② 为了加强全国不同仲裁组织作为瑞士仲裁机构的整体性，2021 年瑞士商会仲裁机构经调整成为瑞士仲裁中心，并修订了仲裁规则。瑞士仲裁中心从最初整合运作的 2020 年受理量 83 件，到 2022 年受理量 103 件，稳步上升，其中 2022 年信息技术和电信争议案、制药和生命科学争议案分别占全年受案量的 11%与 8%。③ 可以说，瑞士仲裁发展的主要成就，就是向国际仲裁界呈现出最开放的支持仲裁姿态，形成并发展为最支持知识产权仲裁的势态。

2. 法国

与瑞士对知识产权仲裁的开放态度相比，法国曾经采取过较为限制性的处理方式，④ 但随着近些年国际商事仲裁在法国的不断发展而有所改善。2018 年巴黎上诉法院曾裁定，只要在合同纠纷仲裁答辩或反请求意见中主张专利有效性争议问题，该项个案专利纠纷就具有可仲裁性。⑤ 但是在法国，有关专利有效性的仲裁裁决，对第三方不具有既判效力，只能在仲裁当事人之间发生约束力。⑥

2021 年 5 月 17 日法国颁布第 2011-525 号法律，对原 2011 年《知识产权法》进行修订，明确承认了专利法争议的可仲裁性。⑦ 现行法国《知识产权法》

---

① Caroline Ming, 'Swiss Chambers' Arbitration Institution (SCAI)', Guide to Regional Arbitration (volume 7 – 2019), 2 January 2019.

② Dr Manuel Arroyo, 'Arbitration in Switzerland, The Practitioner's Guide', Wolters Kluwer, 2013, p. 29.

③ 参见瑞士仲裁中心官方网站，https://www.swissarbitration.org/update-from-the-swiss-arbitration-centre-4/，2023 年 11 月 23 日访问。

④ Matthew R Reed, Ava R Miller, Hiroyuki Tezuka and Anne-Marie Doernenburg, Wilson Sonsini Goodrich & Rosati and Nishimura & Asahi, 'Arbitrability of IP Disputes', Global Arbitration Review, 9 February 2021.

⑤ Matthew R Reed, Ava R Miller, Hiroyuki Tezuka and Anne-Marie Doernenburg, Wilson Sonsini Goodrich & Rosati and Nishimura & Asahi, 'Arbitrability of IP Disputes', Global Arbitration Review, 9 February 2021.

⑥ Dário Moura Vicente, 'Arbitrability of Intellectual Property Disputes: a Comparative Survey', Arbitration International, 2015, 31, p. 155.

⑦ Dário Moura Vicente, 'Arbitrability of Intellectual Property Disputes: a Comparative Survey', Arbitration International, 2015, 31, pp. 154-155.

第 L615-17 条①规定："与发明专利有关的民事行为和救济申请，包括本法第 L611-7 条规定情形，或同时也涉及有关不公平竞争争议，均由司法机构法庭进行排他性审理，法庭依据成文法规定作出裁定，但是在行政机构管辖范围内，当事人对工业产权部长行政决定的上诉除外。在《民法典》第二千零五十九条和第二千零六十条规定条件下使用仲裁的，不受上述规定限制。"

值得注意的是，法国《知识产权法》有关版权、工业品外观设计或商标等其他章节，并没有类似专利争议仲裁规定。可见，《知识产权法》仅明确允许对专利法争议进行仲裁。有关文学艺术或科学作品的所有权或真实性的精神权利，如涉及创作者无处分权部分争议的，不可仲裁，但是，在案件适用法律允许转让或者放弃作品人格权的情形下，一旦合同项下有关作品人格权发生转移，该项权利原则上就变成商业交易事项，应当视为可仲裁事由，那么，在继受权利范畴内的复制权、发行权争议，在法国通常也是可仲裁的。②

但也有观点认为，鉴于法国早已践行专利法争议仲裁，而所谓对 2011 年法国《知识产权法》修订不过是像普通法系做法那样，只是为了在成文法上确定专利法争议仲裁的法律地位。③

总之，法国 2021 年修订《知识产权法》，无疑是推动本国作为全球知识仲裁中心、加强国际商会国际仲裁院作为全球领先仲裁机构的总体战略重要组成部分。法国作为世界上历史最悠久的仲裁机构之一所在地，同时也是最早践行机构仲裁的先行者之一，在全球国际仲裁领域一直处于领先地位。例如，总部设在巴黎的国际商会国际仲裁院一直被评为全球最受欢迎的仲裁机构，④ 巴黎

---

① 参见产权组织知识产权门户网，https://wipolex.wipo.int/en/text/582998，2023 年 11 月 23 日访问。

② Gabriel M. Lentner, The Rumors of Arbitrability's Death have been Greatly Exaggerated: Revisiting Arbitrability of IP Disputes from a Transatlantic Perspective, Stanford-Vienna TTLF Working Paper No. 71, pp. 17-18.

③ Stanislas Roux-Vaillard, 'The Intellectual Property Review: France', Hogan Lovells, 24 April 2022.

④ Queen Mary University of London and White & Case, '2021 International Arbitration Survey: Adapting Arbitration to a Changing World'; Queen Mary University of London and White & Case, '2018 International Arbitration Survey: The Evolution of International Arbitration'.

分别在 2018 年和 2021 年被评为世界排名第二和第四的国际仲裁地。① 国际商会国际仲裁院受理案件数量多年来保持较高数位，2020 年、2021 年、2022 年分别为 946 宗（其中 17 宗系为临时仲裁案指定仲裁员）②、853 宗（其中 13 宗系为临时仲裁案指定仲裁员）③、710 宗④。

3. 德国

与法国类似，德国传统上也认为知识产权纠纷不可仲裁。⑤ 这可能源于德国对专利纠纷采取的独特做法，即所谓"分离审理"或"分别审理"诉讼制度，亦即将专利有效性问题从专利侵权索赔诉讼程序中剥离出来，两部分诉因事项分别由不同法院审理。

根据德国《专利法》第一百四十三（2）条规定，专利侵权索赔一审案件，由 12 个区域法院裁定，每个区域法院都有专利专审部门。⑥ 另外，根据德国《专利法》第六十五条和第八十一条规定，慕尼黑联邦专利法院对专利有效性争议（亦为"专利撤销案"）行使专属管辖权。可见，慕尼黑联邦专利法院关于专利有效性裁定结果，特别是法院裁定专利无效并撤销专利的判决，对公众具有普遍效力。⑦

值得注意的是，德国各区域法院专利侵权索赔案被告，往往辩称诉争专利权无效，按照专利撤销争议专属管辖权规定，另案向联邦专利法院提请撤销正

---

① Queen Mary University of London and White & Case, '2021 International Arbitration Survey: Adapting Arbitration to a Changing World'; Queen Mary University of London and White & Case, '2018 International Arbitration Survey: The Evolution of International Arbitration'.

② 参见国际商会官方网站，https://iccwbo.org/news-publications/arbitration-adr-rules-and-tools/icc-dispute-resolution-statistics-2020/，2023 年 11 月 23 日访问。

③ 参见国际商会官方网站，https://iccwbo.org/news-publications/news/icc-unveils-preliminary-dispute-resolution-figures-for-2021/，2023 年 11 月 23 日访问。

④ 参见全球仲裁新闻网站，https://www.globalarbitrationnews.com/2023/10/02/arbitration-statistics-2022-the-number-of-arbitration-proceedings-continues-to-drop-but-the-amount-in-dispute-increases/，2023 年 11 月 23 日访问。

⑤ Matthew R Reed, Ava R Miller, Hiroyuki Tezuka and Anne-Marie Doernenburg, Wilson Sonsini Goodrich & Rosati and Nishimura & Asahi, 'Arbitrability of IP Disputes', Global Arbitration Review, 9 February 2021.

⑥ 参见德国联邦司法部官方网站，http://www.gesetze-im-internet.de/englisch_patg/englisch_patg.html#p0832，2023 年 11 月 23 日访问。

⑦ German Patent Act, Sections 22 (1), 30 (1) and 80 (1).

在进行中的诉争专利。由于两个法院诉讼程序的开始时间先后不同、审理进度不同，侵权索赔案通常在撤销专利诉讼案审结之前结束，那么，专利持有人索赔胜诉的话，可强制执行胜诉判决，但待决专利存在事后被联邦专利法院宣告无效的风险，造成当事人处于法律不确定的状态，或出现无效专利在被宣告无效之前就已经合法执行完毕的窘状。[1]

德国专利侵权诉讼与专利有效性诉讼的分离制度，过去常用来解释德国反对专利有效性仲裁，[2] 但实际上，对于专利有效性争议是否可仲裁问题，德国并没有明确的法律规定。[3] 现行德国《民事诉讼法》（1998 年修订版）第一千零三十条[4]可以视为德国有关可仲裁性的一般原则规定："（1）任何涉及财产权利的索赔（vermögensrechtlicher Anspruch）均可成为仲裁协议标的。有关索赔仲裁协议不涉及财产权、仅就当事人有权处分了结争议标的部分的，具有法律效力。（2）关于德国住宅空间存在租赁法律关系纠纷的仲裁协议无效。但凡《民法典》第五百四十九（2）条第一款至第三款定义项下类型住宅，不适用本条款规定。（3）本书中未包含的立法规定，即有关争议不得提交仲裁或仅限于有条件提交仲裁的规定，不受影响。"

可见，德国有关可仲裁性的一般法律原则为：凡索赔涉及财产权或经济利益的，均可受仲裁协议的约束。鉴于专利是专利持有人获得的专有利用权，由于利用专利权引起的纠纷，理应属于财产或经济利益索赔范畴。从一般原则出发，凡专利纠纷涉及财产权益的，在德国应认定为可以仲裁。

另外值得注意的是，德国《民事诉讼法》第一千零三十条第一款特别强

---

[1] Katrin Cremers, Fabian Gässler, Dietmar Harhoff, Christian Helmers and Yassine Lefouili,'Invalid but Infringed? An Analysis of the Bifurcated Patent Litigation System', Max Planck Institute for Innovation and Competition Research Paper No. 14-14, 2014, p2.

[2] Matthew R Reed, Ava R Miller, Hiroyuki Tezuka and Anne-Marie Doernenburg, Wilson Sonsini Goodrich & Rosati and Nishimura & Asahi,'Arbitrability of IP Disputes', Global Arbitration Review, 9 February 2021.

[3] Matthew R Reed, Ava R Miller, Hiroyuki Tezuka and Anne-Marie Doernenburg, Wilson Sonsini Goodrich & Rosati and Nishimura & Asahi,'Arbitrability of IP Disputes', Global Arbitration Review, 9 February 2021.

[4] 参见德国联邦司法部官方网站，https://www.gesetze-im-internet.de/englisch_zpo/englisch_zpo.html#p3554，2023 年 11 月 23 日访问。

调,"仅就当事人有权处分"的权利争议方可提交仲裁,相对的,有关强制许可专利的无效和撤销争议,则不能仲裁。① 此外,有关文学艺术或科学作品的所有权或真实性的精神权利,如涉及创作者无处分权部分争议的,也不可仲裁。②

而对于第一千三百零三条第三款排除的可仲裁争议事项,其确切范围尚未存在定论。但一般认为,某些与雇佣法、家庭法和破产法等有关的争议是不可仲裁的(或虽可仲裁但受限制);也有观点认为,德国《民事诉讼法》第一千三百零三条第三款本身可能直接排除了专利法争议,③ 因为即使仲裁庭受理了专利有效性争议,联邦专利法院或执行法院仍然可以另行审理,最终得以法院认定结论为准。目前,尚未见有关该条规定排除可仲裁的法院案例指引。④ 与此针锋相对的意见认为,虽然德国法律仅限于联邦专利法院才能行使专属管辖权撤销专利,但鉴于并未明确禁止知识产权仲裁,知识产权纠纷属于可仲裁事项,况且,仲裁裁决效力仅限于纠纷仲裁当事人之间,不同于联邦专利法院专属管辖权下撤销专利所具有的普遍性的约束效力。⑤ 因此,如果仲裁被申请人被指称侵权,且答辩意见主张专利有效性争议论证措辞到位,仲裁庭亦以准确表述的裁定宣布专利不可执行或限制性执行的条件,如此一来,被指称侵权的一方当事人也有可能在仲裁中获胜。⑥

也有一些人认为,除了上述《专利法》第六十五条和第八十一条规定联邦

---

① Kenneth R Adamo, 'Overview of International Arbitration in the Intellectual Property Context' (2011) 2 Global Bus. L. Rev. 7, p16.

② Gabriel M. Lentner, The Rumors of Arbitrability's Death have been Greatly Exaggerated: Revisiting Arbitrability of IP Disputes from a Transatlantic Perspective, Stanford-Vienna TTLF Working Paper No. 71, p17.

③ Boris Kasolowsky and Carsten Wendler, "Commercial Arbitration: Germany", Freshfields Bruckhaus Deringer, 2 May 2022;又见全球仲裁新闻网站, https://globalarbitrationreview.com/insight/know-how/commercial-arbitration/report/germany, 2023 年 11 月 23 日访问。

④ Matthew R Reed, Ava R Miller, Hiroyuki Tezuka and Anne-Marie Doernenburg, Wilson Sonsini Goodrich & Rosati and Nishimura & Asahi, 'Arbitrability of IP Disputes', Global Arbitration Review, 9 February 2021.

⑤ Matthew R Reed, Ava R Miller, Hiroyuki Tezuka and Anne-Marie Doernenburg, Wilson Sonsini Goodrich & Rosati and Nishimura & Asahi, 'Arbitrability of IP Disputes', Global Arbitration Review, 9 February 2021.

⑥ Dr Jochen Pagenberg, World Intellectual Property Organization, 'Worldwide Forum on the Arbitration of Intellectual Property Disputes', 3-4 March 1994, p2.

专利法院行使宣告专利无效的专属管辖权之外，商标争议涉及登记效力、无效、商标权失效的纠纷也是不可仲裁的。① 可见，在德国没有专门知识产权仲裁立法的情形下，对于需登记许可知识产权的权利纠纷，其可仲裁性没有明确定论，尚处于争论状态。

近10年来，德国仲裁协会（Deutschen Institution für Schiedsgerichtsbarkeit, DIS）受案量保持在100余宗，2022年统计了164宗，其中包含该机构仲裁案件135宗（DIS）、德国工商会案件6宗（IHKs）、德国体育仲裁院案件2宗（DIS-SportSchO），以及其他多元解纷程序案件14宗、为临时仲裁指定仲裁员案件3宗、联合国贸法会规则案件1宗，② 尚不清楚其中涉及专利纠纷仲裁案件的比例。在缺乏知识产权仲裁立法的情形下，德国法院有关专利争议仲裁案件所发挥的司法指引作用，对厘清和提升德国知识产权仲裁的法律地位十分重要。因此，关于知识产权仲裁争议是否在德国法律下可仲裁性的问题，寄希望于将来出现较具体明确的案例，最好出现全面性的知识产权仲裁立法，以厘清知识产权争议仲裁的法律地位。

---

① Gabriel M. Lentner, The Rumors of Arbitrability's Death have been Greatly Exaggerated: Revisiting Arbitrability of IP Disputes from a Transatlantic Perspective, Stanford-Vienna TTLF Working Paper No. 71, p16; Kenneth R Adamo, 'Overview of International Arbitration in the Intellectual Property Context' (2011) 2 Global Bus. L. Rev. 7, pp.18-19.

② 参见德国仲裁协会官方网站，https://www.disarb.org/en/about-us/our-work-in-numbers，2023年11月23日访问。

第四节　我国知识产权仲裁案件数据

一、2023年新成立的仲裁机构知识产权专业部门[1]

2023年，以下仲裁机构设立知识产权专业部门，专门处理知识产权仲裁案件：

1月13日，焦作仲裁委员会成立知识产权国际仲裁院。[2]

4月20日，昆明仲裁委员会与昆明市知识产权保护中心共同举行了"昆明仲裁委员会知识产权仲裁调解中心"揭牌仪式。[3]

4月26日，太原、大同、阳泉、晋城、长治、临汾、运城、朔州、吕梁9家仲裁委员会成立知识产权仲裁中心。[4]

6月30日，濮阳仲裁委员会知识产权仲裁中心正式揭牌成立。[5]

7月26日，海南国际仲裁院举办知识产权仲裁调解（海口）中心揭牌仪式暨知识产权仲裁研讨会。[6]

---

[1] 此处参考国家知识产权局白皮书中的表述。
[2]《焦作知识产权国际仲裁院正式揭牌成立》，载焦作仲裁委员会官方网站，https://www.jzac.org/news/9_227，2024年2月26日访问。
[3]《云南首家知识产权仲裁调解中心揭牌成立》，载昆明市知识产权保护中心官方网站，https://kunming.cnippc.com.cn/detail/4-574.html，2024年2月26日访问。
[4]《我省9家仲裁委成立知识产权仲裁专门机构》，载山西省人民政府官方网站，https://www.shanxi.gov.cn/ywdt/sxyw/202304/t20230427_8439277_slb.shtml，2024年2月26日访问。
[5]《濮阳仲裁委员会知识产权仲裁中心揭牌成立》，载濮阳仲裁委员会官方网站，http://www.pyzcw.net/view.asp?id=172，2024年2月26日访问。
[6]《海南国际仲裁院知识产权仲裁调解（海口）中心揭牌成立》，载海南国际仲裁院官方网站，https://www.hnac.org.cn/article/950/48.html，2024年2月26日访问。

7月，嘉峪关仲裁委员会知识产权仲裁中心正式揭牌成立。[1]

12月5日，由三门峡仲裁委员会和三门峡市市场监管局（知识产权局）合作共建的知识产权仲裁院正式成立。[2]

12月20日，兰州仲裁委员会正式建设成立知识产权仲裁院。[3]

二、仲裁机构受理知识产权仲裁案件的情况

根据国家知识产权局发布的《二〇二二年中国知识产权保护状况》白皮书，部分仲裁机构设立知识产权专业部门，专门处理知识产权仲裁案件。2022年，全国仲裁机构办理知识产权类案件3700余件，案件标的额近73亿元，主要涉及著作权转让合同纠纷、商标合同纠纷、计算机软件开发合同纠纷、技术合作开发合同纠纷和技术服务合同纠纷等。[4]

2023年《第三届仲裁公信力评估报告》将"全国十佳仲裁机构奖"颁发给评估得分最高，并得到仲裁用户高度评价的仲裁机构。获得"全国十佳仲裁机构奖"的仲裁机构是：贸仲、北京仲裁委员会/北京国际仲裁中心（以下简称北仲）、上海国际仲裁中心、深圳国际仲裁院、上海仲裁委员会、广州仲裁委员会、青岛仲裁委员会、海南国际仲裁院、重庆仲裁委员会、武汉仲裁委员会。前六位仲裁机构的知识产权仲裁案件受理情况整理如下，作为样本以供分析：

1. 贸仲

根据《贸仲委2023年工作报告》，贸仲2023年共受理知识产权纠纷案件104件，知识产权类案件比重增加。涉及生物医药技术开发、经销合同、授权代理、专利工艺许可、商标争议、加盟合同、域名购买合同等争议类型，知识

---

[1] 《嘉峪关仲裁委员会知识产权仲裁中心正式揭牌成立》，载嘉峪关市人民政府官方网站，https://www.jyg.gov.cn/sfj/xwdt/gzdt/art/2023/art_0be66d146bec435ba07ad0a175eb0073.html，2024年2月26日访问。

[2] 《三门峡仲裁委市成立知识产权仲裁院》，载三门峡仲裁委员会官方网站，http://www.smxzcw.org.cn/article.aspx?id=429&cid=326，2024年2月26日访问。

[3] 《兰仲时间｜带您了解兰州仲裁委员会知识产权仲裁院》，载微信公众号"兰州仲裁委员会秘书处"，https://mp.weixin.qq.com/s/5zW8iY_ZfgniuklW9z20fQ，2024年2月26日访问。

[4] 《2022年中国知识产权保护状况》，载国家知识产权局官方网站，https://www.cnipa.gov.cn/art/2023/6/30/art_91_186011.html，2024年2月26日访问。

产权争议分布领域广，专业性强，并有向新技术、新产业发展的趋势。① 据统计，贸仲 2023 年受理知识产权案件所涉金额为 5.31 亿元。

2. 北仲

北仲 2023 年共受理知识产权纠纷案件 277 件。②

3. 上海国际仲裁中心

上海国际仲裁中心 2023 年共受理知识产权纠纷案件 154 件，争议金额 4.61 亿元，案件数量较 2022 年的 44 件显著增长。③

4. 深圳国际仲裁院

根据《深圳国际仲裁院 2023 年数据概览》，深圳国际仲裁院共受理知识产权仲裁案件 222 件。④

5. 上海仲裁委员会

根据《上海仲裁委员会 2023 年度仲裁业务报告》，上海仲裁委员会 2023 年度受理知识产权案件的数量在所有合同类别中排名第三，未公布具体数字。⑤

6. 广州仲裁委员会

广州仲裁委员会知识产权类案件年受案量稳步上升，2022 年共受理知识产权仲裁案件 252 宗，标的总额超 1.42 亿元。⑥ 未查询到广州仲裁委员会 2023 年知识产权仲裁案件数据。

需要说明的是，课题组通过各仲裁机构官方网站等公开渠道搜集以上数据，由于并非所有的仲裁机构都对知识产权仲裁案件情况进行了统计，且各仲裁机

---

① 《贸仲委 2023 年工作报告》，载贸仲官方网站，http://www.cietac.org.cn/index.php?m=Article&a=show&id=20061，2024 年 2 月 26 日访问。
② 《北京仲裁委员会/北京国际仲裁中心 2023 年度工作报告》，载北仲官方网站，https://www.bjac.org.cn/news/view?id=4714，2024 年 2 月 26 日访问。
③ 《2023 SHIAC 年度仲裁业务报告》，载上海国际经济贸易仲裁委员会官方网站，https://www.shiac.org/pc/SHIAC?moduleCode=annual_report&securityId=VZAECvvflzUg01ccI94LUw，2024 年 2 月 26 日访问。
④ 《深圳国际仲裁院 2023 年数据概览》，载微信公众号"深圳国际仲裁院"，https://mp.weixin.qq.com/s/YdSIKagyRDZv21G3dx9idw，2024 年 2 月 26 日访问。
⑤ 《上海仲裁委员会 2023 年度仲裁业务报告》，载微信公众号"上海仲裁委员会"，https://mp.weixin.qq.com/s/W0nILgFumt6UHs-15lyh1Q，2024 年 2 月 26 日访问。
⑥ 《广州仲裁委聚焦"四化"助推知识产权仲裁高质量发展》，载广州仲裁委员会官方网站，https://www.gzac.org/gzxw/6076，2024 年 2 月 26 日访问。

构对于知识产权案件类型的划分标准、统计维度、参考基准等不尽相同，因此各仲裁机构数据不具有可比性，课题组不便对数据进行横向对比，以上数据仅供读者参考。

三、内地人民法院与国际仲裁机构的合作

2023年3月16日，福建省厦门市中级人民法院与世界知识产权组织仲裁与调解上海中心（以下简称 WIPO 仲调上海中心）联合成立了涉外知识产权诉调对接办公室；① 同时，法院向 WIPO 仲调上海中心移交了委托调解的案件。WIPO 仲调上海中心于 2019 年 10 月在中国（上海）自由贸易试验区成立，是司法部批准的首家在我国境内开展涉外知识产权争议案件仲裁与调解业务的国际仲裁机构。此前，福建省高级人民法院于 2022 年 12 月 27 日发布了《福建省高级人民法院关于与世界知识产权组织仲裁与调解上海中心诉调对接的工作办法》。

2023 年 3 月 31 日，海南省高级人民法院发布《海南省高级人民法院与世界知识产权组织仲裁与调解上海中心诉调对接工作办法》（以下简称《工作办法》），自发布之日起施行。《工作办法》共 11 条，分别为适用范围、调解原则、程序启动、案件材料、调解期限、调解撤回、程序终止、司法审查、调解费用、联络协调以及实施日期等；规定海南法院管辖的涉外知识产权纠纷案件，经各方当事人同意后，可委派 WIPO 仲调上海中心或者委托进行调解。②

四、分析与结论

1. 2023 年仲裁机构新设立的知识产权仲裁中心以中部和西部地区为主，与 2022 年主要集中在东部和南部地区的情况形成对比，侧面反映出仲裁作为解决知识产权纠纷的一种争议解决方式，在全国范围内越来越受重视。

2. 各仲裁机构知识产权案件的数量保持稳定或有所增长，仲裁机构处理知

---

① 《厦门市涉外知识产权诉调对接办公室挂牌》，载国务院侨务办公室官方网站，https://www.gqb.gov.cn/news/2023/0317/56577.shtml，2024 年 2 月 26 日访问。
② 《海南省高院发布与世界知识产权组织仲裁与调解上海中心诉调对接工作办法》，载海南省人民政府官方网站，https://www.hainan.gov.cn/hainan/tingju/202304/ce1687b3b88c44b7969712bb3c0da9eb.shtml，2024 年 2 月 26 日访问。

识产权纠纷经验不断丰富。

3. 内地人民法院和国际仲裁机构合作,是健全国际知识产权多元化纠纷解决机制,推动跨国或地区知识产权纠纷公正高效解决,促进内地法院深度参与知识产权全球合作的重要举措。

第五节　我国知识产权仲裁事业的发展

知识产权作为国家核心竞争力，是现代产权保护制度的重中之重。习近平总书记强调："知识产权保护工作关系国家治理体系和治理能力现代化。关系高质量发展，关系人民生活幸福，关系国家对外开放大局，关系国家安全。"[①] 自1995年《仲裁法》施行以来，我国仲裁制度作为成熟完善的社会纠纷解决机制不断发展和完善。仲裁制度在发展的过程中一直秉持着"调解优先"的原则化解各方矛盾，且不断追求专业性与快捷性。随着中国开放程度的不断提高，提升我国在世界舞台上的影响力，保障我国权益，与国际接轨。通过参与国际仲裁规则的制定和交流，不断完善我国仲裁体系，搭建我国国际仲裁制度，提升中国仲裁质量和公信力。知识产权案件具有复杂性、科学性及多元化等特点。从而决定了知识产权纠纷的多样性，纠纷的多样性也意味着衍生多样的解决方式。科技发展日新月异、中国改革发展的脚步逐渐深入，上至国家、下至企业对知识产权的越来越重视。我国为实现"科技强国、科技兴国"的战略目标，陆续出台了《国家知识产权战略纲要》《关于深化体制机制改革加快实施创新驱动发展战略的若干意见》《深化科技体制改革实施方案》等重要的指导性文件。经济全球化的背景下，全球企业在打造品牌价值、核心竞争力过程中，知识产权竞赛成为各企业打造自身品牌的重要路径。

随着经济全球化和知识经济的迅猛发展，决定企业竞争优势的主要因素已经从传统模式下的自然资源条件和廉价劳动力，转向技术创新能力和管理优势，而知识产权已经提升为我国提高核心自主创新能力、建设创新型国家的核心战略。随着国际贸易中知识低技术含量的初级产品比例的下滑，工业制品贸易中

[①] 习近平：《全面加强知识产权保护工作　激发创新活动推动构建新发展格局》，载《求是》2021年第3期。

知识密集型、附加值的新技术产品比例的不断提高，与知识产权有关的贸易纠纷也逐渐凸显。因此，越来越多的企业加强了知识产权的保护，从而提升自身的价值和竞争力。企业在研发新产品时必然会投入大量的人力、物力和财力，如果不对知识产权进行有效保护，那么竞争对手便可通过模仿、复制、反向工程、商业间谍等不正当手段低成本地获得知识产权，从而生产出新产品参与市场竞争。由于其新产品没有投入研发成本，价格自然较低，这样会严重损害投入研发成本的创新企业，有时这种损害是致命的。保护产品，提高企业产品竞争力；增加企业无形资产，提高企业实力；证明企业创新能力，提高企业品牌，获取更多客户信任；获得更多的政府资金和政策扶持等都是知识产权带给企业乃至国家的红利。

我国仲裁体系搭建过程中，知识产权仲裁相对于国际上其他国家起步较晚。20 世纪 90 年代，我国学术界开始对知识产权仲裁的有效性掀起了广泛的讨论。虽然，相对于国际上其他国家，我国知识产权仲裁略显保守，但我国最高人民法院在《关于执行我国加入的〈承认及执行外国仲裁裁决公约〉的通知》中明确规定，侵权纠纷或根据有关法律规定而产生的经济上的权利义务纠纷均可提交仲裁。可见，我国司法部门在确定可仲裁的范围上，并不排斥知识产权仲裁的可仲裁性。知识产权作为新时代的权利之一，是一种无形的财产，与其他财产权益一样具有价值和使用价值。《仲裁法》《商标法》《著作权法》《专利法》在当事人双方的约定下均承认知识产权仲裁的有效性。

近 10 年来，知识产权仲裁处于高位并呈现新特点。技术性案件保持明显的上升态势。随着互联网经济的飞速发展，知识产权仲裁受理侵犯著作权、商标权、专利权等侵权类案件居高不下。涉案的侵权商品大多来源于各电商平台，网络成为各类知识产权争议汇集的常见场所。另外，惩罚性赔偿制度引入知识产权领域后，涉及高质量、高价值的商标、著作权等争议更加激烈。专利中的芯片、生物医药、数据系统、新材料、域名等前沿技术领域成为知识产权洪流中的一股中坚力量。全球范围内的大规模企业与国际竞争紧密相连，对前沿科技领域专利分秒必争，使得解决知识产权争议的紧迫性、保密性更加重要。双向互诉、平行诉讼、多方互诉等复杂争议频发，让知识产权纠纷更加难以解决。

数据、人工智能有关的知识产权权属争议、域名问题、侵权问题再次凸显新的难点、热点。人工智能背景下的数据收集、使用、交易和保护等的知识产权新类型纠纷出现，数据权益、个人信息保护及与此有关的竞争秩序维护成为新的热点。数据成为知识产权仲裁中的争议核心，同时，人工智能生成物是否保护、如何保护，人工智能训练素材如何保护、数据维护与个人信息保护衔接等问题凸显于司法仲裁面前。

《最高人民法院关于人民法院进一步深化多元化纠纷解决机制改革的意见》总结了人民法院推动多元化纠纷解决机制改革发展的历史经验，明确了进一步深化多元化纠纷解决机制的指导思想、主要目标和基本原则，对完善诉调对接平台建设、健全诉调对接制度、创新诉调对接程序、促进多元化纠纷解决机制发展等提出了系统的指导意见。该意见明确提出要"加强与仲裁机构的对接……尊重商事仲裁规律和仲裁规则，及时办理仲裁机构的保全申请"。知识产权仲裁既不是传统调解方式的简单延续，也不是对西方替代性争议解决方式（Alternation Dispute Resolution，ADR）潮流的模仿照搬，而是在我国社会和法治发展的实际需要之上，将共赢、共合的思想融会贯通于多元化解决争议之中。发挥社会型争议纠纷解决机制，善用专业优势，让正义得到加速。

由于国内外创新主体对通过仲裁调解方式解决知识产权纠纷的需求日趋旺盛，我国当前越来越多的仲裁调解机构面向市场开展知识产权仲裁调解业务。但目前知识产权仲裁调解服务体量远远不能满足市场需要，并且还存在工作运行机制不够高效顺畅、相关机构业务重点不够突出、能力有待提升等问题。我国知识产权仲裁机构的数量有限且呈星点状分布，从整体数量来看不及发达国家知识产权仲裁的数量，仅重点分布在我国发达或次发达地区。

总体来说，我国的知识产权仲裁还处于发展阶段，有巨大的理论与实践改进空间。扩大仲裁服务的社会影响力，推动知识产权仲裁在我国乃至世界的深入发展，能缓解飞速发展的科技市场经济与知识产权司法纠纷之间的矛盾问题，促进我国经济健康有序的发展，建设知识产权强国经济。社会对知识产权保护不仅有加强保护力度的需求，还有加强保护精度的需求，这对法院加强知识产权保护精细化司法提出了更高的要求。当事人对知识产权仲裁的审判改革和机制创新促进了知识产权仲裁质效的提高，对权利保障尤其是仲裁结果的公平性的期待也更高。在当前复杂的国际国内形势下，企业对各仲裁机构在知识产权全球治理中发挥积极作用的期待也空前高涨。一方面，知识产权仲裁员面临的知识产权案件金额逐步提升，知识产权仲裁效率的压力在短期内难以缓解；另一方面，新类型案件的持续增多、各项法律制度的相继出台带来了更多需要研究的问题，如对权利的认定、对侵权行为的认定、对赔偿额的计算等，稍有不慎都将成为舆论的焦点。这一切都要求知识产权仲裁裁判的质效持续提升、司法保护更加充分、改革创新更加深化、工作机制更加优化。正因如此，打造一支政治过硬、业务精良的知识产权专业仲裁队伍成为必然。另外，线上仲裁的审判实践开展更加顺利，彻底突破了地域限制，大大提升了知识产权仲裁的审判效率。运用电脑网络和人工智能技术，依托高效的信息管理系统，实现全流程网上办案、远程开庭、异地审理、电子送达、案件信息大数据分析、类案查询、音字转换、高清示证等技术应用。在全国建设智慧法院的实践中，各地仲裁机构利用开发的设备链接各大开放网络审理平台，利用大数据管理和服务平台，把握对全国知识产权仲裁案件实时态势，为仲裁管理决策和业务指导提供支撑；这一有效举措有力促进了我国知识产权仲裁效率与质量，助力我国知识产权仲裁创新驱动发展。

知识产权仲裁是建立健全社会共治模式，构建知识产权大保护工作格局的重要一环。仲裁作为解决知识产权争议的有效方式，在保护知识产权、促进数字经济高质量发展过程中正在发挥越来越重要的作用。以贸仲为例，贸仲作为中国最早设立的和最具代表性的常设仲裁机构、全球五大最受欢迎的国际仲裁机构之一，历来重视知识产权保护，在知识产权的案件审理、仲裁员队伍建设、平台设立等方面都打下了扎实的基础，积累了丰富的争议解决经验。贸仲为促进中国知识产权仲裁制度的发展作出了巨大的贡献。多年来，贸仲审理了大量涉知识产权仲裁案件和域名争议解决案件，并且积极推进知识产权争议解决，建设良好的法治环境。据不完全统计，贸仲有近15%的仲裁案件的争议与知识产权有关。近5年以来，贸仲受理知识产权仲裁案件500余件，所涉争议金额近200亿元人民币，其中不少案件具有重大影响。据统计，2022—2023年，贸仲受理并审理的涉知识产权仲裁案件数量为 215 件，所涉争议金额近 30 亿元，涉及来自美国、意大利、日本、法国等欧洲地区，加拿大、新加坡、韩国以及我国香港特区等亚太地区，近 20 个国家和地区的当事人。贸仲高度重视知识产权仲裁员队伍建设。目前，贸仲在册 1897 名中外仲裁员中，有近 300 名具有知识产权专长和实践经验的中外仲裁员，能够为复杂新型的知识产权仲裁案件，提供独立、公正、高效、专业的服务。2022 年 7 月，贸仲还专门设立知识产权仲裁中心，通过该中心的平台建设，致力于进一步提升知识产权仲裁的专业性并促进知识产权多元争议解决机制的完善。

总体来说，我国知识产权仲裁制度建设是一个不断探索并完善再到不断创新的过程，紧跟我国法律发展及国内、国际形势，紧跟科技发展的需要，逐渐形成具有中国特色并符合时代需求的现代知识产权仲裁制度，为构建和谐的法治社会，推动我国法治发展，提升我国国际公信力发挥着更加重要的作用。

第二章

知识产权纠纷可仲裁性的现状及发展趋势

如今，知识产权纠纷的可仲裁性（Arbitrability）正越来越成为各国关注和研究的焦点问题，主要原因是《贸法会示范法》和《纽约公约》没有对知识产权纠纷可仲裁性的范围作出规定。这种情况允许各国立法根据一般法律标准单独确定知识产权纠纷可仲裁性的范围。知识产权中的工业产权领域的纠纷使这种情况变得更加复杂，因为工业产权纠纷中的工业产权有效性问题主要处于国家行政机关垄断管辖之下，管辖权对知识产权纠纷可仲裁性的不同处理方式导致仲裁作为解决争议的替代方式具有不确定性和不可预测性。正因为如此，本章以比较法视野对知识产权纠纷特别是工业产权纠纷的可仲裁性问题进行研究，以期为我国知识产权纠纷可仲裁性问题的研究提供理论支持。

第一节　境外知识产权纠纷可仲裁性观察

由于法律制度、文化等的差异，不同法域在知识产权纠纷可仲裁性问题上作出了不同的制度安排。尽管普通法系和大陆法系国家和地区的法律渊源的侧重有所不同，但许多国家和地区均通过立法例或判例等形式允许仲裁知识产权纠纷。其中，知识产权有效性纠纷是知识产权纠纷是否具有可仲裁性的主要争议焦点。诚然，国际上也有不接受知识产权有效性纠纷仲裁的成例，但是，接受知识产权有效性纠纷仲裁已然成为主流，有越来越多的国家和地区正在或者即将接受知识产权有效性纠纷仲裁，其制度选择和发展路径具有一定的借鉴意义。[①]

---

① 参见孙子涵：《我国知识产权效力争议仲裁的理论基础与实现路径》，载《现代法学》2023年第1期，第202页。

一、普通法系的现状及发展趋势

（一）美国

WIPO 的一项调查显示，法庭诉讼的法律费用平均达到了 47.5 万美元，而仲裁的平均费用超过了 40 万美元，平均时间略长于 1 年。[①] 这一结果也得到了美国知识产权法协会进行的研究的证实，其研究结果表明，在一般专利侵权诉讼案件中，一方通常需要支付约 260 万美元的法律费用和成本。[②] 因此，如今，人们可以理解仲裁在解决争端方面胜过法庭诉讼的可取之处。总体而言，美国是一个在仲裁和知识产权领域都经历了高速发展的国家。美国见证了技术发明的快速增长以及仲裁程序的高频使用，这得益于美国仲裁协会（American Arbitration Association，AAA）的仲裁规则和调解程序。尽管这两个领域都取得了进展，但有关知识产权纠纷可仲裁性的判例仍受到公共政策的影响，缺乏直接的法律允许性，程度有限。一般来说，法律倾向于仲裁，尤其是在专利方面，因为美国专利法中包含了具有约束力的仲裁程序，所以专利被认为是可仲裁的。然而，这种泛化的观点并不能适用于其他知识产权，如商标和著作权，因为美国法律中并没有提及有关这些知识产权纠纷的可仲裁条款。不过，司法机关允许在个案基础上进行仲裁，这使得人们认为，美国的趋势是倾向于支持仲裁的。

然而，美国法院也曾因担心仲裁将直接影响法院对纠纷的管辖权而不愿意允许纠纷交由仲裁解决。当年，美国法院基于公共利益的理由作出了这样的推理。而 1925 年《联邦仲裁法》的颁布以及 1970 年为履行《纽约公约》条款而对其进行的修订，是一个重要转折点。因为其使法院减少了对仲裁的敌意并认识到仲裁的重要性。1925 年《联邦仲裁法》颁布后，国会要求联邦和州法院尊重商业交易中的书面仲裁选择。1970 年，《纽约公约》获得批准，该公约要求所有签署国在国际商务中遵守并执行仲裁协议和裁决。在 Sherk v. Alberto-Cul-

---

[①] See "Results of the WIPO Arbitration and Mediation Center International Survey on Dispute Resolution in Technology Transactions" (2013) 〈http：//www.wipo.int/amc〉accessed on 26th April, 2023.

[②] See Lawyers club India , "Overview of Arbitration in IPR" 〈http：//www.lawyersclubindia.com/articles/print_ this_ page.asp? article_ id=4980〉accessed on 26th April, 2023.

ver Co. 案①中，法院承认了《联邦仲裁法》1970 年修正案的目的是消除对仲裁的司法敌意。多年来，美国法院接受了仲裁，并允许在劳动法（Circuit City Stores. Inc. v. Adams. 案②）、反垄断法（Mitsubishi v. Soler Chrysler-Plymouth 案③）以及证券法（Rodriguez de Quijas v. Shearson/American Express, Inc 案④）等领域进行仲裁。

而美国传统观念是拒绝知识产权纠纷的可仲裁性。由于公共政策的原因，美国曾将知识产权和反垄断问题排除在仲裁领域之外。1983 年以前，美国禁止对专利纠纷进行仲裁，因为专利影响公共利益。专利被视为发明者在一定年限内的垄断权，以换取公众在过期后利用发明的权利。作为推动研究的一种方式，国会授予专利的权力是一项宪法权力。因此，人们认为政府有法律义务干预私人专利纠纷，以保护公众利益。直到 1983 年，专利纠纷的不可仲裁规定才在国会通过法律的情况下被推翻。1982 年《美国法典》第三十五编第二百九十四条特别允许对合同下产生的专利有效性或侵权有关的争议进行自愿的、有约束力的仲裁。裁决的效力将在当事人之间生效，即仅在仲裁当事人之间具有约束力，对任何其他人没有影响。而在美国专利商标局（United States Patent and Trademark Office, USPTO）通知 USPTO 局长之前，该裁决不能执行，局长将该裁决登记在专利登记册中。例如，在 Scan Graphics, Inc. v. Photomatrix Corporation 案⑤中，加利福尼亚州的仲裁员的调查范围包括确定是否因相关协议而发生了专利的一项或多项权利的转让，以及确定专利的有效性和协议的范围。因此，仲裁员审理了专利所有权问题。然而，USPTO 局长保留了依据第一百三十五（d）条确定可专利性的管辖权。在上述法案通过之前，美国法院在 Zip Manufacturing Co. v. Pep Manufacturing Co. 案⑥和 Beckman Instruments, Inc. v. Tech-

---

① Sherk v. Alberto-Culver Co. 417 U. S. 506 (1974).
② Circuit City Stores. Inc. v. Adams. 532 U. S, 105 (2001).
③ Mitsubishi v. Soler Chrysler-Plymouth, 473 U. S. 614 (1985).
④ Rodriguez de Quijas v. Shearson/American Express, Inc., 490 U. S. 477 (1989).
⑤ 1992 WL 2231 at *1 (E. D. Pa. January 2, 1992).
⑥ Zip Manufacturing Co. v. Pep Manufacturing Co., 44 F. 2d 184 (D. Del. 1930).

nical Develop. Corp. 案①中曾表示，由于公共利益，专利纠纷是不可仲裁的。然而，美国专利法修正案通过后，为了充分实现立法意图，美国法院允许了专利仲裁。在 Re Medical Engineering Corporation 案②中，美国法院允许在专利侵权案件中进行仲裁。在 Rhone-Poulenc Specialities Chimiques v. SCM Corp. 案③中，美国法院在广泛解释仲裁条款的基础上允许专利侵权案件进行仲裁。1994 年，美国修改了专利法，规定所有专利权问题都可以仲裁。④ 根据这一规定，专利有效性和侵权问题都可以仲裁。⑤ 现在，在美国，所有与专利相关的纠纷，只要相关合同中没有相反的规定，都可以在美国进行有约束力的仲裁。⑥ 自此，专利仲裁在美国逐渐受到青睐。因此，直到过去几十年，美国才认可仲裁和调解作为专利纠纷中有效的争议解决工具。这一变革酝酿已久，是一个渐进和演进的过程。然而，对于《美国法典》第十九编第一千三百三十七（a）条规定的属于美国国际贸易委员会（International Trade Commission, ITC）管辖范围的案件，法院一直不愿允许仲裁。法院考虑了 Mitsubishi Motors 案⑦，该案认为："如果仲裁协议涉及法定问题，而且协议之外没有任何法律约束禁止对这类索赔进行仲裁，则国际交易的一方当事人必须履行其协议，对涉及美国法律规定的法定索赔的争议进行仲裁。"然而，这样解释的结果是，纠纷方有可能说服 ITC 调查第一千三百三十七（a）条下的违法行为，从而避免了有约束力和可执行的仲裁。

然而，对于其他知识产权，如版权和商标方面，却没有上述专利一样的明确规定。有趣的是，法院认为，在没有此类规定的情况下，并没有明确禁止对

---

① Beckman Instruments, Inc. v. Technical Develop. Corp., 433 F. 2d 55, 63 (7th Cir. 1970).

② Re Medical Engineering Corporation, 976 F. 2d 746 (Fed. Cir, 1992).

③ Rhone-Poulenc Specialities Chimiques v. SCM Corp., 769 F. 2d 1569 (Fed. Cir. 1985).

④ See Camille Juras, International Intellectual Property Disputes and Arbitration: A Comparative Analysis of American, European and International Approaches (2003) (unpublished L. LM. dissertation, McGill University) (on file with author).

⑤ 35 USC § 294-294 (c).

⑥ See Kenneth R. Adamo, Overview of International Arbitration in the Intellectual Property Context, 2 The Global Business Law Review 15 (2011).

⑦ Rhone-Poulenc Specialities Chimiques v. SCM Corp., 769 F. 2d 1569 (Fed. Cir. 1985).

上述知识产权纠纷进行仲裁。Kamakazi Music Corp. v. Robbins Music Corp. 案①是法院如何看待版权纠纷可仲裁性的典型案例。该案的争议焦点是 Kamazaki 控告 Robbins 侵犯版权，因为后者在协议到期后仍继续印刷和销售受版权保护的作品。Robbins 提起仲裁，辩称该诉讼是关于违约的，因此不属于法院的管辖范围，而属于仲裁员的管辖范围。虽然此案是由美国地区法院提交仲裁的，但诉讼标的是侵犯版权，而仲裁员的裁决有利于 Kamazaki，依据的是美国版权法规定的补救措施，即法定损害赔偿。Robbins 在上诉中辩称，仲裁员在仲裁案件中对美国版权法的解释越权，但他没有胜诉。美国第二巡回上诉法院裁定，允许对版权问题（不包括有效性问题）进行仲裁，法院认为"在本案的情况下，仲裁员有权根据美国版权法作出裁决……仲裁条款的范围足够广泛，足以涵盖需要对合同进行解释的版权法的索赔要求"。此外，美国第二巡回上诉法院还指出，将版权侵权案件提交仲裁并不违反公共政策。合法的版权主张所产生的垄断是版权主张中唯一的公共利益。尽管版权有效性问题并未提交法院裁决，但法院还是提出了这样的意见。因此，法院规定，在没有任何公共政策考虑的情况下，没有理由禁止对侵犯版权行为进行仲裁。上述观点在 Saturday Evening Post Co. v. Rumbleseat Press, Inc 案②中得到发展，美国第七巡回上诉法院认为仲裁员有权判定版权的有效性。法院考虑了 Mitsubishi 案，认为"与反垄断法所阻止的垄断相比，版权垄断的范围较小，更容易避免，因此版权应可仲裁"。③此外，法院还风趣地指出，没有理由认为仲裁员在版权案件中比州或联邦法官更容易犯错。不过，法院警告称，此类仲裁裁决只在当事人之间具有约束力。接着，美国法院在 McMahan Sec. Co. v. Forum Capital Markets 案④中裁定，复杂版权问题的存在并不排除对争议进行仲裁。而在 Folkways Music Publishers, Inc. v. Weiss 案⑤中，法院允许仲裁员对版权所有权问题作出裁决。

---

① Kamakazi Music Corp. v. Robbins Music Corp 522 F. Supp. 125 (S. D. N. Y. 1981).
② Saturday Evening Post Co. v. Rumbleseat Press, Inc., 816 F. 2d 1191 (7th Cir. 1987).
③ Saturday Evening Post Co. v. Rumbleseat Press, Inc., 816 F. 2d 1191 (7th Cir. 1987).
④ McMahan Sec. Co. v. Forum Capital Markets, 35 F. 3d 82 (2Nd Cir. 1994).
⑤ Folkways Music Publishers, Inc. v. Weiss, 989 F. 2d 108 (2nd Cir. 1993).

由于商标属于普通法范畴，因此处理方式与专利和版权略有不同。根据法院对仲裁协议和相关法律的宽松解释，法院认为商标纠纷是可仲裁的。在 Wyatt Earp Enterprises v. Sackman, Inc. 案[1]中，仲裁被驳回，理由是许可到期后的商标侵权索赔不属于许可协议的范围，因为许可协议中的仲裁条款只适用于许可协议到期前直接产生的合同纠纷。此外，法院还裁定仲裁协议不涵盖该索赔，因为它是侵权索赔而非合同问题。然而，在 Saucy Susan Products, Inc. v. Allied Old English, Inc. 案[2]中，同一地区法院推翻了前述限制性立场，裁定商标和商号纠纷是可以仲裁的。法院裁定，Allied 公司已对 Saucy Susan 公司启动仲裁程序。此后不久，Saucy Susan 向地区法院提起诉讼，控告 Allied 侵犯商标权和不正当竞争。Allied 提出动议，要求停止地区法院的诉讼程序并强制仲裁。地区法院裁定商标和不正当竞争索赔应提交仲裁。法院考虑了美国第二巡回上诉法院的意见，这些意见倾向于对仲裁协议作出更宽松的解释，并没有被 Wyatt Earp 在侵权法和合同法之间的区别所左右。值得注意的是，法院注意到 Saucy Susan 并未辩称公共政策不利于对商标侵权和不正当竞争索赔进行仲裁。同时，地区法院指出"仲裁未来纠纷的协议似乎并不会妨碍国会的政策"。在 Necchi Sewing Machine Sales Corp. v. Necchi, S. p. A. 案[3]中，合同双方就商标非法使用索赔的可仲裁性发生争议。上诉法院认定，该争议是由双方协议引起、与之相关，因此可予仲裁。然而，在 Homewood Industries, Inc. v. Caldwell 案[4]中，美国法院裁定商标侵权索赔不适宜仲裁。但是，在 1982 年，法院在 U. S. Diversified Industries, Inc. v. Barrier Coatings Corporation 案[5]中改变了观点。地区法院对协议中宽泛的仲裁条款作了解释，将商标侵权问题纳入其范围，因此批准了被告依据 AAA 商事仲裁规则提出的仲裁请求。

综上所述，美国司法系统倾向于仲裁的趋势预示着，未来有关知识产权纠

---

[1] Wyatt Earp Enterprises v. Sackman, Inc 157 F. Supp. 621（S. D. N. Y. 1958）.
[2] Saucy Susan Products, Inc. v. Allied Old English, Inc., 200 F. Supp. 621（S. D. N. Y. 1958）.
[3] Necchi Sewing Machine Sales Corp. v. Necchi, S. p. A. 369 F. 2d 579（2 Cir. 1966）.
[4] Homewood Industries, Inc. v. Caldwell, 360 F. Supp. 1201（N. D. II. 1973）.
[5] U. S. Diversified Industries, Inc. v. Barrier Coatings Corporation, Civil No. 83 - 2124 - T（D. Mass. October 18, 1982）.

纷可仲裁性的争议将得到美国法院的肯定答复。①

（二）英国

在英国，可仲裁性的概念在法律中并没有明确的定义。通常是在具体案例中，结合公共政策考虑而加以理解。英国1996年《仲裁法》规定，只要协议不违反公共政策，当事人有就如何解决纠纷达成协议的自由。② 在大多数情况下，与专利有关的知识产权纠纷通常被视为可进行仲裁的纠纷，但根据英国1977年《专利法》的规定，可进行仲裁的纠纷是有限的。这些情况包括：（1）当依据该法第四十八条至第五十一条提出的强制专利许可申请遭到反对时，英国知识产权局总审计长可下令进行仲裁。在这些案件中产生的任何问题或事实争论将根据该法第五十二条第三款提交给仲裁员。（2）当出现英国《专利法》第五十八条（英国政府或皇室使用专利权的权利）规定的争议时，法院可将部分或全部问题提交仲裁。③ 可见，依据英国《专利法》的规定，只有在极少数情况下，经法院特别批准，专利纠纷才能进行仲裁。然而，专利的有效性是一个可仲裁的问题，但只对参与仲裁的当事人有约束力。因此，上述条款只规定了最低限度的仲裁范围，并未明确规定可提交仲裁的纠纷的性质。讨论知识产权纠纷可仲裁性的一个非常重要的判例是 Roussel-Uclaf 案④，在该案中，专利的有效性被认为是可仲裁的。依据英国法律，著作权和商标问题也被视为可仲裁。在英国，围绕知识产权纠纷可仲裁性的大多数考虑因素是知识产权纠纷的性质，如所有权或侵权，由于是对人的争议，在确定可仲裁性方面带来了复杂性。不过，在英国，与不动产所有权有关的纠纷具有可仲裁性，而且此类案件的裁决不仅对当事人有约束力，（依据英国1950年《仲裁法》第十六条和1996年《仲裁

---

① See David W. Plant, 'Arbitrability Of Intellectual Property Issues In The United States', Worldwide Forum on the Arbitration of Intellectual Property Disputes（WIPO 1994）〈http：//www.wipo.int/amc/en/events/conferences/1994/plant.html〉accessed 26 April 2023.

② English Arbitration Act 1996 § 1 (b).

③ See UK Patents Act 1977, Section 52- (5); Kenneth R. Adamo, Overview of International Arbitration in the Intellectual Property Context, 2 The Global Business Law Review 15, (2011). & AIPPI（ASSOCIATION INTERNATIONALE POUR LA PROTECTION DE LA PROPRIETE INTELLECTUELLE）, (Mar. 1, 2018), https：//aippi.org/download/reports/forum/forum07/12/ForumSession 12_ Presentation_ Lawrence_ Boo. pdf.

④ Roussel-Uclaf v. G. D. Searle & Co. Ltd., [1978] Lloyd's Report 225.

法》第五十八条第一款）对仲裁当事人及其名下权利主张人（但不包括第三方）也有约束力。可见，知识产权仲裁裁决似乎有可能被赋予同样的效力。英国的司法立场表明，任何性质的知识产权争端都倾向于具有可仲裁性。因此，可以认为英国没有具体的法律条款禁止知识产权纠纷的可仲裁性。英国的实践表明，只要仲裁协议的范围允许，仲裁员可以自由裁定知识产权纠纷的若干问题，如侵权甚至有效性。

（三）新加坡

新加坡是国际商事仲裁热门选择地，是日内瓦以外唯一设有 WIPO 仲裁与调解中心的地区。新加坡国际仲裁中心还设有专门的"知识产权仲裁员小组"。[1] 新加坡的仲裁法规非常复杂，几乎没有模棱两可的余地。由于这些发展，新加坡现在在利用仲裁解决知识产权纠纷方面走在了前列。新加坡的法律规定，如果双方同意，所有纠纷都可以仲裁。这也包括与知识产权有关的纠纷。

新加坡 2019 年《知识产权（争议解决）法》修订了新加坡《仲裁法》和《国际仲裁法》，明确允许对知识产权纠纷进行仲裁，无论知识产权是纠纷的核心问题还是核心问题的附带问题，这是解决新加坡知识产权纠纷可仲裁性质疑的最重要立法。依据该法，有关知识产权的仲裁裁决在各方之间具有效力。[2] 专利、商标、地理标志、植物新品种、商业秘密以及其他知识产权均受该法保护。因此，依据上述法案，任何性质的知识产权都可以成为仲裁的主题。该法案规定了可以有效仲裁的纠纷类型，包括三种不同的纠纷：（a）关于知识产权的可执行性、侵权、存续、有效性、所有权、范围、持续时间或任何其他方面的争议；（b）有关知识产权交易的争议；以及（c）关于知识产权应支付的任何赔偿的争议。

当然，新加坡《仲裁法》第五十二 C（3）条、《国际仲裁法》第二十六 C（3）条，对于涉及知识产权仲裁裁决的效力均作相同的规定：对于一项仲裁裁决，

---

[1] Intellectual Property Policy, MINISTRY OF LAW - SINGAPORE (Feb. 29, 2018), https://www.mlaw.gov.sg/content/minlaw/en/our-work/intellectual-property-policy.html. See Frequently Asked Questions, SINGAPORE INTERNATIONAL ARBITRATION CENTRE (Mar. 10, 2018), http://www.siac.org.sg/faqs.

[2] Singapore Intellectual Property (Dispute Resolution) Act 2019.

第三方是知识产权担保权益相关的专利权人或被许可人的，该事实本身并不使得第三方通过裁决项下的任何一方仲裁当事人提出权利主张，第三方不可根据该项仲裁裁决提出权利主张，而且，不影响第三方与仲裁裁决项下任何一方当事人之间，因其他合同关系或其他法律操作产生的权利或责任。可见，新加坡仲裁裁决的效力（包括有关知识产权有效性裁决效力），仅限于仲裁双方之间才具有约束效力，由于知识产权有效性仲裁裁决效力不具有普遍适用性，对于同一知识产权有效性问题，因个案当事人的不同，可能会出现多个类似仲裁案件的情形，也不排除因案情差异可能出现裁决相互矛盾的现象。①

（四）南非

仲裁是南非解决商业纠纷的一种完善且广泛使用的方法。2017年通过的南非《国际仲裁法》大大提高了仲裁的普及程度。《国际仲裁法》将《贸法会示范法》纳入了南非法律。在不违反《国际仲裁法》规定的情况下，将《贸法会示范法》作为《国际仲裁法》的附件1适用于南非。② 上述立法使得南非的国际仲裁案件数目大大增加，也使得旨在促进南非成为一个重要的区域仲裁中心的倡议得以制定。南非法被定义为混合法系，其中包含从罗马荷兰法派生的民法元素和从英国法派生的普通法元素。在南非，知识产权争议无法通过仲裁解决。依据1978年南非《专利法》第十八条第一款规定，不仅专利有效性纠纷不可提交仲裁，所有类型的专利争议均被禁止提交仲裁。

（五）加拿大

加拿大是联邦制国家，有13个联邦级行政区，包括10个省和3个地区（Territory）。各省和区均有独立的立法权，因而都有自己独立的仲裁法。加拿大联邦仲裁法适用于联邦政府作为当事人一方参与的仲裁，但不适用于私人商事仲裁。加拿大在法系分类中属于混合法系，除魁北克省属于大陆法系外，其他

---

① 参见中国国际经济贸易仲裁委员会编：《中国国际知识产权仲裁年度报告2022》，中国法制出版社2022年版，第45—46页。

② See https://uk.practicallaw.thomsonreuters.com/4-502-0878? transitionType = Default&contextData = (sc. Default) &firstPage = true #: ~ : text = Arbitration% 20is% 20a% 20well - established, commercial% 20disputes% 20in% 20South% 20Africa. &text = The% 20International% 20Arbitration% 20Act% 20incorporates, Law) %20into%20South%20African%20law.

省和区都属于普通法系。属于普通法系的省和区，除不列颠哥伦比亚省之外，都以《贸法会示范法》为蓝本制定了本省/地区的仲裁法，但各省和地区在有关规定上可能有细微差别，比如在承认和执行仲裁裁决的期限方面。加拿大统一法会议（The Uniform Law Conference of Canada）建立于1918年，旨在统一加拿大各省和地区的法律，目前正试着创立一套统一的立法语言吸纳《贸法会示范法》2006年修正案。1986年，加拿大开始实施《纽约公约》。目前，除魁北克省外，加拿大各省和区都颁布了独立的法律实施《纽约公约》。在魁北克省，仲裁受《魁北克民法典》和《魁北克民事诉讼法典》的约束。尽管《魁北克民法典》要求魁北克省法院在处理国际商事仲裁案件时要考虑《贸法会示范法》和《纽约公约》的有关规定，但并非直接适用《贸法会示范法》和《纽约公约》。

　　加拿大在保险、建筑和其他商业纠纷中使用仲裁。但在知识产权纠纷中，仲裁并不常用。尽管一些法院指出，公共政策或原则表明，知识产权纠纷不得在私人之间秘密解决，因为这类纠纷涉及公共利益，但这并不意味着禁止处理版权纠纷。加拿大最高法院对此进行了反驳，其允许通过当事方赞成的替代性争议解决方式来解决知识产权纠纷。在加拿大的一起已决案件中，上诉法院作出了同意仲裁员（即仲裁裁决）的判决，但一方当事人将此案件上诉至最高法院，最高法院勒贝尔（Lebel）法官在裁判文书的第五十四段中指出："公共秩序不一定出现在仲裁裁决的案件中……在适用像公共秩序这样灵活多变的概念时，在确定仲裁裁决的有效性时必须遵守这些基本原则。"[1] 最高法院的该判决规定了以下原则：（1）允许当事人就任何已查明的问题使用仲裁；（2）版权法不禁止仲裁员对版权问题作出裁决；（3）在仲裁协议中列明的问题在仲裁员的权限范围之内。[2]

---

[1] See Mondaq 'Case Comment: Arbitration of copyright Disputes in light of the supreme court of Canada's decision' 〈https://www.mondaq.com/canada/company-formation/25951/case-comment-arbitration-of-copyright-in-light-ofthe-supreme-court-of-canadas-decision-in-les-ditions-chouette-1987-inc-et-al-v-dispute-aux〉 accessed February 17, 2024.

[2] See Mondaq 'Case Comment: Arbitration of copyright Disputes in light of the supreme court of Canada's decision' 〈https://www.mondaq.com/canada/company-formation/25951/case-comment-arbitration-of-copyright-in-light-ofthe-supreme-court-of-canadas-decision-in-les-ditions-chouette-1987-inc-et-al-v-dispute-aux〉 accessed February 17, 2024.

加拿大仲裁庭在解决知识产权侵权问题时会考虑以下因素：（1）是否有各方签署并同意的仲裁协议。《贸法会示范法》规定，协议内容必须以书面形式明确记录，但也可以口头或行为方式终止。无论是国内还是国际知识产权协议，都要讨论提交仲裁的问题的范围、仲裁如何进行、仲裁地、仲裁员人数、仲裁语言（即"当事人可以仲裁"）以及仲裁协议适用的法律。（2）知识产权仲裁协议表面上是否可以执行。加拿大仲裁庭认为这是为了避免仲裁员在可能非法或无效的问题上浪费时间。（3）知识产权纠纷的主题事项是否在仲裁协议的范围内。这也是为了防止浪费仲裁庭的时间。问题的主题必须在仲裁协议的范围之内。例如，在仲裁协议中，双方当事人只提及共同作者的问题，而他们却就特许权或转让问题将对方告上仲裁庭，这就超出了协议的范围。①

对于专利、商标纠纷仲裁，加拿大没有明确立法赋权当事人通过仲裁解决专利纠纷，也没有任何成文法认可专利仲裁的法律地位。此外，有关影响专利注册的裁定权，因专利注册影响第三方权利的裁定权，以及裁定商标无效或裁定宣告无侵权行为的管辖权，均由加拿大联邦法院行使专属管辖权。② 尽管如此，当事人选择以加拿大为仲裁地进行仲裁的，仲裁庭涉及专利、商标的仲裁裁决，通常可在仲裁当事人之间执行（即裁决在当事人之间具有约束效力），但是，对于仲裁庭裁定专利、商标无效的裁决，加拿大知识产权局不予承认，③ 甚至有观点认为，在加拿大，专利、商标有效性不可仲裁。④

综上，在加拿大缺乏整体性的知识产权仲裁立法情形下，法院和知识产权主管部门在解决知识产权争议方面居于主导首要地位，相对而言，对有关知识产权纠纷可仲裁性问题采取了较为严格的限制态度。尽管知识产权纠纷当事人

---

① See Thomson Reuters 'arbitration procedures and practice on Canada: overview, use of arbitration and recent trends' ⟨https://ca.practicallaw.thomsonreuters.com/0-502-1672?transitionType=Default&contextData=(sc.Default)&firstpage=true⟩ accessed February 17, 2024.

② See The Canadian Patent Act 1985, Section 60 (1); Adam Haller, 'IP rights enforcement in Canada', 15 May 2020.

③ See Matthew R Reed, Ava R Miller, Hiroyuki Tezuka and Anne-Marie Doernenburg, Wilson Sonsini Goodrich & Rosati and Nishimura & Asahi, 'Arbitrability of IP Disputes', Global Arbitration Review, 9 February 2021.

④ See Kenneth R Adamo, Overview of International Arbitration in the Intellectual Property Context, 2 Global Bus. L. Rev. 7, 17 (2011).

仍然可以自主地选择仲裁，但仅限于仲裁当事人之间可产生裁决约束效力。[①]

（六）香港特区

香港特区一直是最有利于仲裁的司法管辖区之一。[②] 香港特区《仲裁条例》制定于 1963 年 7 月，历经多次修订，于 1989 年将仲裁分为本地仲裁（domestic arbitration）和国际仲裁（international arbitration）。前者源于英国在实施 1996 年《仲裁法》之前所规定的仲裁法律；后者则适用《贸法会示范法》。2010 年至 2017 年，香港特区《仲裁条例》修订的大致轮廓可概括为：一次大转折，数次小修订。其中，2017 年的修订澄清了知识产权争议的可仲裁性，肯定其可强制执行，降低了社会公众对于涉及知识产权的裁决会否违反公共政策的顾虑。此次修订已于 2018 年 1 月 1 日起生效（第 103J 条除外），相对于那些不认可知识产权可仲裁性的地区而言，这一修订加强了香港特区仲裁在解决知识产权争议方面的优势，对于遭遇或可能遭遇知识产权争议的当事人而言，也增加了解决争议的选择。[③] 具体而言，香港特区律政司在其关于政策目标的声明中指出，为了促进和发展香港特区成为有利于知识产权仲裁的司法管辖区，有必要澄清香港特区对知识产权纠纷可仲裁性的立场。[④] 该条例明确规定，任何知识产权纠纷都可以仲裁并有效执行。此外，该条例还规定，专利有效性可以成为仲裁的标的，[⑤] 任何此类仲裁裁决只能在当事人之间有效，不影响仲裁程序的一方当事人与其他被许可人之间的任何权利或责任。[⑥]

（七）印度

在印度，法律中并未有"可仲裁性"一词的明文定义。而印度最高法院在

[①] 参见中国国际经济贸易仲裁委员会编：《中国国际知识产权仲裁年度报告 2022》，中国法制出版社 2022 年版，第 54 页。

[②] See Dimsey M, Serena Lim & Monique Woo, 2018 Spells a New Beginning for IP Arbitration in Hong Kong（Engage, Hogan Lovells, 22 December 2107）https://www.engage.hoganlovells.com/knowledgeservices/news/2018-spells-a-newbeginning-for-ip-arbitration-in-hong-kong（accessed on 21 April 2023）.

[③] 参见陈小燕：《香港仲裁立法的新发展及对粤港仲裁合作的影响》，载《法治社会》2019 年第 1 期，第 119 页。

[④] Arbitration (Amendment) Ordinance, 2017, Section 103C & Section 103I.

[⑤] Arbitration (Amendment) Ordinance, 2017, Section 103E.

[⑥] K. V. George v Secretary to Govt., Water and Power Department, Trivandrum, AIR 1990 SC 53.

Booz-Allen & Hamilton Inc. v. SBI Home Finance Ltd. 案①中指出了纠纷可仲裁性的三个要素：第一，基于纠纷的性质和主题，即纠纷是否可由仲裁庭解决或是否属于法院的专属管辖范围；第二，存在可仲裁纠纷的列表，仲裁协议应明确包括通过仲裁解决的纠纷；第三，纠纷应在提交仲裁的纠纷联合清单中得以确定，即纠纷应构成诉状的组成部分，而不应起因于起诉或反诉的陈述。法院在处理纠纷的可仲裁性问题时明确指出，由"对人权"引起的纠纷可仲裁，而由"对物权"引起的纠纷不在仲裁范围之内。同时，法院确认，即使"对人权"是"对物权"的子集，与之相关的争议也是可仲裁的。此外，在 Vidya Drolia v. Ors. Durga Trading Corporation 案②中，印度最高法院提出了确定不可仲裁标的物的四重检验标准。法院还指出，必须谨慎适用这些检验标准，而且这些检验标准并非无懈可击，相反，它们有助于根据印度法律以高度确定性的方式确定和查明。根据该检验标准，如果纠纷的诉因和标的物：（1）与对物权诉讼有关，但不涉及由对物权产生的对人的从属权利，则该纠纷不属于仲裁范围。（2）影响第三方的权利。（3）涉及国家不可剥夺的主权和公共利益职能。（4）根据强制性法律规定，明示或以必然含义表示不可仲裁。总体而言，在印度，大多数不可仲裁的纠纷都是由法院宣布的。只有极少数纠纷被法律明确禁止仲裁。知识产权纠纷可仲裁性的历程也不例外。在许多情况下，知识产权纠纷的仲裁都经过了司法审查。因此，对印度知识产权纠纷的可仲裁性的现状及发展趋势的研究需要结合司法判例。

Mundipharma AG v. Wockhardt Ltd. 案③是最早涉及知识产权纠纷可仲裁性的案件之一。在该案中，Mundipharma 公司和 Wockhardt 公司签订了技术许可协议，Wockhardt 公司被授予在印度境内生产、包装和销售含有 PVP-I 的药物制剂的许可。此外，该协议还包含有关仲裁和保密的条款。协议规定，在协议有效期内及之后的 3 年后，Wockhardt 公司不得与 Mundipharma 公司竞争。争议产生后，Mundipharma 公司寻求临时救济，禁止 Wockhardt 公司侵犯包装版权、违

---

① Booz-Allen & Hamilton Inc. v SBI Home Finance Ltd., (2011) 5 SCC 532.
② Vidya Drolia and Ors. Durga Trading Corporation, 2020 (12) ADJ 359.
③ Mundipharma AG v Wockhardt Ltd., (1991) ILR1 Delhi 606.

反保密协议和违反许可协议。Mundipharma 公司希望根据许可协议将这些纠纷提交仲裁。印度法院认为，与侵犯版权案件有关的民事救济必须在有管辖权的地区法院提起。因此，法院认为侵犯版权引起的纠纷不能作为仲裁的标的。在本案中，法院只是肤浅地处理了版权纠纷的可仲裁性问题，并没有详细说明认定此类纠纷不可仲裁的理由。

在 Ministry of Sound International Ltd. v. Indus Renaissance Partners Entertainment（P）Ltd. 案[①]中，MSIL 与 IRPEL 签订了一份许可协议，MSIL 授权 IREL 在 IPREL 拥有的夜总会使用"Ministry of Sound""Ministry of Sound""The Ministry""Ministry""MOS"等注册商标。此外，该协议还有一项仲裁条款，明确规定任何一方都可以在违反保密协议或侵犯知识产权的情况下寻求禁令救济。由于 IREL 未支付许可费，MSIL 终止了许可协议。双方产生纠纷，MSIL 提起诉讼，要求法院对 IREL 实施禁令并要求 IREL 赔偿损失。作为回应，IPREL 提出申请，要求根据许可协议将纠纷提交仲裁。MSIL 以多种理由反对将纠纷提交仲裁，其中一个理由是版权和商标不属于可仲裁的事项。法院对反对事项作出了否定的裁决，从而将纠纷提交仲裁。法院在作出裁决时指出，许可协议是一份商业文件，协议的目的是授权被许可人使用版权/商标。此外，法院还指出，由于协议受英国法律管辖，仲裁庭能够给予禁令救济。值得注意的是，尽管协议与知识产权许可有关，但法院还是区分了纠纷的性质，认为纠纷属于合同纠纷，而非知识产权纠纷。

在 Steel Authority of India v. SKS Ispat and Power Ltd. 案[②]中，印度钢铁管理局提起诉讼，要求法院对 SKS Ispat 下达永久禁令并要求被告赔偿原告损失，因为被告侵犯了原告的商标权，并将其商品冒充为原告的商品进行出售。SKS Ispat 依据印度《仲裁法》第八条提出申请，要求根据仲裁协议将此案提交仲裁。印度法院认为侵权和假冒的救济不属于仲裁庭的管辖范围，因此驳回了被告寻

---

① Ministry of Sound International Ltd. v Indus Renaissance Partners Entertainment（P）Ltd., 2009（1）ARBLR 566（Delhi）.

② Notice of Motion（L）No. 2097 of 2014 in Suit No. 673 of 2014, Bombay High Court decided on 21st November 2014.

求提交仲裁的请求。法院在解释其立场时指出，商标权和相关权利属于对物权，不能通过仲裁解决。此外，法院明确指出，有关侵权和假冒的纠纷并非由合同引起。

在 Eros International Media Ltd. v. Telemax Links India（P）Ltd. 案①中，Eros 和 Telemax 签订了一份条款书，授予 Telemax 某些电影的内容营销和发行权。双方将签订一份全面协议，取代该条款书，其中包含了仲裁条款。后来，双方产生纠纷，Eros 对 Telemax 和其他七家公司提起侵权诉讼，这些公司声称根据 Telemax 的转授许可使用了版权材料。侵权诉讼后，Telemax 根据印度《仲裁法》第八条提出申请，要求将纠纷提交仲裁。Eros 辩称，该纠纷不可仲裁，因为仲裁庭的管辖权已被有管辖权的地方法院的专属管辖权所剥夺。孟买高等法院驳回了 Eros 的上述论点，认为纠纷可以仲裁。法院在解释其立场时指出：（1）仅因为一项法律规定赋予地方法院对侵权事项的管辖权，并不能成为认定该事项中的纠纷不可仲裁的理由。这类性质的规定只是确定了此类诉讼在司法等级中的起始级别，并没有赋予上述法院专属管辖权。（2）两个版权人之间的侵权诉讼不是对物诉讼，而只是对人诉讼。此外，如果商业当事人有意识地选择仲裁作为解决纠纷的方法，这些诉讼就不能被定性为对物诉讼。值得注意的是，在该案之后，孟买高等法院立即作出了一项判决，该判决对知识产权纠纷的可仲裁性持相反观点。具体而言，在 Indian Performers Right Society Limited v Entertainment Network Ltd. 案②中，孟买高等法院却认为由于印度《版权法》第六十二条第一款规定与侵权有关的纠纷必须提交地方法院，因此不能提交仲裁。换言之，孟买高等法院将解决版权侵权纠纷的专属管辖权授予了有管辖权的地方法院，认为知识产权纠纷不能通过仲裁解决。

Impact Metals Ltd. V. MSR India Ltd. 案是因 Impact Metals 与 MSR India 签订的制造和供应 MSR India 某些商品的制造协议而产生的纠纷。该协议提供了规格、商业秘密和任何其他设计、文件、图纸、测试信息、数据以及与 MSR India 的产品设计和制造有关的信息，该协议还包含一项仲裁条款。随后，MSR India

---

① Eros International Media Ltd. v Telemax Links India Pvt. Ltd, 2016 (6) ArbLR 121 (Bom).
② Indian Performers Right Society Limited v Entertainment Network Ltd. , MANU/MH/1597/2016.

提起诉讼，控告 Impact Metals 公司窃取了他们的发明，并申请授予 MSR India 一项发明的专利权。为此，MSR India 申请了一项禁令，禁止 Impact Metals 使用 MSR India 的知识产权。Impact Metals 公司反对 MSR India 公司的主张，根据印度《仲裁法》第八条提出申请，要求根据仲裁条款将纠纷提交仲裁。初审法院驳回了提交申请。在复审请求中，印度海得拉巴高等法院认为，纠纷属于双方协议的范围，因此应提交仲裁。值得注意的是，印度海得拉巴高等法院明确驳回了根据前文提到的印度最高法院审理的 Booz Allen 案[①]提出的纠纷不能提交仲裁的论点，即因为印度《版权法》明确授予地方法院管辖权，所以不能将版权纠纷提交仲裁的观点。此外，印度海得拉巴高等法院还认为，既没有明示也没有暗示禁止对此类纠纷进行仲裁的法律规定。甚至印度最高法院也拒绝干涉海得拉巴高等法院的上述裁决。

Hero Electric Vehicles Pvt. Ltd. V. Lectro E-Mobility Private Ltd. 案是由 Manjul 集团的《家庭和解协议》（Family Settlement Agreement）和《商标和名称协议》（Trademark and Name Agreement）引起的争议，上述协议也可提交仲裁。《家庭和解协议》将该集团分为四个家族集团（F1-F4），《商标和名称协议》将"Hero"商标及其变体（包括电动自行车在内的电子产品）的独家使用权授予 Hero Exports（F1）。而该协议还将"Hero"商标及其变体在其他类别商品上的使用权授予了其余家族集团，包括将该商标在自行车上的使用权授予 Lectro E-Mobility（F4）。当 Lectro E-Mobility 开始在带油门的电动自行车上使用"Hero"商标时，发生了纠纷。Hero Exports 要求限制 Lectro E-Mobility 使用"Hero"商标。随后，Lectro E-Mobility 要求根据印度《仲裁法》第八条将纠纷提交仲裁。Hero Exports 辩称，纠纷是对物之诉，因此不适于仲裁。法院认为，有争议的问题可以进行仲裁，并指出，Hero Exports 更适合将纠纷提交仲裁庭，并依据法律寻求救济。为支持上述裁判的观点，法院援引了 Vidya Drolia 案的观点："在存在有效仲裁协议的情况下，该裁决还强调了以下立场：通常情况下，当事人之间的纠纷应提交仲裁，只有在发现存在明显的不可仲裁的情况下，法院才

[①] Booz-Allen & Hamilton Inc. v SBI Home Finance Ltd., (2011) 5 SCC 532.

会不允许援引仲裁条款。"① 法院的上述观点符合 Vidya Drolia 案中规定的检验标准。法院也承认诉讼中的相关商标在签订《家庭和解协议》和《家庭和解协议》之前就已被授予；但强调并适当考虑了以下事实，即手头的纠纷是通过签订《家庭和解协议》和《家庭和解协议》的合同转让方式产生的，因此完全是对人的纠纷。

从上述判决来看，印度有关知识产权纠纷可仲裁性的立场显然在不断变化。② 然而，法院的这一立场并不能得到切实地贯彻，因为纠纷各方会提出一些无理取闹的辩护理由，如知识产权的有效性，或提出欺诈指控，以排除仲裁庭的管辖权。关于欺诈指控，印度最高法院在 Ayyasamy v. A. Paramasivam 案③ 中分类指出，必须确定指控是"简单欺诈"还是"复杂欺诈"，因为仲裁庭只能对前者作出裁决，而不能对复杂欺诈的指控作出裁决。因此，必须确定提出欺诈指控或知识产权无效或被撤销的主张是否具有恶意，以逃避仲裁。为了讨论印度知识产权仲裁的可行性，试举一例。如果被许可人的行为超出了专利许可协议的范围，导致侵权诉讼，在这种情况下，被控侵权人常见的抗辩方式之一是根据印度《专利法》第六十四条第一款的规定向印度知识产权上诉委员会（Intellectual Property of Appellate Board，IPAB）提出专利撤销申请，或者在侵权诉讼中提出反诉。从抗辩的性质来看，显然不属于仲裁庭的裁决范围，因为决定撤销的主管机关是知识产权上诉委员会。同样，只有印度高等法院才能裁定反诉。如果被申请人在仲裁中提出这些抗辩，根据目前的做法，这将导致仲裁庭的管辖权被剥夺，因为有专门的机构（IPAB）负责对专利的有效性进行裁决。即使被申请人被允许在有管辖权的机构进行必要的诉讼，这也将使仲裁程序变得多余，因为仲裁庭不能对分叉的请求或诉因进行审理，并对这些可仲裁

---

① Vidya Drolia and Ors. Durga Trading Corporation, 2020 (12) ADJ 359.
② Lifestyle Equities CV v QD Seatoman Designs (P) Ltd, 2018 (1) CTC 450; Eros International Media Limited v Telemax Links India Pvt. Ltd, 2016 (6) ArbLR 121 (Bom).
③ Ayyasamy v A. Paramasivam, AIR 2016 SC 4675.

的请求进行裁决。① 因此，一言以蔽之，印度目前的法律状况允许通过仲裁解决知识产权纠纷，只要纠纷的主题和诉因不属于国家不可剥夺的职能范畴，没有任何成文法明示或暗示禁止，并且涉及对人权利而不影响第三方权利。但是，即使在纠纷涉及商业权利和义务或知识产权侵权的情况下，仍有可能出现无法仲裁的情形，因为欺诈、知识产权反诉、知识产权无效等主张要么可以作为抗辩提出，要么构成为解决主要纠纷而需要裁决的补充问题的一部分。因此，有必要解决这些障碍，以确保知识产权仲裁的可行性。②

表2-1：普通法系知识产权可仲裁性的实践情况

地区	知识产权纠纷可仲裁性情况	备注
美国	所有知识产权纠纷可仲裁	专利、商标有效性仲裁裁决仅对当事人具有约束力
英国	所有知识产权纠纷可仲裁	专利有效性仲裁裁决仅在仲裁当事人之间具有效力
新加坡	所有知识产权纠纷可仲裁	知识产权纠纷仲裁裁决仅在仲裁当事人之间具有效力
南非	法律明确否定专利有效性纠纷的可仲裁性	
加拿大	版权纠纷可以仲裁，专利、商标有效性纠纷不可仲裁	知识产权纠纷仲裁裁决仅在仲裁当事人之间具有效力
香港特区	所有知识产权纠纷可仲裁	知识产权纠纷仲裁裁决仅在仲裁当事人之间具有效力
印度	知识产权纠纷的主题和诉因不属于国家不可剥夺的职能范畴的可仲裁	

---

① See Briner R, The Arbitrability of Intellectual Property Disputes with Particular Emphasis on the Situation in Switzerland（Worldwide Forum on the Arbitration of Intellectual Property Disputes, 3 March 1994）https：//www.wipo.int/amc/en/events/conferences/1994/briner.html（accessed on 31 August 2023）.

② See S Thendralarasu, A Shift from State's Exclusivity to Respecting Party Autonomy: Conceptualising IP Arbitration in India, 28 Journal of Intellectual Property Rights 132, 138（2023）.

二、大陆法系的现状及发展趋势

（一）德国

一般来说，在德国，仲裁协议只能涉及当事人可以通过私下和解协议解决的问题。如果一方当事人利用其经济或社会优势迫使另一方当事人接受仲裁协议，使其在仲裁程序中享有优先权，则仲裁协议无效。根据公共政策免责条款，法院可能不允许在未经协商的典型销售附带协议中加入仲裁条款。仲裁可用于解决涉及非商业关系的争议，但这些情况下的仲裁协议必须是书面的。在执行和承认外国仲裁裁决方面，德国法律遵循《纽约公约》。但是，执行立法的措辞强调，如果一方当事人被迫以德国法律规定为非法的方式执行裁决，则仲裁裁决不可执行。[①]

关于专利，普遍的共识是德国专利侵权纠纷的可仲裁性不受限制。但在专利有效性管辖权方面，根据德国《专利法》第六十五条和第八十一条规定，联邦专利法院（Bundespatentsgericht）拥有专属管辖权。此外，有观点认为专利有效性本身是不可仲裁的，因为它不能成为和解的标的。不过，也有观点认为，仲裁庭可以独立于专利法院的权力之外，对专利有效性作出仅在当事人之间有效力的裁决。根据这种观点，如果仲裁庭判定某专利无效，或者将其权利要求限定于先前已经存在的相同技术领域，那么这个专利在仲裁程序中可能被认定为无效或受到限制，那么被指控的专利侵权人就有可能胜诉。根据德国《雇员发明法》的规定，雇员的专利申请必须经过强制仲裁，在此期间禁止就专利申请向法院提起诉讼。不过，由于该法不受公共秩序的约束，因此在国际交易中可以通过指定不同的法律来避免。[②] 欧盟最近发生的事件似乎证明了专利有效性纠纷可以通过仲裁解决的观点。通过统一专利和统一专利法院，欧盟正在全面改革其专利制度。新方法超越了现有的欧洲专利，旨在协调整个欧盟的欧洲

[①] See William Granthamt, The Arbitrability of International Intellectual Property Disputes, 14 Berkeley Journal of International Law 173 (1996).

[②] See William Granthamt, The Arbitrability of International Intellectual Property Disputes, 14 Berkeley Journal of International Law 173 (1996).

专利和统一专利保护。今后，国家专利将与欧洲专利和非专利并存，尽管是在不同的法律制度下。涉及欧洲专利和统一专利的争议，包括撤销要求，将由统一专利法院审理。一个专利调解和仲裁中心将作为附属机构成立。令人惊讶的是，适用的欧盟框架并未像德国那样对专利有效性仲裁作出具体限制。仲裁庭不能撤销专利，但可以命令专利交出。根据后者，似乎可以就欧洲专利和统一专利的有效性作出在当事人之间有效的仲裁裁决。①

除了上述《专利法》第六十五条和第八十一条规定联邦专利法院行使宣告专利无效的专属管辖权之外，商标争议涉及登记效力、无效、商标权失效的，也被一些人认为不可仲裁。② 可见，在德国没有一部全面总体性的知识产权仲裁立法的情形下，对于需登记许可知识产权的权利纠纷，其可仲裁性没有明确定论，尚处于可争论状态。③

（二）法国

法国在专利有效性仲裁方面采取了一种新的、更为克制的态度。与瑞士形成对比，法国传统上一直拒绝知识产权纠纷由仲裁解决。法国巴黎上诉法院于2008年承认专利有效性是可以仲裁的，只要该事项在合同纠纷中被作为抗辩或反诉来处理。然而，关于专利有效性的仲裁裁决不具有既判力，只在当事人之间有效。此后，2011年5月17日第2011-525号法律明确规定了知识产权纠纷的可仲裁性（修订了法国《知识产权法》）。④ 法国法律允许对涉及任何可自由支配权利的纠纷进行仲裁。涉及国家或个人身份的争议，以及与离婚、公共当局和公共实体利益有关的问题，更广泛地说，所有公共秩序问题，均不可仲裁。

---

① See 'Global Arbitration Review - The Guide To IP Arbitration - First Edition' (Globalarbitrationreview.com, 2022) 〈https://globalarbitrationreview.com/guide/the-guide-ip-arbitration/first-edition/article/arbitrability-ofip-disputes〉 accessed 23 February 2023.

② See Gabriel M. Lentner, The Rumors of Arbitrability's Death have been Greatly Exaggerated: Revisiting Arbitrability of IP Disputes from a Transatlantic Perspective, Stanford-Vienna TTLF Working Paper No. 71, p16; Kenneth R Adamo, Overview of International Arbitration in the Intellectual Property Context, 2 Global Bus. L. Rev. 7, 18-19 (2011).

③ 参见中国国际经济贸易仲裁委员会编：《中国国际知识产权仲裁年度报告2022》，中国法制出版社2022年版，第63页。

④ See 'Global Arbitration Review - The Guide To IP Arbitration - First Edition' (Globalarbitrationreview.com, (2022) 〈https://globalarbitrationreview.com/guide/the-guide-ip-arbitration/first-edition/article/arbitrability-ofip-disputes〉 accessed 23 February 2023.

在此制度下，法国明确允许对涉及专利和商标等工业产权纠纷进行仲裁。此外，法国的法律体系承认国际公共秩序的概念以及有别于国内框架的国际仲裁程序。因此，如果涉及国际商业利益，仲裁就被视为具有国际性，这是一个广泛而灵活的定义。可以对法院认定仲裁裁决违反国际公共秩序的司法决定提出上诉。从这个角度看，一个关键问题是，在涉及公共秩序的情况下，如商标或专利的有效性，谁有权决定可仲裁性。即使这样的问题发生在一个本来可以仲裁的合同纠纷中（例如，被告方声称有争议的专利无效），有观点认为仲裁员必须宣布其无权仲裁并结束仲裁程序。但法国法院裁定，仲裁员有权决定仲裁程序是否受公共秩序限制。在一起案件中，法国巴黎上诉法院支持仲裁，并支持仲裁员对案件公共秩序方面的决定权，尽管争议是关于专利许可合同的执行，而不是专利是否有效。这一规则在国际仲裁中同样明显，在一个关键的竞争案例中发现，仲裁员可以考虑涉及国际公共秩序的知识产权纠纷的可仲裁性。商标和专利仲裁的法定框架设计得宽松，允许任何不违反法国《民法典》第二千零五十九条和第二千零六十条的仲裁。在有关已注册知识产权授权有效性的纠纷中，很可能会拒绝可仲裁性。在此范围内，源自专利合同的争议、专利所有权的不确定性以及侵权索赔通常被视为可仲裁。就商标而言，合同纠纷、所有权问题和侵权指控都有可能通过仲裁解决。其他类型的知识产权纠纷没有具体的法定仲裁机制。依据法国法律，文学和创意财产的争端通常是由知识产权法院处理的。但这一限制并不排除通过仲裁解决此类纠纷。与专利和商标一样，有关其他知识产权的侵权、所有权或许可的争议似乎也可以仲裁。[①]

（三）意大利

意大利商标法和专利法都明确规定，检察官有权依职权介入商标或专利的有效性诉讼。涉及专利和商标的诉讼必须在州法院提起，无论当事人的国籍如何。这些条款在程序上而非实质上对一些涉及知识产权有效性的仲裁产生了公共禁令。因此，意大利最高法院裁定，州法院应在检察官的配合下对专利、商标有效性作出裁决。另外，最高法院裁定，在仲裁员有义务评估与专利、商标

[①] See William Granthamt, The Arbitrability of International Intellectual Property Disputes, 14 Berkeley Journal of International Law 173（1996）.

有效性有关的合同诉求的情况下，可以对专利、商标的有效性进行裁决。当在出售一家公司及其相关专利、商标的争议中提出有效性问题时，也采用了同样的方法。尽管意大利《民事诉讼法》第八百零六条和意大利民法典第一千九百六十六条对涉及可处置权利的纠纷的可仲裁性作了限制，但在意大利，如果当事人善意放弃或放弃其他不可或缺的权利，知识产权纠纷是可以仲裁的。因此，只有那些需要检察官介入民事诉讼的商标和专利有效性案件才被意大利法院认定为不可仲裁。此外，依据《纽约公约》的规定，如果国际仲裁裁决涉及需要意大利检察官参与的事项，意大利法院将不予执行。①

（四）比利时

一般而言，在比利时，与专利有关的纠纷可以通过仲裁解决。此外，比利时专利法明确允许对有关专利所有权、有效性、侵权和许可纠纷进行仲裁。此外，比利时最高法院裁定，专利有效性是公共利益问题，而不是公共秩序问题。比利时有关商标、图纸和模型的立法受比荷卢经济联盟的法律管辖，不包括仲裁。特别是这些法律赋予法院根据比荷卢经济联盟的统一法律解决案件的唯一权力。因此，有观点认为，比利时的商标纠纷是无法通过仲裁解决的。而另一些观点则认为，这些规则只是为了防止行政机构干预商标纠纷，而不是为了禁止对此类纠纷进行仲裁，因此根据该论点，仲裁是可以接受的。此外，人们普遍认为，将图纸和模型纠纷限于民事法庭的目的只是剥夺管辖权，而不是排除仲裁。对于其他形式的知识产权，尽管下级民事法院——初审法庭——对著作权纠纷拥有唯一管辖权，但人们普遍认为，与图纸和模型一样，并没有阻止通过仲裁解决此类纠纷的意图。有关集成电路拓扑图、专有技术、计算机软件、商号、不正当竞争和限制性贸易惯例的纠纷似乎也可仲裁。植物新品种纠纷也是可以仲裁的，但强制许可除外，因为法律禁止对这些纠纷进行仲裁。②

（五）格鲁吉亚

格鲁吉亚的仲裁法以《贸法会示范法》为基础。格鲁吉亚于 2009 年底通过

---

① See Lawcat. berkeley. edu，2022）〈https：//lawcat.berkeley.edu/record/1115585/files/fulltext.pdf〉accessed 23 February 2024.

② See Lawcat. berkeley. edu，2022）〈https：//lawcat.berkeley.edu/record/1115585/files/fulltext.pdf〉accessed 23 February 2024.

了仲裁法。该法是《贸法会示范法》的一个略有修改的版本。该法对有关在格鲁吉亚成立和进行仲裁以及承认和执行仲裁裁决（包括在格鲁吉亚境外作出的裁决）的问题作出了规定。格鲁吉亚《著作权与邻接权法》不涉及知识产权仲裁。该法仅提及在法院进行诉讼，但并未否认知识产权纠纷的可仲裁性。[①] 然而，提及法院并不总是专指司法（公共）系统的机构，而是意味着更广泛地、普遍地诉诸司法的权利，即包括通过仲裁解决纠纷的可能性。[②] 指导格鲁吉亚仲裁程序的主要规范是格鲁吉亚《仲裁法》第二条，该条明确规定："仲裁只能是财产纠纷，即与个人非财产权利无关的纠纷。"[③] 依据《欧洲人权公约》第六条第一款规定，人人有权在合理的时间内由依法设立的独立而公正的法庭进行公平而公开的审理。[④] 格鲁吉亚《仲裁法》和格鲁吉亚《民事诉讼法》没有列出哪些纠纷能进行仲裁，尽管其他法律中可能有此类禁令。遗憾的是，格鲁吉亚法律对知识产权的可仲裁性只字未提。值得注意的是，格鲁吉亚《宪法》第三十一条第一部分只提到了"法院（Court）"，[⑤] 而《欧洲人权公约》则使用了"法庭（Tribunal）"[⑥] 一词，其定义相当宽泛，既指法院也指仲裁机构。格鲁吉亚已加入《欧洲人权公约》，[⑦] 因此格鲁吉亚在处理纠纷时，应以该公约为指导，每个人都有权自由选择审理案件的"法庭"。可见，格鲁吉亚的知识产权纠纷是可以仲裁的，但法院在仲裁程序和执行仲裁裁决中的作用尤其值得注意。法律规定了一定程度的司法控制，这就引出了一个问题："仲裁会失去其

[①] Law of Georgia on Copyright and Related Rights.

[②] See Arbitration Guides for the First Instance and Appeal Courts. 2018, Giorgi Kekenadze, Sophio Tkemaladze p. 23.

[③] The Law of Georgia on Arbitration, Article 2（a）.

[④] European Convention on Human Rights, article 6（1）.

[⑤] CONSTITUTION OF GEORGIA, article 31（1）.

[⑥] See Guide on Article 6 of the European Convention on Human Rights（Right to fair trial）（Civil limb）section 74："Hence, a "tribunal" may comprise a body set up to determine a limited number of specific issues, provided always that it offers the appropriate guarantees（Lithgow and Others v. the United Kingdom, § 201, in the context of an arbitration tribunal）."

[⑦] See Press Country Profile, European Court of Human Rights. Georgia ratified the European Convention on Human Rights in 1999. p. 1.

意义吗?"① 加强法院的作用并限制仲裁机构的权力会导致效率低下和对现有仲裁员的不信任。

当审查仲裁案件裁决所涉及的纠纷是否属于仲裁标的时，与《纽约公约》（格鲁吉亚是缔约国）和格鲁吉亚《仲裁法》所规定的原则一样，格鲁吉亚法院推定仲裁协议有效。这意味着仲裁协议是真实的，必须执行。② "除非法院认定上述协议无效、不能生效或无法履行。"③《纽约公约》第二条和格鲁吉亚《仲裁法》第九条均是有利于仲裁裁决执行的条文，这也是格鲁吉亚法院审理案件需要牢记的法律依据。为了加强格鲁吉亚的仲裁信誉，格鲁吉亚通常假定仲裁协议是真实的，④ 这对法院和当事人以及仲裁本身都是有利的，而且法院在审查仲裁裁决时采用极简标准将为仲裁的发展提供良机，维持各方利益平衡。因为最高审查标准会破坏人们对仲裁的信心，人们已经注意到从极简审查标准向最高审查标准的过渡会导致仲裁受欢迎程度的下降。令人遗憾的是，欧盟法院错失了对司法审查标准作出重要澄清的机会。⑤

格鲁吉亚正在循序渐进地发展仲裁，同时也需要更加努力地在承认和执行仲裁的过程中确立明确的审查标准。法院认为仲裁庭已对某一特定事项进行了认真仔细的审议，不干涉其管辖权是公平的，除非存在任何对公共利益造成惊人违反的情况。⑥ 当然，知识产权纠纷具有高度的公共利益，格鲁吉亚法律并没有提供理由去考虑其不可仲裁性。在格鲁吉亚，仲裁的历史背景并不理想。1997 年关于私人仲裁的法律为实践留下的空间很小。在旧法时期，经常出现非法和不道德的仲裁，当时不需要诉诸法院来执行仲裁裁决，因此人民的合法利

---

① See Nikoloz Pitskhelauri. , Problems of Harmonization of Georgian Arbitration Legislation with EU Countries and International Legislations, Tbilisi, 2015, p. 52.

② See Arbitration Guides for the First Instance and Appeal Courts. 2018, Giorgi Kekenadze, Sophio Tkemaladze p. 20.

③ See United Nations Convention on the Recognition and Enforcement of Foreign Arbitral Awards (New York, 10 June 1958) Article 2, The Law of Georgia on Arbitration- article 9.

④ See United Nations Convention on the Recognition and Enforcement of Foreign Arbitral Awards (New York, 10 June 1958) Article 2, The Law of Georgia on Arbitration- article 9.

⑤ Treaty on the Functioning of the European Union- Article 101.

⑥ See Arbitration Guides for the First Instance and Appeal Courts. 2018, Giorgi Kekenadze, Sophio Tkemaladze p. 22.

益受到了侵犯。遗憾的是，格鲁吉亚人民对仲裁的怀疑如今依然存在。此外，仲裁制度在格鲁吉亚尚未发展起来，既没有仲裁员自律机制，也没有为仲裁员自身活动制定行为规则的行业协会。① 由于仲裁制度以及规则的缺失问题，导致格鲁吉亚法院可以行使裁量权，选择是否适用最高标准进行审查，即如果法院想让仲裁制度在格鲁吉亚终结，就将在审查仲裁裁决时采用最高标准；或者法院拒绝执行仲裁裁决，并以高标准的公共秩序为依据。

（六）土耳其

土耳其立法中没有专门规定知识产权的可仲裁性。根据规范私法纠纷可仲裁性的一般规定，知识产权纠纷的可仲裁性是可能的。根据土耳其《民事诉讼法》第四百零八条和《国际仲裁法》第一条，当事人可以通过仲裁解决其可以自由处理的纠纷。两部法律规定的可仲裁性标准没有区别，土耳其国内和国际纠纷的可仲裁性标准相同。首先，在土耳其，工业产权纠纷的有效性具有不可仲裁性。仲裁协议是当事人之间的协议，其结果不能影响第三方。这是一种对事效力。工业产权的无效决定会影响第三方，因为在其保护期内，这些权利是针对第三方主张的。另一个原因是，工业产权是根据行政行为授予的。仲裁员不能以私人身份宣布由公权力作出的行政行为无效。因此，在土耳其，工业产权纠纷的有效性属于土耳其法院的专属管辖范围。仲裁协议并非普遍适用。②

（七）瑞士

在瑞士，知识产权纠纷历来属于仲裁的范畴。瑞士联邦最高法院早在1945年就已经得出结论，瑞士《联邦专利法》第七十六条并没有赋予州法院对专利纠纷进行裁决的专属管辖权。③ 最高法院的这一承认为瑞士的知识产权纠纷仲裁铺平了道路。尽管瑞士最高法院作出了上述判决，然而，最高法院并未明确规定仲裁员有权裁定此类知识产权的有效性。后来，瑞士联邦知识产权局也表示反对仲裁专利有效性问题。1975年，瑞士联邦知识产权局下达通知，仲裁庭

---

① See Review of Georgian Business Law. II edition. "Public order" as a basis for annulment of the arbitral award or refusal to acknowledge and enforce it (a brief overview of Georgian practice) Sophio Tkemaladze. p. 28.

② See Ay Yunus Emre, Intellectual Property Disputes and International Arbitration, 58 Zbornik Radova 929, 933（2021）.

③ Federal patent law 1963.

可以确定专利的有效性，使涉及知识产权有效性的纠纷具有可仲裁性。① 此外，如果依据瑞士《联邦国际私法典》第一百九十三条，该裁决被对仲裁庭所在地具有管辖权的瑞士法院颁发的可执行性证书所承认，那么该裁决将被记录在瑞士联邦知识产权登记册中，从而使该仲裁裁决具有普遍效力。② 令人惊讶的是，即使在2012年瑞士联邦专利法院成立之后，瑞士的做法依然没有改变。尽管瑞士对涉及专利有效性和侵权的民事案件拥有专属管辖权，但仍继续接受专利仲裁。③ 此外，瑞士法律仅将不可仲裁性限制在与公共政策核心领域相互作用的问题上，如征用知识产权或强制许可。因此，瑞士授权仲裁庭与国家公共当局具有相同的管辖权，允许它们裁决有关索赔、侵权和有效性的所有类型的知识产权纠纷。可见，在大陆法系国家和地区中，瑞士显然采取了几乎最自由、最支持仲裁的立场。

表2-2：大陆法系知识产权可仲裁性实践

地区	知识产权纠纷可仲裁性情况	备注
德国	需登记许可知识产权纠纷的可仲裁性无明确定论	专利有效性纠纷由德国联邦专利法院专属管辖
法国	涉及任何可自由支配权利的纠纷都可仲裁	涉及公共秩序的知识产权纠纷不可仲裁
意大利	当事人善意放弃或放弃其他不可或缺的权利，知识产权纠纷是可以仲裁的	需要检察官介入民事诉讼的商标和专利有效性案件不可仲裁
比利时	几乎所有知识产权纠纷可仲裁	植物新品种纠纷可仲裁，但强制许可除外
格鲁吉亚	所有知识产权纠纷可仲裁	法院对仲裁裁决的审查使用最高标准
土耳其	工业产权纠纷的有效性不可仲裁	
瑞士	几乎所有知识产权纠纷可仲裁	仅将不可仲裁性限制在与公共政策核心领域相互作用的问题上

---

① See Grantham W, The arbitrability of international intellectual property disputes, Berkeley Journal of International Law, 14 (1996) 173, 186.

② See Beckman Instruments, Inc. v Technical Develop, 588 F. 2d 834 (7th Cir. 1978); Zip Manufacturing Co. vPep Manufacturing Co., 44 F. 2d 184 (D. Del. 1930).

③ See 'Global Arbitration Review – The Guide To IP Arbitration – First Edition' (Globalarbitrationreview.com, (2022) 〈https://globalarbitrationreview.com/guide/the-guide-ip-arbitration/first-edition/article/arbitrability-ofip-disputes〉 accessed 23 February 2024.

第二节　境内知识产权纠纷可仲裁性观察

纵观全球，知识产权纠纷仲裁解决机制的最大障碍之一就是公共政策，[①]各国均将其作为司法控制的主要手段。[②] 根据公共政策，一些国家和地区不允许仲裁庭就专利有效性纠纷作出裁决。[③] 这些国家和地区认为专利有效性纠纷涉及重大公共利益，这些争议必须由法院来解决。公共政策否定专利有效性纠纷可仲裁性的常见理由包括：专利权来源于国家授权、专利权具有垄断性、存在审查专利权效力的专门机构。[④] 在这些国家和地区，法院将拒绝执行涉及专利有效性纠纷的仲裁裁决，并且这些裁决可能会被撤销。[⑤] 因此，拟定仲裁条款时，当事人必须考虑拟定仲裁地的国内法是否允许仲裁庭就专利有效性纠纷作出裁决，以及针对这些问题的仲裁裁决是否可以被执行。[⑥]

一、立法现状

在我国，由于著作权不涉及行政机关专属管辖权问题，因此涉及著作权有效性的纠纷由仲裁庭管辖在理论界和实务界争议不大。然而，从权属纠纷角度

[①] 参见龚佳慧：《知识产权问题的国际商事仲裁发展》，载《商业时代》2014年第20期，第106页。

[②] 陈治东、沈伟：《国际商事仲裁裁决承认与执行的国际化趋势》，载《中国法学》1998年第2期，第115页。

[③] See Julia A. Martin, Arbitrating in the Alps Rather than Litigating in Los Angeles: The Advantages of International Intellectual Property-Specific Alternative Dispute Resolution, 49 Stanford Law Review 917 (1997).

[④] 参见倪静：《论知识产权有效性争议的可仲裁性——对公共政策理由的反思》，载《江西社会科学》2012年第2期，第177—178页。

[⑤] See Matthew A. Smith et al, Arbitration of Patent Infringement and Validity Issues Worldwide, 19 Harvard Journal of Law and Technology 299 (2006).

[⑥] See M. Scott Donahey, Arbitration of Patent Disputes Internationally and in the United States, The Practical Litigator (May. 16, 2008), http: //files. ali – aba. org/thumbs/datastorage/lacidoirep/articles/PLIT0805 - Donahey_ thumb. pdf.

分析，除了著作权以外，我国的专利以及商标有效性纠纷可否仲裁存在较大的争议。《专利法》第四十五条、第四十六条以及《商标法》第四十四条至第四十七条规定了专利、商标效力的审查权限属于国家知识产权专利局和国家知识产权局商标局，而现行《仲裁法》第三条第二款以及《仲裁法修订意见稿》第二条第二款规定依法应由行政机关处理的行政争议具有不可仲裁性。据此，持否定观点的学者认为专利有效性、商标有效性纠纷不具有可仲裁性。[①] 然而，持肯定观点的学者认为，国家对专利、商标申请的审查、授权行为实质上是对民事主体民事权利合法性、真实性的一种审查，或者说是一种公示、公信。因此，国家授权不改变专利权、商标权私权的本质属性，权利人当然有权选择以许可、转让甚至抛弃等方式来处置权利，也当然享有将专利、商标有效性争议提交仲裁处理的自由。同时，仲裁裁决具有相对性效力，在仲裁庭处理专利、商标效力争议时，即便裁决某专利、商标无效，也不会影响该专利、商标在行政机关登记的效力，并不会侵犯国家公权力、妨碍国家公共政策、损害公共利益。[②]

如今，理论界对专利有效性和商标有效性问题能否交由仲裁庭裁决这一问题争论不休，亟待立法机关修改《仲裁法》以对上述问题正本清源。

二、实务现状及典型案例

如前所述，理论界部分观点认为，纯粹专利有效性案件，不适宜仲裁机构审理，但专利侵权和专利合同案件，可以由仲裁机构审理。也有部分观点认为，只要双方当事人地位平等且争议事项是当事人可以自由处分或可自行和解的，就可以提交仲裁解决。专利权、商标权的私权属性赋予了权属人申请仲裁的权利，即便立法尚未对该问题正本清源，我国各大仲裁机构也在积极探讨仲裁在

[①] 参见仝宁：《论知识产权纠纷的可仲裁性》，载王立民、黄武双主编：《知识产权法研究》第 2 卷，北京大学出版社 2005 年版；李凤琴：《知识产权有效性争议的可仲裁性研究》，载《仲裁研究》2007 年第 2 期。

[②] 参见程松亮：《中国知识产权纠纷仲裁解决机制及对策研究》，载《商事仲裁》2012 年第 1 期；何伦健：《专利无效诉讼程序性质的法理分析》，载《知识产权》2006 年第 4 期；倪静：《论知识产权有效性争议的可仲裁性——对公共政策理由的反思》，载《江西社会科学》2012 年第 2 期。

知识产权领域的发展。

据不完全统计，贸仲有近 15% 的仲裁案件的争议与知识产权有关。近 5 年以来，贸仲受理知识产权仲裁案件 500 余件，所涉争议金额近 200 亿元人民币，其中不少案件具有重大影响。据统计，2022—2023 年，贸仲受理并审理的涉知识产权仲裁案件数量为 215 件，所涉争议金额近 30 亿元，涉及来自美国、意大利、日本、法国等欧洲地区，加拿大、新加坡、韩国以及我国香港特区等亚太地区，近 20 个国家和地区的当事人。近年来，贸仲知识产权仲裁案件增幅明显，涉及案件争议类型包括生物医药技术开发、经销合同、授权代理、专利工艺许可、商标争议、加盟合同、域名购买合同等。知识产权争议分布领域广，专业性强，并向新技术、新产业发展导向的趋势。

以下结合贸仲提供的典型案例，以及知识产权仲裁的发展趋势和我国可仲裁性的立法路径，分别从合同纠纷、侵权纠纷、权属纠纷等角度探讨专利有效性的可仲裁性实务问题和现状，为我国立法机构以及法律专业人士提供有关知识产权可仲裁性的一些实务裁判思路。

（一）典型案例一：涉外专利许可合同中的违约与侵权竞合问题

1. 案件情况

（1）基本案情

2004 年 9 月，美国 A 公司（以下简称申请人）、美国 H 公司、美国 I 公司、中国 D 实业公司、中国 E 车辆公司、中国 F 实业公司、中国 G 车辆公司、第一被申请人中国 B 实业公司（以下简称第一被申请人）以及第二被申请人中国 C 机械公司（以下简称第二被申请人）签署了《技术许可协议》。涉案协议的有效期限自 2004 年至 2029 年，签署协议目的是各方在遵守该协议条款和条件的情况下，由申请人（许可方）授予被申请人即被许可方，在本协议指定的地区内使用许可方的许可技术。在《技术许可协议》履行过程中，申请人发现第二被申请人没有遵守本协议的约定，将生产制造的许可技术的 J 型车钩，通过中国 L 贸易公司出口到美国，而 J 型车钩被特别指定为一种技术许可产品，该行为违反了《技术许可协议》第二条的约定义务，即被许可方应承担的禁止在北美地区进行技术许可产品的销售的义务。因此，申请人申请仲裁要求第二被申请人停止违约及侵权行为,并赔偿申请人的损失,第一被申请人对第二被申请人的行为承担连带赔偿责任。

(2) 申请人的主张

关于申请人的仲裁请求。申请人请求裁决第二被申请人的行为已构成对《技术许可协议》的违约和不公平竞争,须承担违约责任,须向申请人赔付人民币共计 500 万元,第一被申请人承担连带责任;请求裁决第二被申请人遵守《技术许可协议》的约定,立即停止出售计划向北美地区出口的技术许可产品;请求裁决被申请人负担本案的全部仲裁费用。

关于申请人主张的事实和依据。各方在履行《技术许可协议》过程中,申请人发现第二被申请人向中国 L 贸易公司销售加工的车钩,该销售的车钩不仅出口到美国,且按照美国 M 汽车公司提供的图纸进行的加工。第二被申请人通过中国 L 贸易公司销售到美国的车钩是其自主研发的产品,申请了美国 ARR 认证证书。按照《技术许可协议》的规定,第二被申请人的生效、销售行为违反了该协议的规定,构成严重违约。因申请人要求被申请人停止违约及侵权行为无果,被申请人的重大违约及因此而造成的不公平竞争已对申请人造成严重损失。

申请人在仲裁中补充其主张,认为不能割裂第二被申请人、中国 L 贸易公司、美国 M 汽车公司之间的国际货物买卖合同关系,第二被申请人坚称其与中国 L 贸易公司的国内贸易,是国际货物买卖合同交易环节的一个组成部分,但第二被申请人实质上已经参与到国际货物买卖合同的交易之中。对于第二被申请人称生产的车钩使用的是美国 M 汽车公司提供的图纸,依据《技术许可协议》规定,第二被申请人不论使用哪一家的图纸和技术资料对车钩作出的改变和改善,这个改进的所有权始终为许可方申请人所有。因此,第二被申请人接受中国 L 贸易公司委托,按照美国 M 汽车公司提供技术图纸生产的车钩产品,出口到美国的行为已构成违约,须承担违约赔偿责任。

(3) 被申请人的主张

第一被申请人反驳观点为:

①第一被申请人没有任何过错,全面履行了合同义务,没有发生过违约行

为，不应承担任何赔偿责任。

②连带责任条款显失公平，应属无效条款，损害了第一被申请人的利益，恳请仲裁庭驳回申请人针对第一被申请人的仲裁请求。

第二被申请人反驳观点为：

①根据《技术许可协议》，技术许可方除申请人外，还包括美国H公司、美国I公司，但从申请人所提交的文件来看，没有证据证明申请人能够代表技术许可协议的另外两家许可方提起仲裁申请，并主张索赔款全部归其所有。

②第二被申请人已经提供证据证明系接受委托方中国L贸易公司的委托进行来图加工，相关技术知识产权归属美国M汽车公司，是不同于《技术许可协议》的独立的知识产权，且生产的相关产品直接销售给中国L贸易公司，双方之间属于委托合同及内贸关系。事实上，第二被申请人自身没有将《技术许可协议》项下产品进行过任何出口销售，也没有委托任何单位将协议项下产品进行出口销售，不存在侵犯申请人任何权利或违反相关《技术许可协议》的情形。

③《技术许可协议》第6.1条约定，本协议一方违反了本协议中任何声明、保证、承诺或任何其他义务，该方应向其他各方承担由于该等违约产生的所有直接责任，以及6.3条约定，任何一方无须对本协议项下发生的间接性损失或结果性损失对另一方承担责任，为避免疑义，间接性损失或结果性损失应当包括但不限于利润损失、收入损失、使用损失、合同损失，而申请人并未就其是否发生直接损失以及直接损失为人民币500万元进行举证证明，其请求人民币500万元的赔偿金缺乏事实依据及法律依据。

(4) 仲裁庭观点

①仲裁庭考虑到第一被申请人提出了《技术许可协议》中连带责任条款显失公平、应属无效的主张，但第一被申请人并未提交证据予以佐证且法律依据不足，因此仲裁庭不予支持。申请人与第二被申请人对协议有效性无异议，且各方对已实际履行的事实没有争议，因此仲裁庭认定本案《技术许可协议》体现了申请人和被申请人的真实意思表示，合法有效，对双方当事人具有法律约束力，并应作为判定双方当事人权利义务的依据。

②本案争议焦点在于第二被申请人是否存在违约出口《技术许可协议》项下许可产品中的 J 型车钩的行为。对此，仲裁庭认为申请人并未对其主张第二申请人的违约行为进行充分的举证证明。仲裁庭根据双方提交的证据，申请人提交的证据显示 AAR 认证属于质量保证体系认证，申请人提交的证据不足以证明第二被申请人受中国 L 贸易公司委托、按所有权归美国 M 汽车公司的图纸生产的车钩产品取得 AAR 认证属于《技术许可协议》第 4.2 款约定的对车钩技术进行登记的行为且对《技术许可协议》项下车钩技术所有权或其他权利产生不利影响，亦不足以证明第二被申请人生产的前述车钩产品使用了《技术许可协议》项下的许可技术或其改进；尽管第二被申请人提交的《铁路配件产品委托开发技术保密协议》中约定产品研发费用由三公司均摊，但并不能因此判定该等产品的开发属于《技术许可协议》项下的改进，申请人认为该等产品的所有权属申请人，依据不足。

③申请人提交的现有证据不足以证明第二被申请人违反《技术许可协议》约定登记或不当使用许可车钩技术或其改进或处置含有许可车钩技术的许可产品，不足以证明第二被申请人接受中国 L 贸易公司委托、按美国 M 汽车公司的图纸生产车钩产品取得 AAR 认证构成违反《技术许可协议》的行为，亦不足以证明第二被申请人将《技术许可协议》项下的许可 J 型车钩出口到了美国市场。

④申请人提交的现有证据不足以证明第二被申请人存在申请人所主张的违反《技术许可协议》的行为，亦不足以证明第二被申请人因此存在不公平竞争行为，申请人要求第二被申请人承担违约责任，赔付人民币 500 万元，要求第一被申请人承担连带责任，均依据不足，仲裁庭不予支持。对申请人提出的第二被申请人立即停止出售计划向北美地区出口的技术许可产品的仲裁请求，亦因依据不足，仲裁庭不予支持。

综上，仲裁庭对申请人提出的两项仲裁请求，予以驳回。如申请人有进一步的证据能够证明其有权向被申请人主张相关权利，可另行提出。

2. 案例评析

本案申请人提出的仲裁请求及理由体现了违约与侵权间的请求权竞合问题。违约请求权与侵权请求权竞合是当前法律制度中的一个复杂问题，它既体现了权利救济制度的发达，也暴露了法律分类的局限性。随着社会的不断发展，合同法和侵权法之间的界限相互渗透的趋势愈发明显，这也导致了案件中违约与侵权请求权竞合现象的频繁出现，在知识产权仲裁案件中相关的主张尤为突出。

仲裁的前提是涉案合同里包含了生效的仲裁的条款，一方面，申请人主张第二被申请人行为违反合同约定，承担违约责任；另一方面，申请人主张第二被申请人的违法行为构成不公平竞争，承担赔偿责任。本案中，因双方并未对仲裁裁决的效力范围提出异议，而是围绕"是否构成违约行为"进行举证和答辩，对此，仲裁庭未正面对申请人主张的不公平竞争行为进行实质性的审理和裁判，而是运用证据以及法律的相关规定作出裁决。虽然本案申请人在提起仲裁前未能准确判断被申请人行为的性质和因果关系，在仲裁请求中能够明显看到相关请求基础缺乏依据，也未能提出有利于仲裁庭认定侵权事实的关键证据，导致裁决结果不尽如人意，但仲裁庭充分尊重申请人的程序性权利，对其提出的鉴定申请以及书面提出命令申请分别进行合法性与合理性的审查，对不符合我国法律（仲裁地法）相关证据规定和原则的相关申请予以驳回，并在裁决书中强调"如申请人有进一步的证据能够证明其有权向被申请人主张相关权利，可另行提出"的观点。本案的裁决思路体现了仲裁庭对知识产权纠纷可仲裁范畴保持积极中立的立场，维护了仲裁的公正性，保障了当事人对专利、商标等财产权益申请仲裁的自由。

（二）典型案例二：关于专利技术改进的"债权"与"侵权"竞合的仲裁

1. 案件情况

（1）基本案情

2005年11月，申请人与案外人中国B材料公司签署《技术转让（含专利实施许可）合同》（以下简称《技术转让合同》）。《技术转让合同》约定申请人许可中国B材料公司使用其所拥有的D生产技术（含专利）生产D并销售。按照《技术转让合同》的相关约定，专利许可使用费总额为1000万元+3%销售额提成。许可使用费由中国B材料公司采用"分期+提成（一次、分期或提成）"的方式支付给申请人。具体支付方式和时间为：产品D销售后，每年按销售额的 3% 进行提成，每半年结算一次。

2007 年 8 月，申请人与被申请人签署《技术转让（含专利实施许可）合同的补充合同》（以下简称《补充合同》），该《补充合同》约定中国 B 材料公司按照《技术转让合同》应该付给申请人的各种费用，全部改为由被申请人按原合同的条款付给申请人。被申请人享有中国 B 材料公司在《技术转让合同》中的全部权利、责任和义务。

合同签订后，申请人主张其已按约履行了相关义务，然而截至申请仲裁之日，虽经申请人多次发函催告，被申请人仍未支付 2018 年度至今的许可使用费。2019 年 5 月，申请人向被申请人发送解约通知函，明确《技术转让合同》及《补充合同》已于 2019 年 6 月正式解除，并要求被申请人承担相关责任。

（2）申请人的主张

申请人的仲裁请求：

①确认申请人与案外人中国 B 材料公司于 2005 年 11 月签订的《技术转让合同》、申请人与被申请人于 2007 年 8 月签订的《补充合同》于 2019 年 6 月解除。

②被申请人立即停止使用 D 相关的专利，停止一切与上述专利及技术秘密相关的经营性和非经营性活动，并返还所有技术资料。

③被申请人向申请人支付自 2018 年 1 月起至 2019 年 5 月止的许可使用费人民币 2000 余万元以及相应逾期支付利息损失（就每期应付款，以当期应付款为基数，自应付款之日起至 2019 年 8 月，按照中国人民银行公布的贷款基准利率计付，暂计至 2019 年 5 月为人民币 40 余万元），并支付 2019 年 6 月至实际停止使用之日止的许可使用费损失（截至 2020 年 12 月，暂计为人民币 2000 余万元）。

④本案仲裁费由被申请人承担。

（3）被申请人的主张

①在合同履行过程中，因申请人拒绝将相关改进技术成果授予被申请人独家使用，已构成违约，先违约一方并不享有单方解约权，其《解约通知函》并不发生解除合同的法律效果。

②由于《技术转让合同》的主要目的是申请人授予被申请人 D 生产技术（包含技术改进）的独占许可，而对于技术更新日新月异的年代，若长期使用旧有技术、无法使用更新技术，必然导致被申请人在技术竞争中处于巨大劣势。为避免被市场淘汰，确保公司基本的生产需要，被申请人不得不于 2017 年另行寻找该技术的其他权利人，并于 2017 年 7 月与中国 G 新材料技术公司（以下简称中国 G 新材料技术公司）签订了《技术转让（专利实施许可）合同》，获得中国 G 新材料技术公司 H 生产技术的使用权。经过一段时间的磨合，从 2018 年开始改为使用中国 G 新材料技术公司的 H 生产技术，并停用了申请人的 D 生产技术。

③截至 2020 年 11 月《技术转让合同》终止时，仅有第 7、12 和 13 项专利仍处于有效期内，其他专利均已失效。对于业已失效的专利，被申请人自然不存在停止使用专利的问题。对于仍有效的三项专利，由于申请人违约拒绝向被申请人提供改进技术，致使被申请人不得已停用申请人技术而寻求第三方技术，故客观上被申请人亦不存在停用专利的问题。而对于申请人关于返还技术资料的请求，在双方合作期间，申请人并未向被申请人提供任何所述技术资料，故被申请人不存在返还技术资料的问题。

（4）仲裁庭的观点

仲裁庭将申请人诉诸仲裁程序的基本逻辑可归纳为：因被申请人自 2018 年起就不再支付许可使用费［业界亦称之为"提成费（Royalty）"］，申请人于 2019 年 5 月通知被申请人解除本案合同，并就此要求其承担违约责任。

仲裁庭将被申请人所提抗辩的基本逻辑可归纳为：申请人未依约将合同约定的"技术改进"独家许可被申请人使用，反而将合同项下全部技术入股与案外人合资设立的公司；因此，申请人无权解除合同并要求被申请人支付许可使用费。

综上，仲裁庭总结出以下案件争议焦点：

①申请人在本案合同履行期间是否对"合同技术"作出"技术改进"并使被申请人独家使用？

仲裁庭认为，正确分析认定申请人在本案合同履行期间是否对"合同技术"作出"技术改进",是恰当解决本案争议的关键。

首先,从书证角度分析认定争议事实,仲裁庭认定申请人至少在 2015 年 11 月之前即对"合同技术"作出"技术改进",并将此告知(Inform)被申请人,但未向其披露(Disclose)具体的技术内容。直至 2016 年 2 月 29 日,争议双方仍在就"共同设立合资公司利用'新一代 D 技术'"的合作模式进行讨论。但无证据显示申请人对《意向书》予以回应。这进一步表明,争议双方当时对就"新一代 D 技术"进行合作的具体条件(例如"注册总资本""出资方式""技术入股的折算方式""各自占股比率"等)存在不同认识。"新一代 D 技术"的生产者应为申请人与案外人合资设立的公司或其他经授权的公司等。但与本案争议相关的事实是,申请人告知被申请人的"新一代 D 技术"已被用于工业化生产。

其次,从技术分析角度认定的事实,仲裁庭认为申请人专家证人所提"改进"不是"创新"的意见不是从技术角度作证,而更接近"法律观点",因而需要相应法律依据予以支持。

"技术改进"本身是一个"研发(或创新)过程",其"产物即新的技术客体(或课题)"包括相应"专利技术"和"技术秘密"等。由于后者处于"保密状态",被申请人若主张"申请人对'合同技术'作出'技术改进'",则只能对"(技术改进所涉)专利"基于与之相关的公开信息予以比对。仲裁庭认为分析被申请人证据 19《(技术专家)证人证言》对争议焦点有重大意义,所述意见如下:第一,被申请人《(技术专家)证人证言》因形式缺陷和利益关联不能作为证据被分析采信,但可以作为被申请人的陈述意见进行分析。第二,本案审理的是债权纠纷,而非侵权纠纷或与专利授权相关的行政纠纷,仲裁庭无须认定哪一项技术是否落入哪一项专利的权利要求范围,而仅需从技术角度判断申请人是否对合同技术作出技术改进。第三,被申请人《(技术专家)证人证言》所含重要信息是相关《审查意义通知书》(Oppice Actionm,OA)的内容以及专利申请人对 OA 的回复意见。从专利保护的权利范围角度看,"权利要求 1"一般被视为主权项,其外延宽而内涵窄。被申请人或许因此将相关"权利要求 1"作为两个相关专利的对比标的。申请人若否定被申请人所述,最好的方式是针对被申请人所言提出专业性反驳意见。第四，审理本"争点"需要认定的法律事实是，申请人是否对"合同技术"作出"技术改进"，而无须认定"技术改进"的"质量或数量"；或者是"新一代 D 技术"与"合同技术"存在多少技术上的"相同或差异"；亦无须对二者作全面技术特征比对。因为，从"技术发展历程"角度看，如果两个用于对比的技术在"研发理念、技术路线及评价方法"是"一脉相承"，二者之间的关联性则不言而喻。

仲裁庭将被申请人提交的《（技术专家）证人证言》视作被申请人陈述意见，该陈述意见，考虑到该陈述意见的依据来自公开信息，例如，国家知识产权局公开的"专利授权史（Patent Prosecution History）"，其中重要的是 OA 和专利申请人对 OA 的答复。这是专利审查员和专利申请人当时对相关技术客体（或课题）的真实认识。从"专利权"生成角度讲，如果前述二者当时的认识"不一致"，那么相关技术客体就不能成为专利权的客体（因为是否授权由审查员决定）。

仲裁庭基于上述综合分析后认为，将"申请人在本案合同履行期间对'合同技术'作出'技术改进'"认定为本案所涉核心"法律事实"，要比认定"'新一代 D 技术'完全不同于'合同技术'"，更加接近当时存在的"客观事实"。

②申请人是否违反了合同约定？

仲裁庭认为，本案合同对技术转让交易所涉"技术改进"项下权利义务的约定是明确的。本案争议或许源于双方没有从技术转让领域的法律和实务角度，充分理解交易所涉"知识产权""债权"和"股权"等各种法律概念的不同。为此，在认定被申请人是否"违约在先"之前，有必要在本案争议框架内，对下述几种"民事权利"作出辨析。

第一，根据本案合同，申请人对"合同技术"和"技术改进"享有"知识产权"（包括专利权及技术秘密所有权）。第二，被申请人对"合同技术"和"技术改进"享有"债权"。第三，申请人将"新一代 D 技术"入股案外合资公司不构成违约。

综上，仲裁庭认定被申请人对"合同技术"和"技术改进"享有的是"独家使用权"（Sole License）。申请人作为"合同技术"和"技术改进"的知识产权人（专利权人及技术秘密所有者），依约承担的"债务"是让被申请人实施"对'合同技术'及'技术改进'享有的'独家使用（债）权'"。

仲裁庭已认定申请人在合同有效期间对"合同技术"作出"技术改进"的法律事实，而申请人未将其披露并传授给被申请人且使后者"独家使用'技术改进'"；法律规定"当事人不履行合同义务"的构成违约；因此，仲裁庭认定申请人"未将'技术改进'披露并传授给被申请人并保证其独家使用"的行为构成违约。由于被申请人未在本案就"申请人应承担的违约责任"主张权利，而是另行诉诸仲裁程序提出相应仲裁请求；那么仲裁庭不在本案程序审理与"申请人应承担什么违约责任"相关的争议。

③关于申请人第1项仲裁请求。仲裁庭对申请人第1项仲裁请求予以支持。申请人主张单方面解约权的事实依据是"被申请人拖欠许可使用费"。根据《中华人民共和国合同法》（现已失效，以下简称原《合同法》）第六十七条规定及上述相关事实认定，被申请人在申请人没有完全履行相关合同义务（仅仅通知被申请人但未披露、传授并使其独家使用"技术改进"）之前，有权拒绝支付许可使用费。但仲裁庭还指出，相关法律规定并不能"除斥申请人就被申请人使用'合同技术'主张许可使用费的权利"。如此而言，如若仲裁庭认定被申请人在申请人通知解除本案合同之前使用"合同技术"的事实，则申请人在被申请人不支付许可使用费的情形下，应当具备单方面解除合同的条件。从如何恰当处理本案争议角度看，既然争议双方均无意继续履行本案合同，那么驳回申请人第1项仲裁请求无实际意义。但支持申请人该项仲裁请求对审理本案争议的实际意义是，仲裁庭可将该"时点"作为审理申请人第3项仲裁请求的重要因素。

④关于申请人第2项仲裁请求。仲裁庭对申请人第2项仲裁请求不予支持。其一，既然申请人请求仲裁庭确认本案合同已于2019年6月解除，那么双方在该"时点"之后就相关专利技术及/或专有技术产生的纠纷，就涉及当事人之间的"专利侵权或技术秘密不正当竞争"争议；而仲裁庭对如此争议无管辖权。其二，申请人应当明确指出仲裁庭依据什么实体法律规定予以裁决。因为一般而言，被申请人的"商业经营活动"应否停止，非属"债权债务纠纷"。

其三，本案合同并未载有被许可方在合同终止后返还技术资料的约定。无论被申请人是否返还本案合同项下技术资料，在本案合同终止后其就不再对"合同技术"享有任何"债权"，亦即无权继续使用"合同技术"。否则会因此承担"侵权或不正当竞争法律责任"。如此前提下，无论被申请人是否返还技术资料，其都了解相应技术客体但无权继续使用。

⑤关于申请人第3项仲裁请求。仲裁庭裁决支持被申请人应支付申请人2018年1月至2019年5月的许可使用费为近2000万元。虽然仲裁庭认定申请人履行与"技术改进"相关的合同义务不符合约定并因此构成违约，但根据对原《合同法》第六十七条规定的理解，当事人行使"履约抗辩权"的法律后果是"因此不承担（延迟履行义务的）违约责任"，而非"免除相应合同义务"（或"对相对方合同权利的除斥"）。就是说，只要被申请人在本案合同解除之前还在使用"合同技术"（哪怕是其中一部分），即有义务为此支付相应许可使用费。无论申请人是否向被申请人披露并授权"技术改进"，只要被申请人不能证明"（在相应期间）没有使用'合同技术'而是使用完全不同的技术"的事实，其即应按照合同约定标准向申请人支付许可使用费。

⑥关于仲裁费的请求。仲裁庭在综合考虑本案争议全部因素（特别是对申请人"在先违约行为"的认定）后，仲裁庭认为裁决被申请人承担40%的仲裁费，申请人承担60%的仲裁费，相对适宜。

2. 案例评析

本案仲裁庭以专业和严谨的态度梳理和分析了关于专利转让许可争议中违约问题以及"技术改进"和"技术创新"的认定问题。为了确保公平地审理和分析案件争议，仲裁庭基于自身审理类似争议的专业经验及逻辑思维，对争议所涉是非曲直作出判断，并在既有事实和法律依据中找出对争议双方相对公平的解决办法，突出体现了知识产权仲裁的专业性优势。

仲裁庭在裁决第2项、第3项仲裁请求，谈及"违约与侵权竞合"问题时，提出了两者竞合应认定"违约"为前提的观点，"违约行为"是指当事人在"合同对其具有约束力的期间内从事的行为"，而对于"侵权与反不正当竞争"的争议，仲裁庭认为对相关争议无管辖权，指出了几个关键点：

其一，申请人请求确认本案合同已于 2019 年 6 月解除，那么双方在该"时点"之后就相关专利技术及/或专有技术产生的纠纷，就涉及当事人之间的"专利侵权或技术秘密不正当竞争"争议，仲裁庭对争议没有约定的管辖权。

其二，倘若本案申请人认为被申请人在本案合同解除之后还在继续使用"合同技术"，则有权就此诉诸"侵权"或"反不正当竞争"法律救济。

本案仲裁庭并未对专利侵权的可仲裁性进行全面的分析和回应，但从其裁判的角度和逻辑可以发现，仲裁庭并未反对相关侵权权利通过仲裁程序进行救济。国内知识产权纠纷往往伴随"违约与侵权竞合"的问题，我国法律对于请求权竞合的处理采取了一种有限制的自由竞合原则。这一原则旨在平衡各方利益，同时防止不法行为人逃避其应承担的法律责任。本案仲裁庭对案件管辖的认定不仅体现了贸仲仲裁庭在知识产权仲裁实务中积累的先进经验，也彰显了贸仲积极推动知识产权仲裁新时代发展的勇气和决心。

在实务中，假设当事人在专利转让协议中约定了仲裁条款，并对相关专利技术的有效性问题明确约定"不挑战"或者"不争议"，那么对于约定专利技术的纠纷是否可仲裁的问题，按照本案仲裁庭的裁决思路，应当是具有可仲裁性的。

（三）典型案例三：商标使用侵权承诺书的可仲裁性与商标侵权

1. 案件情况

（1）基本案情

本案申请人前身美国 C 音像公司是 D 商标在中国大陆地区类别 6、9 和 20 的注册人。申请人于 2016 年左右发现被申请人在香港设立的香港 E 电子五金公司的 F 品牌产品手册及包装抄袭申请人的"D"品牌产品手册和产品包装，并生产和销售与申请人"D"品牌产品近似的产品。

申请人遂于 2016 年 11 月向该香港公司发送警告函但未得到回复。因该香港公司隶属于本案被申请人，申请人便于 2017 年 2 月向被申请人发送警告函，被申请人回信承诺不再侵犯申请人的知识产权权益并签署《承诺书》。

2019 年 3 月，申请人再次发现被申请人的产品使用手册与申请人的产品使用手册极其近似，并且被申请人仍在使用近似标志来营销产品。申请人于 2019 年 4 月再次向被申请人发送警告函，被申请人回复称之前网页版的说明书为错误版本，此错误版本说明书还未投入使用，其已将此说明书删除，实际出货产品中的说明书并没有使用近似品牌的任何信息，并会在2019年6月中旬换成新版说明书。被申请人同日回信称其已经在修改说明书，并将会对目前未出货的所有产品说明书改换成新版本说明书，完全区分于D标识；此外，其库存会尽快安排（2019年6月前）清库。申请人再次函电称不同意被申请人2019年6月完成清货的安排，希望被申请人立即停止抄袭申请人的产品手册和产品包装、立即停止生产和销售任何与申请人产品的产品，防止消费者混淆。三日后，被申请人回信全盘否定侵权行为，称其是保险丝销售公司，产品皆为内销，并未接触过电源支架的产品，产品说明书问题与其无关。

申请人向被申请人发送先前被申请人签署的《承诺书》复印件，强调《承诺书》事宜是经过被申请人的代理机构北京市H律师事务所进行联络的，并附上当时与被申请人代理机构的部分沟通邮件，要求被申请人立即停止侵权行为。

被申请人回信称承诺函是由之前的文员私自处理，现已被开除，后被申请人回信称以后事宜与I邮箱进行联络。申请人多次向该邮箱发送邮件但始终没有得到回复。

（2）申请人主张

近四年来，被申请人一直通过网络售卖F、G、J等品牌产品，其外包装和产品手册均与申请人的"D"品牌产品手册和产品包装高度近似。被申请人的行为构成产品外包装侵权、市场营销材料侵权以及外观专利侵权，同时违反了其签订的《承诺书》第3条、第5条、第7条的约定。被申请人侵权时间之长、恶意之严重，给申请人带来了一定的经济损失。故此，申请人按照《承诺书》第8条的仲裁条款，请求认定被申请人侵权行为并裁定被申请人立即停止侵权行为，裁定被申请人承担本次仲裁的全部费用，并支付申请人在仲裁过程中产生的所有费用。

申请人提出仲裁请求：

①被申请人及其任何关联企业、经销商、中间商等立即停止抄袭申请人的产品手册和产品包装；

②被申请人及其任何关联企业、经销商、中间商等立即停止生产和销售任

何与申请人产品近似的产品；

③被申请人向申请人支付在仲裁过程中产生的费用，包括律师费、翻译费用、调查取证费以及差旅费；

④被申请人向申请人赔偿在维权过程中的损失费用；

⑤本案仲裁费用由被申请人承担。

（3）被申请人主张

对于申请人提出的证据、陈述的事实和理由，被申请人未提出异议。

（4）仲裁庭的观点

本案争议是因被申请人于2017年6月向申请人出具的《承诺书》而引发，承诺书中未载明适用法律的约定。本案庭审中，经仲裁庭释明，申请人同意该《承诺书》适用中国法律。被申请人对此未发表意见。考虑到被申请人为在中国大陆地区注册的企业，仲裁庭认定，根据《仲裁规则》第四十九条规定，本案应适用中国法律进行审理。

对于《承诺书》的性质、法律效力、约定以及履行，仲裁庭认为《承诺函》合法有效。从本案《承诺书》的形成过程、内容看，属于申请人和被申请人经协调磋商后达成的合意，本质上属于合同性质的文件，《承诺书》对被申请人均具有约束力。

申请人主张被申请人与深圳市L视听科技公司分工合作共同实施涉案产品的生产销售。仲裁庭认为，从申请人提交的该证据内容看，仅为申请人制作的一份表格，并不能直接证明其所称的深圳市L视听科技公司在中国申请/注册商标的行为。即使存在该行为，其申请/注册商标的主体为深圳市L视听科技公司，而非被申请人。同时，该证据中并未体现被申请人参与到该证据所体现的申请/注册商标的行为中。

申请人主张被申请人与香港E电子五金公司分工合作共同实施涉案产品的生产销售。仲裁庭认为，从申请人提交前述证据的主张看，相关官方网站主体、销售行为的主体及在美国申请商标的主体均为香港E电子五金公司，而非被申请人。同时，该证据中并未体现被申请人参与到前述证据所体现的行为中。

申请人主张被申请人与深圳市L视听科技公司、香港E电子五金公司、宁波 K 家居科技有限公司存在关联关系或控制关系，彼此采取分工合作的方式实施了违反本案《承诺书》的行为。仲裁庭则认为本案核心问题应是被申请人是否共同参与了香港 E 电子五金公司、宁波 K 家居科技有限公司、深圳市 L 视听科技公司实施的上述行为，亦即，被申请人与这几家公司在申请人所指控的具体行为上是否存在以分工合作等形式的共谋。存在股权关联关系或共同控制关系的公司，并不必然对各自所有经营活动采取共同行为，也不会因此对彼此的经营活动共同承担法律责任。因此，申请人仅证明被申请人与香港 E 电子五金公司、宁波 K 家居科技有限公司、深圳市 L 视听科技公司可能存在某种合作关系、关联公司关系或实际控制关系，并不能直接推断其共同实施了申请人的证据显示的特定行为，申请人的相应主张缺乏事实依据。

本案中，如果存在申请人所主张的被申请人与香港 E 电子五金公司、宁波 K 家居科技有限公司、深圳市 L 视听科技公司共同实施的行为，则要对被申请人的行为进行法律评价，势必要对整个行为进行整体法律评价，而不可能仅对被申请人所实施的行为单独进行法律评价。要对整个行为进行法律评价，就势必涉及对整个行为是否违反本案《承诺书》中有关条款的评价。而申请人主张被申请人违反本案《承诺书》相关条款的约定，这些约定中相当一部分属于知识产权侵权的判断，或者属于获取知识产权的权利的判断，要对整个行为进行知识产权侵权进行判断，或对获取知识产权的权利进行判断，势必涉及案外人香港 E 电子五金公司、宁波 K 家居科技有限公司、深圳市 L 视听科技公司的权利。在前述公司无法参与本案程序并进行抗辩的情况下，在本案中对前述公司的行为进行法律判断，会不恰当地影响这些公司的实体权利和程序权利。

仲裁庭认为，申请人的证据不足以证明被申请人单独或与他人共同实施了被控行为。即使申请人能够证明被申请人与他人共同实施了被控行为，亦不应通过本案争议的方式主张权利。因此，仲裁庭对申请人的第 1 项、第 2 项仲裁请求不予支持。

2. 案例评析

本案是一个违约与侵权竞合的案件，案件的处理体现了仲裁机构在处理知识产权侵权纠纷上的短板，即对非合同主体缺乏管辖依据。仲裁庭在审理本案时仔细地分析了申请人提交的证据以及主张的事实，辩证分析相关证据来认定法律事实，准确地找到了案件的争议焦点。虽然本案仲裁庭认为申请人与被申请人间的仲裁条款合法有效，但申请人所主张的仲裁请求以及法律事实都未能直接证明被申请人存在违约和侵权的行为，仲裁庭据此作出驳回相关仲裁请求的裁决。仲裁庭指出，鉴于本案《承诺书》仅约定一部分知识产权侵权的判断，但案件需要对整个行为进行知识产权侵权的判断，而整个侵权判断涉及案外人，不符合仲裁基本原则，因此，仲裁庭认为本案申请人应提起诉讼方式解决争议。

假设本案的申请人与被申请人签署《承诺书》中细化了相关的违约责任和侵权行为，即双方将侵权行为以条款的形式予以"固定"，若申请人此时主张被申请人违反合同约定，则有可能突破本案仲裁庭所指出的"不可能仅对被申请人所实施的行为单独进行法律评价"，而仲裁员可基于本案的裁决思路以及仲裁原则，依据双方达成合意的具体条款认定被申请人所实施的行为违反合同约定，最终作出被申请人承担违约责任的裁决。

三、未来发展趋势

在国际竞争激烈以及科技发展迅猛的时代，加快步伐发展知识产权仲裁对于提升我国的国际综合实力和建设知识产权保护强国有着重要的作用。国家知识产权局已在制度层面做了顶层设计，知识产权仲裁是纠纷争议机制国际化、多元化探索的重要举措，值得法律专业人员和实务人员开展相关立法研究、执行制度和法律保障等研究，为知识产权仲裁的高质量发展提供更加有利的理论支持和制度保障。

我国如今仍缺乏对知识产权可仲裁性的司法实践经验，需要不断地探索和创新争议解决路径，但综合贸仲近年受理的知识产权案件以及知识产权仲裁领域的研究发现，我国仲裁机构以及相关仲裁员在积极推进知识产权仲裁的发展，越来越多的知识产权权利人主动选择仲裁作为国际贸易中关于商标、专利许可争议纠纷的解决方式。相信伴随知识产权顶层设计的改革以及各界对知识产权仲裁的努力探索，我们将走出一条符合我国国情需求的知识产权仲裁高质量发展道路。

第三章

知识产权仲裁案件概览

第一节　知识产权仲裁案件特点

仲裁，是一种古老的纠纷解决方式，其中文含义为"中人裁决"。

仲裁的出现早于诉讼，在古代社会，人们在面临争端时通常会寻求长者、部落领袖或其他公认的权威人士来解决问题。这种解决争端的方式往往基于当地的传统和习俗，并以仲裁者的公正和智慧为基础。古希腊城邦中的市民常常会选择由一位公正的第三方，通常是由城邦中的知名人士担任，来解决争端。而在古罗马帝国时期，类似的制度被广泛采用，当事人可以选择由一位中立的裁判官或者调解员来裁决纠纷。[1]

在中国古代，也有这种民间调解的纠纷化解方式。如北宋时期，麻仲英在临淄具闲居时，行义高洁，乡党化服，邻里有争讼者，不决于有司而听先生辨之；虽凶年，盗不入其家。[2]

现代意义上的仲裁制度则起源于西方。从英国1698年《仲裁法》开始，经过了两个多世纪的时间，西方的仲裁制度逐渐趋于成熟。其中，一个关键点在于法院放弃了基于公共利益而任意撤销仲裁协议或仲裁裁决的权力，全面收窄和细化了法院对仲裁的监督权和审查权。[3]

从此，所有商事合同，根据事前、事中、事后达成的仲裁协议或者包含在交易合同中的仲裁条款，当事人均可将其提交仲裁，并自由选择仲裁员、仲裁地、适用的法律与仲裁规则乃至证据规则等。而违背仲裁裁决书则等同于违背法院的命令或者判决，将被强制执行。

可见，仲裁从诞生之日开始，就具有很强的民间性和准司法性，相较于体

---

[1] 石育斌：《国际商事仲裁研究（总论篇）》，华东理工大学出版社2004年版，第8—12页。
[2] 王辟之：《渑水燕谈录》（卷四），中华书局1981年版，第46页。
[3] 罗楚湘：《英国仲裁法研究》，武汉大学出版社2012年版，第8—33页。

现国家司法主权的诉讼程序，其更多体现民商事主体的意思自治。仲裁，已经发展成为一种独立于诉讼的纠纷解决方式。

随着"二战"后的贸易全球化，全球市场更加紧密结合。在这种情况下，联合国在《日内瓦外国仲裁裁决执行公约》（以下简称《日内瓦公约》）的基础上通过了《纽约公约》，该公约确立了倾向于执行仲裁裁决的国际政策以及承认和执行外国裁决的最低国际标准，便利了仲裁裁决在域外的承认和执行。

我国的现代仲裁制度则起步较晚，但发展迅速。我国于1987年正式递交了《纽约公约》的加入书，并于1994年出台了《仲裁法》，并分别于2009年、2017年两次修正了《仲裁法》，以满足商业实践的需要和贴近仲裁在国际上的通行做法。自《仲裁法》施行以来，我国已经有超过270家仲裁机构，分散于全国各地。

知识产权，作为无形财产权，是人类在创造活动中对产生的智力成果所享有的权利。由于我国在知识产权保护和仲裁制度建设上的起步均较晚，目前我国的知识产权仲裁制度尚不完全成熟，这一问题得到了党和国家的高度重视。

2019年11月24日，中共中央办公厅印发《关于强化知识产权保护的意见》，在"加强社会监督共治，构建知识产权大保护工作格局"部分提到，要完善知识产权仲裁、调解、公证工作机制，培育和发展仲裁机构、调解组织和公证机构。2020年11月30日，习近平总书记在第十九届中央政治局第二十五次集体学习时的讲话强调，要强化知识产权全链条保护。要综合运用法律、行政、经济、技术、社会治理等多种手段，从审查授权、行政执法、司法保护、仲裁调解、行业自律、公民诚信等环节完善保护体系，加强协同配合，构建大保护工作格局。[1]

2021年9月，中共中央、国务院印发《知识产权强国建设纲要（2021—2035年）》，其中第四部分明确指出，要建设支撑国际一流营商环境的知识产权保护体系，建立完善知识产权仲裁、调解、公证、鉴定和维权援助体系，加强相关制度建设。

---

[1] 参见中国政府网，https://www.gov.cn/xinwen/2020-12/01/content_5566183.htm，2023年11月23日访问。

通过完善仲裁等替代性争议解决机制，也有利于缓解知识产权司法审判面临的巨大压力。近年来我国法院受理的知识产权案件量大幅增长。全国法院受理各类知识产权一审案件从 2013 年的 10.1 万件增长到 2020 年的 46.7 万件，年均增长 24.5%，比全国法院受理案件总量年均增幅高出 12.8 个百分点。[①] 与此同时，多地法院面临"案多人少"的窘况，加之知识产权案件存在专业性强、案情复杂等特点，导致诉讼争议解决机制存在审理周期长等劣势。尽管 2022 年全国各级人民法院新收知识产权民事一审案件 526165 件，审结 543379 件，比 2021 年分别下降了 20.31% 和 11.25%；但是，如以下图表所示，2022 年的知识产权案件数量仍然处于高位，几乎相当于 2016 年案件数量的 3 倍。这仍然给司法审判带来较大的压力。

表 3-1：2009-2022 年全国法院知识产权案件新收与结案数量

年份	全国法院新收知识产权案件	全国法院结案知识产权案件
2009	38489	42185
2010	56913	55254
2011	77441	75747
2012	114987	110812
2013	115577	114711
2014	133863	127129
2015	149238	142077
2016	177705	171708
2017	237242	225678
2018	334951	319651
2019	481793	475853
2020	525618	524387
2021	642968	601544
2022	526165	543379

---

① 参见《最高人民法院关于人民法院知识产权审判工作情况的报告——2021 年 10 月 21 日在第十三届全国人民代表大会常务委员会第三十一次会议上》，载中国人大网，http://www.npc.gov.cn/npc/c2/c30834/202110/t20211021_314164.html，2024 年 4 月 1 日访问。

图 3-1：2009—2022 年全国法院知识产权案件新收与结案数量趋势①

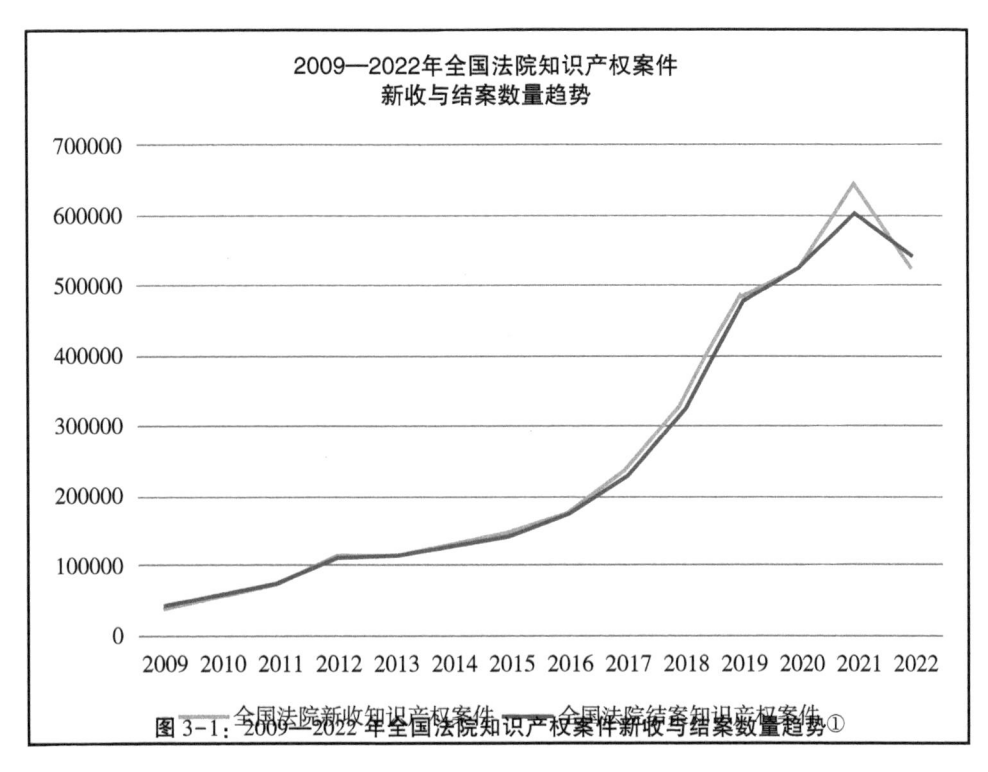

因此，畅通诉讼之外的知识产权纠纷解决渠道，建立快捷有效的纠纷处理机制，是落实知识产权强国战略的落脚点之一。

同时，知识产权纠纷的审理，需要较强的专业性，不仅是在知识产权法律法规上的专业性，还包括科学技术问题上的专业性。同时，由于知识产权涉及较多的技术秘密，争议的双方当事人往往不想将这些技术秘密外泄。知识产权争议的这些特点，与仲裁的特性十分相符。当前，知识产权仲裁案件的特点具体如下：

一、知识产权仲裁国际化因素突出

1. 知识产权仲裁裁决容易得到跨国承认和执行

仲裁，作为一种民间的纠纷解决机制，如前所述，具有民间性和准司法性。这一过程以当事人的意志为主导，在不违反国家强制性法律规定的前提下，体

---

① 数据来源于历年最高人民法院发布的《中国法院知识产权司法保护状况》。

现了显著的自主性。在全球化的背景下，仲裁的国际化特征日益凸显，尤其是在商业合作中，其跨越国界的普适性和灵活性使其成为解决国际商事纠纷的首选途径。相较于传统诉讼，仲裁过程更少触及他国的司法主权，强调意思自治原则，从而为各国当事人提供了一个高效、灵活的纠纷解决平台。

正是因为仲裁的自治属性，仲裁的跨国承认和执行相比诉讼更加容易。具体而言，不同国家和地区法院的判决需要通过双边协定、互惠关系或司法礼让原则、他国法律的特别规定等进行跨境承认与执行，难度大且成本高；而《纽约公约》为仲裁裁决的跨国承认和执行提供了一个运作框架，它强调了对仲裁制度的信任，希望减少法院对仲裁裁决的干预。

《纽约公约》规定了成员国对其他成员国仲裁裁决的承认和执行的义务。一旦仲裁裁决在一个国家和地区获得认可，其他缔约国应当予以执行，除非存在一些特定的例外情况。依据《纽约公约》第五条规定，在以下情况下可拒绝执行外国仲裁裁决：仲裁协议无效；当事人指定仲裁员的通知不当；争议标的在仲裁协议之外；争议不可仲裁；非终局性或无约束力的仲裁裁决；仲裁裁决违反公共政策。[①] 但《纽约公约》第五条列举的拒绝承认和执行的理由是穷尽性的，不存在其他可援引作为拒绝执行的情形，而且公约规定不审查仲裁裁决的实体部分，法院不得以仲裁有事实或法律上的错误为由拒绝承认或者执行。《纽约公约》不仅包含了缔约国承认和执行仲裁裁决的普遍义务，而且明确了关于承认和执行公约裁决的程序规则，对于这些程序规则，所有缔约国的法院必须遵照执行，这增强了仲裁裁决的跨国承认和执行在程序上的可操作性。[②]

国际上批准《纽约公约》的国家和地区数量众多，这为知识产权仲裁裁决的跨国承认和执行提供了便利。与这种情况不同的是，在承认和执行外国法院判决方面没有能与《纽约公约》的影响力和普遍性相媲美的多边条约。此外，外国法院判决的承认和执行程序非常烦琐，而且受制于互惠、各种双边条约或

---

① See BENTON Gary L. and SCHMIDTBERGER Paul S., Intellectual Property Disputes under the Amended AAA International Rules, International Business Lawyer, September 1998, Volume：26, p. 363.
② ［英］特雷弗·库克、［智］亚历山德罗·加西亚：《国际知识产权仲裁》，王傲寒、许晓昕译，知识产权出版社 2020 年版，第 19—22 页。

国内法。① 因此，承认和执行外国仲裁裁决比承认和执行外国法院判决更容易。

2. 知识产权仲裁能够同时解决跨越多个国家/地区的知识产权争议

知识产权通常具有地域性，意味着在不同的法律管辖区可以存在类似甚至相同的知识产权。对于需登记的知识产权，如专利、商标、植物新品种，其保护效力仅限于注册/登记的司法管辖区内；作为例外情形的是著作权这种无须登记即可自动产生的知识产权，在世界贸易组织所有成员国或《保护文学和艺术作品伯尔尼公约》成员国的司法管辖范围内均自动有效。

知识产权的地域性意味着，在每个有限的地域范围内，相同的知识产权都有可能存在。这会衍生出一些问题，如商标法中的平行进口争议，以及专利法中的标准必要专利跨国平行诉讼。

从诉讼的视角来看，这些争议的处理显露出知识产权地域限制的重要影响。大多数情况下，单独一个国家或地区的法院无法在国际层面上统一解决这些争端，主要原因在于知识产权的固有地域性。鉴于多数法院只对本辖区内的知识产权案件拥有司法管辖权，利用诉讼手段解决此类权利冲突往往需要涉足多个法庭。此外，大部分法院对处理外国知识产权纠纷持谨慎态度，通常只在有限条件下接受管辖，由此导致当事人若欲就跨国平行知识产权争议提起诉讼，将不得不面临在多个法庭、多个法院、多个司法管辖区内进行诉讼的局面。

相较之下，仲裁作为替代性解决方案，其优势在于能够在单一程序中处理国际平行知识产权诉讼中的全部争议，同时该仲裁裁决能够在多个国家和地区得到承认和执行，因此具有较高的吸引力。而且，仲裁程序能够在最大程度上确保公正，避免了一方当事人所在地法院对于另一方当事人的偏见，亦即当地司法保护主义。②

3. 近年来我国仲裁机构与法院的合作更加协调

最近，我国法院已经明确，如双方当事人向外国仲裁机构提交仲裁前，未

---

① See BENTON Gary L. and SCHMIDTBERGER Paul S., Intellectual Property Disputes under the Amended AAA International Rules, International Business Lawyer, September 1998, Volume：26, p.363.

② [英]特雷弗·库克、[智]亚历山德罗·加西亚：《国际知识产权仲裁》，王傲寒、许晓昕译，知识产权出版社2020年版，第22—26页。

履行协议约定的前置协商程序，仲裁裁决不会因为这一点不被承认和执行。具体而言，2022 年 1 月，最高人民法院发布了《全国法院涉外商事海事审判工作座谈会会议纪要》，其中第一百零七条"未履行协商前置程序不违反约定程序"规定①，人民法院适用《纽约公约》审理申请承认和执行外国仲裁裁决案件时，当事人在仲裁协议中约定"先协商解决，协商不成再提请仲裁"的，一方当事人未经协商即申请仲裁，另一方当事人以对方违反协商前置程序的行为构成《纽约公约》第五条第一款丁项规定的仲裁程序与各方之间的协议不符为由主张不予承认和执行仲裁裁决的，人民法院不予支持。

依照 2024 年 1 月 1 日起施行的《中国国际经济贸易仲裁委员会仲裁规则（2024 版）》②（以下简称《贸仲规则 2024》）第二十三条的规定，贸仲可以根据所适用的法律向任何有管辖权的法院转交保全申请，包括港澳台法院以及外国法院。此外，《贸仲规则 2024》明确规定了贸仲可依据当事人的请求，先把当事人提交的保全申请转交法院，然后再向对方当事人发出仲裁通知。鉴于实践中对"仲裁中保全"的审查尺度相较于"仲裁前保全"相对宽松，这种做法可以使申请人将仲裁申请书和保全申请在仲裁立案时同时提交到贸仲，从而有机会通过"仲裁中保全"在被申请人收到仲裁通知之前实现由法院保全被申请人的财产。

二、仲裁机构审理的知识产权争议对抗性相对较低

1. 仲裁程序中当事人的对抗性相对较低

当事人在仲裁中的对抗性比诉讼程序中低，通过仲裁解决纠纷能够维持当事人之间的合作关系。在许多知识产权纠纷中，当事人之间往往有着长期互惠的合作关系。仲裁以当事人合意为基础，鼓励当事人自己决定仲裁规则或者程

---

① 最高人民法院国际商事法庭：《全国法院涉外商事海事审判工作座谈会会议纪要》，载最高人民法院国际商事法庭官方网站，https://cicc.court.gov.cn/html/1/218/62/409/2172.html? eqid = efbc5d7d00000515000000036487dac6，2024 年 1 月 15 日访问。

② 中国国际经济贸易仲裁委员会：《中国国际经济贸易仲裁委员会仲裁规则（2024 版）》，载中国国际经济贸易仲裁委员会官方网站，http://www.cietac.org/index.php? m = Page&a = index&id = 65，2024 年 1 月 15 日访问。

序，为当事人创造互相协商的氛围，推动当事人之间的沟通与交流，有利于进一步促进当事人之间的合作与发展。同时，在正式的审理程序开始前，当事人能够根据自身需求自主选择仲裁员，这种选择权的赋予更进一步减轻了争议双方的对立情绪。

此外，知识产权仲裁因其非公开性，为当事人提供了一个非公开的解决纠纷的场所，有效降低了潜在的对抗性。由于仲裁案件的审理过程和裁决结果都是不公开的，不会影响到双方当事人的商誉，因此双方当事人之间的敌意和对抗性相对较低。

与此同时，仲裁程序的灵活性和非正式性允许双方在较为宽松的环境中进行交流，寻找双赢的解决方案，有效缩短了争议的时间。专业的仲裁员对技术、商业、法律的深入了解保证了案件处理的专业性和效率。仲裁员审理案件时也会关注缔约地位、商业合作、技术问题和行业惯例等，这也有助于缓解双方的紧张关系。

2. 仲裁机构主导的调解程序对抗性更低且更灵活

仲裁机构主导的知识产权争议调解，同样作为多元争议解决机制之一，比起仲裁程序更加灵活，对抗性更低，更加注重双方当事人的协商一致。同时，如果能够达成一致意见，仲裁机构主导的调解程序同样能够有效化解纠纷，避免就同一案件的反复争议。

以中国国际贸易促进委员会（以下简称《贸促会》）的《中国国际贸易促进委员会/中国国际商会调解中心知识产权争议调解规则》（以下简称《调解规则》）[①]为例，该规则是国内首个主要面向解决涉外知识产权争议的商事调解规则。国内外平等主体的自然人、法人和非法人组织之间发生的关于作品，发明、实用新型、外观设计，商标，地理标志，商业秘密，集成电路布图设计，植物新品种，或法律规定的其他知识产权的争议，均可提交贸促会调解中心调解。

---

① 中国国际贸易促进委员会：《中国贸促会调解中心知识产权专业委员会新闻发布会》，载中国国际贸易促进委员会官方网站，https://www.ccpit.org/a/20211029/202110297skc.html，2024年1月15日访问。

《调解规则》强调"当事人自愿",无论是否申请进行调解、是否参与调解、是否最终达成和解,是否由调解中心与其他争议解决机构、商业协会进行联合或单独调解,都需要获得双方当事人的同意,以当事人自愿为原则。

《调解规则》下调解时限规定为 30 个工作日,但双方当事人可通过一致同意延长该时限。同时,当事人可依据贸促会调解中心作出的调解书向法院申请司法确认和强制执行。

此外,WIPO 作为国际知名的知识产权保护组织目前也在中国参与知识产权争议的仲裁与调解工作。WIPO 仲裁与调解上海中心(以下简称 WIPO 上海中心)于 2019 年 10 月在中国(上海)自由贸易试验区成立,这是司法部批准的首家在中国境内开展涉外知识产权争议案件仲裁与调解业务的外国仲裁机构。

2020 年 7 月,经最高人民法院批准,上海市高级人民法院委托 WIPO 上海中心开展涉外知识产权争议案件的调解。2021 年 10 月,WIPO 与上海市高级人民法院签订《世界知识产权组织和中华人民共和国上海市高级人民法院加强知识产权领域替代性争议解决交流与合作谅解备忘录》,进一步扩大了上海法院委托 WIPO 上海中心调解案件的范围。[①] 截至目前,WIPO 上海中心已经与上海市、福建省、海南省的法院相互合作,受他们委托处理涉外知识产权案件的调解工作,并已有了诉调对接的工作办法。WIPO 上海中心主导的调解程序目前仍以"双方当事人的一致同意"为原则开展工作,无论是调解程序的启动还是调解书的作出,均需要双方当事人达成一致意见。

三、知识产权仲裁对于技术问题具有更强的专业性

1. 知识产权争议中技术问题审理至关重要

对于知识产权争议而言,除了知识产权法律问题和合同/侵权法律问题,往往还会涉及技术问题。而知识产权仲裁员的复合背景能够妥善地处理好技术和法律两方面的争议焦点。

---

① WIPO: Mediation for Foreign-Related Intellectual Property Cases Referred by Courts in China,参见世界知识产权组织官方网站,https://www.wipo.int/amc/zh/center/specific-sectors/national-courts/china/spc.html,2023 年 1 月 15 日访问。

在知识产权争议中，技术问题的审理显得至关重要，这是因为知识产权的客体往往包括很多技术要素。知识产权争议审理中往往存在纷繁复杂的技术术语，各种化学结构式、DNA 的蛋白质序列、IEEE1588 网络同步协议、时分多址、Python 等，即使是技术人员也不一定能立即理解，对于仅具有法律背景的裁判者来说，要想听明白、梳理清楚，更是一件困难的事情。

例如在关于软件委托开发或者合作开发的知识产权仲裁中，往往涉及对软件开发范围、软件功能、技术标准和验收标准等多个方面的审查。在仲裁过程中，仲裁庭需要评估软件代码的质量和可读性，检查其是否符合验收标准，并审查在需求分析、规格定义、代码编写、程序设计、测试和验收等环节中是否遵守了合同约定，如欠缺合同约定还需要审查是否符合行业惯例。此外，软件开发行业的相关标准和实践，也是裁决的考量因素。

可见，在知识产权仲裁中，深入了解和解决知识产权争议涉及的技术问题是确保裁决公正的不可或缺的一环。

2. 技术专家在仲裁程序中可以作为仲裁员

在诉讼程序中，法院的法官通常只有法律背景、缺乏相关技术知识，陪审员一般也不存在技术方面的履历，难以解决涉及科学论据和高度技术性证据的知识产权纠纷。而通过仲裁，当事各方可以选择在与纠纷相关的专业技术领域拥有特殊知识的仲裁员。担任仲裁员的不一定非得是法学专家，还可以是相关领域的技术专家。

贸仲的仲裁员名册中便存在具有技术专家背景的仲裁员。此外，贸仲规则允许当事人从仲裁员名册外选定仲裁员，因此当事人可以约定在名册外选定技术专家作为仲裁员。

3. 就技术问题，仲裁认可多种证据形式

以《世界知识产权组织仲裁规则》（以下简称《WIPO 仲裁规则》）为例，其第五十一条至五十三条规定了仲裁庭可以收集的证据。这些规定专门针对知识产权纠纷。例如，第五十一条涉及作为证据的实验结果。希望提交实验结果的一方当事人必须向仲裁庭和另一方当事人发出通知，说明实验的目的，并准确概述实验方法和结论。一方当事人可以要求仲裁庭重复试验。依据《WIPO

仲裁规则》第五十二条之规定，仲裁庭可以根据一方当事人申请或自行决定，检验或要求检验其认为合宜的场所、财产、机器、设备、生产线、模板、影片、材料、产品或生产过程。当事人也可以在开庭前的合理时间内申请检验。仲裁庭如果同意该申请，应决定检验的时间并作具体安排。最后，《WIPO 仲裁规则》第五十三条允许仲裁庭在征得各方当事人同意的情况下，要求当事人共同提供理解相关问题所必要的科学、技术或其他专业信息背景知识的技术入门读物以及开庭中仲裁庭或当事人需要参考了解的模型、图纸或其他材料。这些规定的目的是向仲裁庭提供必要的科学背景和技术信息，以便就纠纷作出适当裁决。① 因此，由于知识产权纠纷的技术性质，通过仲裁解决知识产权纠纷具有非常重要的优势。

4. 仲裁同样允许有专门知识的人参加审理程序且更具灵活性

最高人民法院于 2019 年 1 月 28 日通过了《最高人民法院关于技术调查官参与知识产权案件诉讼活动的若干规定》，并明确："人民法院审理专利、植物新品种、集成电路布图设计、技术秘密、计算机软件、垄断等专业技术性较强的知识产权案件时，可以指派技术调查官参与诉讼活动。"技术调查官可以参加的庭审活动包括调查取证、勘验、保全、询问当事人、听证、庭前会议和开庭审理活动，可以询问当事人以及当事人方的具有专门知识的人，并且就案件中的技术问题出具技术意见。通过这样的制度设计，无论是审判方还是争议方，在庭审过程中都可以获得科学技术人员的专业支持。

事实上，在仲裁案件中，也存在"有专门知识的人"，可以作为专家证人参与仲裁程序。

根据《贸仲规则 2024》第四十四条，仲裁庭可以就专门问题向专家咨询，专家可以是中国或外国的机构或自然人，并且规定"当事人也有义务向专家或鉴定人提供或出示任何有关资料、文件或财产、实物，以供专家或鉴定人审阅、检验或鉴定"。

无独有偶，世界知识产权组织仲裁与调解中心也有一份经验丰富的人员名

---

① See CELLI Alessandro - BENZ Nicola, Arbitration and Intellectual Property, European Business Organization Law Review, Volume: 3, 2002, p. 601.

单，可以为知识产权纠纷仲裁庭成员提供咨询服务。[1] 此外，依据《WIPO仲裁规则》第五十七条规定，经与当事人协商，仲裁庭可以在预备会议或随后的仲裁程序中指定一名或多名独立专家就仲裁庭指定的事项作报告。仲裁庭在参考当事人的意见后制作的专家委托范围的文件副本应转交当事人。各方可以书面形式表达意见，并有机会在听证会上向专家提问，也可以接受专家的意见作为特定问题的结论性意见。

而对于诉讼程序中的"具有专门知识的人"这一制度，按照当前的法律规定，其只能在质证时参加诉讼庭审活动。虽然"具有专门知识的人"可以在质证程序中就特定技术问题进行说明并且可以接受本方询问和对方盘问，但是这些专家仅仅在质证程序中出席庭审显然是远远不够的，因为随着案件的发展，在辩论环节，在讨论法律适用时，随时都可能出现技术问题的争议，而这时由于技术专家不在场，可能导致技术疑惑不能得到及时、有效的解答。

这一困难已经在诉讼中显现出来，为了解决这一困难，在诉讼程序的法庭辩论过程中，法官经常不得不暂停法庭辩论，重新请"具有专门知识的人"入庭，再次进行法庭调查。

在诉讼程序中所遇到的瓶颈目前难以克服，原因在于专家证人的身份无法进行转换。因为根据《民事诉讼法》第六十一条的规定，当事人只能委托一至二人作为诉讼代理人，而且该条第二款对诉讼代理人的身份进行了规定，根据该款规定，技术专家无法成为诉讼代理人。

事实上，在解决此类困境上，仲裁争议解决程序具有其独特的优势。技术专家除了以专家证人的身份，还可以通过代理人的身份参与仲裁程序。因为仲裁案件对于代理人的身份以及人数并没有限制。根据我国《仲裁法》第二十九条的规定，当事人、法定代理人可以委托律师和其他代理人进行仲裁活动。该法条没有对具体代理人的人数和资格进行任何限制。

因此在仲裁案件中，在不减少法律专家作为代理人的名额的前提下，技

---

[1] See CELLI Alessandro - BENZ Nicola, Arbitration and Intellectual Property, European Business Organization Law Review, Volume：3, 2002, p.600.

专家得以获得机会，以仲裁代理人的身份参与到整个仲裁审理过程中，不但可以在质证阶段协助说明技术问题，而且可以在庭审的辩论过程中，针对随时出现的技术争议提出意见。通过这样的方式，可以大大方便仲裁庭在审理过程中对于技术问题的理解，确保仲裁庭的仲裁员在准备仲裁裁决时充分理解技术争议导致的争点，为作出各方均能满意的合理裁决提供坚实的基础。

四、知识产权仲裁的保密性

知识产权诉讼与其他诉讼程序一样，必须以公开为原则，以不公开为例外。一般而言，知识产权诉讼程序的公开包括三个方面：一是审判流程公开，包括立案信息、开庭公告、执行信息在内的审判流程均需依法公开；二是庭审公开进行，自然人除了可以到场旁听以外，还可以通过观看庭审视频的方式了解庭审的内容；三是裁判结果公开，已经发生效力的裁判文书需要按照《最高人民法院关于人民法院在互联网公布裁判文书的规定》上网公开，供公众查询和监督。

与诉讼程序相反，保密性是仲裁的本质特征之一，被认为是相比于诉讼的最大竞争优势。仲裁程序以不公开审理为原则，公开审理为例外，在未经许可的情况下，当事人之外的参与人不能旁听仲裁庭审过程，不能查阅或获取与仲裁案件有关的信息资料，并且审理案件的仲裁庭组成人员也必须具有高度的保密意识。同时，仲裁的裁决结果也不会对外公开。争端解决过程的全程保密，对于当事人具有重要意义：有利于维护当事人自身形象、灵活解决争端、保护商业秘密和其他信息以及避免败诉方在类似争端中处于不利地位。[1] 知识产权领域本身非常强调保密性，因为知识产权纠纷通常会涉及当事人的技术内容、商业秘密或其他不宜公开的事项，与之相关的仲裁也应该体现该特点，仲裁的不公开审理以及裁决结果的保密可以充分保护这些无形资产及敏感信息，能够在最大限度上避免当事人的商业秘密、技术秘密被泄露，从而使竞争对手无从利用这些信息针对当事人，避免影响当事人的市场竞争力和商誉，这也是仲裁

---

[1] 参见王勇：《论仲裁的保密性原则及其应对策略》，载《政治与法律》2008年第12期，第81页。

程序的优势所在。

例如，在专利纠纷中，一些技术秘密（know-how）需要受到保护。除非法律要求或当事人另有约定，仲裁程序是完全保密的。保密要求经常延伸到仲裁本身的性质和存在。第三人不得接触相关材料或仲裁程序的任何要素。商业利益倾向于保护隐私，因为公开曝光会带来潜在风险。当仲裁程序涉及商业秘密时，保密性就显得非常重要，因为通过观看公开法庭审理来进行产业间谍活动的这种威胁在仲裁中是不存在的。当涉及仲裁过程的一些关键阶段，例如确认仲裁裁决的有效性或执行仲裁裁决时，法院可能会介入。为了维护仲裁的保密性，法院可以采取一些措施，例如要求相关程序保持机密，或者在必要时不公开法庭的审理过程，以确保敏感信息不被泄露给不相关的第三方。在任何情况下，除非当事人另有约定，否则法院只会在必要的范围内对仲裁内容进行披露。[①]

为保障仲裁程序的保密性，贸仲仲裁规则专门设置了保密条款。以《贸仲规则2024》第三十八条为例：

（一）仲裁庭审理案件不公开进行。双方当事人要求公开审理的，由仲裁庭决定是否公开审理。

（二）不公开审理的案件，双方当事人及其仲裁代理人、仲裁员、证人、翻译、仲裁庭咨询的专家和指定的鉴定人，以及其他有关人员，均不得对外界透露案件实体和程序的有关情况。

可见，贸仲在《仲裁法》第四十条"仲裁不公开进行"的较为原则的规定基础上做了细化补充，要求仲裁程序的各个参与方均不得泄露案件的情况。即使是专家学者需要对仲裁案件进行研究和讨论，贸仲也会对案件进行脱敏处理，避免当事人的商业秘密被泄露；参与研究和讨论的人员仍需要签署严格的保密协议，对进行脱敏处理后的案件情况仍需要履行保密义务，不得为开展研究和讨论的目的以外的其他任何用途使用这些信息。

许多仲裁机构在仲裁规则中也规定了保密条款。例如，《东京国际知识产权

[①] See Ay Yunus Emre, Intellectual Property Disputes and International Arbitration, 58 Zbornik Radova Pravnog Fakulteta Splitu 929, 937（2021）.

仲裁中心仲裁规则》（以下简称《东京仲裁规则》）第十九条第一款和第二款规定了保密措施，其中第一款规定："除当事人另有约定外，当事人、仲裁员、任命机构、监督小组和IACT[①]任命的任何人员（包括任何行政秘书和专家）应始终将与程序和裁决有关的所有事项视为机密。此类事项包括仲裁程序之进程，仲裁程序中的诉状、证据和其他材料，以及另一当事人在仲裁程序或是经由该程序所得之裁决中产生的所有其他文件，但此类事项不包括任何其他属于公共领域的事项。若当事方违反本规则的规定，仲裁庭有权对此采取适当措施，包括作出进行制裁或承担费用的决定或裁决。"值得注意的是，《东京仲裁规则》规定了违反保密条款的惩罚性措施，这是一项重要的规则创新，使保密性条款不流于形式，使其具有可行性，值得我国仲裁机构借鉴。

五、知识产权仲裁的时效性、便捷性和灵活性

知识产权诉讼有一审、二审和可能的审判监督程序。与诉讼相比，仲裁的一裁终局原则显著提高了解决纠纷的效率。根据《仲裁法》第九条的规定，仲裁裁决一经作出，即是终局的。除非法定情形，双方当事人均不得就该争议另行启动其他法律程序，仲裁的这一特点加快了争议解决的进程。在此情况下，法院诉讼比仲裁慢是显而易见的事实，在法院解决知识产权纠纷可能需要花费很多时间。在商业世界里，时间就是金钱。因此，通过仲裁解决知识产权纠纷似乎比向法院提起诉讼更有吸引力。

在时间限制方面，仲裁的严格时限要求为案件的快速处理提供了保证。以《贸仲规则2024》为例，对于涉外普通案件，仲裁庭应在组庭后6个月内作出

[①] 随着企业发展壮大，在"知识产权丛林"中行走难免会踩上"知识产权地雷"。一方面因为现实中一件产品（特别是一件高新技术产品）中蕴含很多知识产权，企业在研发产品过程中不可能查询穷尽所有知识产权后再去研发，此时企业会出现无意识侵权的情况；另一方面可能会存在企业竞争对手故意设置陷阱、遭遇"专利流氓"（Patent Troll）等情况。在上述背景下，被控知识产权侵权的企业就不存在道德问题，它们不仅不会去躲避诉讼或仲裁，反而会想找到一个机构公平、公正、快速地解决问题。为了解决困扰企业多年、特别是在美国市场频频遭遇的知识产权纠纷问题，日本于2018年9月成立了东京国际知识产权仲裁中心（International Arbitration Center in Tokyo, IACT），参见金春阳、邢贺通：《〈仲裁法〉修订背景下中国知识产权专门仲裁机构构建研究———以〈东京国际知识产权仲裁中心仲裁规则〉为参照》，载《知识产权》2021年第S1期。

裁决，且仅在特殊情况下，经仲裁庭请求并经仲裁委员会仲裁院院长批准，才能延长该期限。《贸仲规则2024》也延续了以往对于简易程序的时限要求。凡争议标的额不超过人民币500万元，或争议标的额超过人民币500万元但经一方当事人书面申请并征得另一方当事人书面同意的，或双方当事人约定适用简易程序的，均可适用简易程序。因此，小额知识产权争议可直接适用简易程序，仲裁庭原则上需要在组庭后3个月内作出裁决。

为了进一步提高效率，许多仲裁机构采用了快速仲裁程序。例如，WIPO快速仲裁规则确立了一个更加迅速和成本效益高的仲裁流程，从立案费到管理费都明显低于标准程序，对于争议金额不超过1000万美元的案件，仲裁费用甚至是固定的。此外，WIPO规则还缩短了书面陈述的提交时间，限制了口头听证的时间，并明确了在仲裁程序的各个阶段适用的更短期限，极大地加快了案件的处理速度。

数字化技术的应用也为仲裁带来了新的便捷性。疫情期间，线上仲裁程序的广泛应用证明了其高效和便利性。文书电子送达、网上视频开庭等方式不仅提高了仲裁服务的质量，还降低了成本，满足了快速解决争议的需求。例如，广州仲裁委员会已建立了专门的在线立案和审理系统，并常常采用电子送达方式。此外，《贸仲规则2024》进一步明确了电子送达的法律效力：有关仲裁的一切文书、通知、材料均可通过电子送达。具体而言，电子送达，包括送达至当事人电子邮箱和仲裁委员会的信息化存储系统等。《贸仲规则2024》也赋予了仲裁员电子签名与手写署名相同的效力，确保了线上仲裁程序的法律效力。

在全球化的商业环境中，知识产权仲裁以其一裁终局、明确的时限要求、快速仲裁规则以及数字化手段，提供了一个迅速、高效、成本较低的解决方案。这种解决机制不仅节约了时间和资源，而且为当事人提供了一个更加灵活、专业且受到全球认可的争议解决途径，对于复杂多变的国际知识产权争议而言，这一趋势无疑是积极且必要的。

此外，在仲裁制度中，当事方的自主权非常大，使得仲裁相比于诉讼更加灵活。例如，当事方可以选择适用的法律、仲裁庭所在地、仲裁庭的权力、仲裁员人数、仲裁语言等。仲裁员的国籍可以不同于当事各方的国籍，因为人们可能认为当事一方在本国法庭上更有优势。①

　　灵活性还体现在多个知识产权纠纷能够被合并到一个仲裁程序中。在知识产权国际交易中，经常会有多方当事人采取法律行动。这些关系可能导致单独的仲裁请求或将多个争议合并为一个仲裁程序。合并仲裁程序有赖于替代性争议解决机制的合意性和仲裁中当事人的高度自治。例如，WIPO仲裁与调解中心能够协助涉及多重冲突的纠纷当事方达成合并协议。② 例如，一家欧洲软件专业公司与来自南美洲和欧洲的几个被许可人签订了三份不同的在线许可协议。这些许可包含一项仲裁条款，提供了根据《世界知识产权组织加速仲裁规则》（WIPO Expedited Arbitration Rule，以下简称《WIPO加速仲裁规则》）解决纠纷的可能性。所有被许可人都根据《WIPO加速仲裁规则》提起仲裁，声称软件存在缺陷并违反了合同。同一天，软件专家针对每个被许可人分别提出了三个单独的请求，要求按照《WIPO加速仲裁规则》赔偿违约损失。各方当事人从WIPO提供的仲裁员候选人中选择了一人，作为各自仲裁程序中的独任仲裁员。鉴于并行仲裁之间的复杂性和法律关系，各方决定将所有索赔和软件纠纷一并提交独任仲裁员。独任仲裁员在合并程序后的一年内作出了最终裁决。上述情况展现了仲裁程序中的合并机制的灵活性。③ Jacques De Werra解释了各国法院在审理欧洲专利纠纷时面临的挑战和困难。根据他的观点，尽管欧洲专利源于同一国际公约，但其执行和实践却因国家和地区法律和实践的不同而不同。因此，将单独的仲裁程序合并体现了仲裁的灵活性，上述合并机制是非常重要的，可以防止案件结果相互冲突，合并也是仲裁的重要优势之一。④

---

　　① See ADAMO Kenneth R., The Global Business Law Review, Vol: 2, Issue: 7, 2011, p. 28.
　　② See CHALKIAS Panagiotis, CASTRO Ignacio de, Mediation and Arbitration of Intellectual Property and Technology Disputes: The Operation of the World Intellectual Property Organization Arbitration and Mediation Center, Singapore Academy of Law Journal, Volume: 24, p. 1075.
　　③ See CHALKIAS Panagiotis, CASTRO Ignacio de, Mediation and Arbitration of Intellectual Property and Technology Disputes: The Operation of the World Intellectual Property Organization Arbitration and Mediation Center, Singapore Academy of Law Journal, Volume: 24, p. 1076.
　　④ See DE WERRA Jacques, Arbitrating International Intellectual Property Disputes: Time to Think Beyond the Issue of (Non-) Arbitrability, International Business Law Journal, 2012, p. 299.

六、知识产权仲裁可适用临时措施

临时措施主要是指为保障对案件实体具有管辖权的主体所认可的某种权利而保全一种事实或法律状态。① 知识产权侵权行为与一般民事侵权相比，具有侵权行为实施较为便捷、成本低廉、侵权行为难以查实和损害后果极易扩大等特点，而临时措施对于制止正在或者即将实施的侵权行为、保存重要证据、防止损害后果进一步扩大和导致无法弥补的损失是至关重要的。② 关于临时措施的规范模式，根据审批主体的不同，可分为"法院独占制""仲裁庭独占制""法院与仲裁庭双轨并行制"。"法院独占制"是指临时措施的处理权仅由法院享有，仲裁员或仲裁庭无权处理、审批临时措施。"仲裁庭独占制"是指临时措施的处理权仅由仲裁庭享有，法院无权审批。"法院与仲裁庭双轨并行制"顾名思义，是"法院独占制"和"仲裁庭独占制"的折中，一方面保留法院处理临时措施的权限，另一方面赋予仲裁庭处理临时措施的权限。③ "法院与仲裁庭双轨并行制"在国际上较受欢迎，最为典型的法例是《贸法会示范法》。《贸法会示范法》第九条说明了仲裁庭与法院处理临时措施的权限并不冲突，第十七条至第十七 I 条规定了一系列仲裁庭处理临时措施的权限，第十七 J 条规定了法院处理临时措施的权限。还有许多国家或地区的仲裁法制是以《贸法会示范法》为参照，因此其规范模式同样采用"法院与仲裁庭双轨并行制"。例如英国 1996 年《仲裁法》、德国《民事诉讼法》第十编、中国香港特区《仲裁条例》等。④ 目前国际上依然采"法院独占制"的仅有阿根廷、意大利等商事仲裁发展缓慢或不受欢迎的国家。阿根廷《民商事程序法》第七百五十三条、意大利《民事程序法》第八百一十八条均明令禁止了仲裁庭的临时措施处理权。中国现行《仲裁法》采用"法院独占制"的规范模式。此次《仲裁法》修订，

---

① See Gary B. Born, International Arbitration: Law and Practice, Kluwer Law International BV, 2012, p. 203.
② 参见王迁:《知识产权教程（第 7 版）》，中国人民大学出版社 2021 年版，第 37 页。
③ 参见黄凯绅:《仲裁临时保全措施及法院本位主义:法制变革上的建议》，载《交大法学》2019 年第 3 期，第 143—146 页。
④ 具体条文参见英国 1996 年《仲裁法》第 44 条第 3—5 款、德国《民事诉讼法》第 1033 条、第 1041 条第 1 款，中国香港特区《仲裁条例》第 35 条、第 45 条第 2 款。

对中国临时措施的规范模式进行了大刀阔斧的改革,《仲裁法修订意见稿》增设第四十三条至第四十九条,以单独一节对临时措施进行详细规定,且首次赋予仲裁庭相对全面的临时措施处理权,体现了中国临时措施的规范模式由"法院独占制"向"法院与仲裁庭双轨并行制"转变,这也是近代商事仲裁法制及实践的发展趋势。①"法院与仲裁庭双轨并行制"具有兼顾当事人权益和仲裁效率的优势:一方面当事人可以根据自己的实际情况自由地选择向法院或者仲裁庭申请临时措施,维护了当事人的权益;另一方面,仲裁庭被赋予处理临时措施的权限后,当事人可以在同一仲裁程序中,向仲裁庭一并申请各类临时措施,而无须到法院另行展开一道程序,保证了仲裁效率。②

总体而言,仲裁庭发布临时措施弱于法院发布的临时措施。由于仲裁协议在当事人之间有效,因此不能产生对抗第三人的效力。例如,在纠纷中,侵犯商标权的假冒商品或侵犯版权的盗版书籍投入市场后,仲裁临时措施对向第三人收取或没收这些物品完全无效。但是,可以通过法院签发的临时措施从第三人处收缴这些物品,以防止对知识产权的持续侵犯。

---

① See Gary B. Born, International Arbitration: Cases and Materials, Kluwer Law International, 2015, p. 873-874.

② 参见金春阳、邢贺通:《〈仲裁法〉修订背景下中国知识产权专门仲裁机构构建研究——以〈东京国际知识产权仲裁中心仲裁规则〉为参照》,载《知识产权》2021年第S1期。

第二节　知识产权仲裁案件热点及难点

我国知识产权仲裁机制经过一段时期的发展，已形成了相对较为成熟与完整的体系。但随着案件量的增加，其中一部分较为特殊的问题常常引发业内的关注与讨论。不论是从整个仲裁体系的进一步建设而言，抑或是从具体案件的处理而言，对于这些问题的认识与解决都是知识产权仲裁领域的难点，也具有极高的热度。

一、知识产权仲裁范围问题

与司法机制不同，从案件类型来说，并非所有种类的案件均可提交仲裁来解决。我国现行《仲裁法》将可仲裁案件的范围规定为除婚姻、收养、监护、扶养、继承纠纷以及依法应当由行政机关处理的行政争议之外的，平等主体的公民、法人和其他组织之间发生的合同纠纷和其他财产权益纠纷。具体到知识产权领域而言，何种类型的知识产权争议可以提交仲裁，无疑是最为基础也引发最多讨论的问题之一。

1. 知识产权合同纠纷与侵权纠纷

对于知识产权合同纠纷以及知识产权侵权纠纷，目前，我国对于其可仲裁性均予以认可。

（1）知识产权合同纠纷

知识产权合同的基础为平等主体之间的意思自治，符合仲裁本身的平等、自治属性，因此该种类型的纠纷可被纳入仲裁范畴在实践初期已成为共识。这一点在我国1990年颁布的《著作权法》相关规定中即有明确体现。[1] 随后颁布

---

[1] 1990年《著作权法》第四十九条第一款规定："著作权合同纠纷可以调解，也可以依据合同中的仲裁条款或者事后达成的书面仲裁协议，向著作权仲裁机构申请仲裁。"

的 1994 年《仲裁法》中,也从整体层面明确了可提交仲裁的纠纷类型,即平等主体间的合同纠纷和其他财产权益纠纷。由于知识产权合同纠纷显然属于前述可仲裁纠纷类型,且未被其他条款予以排除,因此对于该种纠纷的可仲裁性,鲜有质疑观点的出现。在实践中,只要合同中存在合法有效的仲裁条款,各仲裁机构对于知识产权合同纠纷的受理也并无阻碍。

从其他国家和地区的仲裁实践来看,基于仲裁强调的当事人意思自治的基本理念,各国对于通过仲裁解决知识产权合同纠纷也普遍予以认可。[1]

(2) 知识产权侵权纠纷

早在 1958 年签订的《纽约公约》中,相关成员国便已认可,不论是否为合同关系所产生的纠纷,只要符合特定条件均可提交仲裁。[2] 这无疑为侵权纠纷的可仲裁性奠定了一定的基础。

具体到各国实践,以美国为例,自 20 世纪 80 年代开始,其即通过成文法及判例对包括著作权、商标、专利在内的知识产权的侵权纠纷可仲裁性予以确认。此外,法国、德国、瑞士等国家也对该类型纠纷的可仲裁性予以确认,可见,支持知识产权侵权纠纷的可仲裁性是目前国际社会的主流做法。[3]

在我国,《仲裁法》虽一直未把该类型纠纷排除在可仲裁范围之外,但在知识产权仲裁发展初期,也并未有任何法律依据明确确认相关侵权纠纷的可仲裁性。在 1990 年《著作权法》中,更是直接通过法条明确将可提交仲裁的纠纷类型限定为了"著作权合同纠纷"。[4] 直至 2001 年《著作权法》修正后,才将"著作权合同纠纷"明确扩展为"著作权纠纷",知识产权侵权纠纷可仲裁性的法律基础得以初步建立。虽然《商标法》《专利法》等并未明确纳入类似内容,但由于不存在相反规定,加之仲裁本身性质并不与之相排斥,相关侵权纠纷在

---

[1] 杨涛、杨斌:《知识产权仲裁制度的困境与出路》,载《电子知识产权》2011 年第 12 期,第 80 页。

[2] 《纽约公约》第二条规定:"当事人以书面协定承允彼此间所发生或可能发生之一切或任何争议,如关涉可以仲裁解决事项之确定法律关系,不论为契约性质与否,应提交仲裁时,各缔约国应承认此项协定。"

[3] 黄晖:《知识产权可仲裁性的发展趋势论》,载《仲裁研究》2013 年第 1 期,第 20—26 页。

[4] 1990 年《著作权法》第四十九条第一款规定:"著作权合同纠纷可以调解,也可以依据合同中的仲裁条款或者事后达成的书面仲裁协议,向著作权仲裁机构申请仲裁。"

取得仲裁协议的情形下可提交仲裁的做法在理论及实践中已基本获得认可。例如，在某化学物理研究所、某能源材料有限公司侵害商业秘密纠纷一案①中，最高人民法院就明确指出，"因合同从订立到履行再到终止后的全部环节，合同当事人之间均有可能发生纠纷，因此基于合同成立、效力、变更、转让、履行、违约责任、解释、解除等产生的纠纷，均属于可以通过仲裁解决的平等主体的当事人之间的合同纠纷，即使当事人以侵权为由提起诉讼，但仍属与合同有关的争议，应当受合同中有效仲裁条款的约束"。可见，就知识产权侵权纠纷的可仲裁性而言，我国目前的整体态度也与国际主流趋势相一致。

2. 涉知识产权效力纠纷

与前述两种纠纷类型有所不同，对于涉及知识产权有效性相关纠纷的可仲裁性问题，目前国际上仍存在较大争议，我国所持态度也与几个发达国家也有所不同。

以美国、瑞士、英国、意大利、法国、日本、新加坡等为代表的国家，对于知识产权有效性争议的可仲裁性基本持认可态度。但在这一类国家中，对于该类型争议可仲裁性的接受方式及具体接受程度也有一定差别。从接受方式来看，美国②、新加坡③等在成文法中明确规定了知识产权效力的可仲裁性，而英国、法国、瑞士等则是以判例或行政决定的形式予以确认。④ 从接受程度来看，举例而言，作为仲裁制度发展较好的西方国家之一，瑞士在该问题上也表现出相对积极的态度。在瑞士，不仅各类知识产权效力问题均可通过仲裁予以裁断，而且，仲裁庭作出关于专利有效性的仲裁裁决后，该仲裁裁决可以经由相关行

---

① 最高人民法院（2021）最高法知民终1934号民事裁定书。
② 35 USC s. 294. (a) A contract involving a patent or any right under a patent may contain a provision requiring arbitration of any dispute relating to patent validity or infringement arising under the contract. In the absence of such a provision, the parties to an existing patent validity or infringement dispute may agree in writing to settle such dispute by arbitration. Any such provision or agreement shall be valid, irrevocable, and enforceable, except for any grounds that exist at law or in equity for revocation of a contract.
③ 新加坡《知识产权（争议解决）法》规定，52A.（3）在本部中，"知识产权争议"包括：（a）关于以下事宜的争议：知识产权可否强制执行；侵犯知识产权；或知识产权的存在、有效性、所有权、范围、期限或任何其他方面。
④ 倪静：《论知识产权有效性争议的可仲裁性——对公共政策理由的反思》，载《江西社会科学》2012年第2期，第176—177页。

政部门予以认可和执行。① 再如美国，相关法律中虽明确规定专利效力问题可以仲裁，但同时也明确，仲裁结果仅对仲裁当事人具有拘束力，无法约束任何第三方。② 与之类似，在日本，针对专利有效性所作出的裁决的效力大多数情况下也被限制在双方当事人之间。③

在我国，知识产权有效性仲裁目前缺乏法理依据和制度支持。以专利领域为例，根据《专利法》的规定，专利授权、确权属于行政行为，由相关专利行政部门专门进行审查。虽然当事人可以针对行政决定向法院提起行政诉讼，但司法机关仅就行政行为本身进行审查，而非直接对专利效力作出裁定。可见，我国知识产权有效性裁断的权力被赋予行政机关。对于此类依法应由行政机关处理的行政纠纷，《仲裁法》第三条明确将其排除在可仲裁事项范围之外。④ 在这一方面，我国与美国等国家的做法具有明显差异。

3. 评述与展望

就知识产权有效性问题的可仲裁性而言，由于一定程度上涉及公共政策等因素，各国态度的差异实际上系对社会发展状况、基本制度体系差异等的反映。因此，我国对于该问题的处理态度具有历史和现实的原因。然而，从实践层面而言，全然否定该类型问题的可仲裁性事实上也可能会面临不可忽视的负面影响。

首先需明确的是，基于仲裁自身属性以及我国法律制度体系的特点，对于纯粹的知识产权确权案件而言，采用仲裁方式予以解决与我国国情不相符合，因此，对于该类问题，仍应通过行政程序予以解决。而在上述背景之下，若知识产权有效性问题仅作为案件一方的抗辩理由出现，对于这一部分争议事实仲裁庭是否可以处理需要进一步分析考量。

---

① 高升、李珂珂：《专利有效性仲裁裁决与行政认定的衔接机制比较研究》，载《山东科技大学学报（社会科学版）》2021年第3期，第33—34页。
② 35 USC s. 294.
③ 张林、刘永光：《日本知识产权纠纷的仲裁解决机制——兼论我国知识产权纠纷仲裁的困境与出路》，载《法律研究》2014年第3期，第66—67页。
④ 《仲裁法》第三条规定："下列纠纷不能仲裁：（一）婚姻、收养、监护、扶养、继承纠纷；（二）依法应当由行政机关处理的行政争议。"

在大量知识产权纠纷案件中，所涉知识产权的有效性常常是解决相关纠纷的重要前置问题，若不能优先对该问题进行裁断，整个案件事实上将无法得到解决，或将产生严重的拖延。以专利侵权案件为例，我国法院现行的做法是对被告提出的专利无效抗辩不作审理，采取推定专利有效的原则；如果专利被复审委员会认定无效，即便不是终局决定，也要求原告先撤诉或者裁定驳回起诉，如果无效决定最终被法院判决撤销的，原告可以再行起诉。而这套规则并不适宜直接引入仲裁体系中。

仲裁与诉讼相比，优势在于解决纠纷的期限比较短，就专利侵权诉讼而言，如果被告启动专利无效程序（一般在6个月左右会作出行政裁决），考虑到被告往往会提出管辖权异议，所以侵权诉讼基本可以等待行政裁决的结果作出后再进行审理。但这种惯常操作可能不太适合仲裁程序。例如，在专利侵权纠纷中，若被控侵权人以涉案专利无效提起抗辩，但未启动相应行政程序，仲裁庭可否采取推定专利有效的原则？如果在仲裁裁决作出后，该专利被宣告无效的，裁决应如何执行？法院判决在此情形下如何执行有专门规定，但仲裁能否直接引入则具有较大的不确定性。即使当事人启动了专利无效宣告的行政程序，在相应行政决定未能符合预期的情况下也往往会对行政决定提起诉讼，并经历一审、二审等程序。若在该行政诉讼过程中，法院认为相关行政决定确有错误，还可能对该决定予以撤销，并判决相关行政部门重新作出行政决定。若仅能以行政机关最终的决定作为依据以确定涉案专利的有效性，仲裁程序可否中止并等待前述程序的最终结果，还是参照目前法院的做法仅仅等待行政裁决即可，也具有不确定性。并且，与司法程序不同的是，如果当事人撤回仲裁请求，尤其是裁决驳回仲裁请求的话，显然申请人无法参照法院的做法，待专利权被确认有效后再提起仲裁。因此，如不在仲裁程序中对于知识产权效力问题作出认定，将直接导致相当一部分涉及知识产权有效性的争议事实上无法通过仲裁方式予以解决，或无法在合理期限内得到解决。这可能会导致将部分包含此类问题的纠纷案件被排除在可仲裁范围之外，同时亦可能使部分当事人对于仲裁程序缺乏信心，从而不愿选择此种争议解决方式。这既不利于相关知识产权纠纷得到更为专业化的解决，也不利于仲裁机制本身充分发挥其特有优势。

同时，由于仲裁的国际化属性，当事人常常面临仲裁裁决异国执行的问题。如我国对于涉及有效性问题的案件持全面否定态度，当事人跨境进行裁决执行的可行性将不可避免地受到一定程度的影响，这将不利于我国知识产权仲裁机制的国际化发展。

事实上，在我国知识产权诉讼体系中，无法对侵权纠纷中出现的效力问题予以妥善解决也一直广受诟病。大量学者观点均指出，在特定场景之下，行政裁决与法院判决之间、民事侵权诉讼与行政确权诉讼之间，重复审理或循环诉讼，审理周期过长，权利人维权成本过高，也造成行政和司法资源的大量浪费。①

而对于仲裁机制而言，其与司法机制有所不同，系基于当事人的合意而适用，充分体现当事人的自由意志。因此，在此类争议解决模式中，可以考虑根据实践需要，在充分尊重当事人自由意志的基础之上对于知识产权有效性的裁判问题作出一定的突破。

例如，可以考虑借鉴部分国家，如美国、日本等所采取的方式，在设置前提条件的基础之上允许仲裁庭对于知识产权有效性问题作出裁判，从我国实践来说或具有较强的合理性及可操作性。如前文提到的日本仲裁经验，仲裁庭可以在特定案件中针对专利有效性问题作出裁决，但该裁决大多数情况下不具有普世效力，而是仅对争议双方当事人生效；也就是说，仲裁庭可以在案件中对涉案专利权的有效性进行评价，或者对双方关于有效性的争议进行裁决，但这种裁决或者评价仅在本案中对双方当事人产生效力，并不发生决定在其他场合权利有效或者无效的作用。此种解决方式既能保证各方当事人之间的知识产权纠纷得到专业化、便捷化的解决，又不会有损专利本身所涉及的公共利益。目前，我国相关法律中并没有类似规则，这使得我国实践中大量适合以仲裁方式予以解决的专业性知识产权争议难以通过该途径予以解决。

因此，对于此类规则进行借鉴，在除单纯确权之外的案件，尤其是知识产权侵权案件中，一定程度上放宽了对于有效性判断的限制，是目前较为可行且

---

① 易继明：《构建知识产权大司法体制》，载《中外法学》2018年第5期，第1273页。

实践中需求较高的改善举措，对于我国知识产权仲裁机制的进一步发展以及国际化程度的提升均将产生促进作用。而且，这种尝试可以有效凸显仲裁相对于诉讼的不同特点，从而有力促进知识产权仲裁的发展。

二、知识产权侵权与违约纠纷竞合情形下的处理难点

仲裁机制具有国际化、高度专业化、保密性强、高效率等特殊优势，因此，大部分知识产权侵权案件比较适宜采用仲裁方式予以解决。而在实践中，侵权纠纷却鲜有进入仲裁领域。针对这一问题予以关注和解决，对于知识产权仲裁的进一步发展具有重要意义。

1. 现状与评述

如上文所述，目前，我国立法并未将知识产权侵权纠纷排除在可仲裁范围之外。而在实践中，由于仲裁机构需要通过仲裁协议才可获得对于相关争议的管辖权，同时侵权行为人也往往缺乏与权利人达成仲裁协议以解决侵权纠纷的意愿，因此单纯的侵权纠纷较难进入仲裁领域，更为多见的形式为违约纠纷与侵权纠纷相竞合的情况。例如，在知识产权许可等类型的合同纠纷当中，当事人超出许可期限继续使用合同约定的知识产权，这种情形一方面构成对于双方间许可合同的违反，另一方面也因为在缺乏权利基础的情况下使用他人知识产权而构成侵权。在此种情况下，即使双方在签订合同时约定了仲裁条款，也可能会出现一方当事人以涉案争议不属于仲裁条款约定的范畴等为由进行抗辩或向法院提起诉讼以否认仲裁管辖的情况。而由于相关法律中并没有具体规定以供参考，在实践中，不同法院的判断标准可能也会有所差异。因此，在存在仲裁协议的纠纷中，如何妥善处理违约与侵权相竞合的情况，对于法院及仲裁机构而言均较为重要，也具有一定的挑战性。

首先，我国相关法律中目前并未明确规定对于此类情形的处理方法。《中华人民共和国民法典》（以下简称《民法典》）中虽规定了在侵权和违约相竞合时，受损害方有权选择请求对方承担违约责任或者侵权责任，但对于在涉及仲裁协议的情形下法院与仲裁机构的管辖权问题，却未有规定予以明确。

在实践中，基于案件情况的不同，此类案件的处理结果也不尽相同。在一

些案件中，法院所采取的是反对当事人通过起诉以逃避仲裁管辖的态度。例如，在某省物资集团轻工纺织总公司诉香港某集团有限公司、加拿大某发展有限公司侵权损害赔偿纠纷上诉案①中，最高人民法院认为，双方当事人在合同中明确约定发生纠纷通过仲裁方式解决，在该合同未经有关机关确认无效的情况下，当事人均应受该合同条款的约束；即使本案涉及第三人，在仲裁庭不能追究第三人责任的情况下，轻纺公司可以以第三人为被告向人民法院另行提起诉讼，当事人的合法权益仍然可以得到维护。因此，该案件应通过仲裁解决，人民法院无管辖权。在后续出现的某药业有限公司与某生物医药有限公司侵害技术秘密纠纷②等案件中，最高人民法院也采用了类似的观点。

但在部分案件中，法院却对该问题采取了全然不同的处理方法。在某化学工业股份有限公司与某醋酸有限公司侵权损害赔偿纠纷上诉案③中，最高人民法院就明确表示，由于当事人之间的仲裁条款不能约束第三人，并且，该案并非基于合同的违约之诉，而是侵权之诉，因此，化工公司关于案件应基于合同约定移送仲裁机构管辖的上诉理由不应予以支持。在中国技术进出口总公司诉瑞士工业资源公司侵权损害赔偿纠纷上诉案④中，法院也曾否定侵权纠纷受仲裁协议管辖的合理性。

当然，有些案件囿于仲裁条款约定范围的限制，也有不宜由仲裁管辖的情形。例如，在苏州某超导有限公司与某风电科技（集团）股份有限公司、大连某电气有限公司侵害计算机软件著作权纠纷案⑤中，当事人间仲裁条款约定的内容为："因执行本合同所发生的或者与执行本合同有关的一切争议将由双方通过友好协商解决。如果不能协商一致，则应对争议进行正式仲裁，并提交北京仲裁委员会并按其仲裁规则通过仲裁加以解决。"在该案中，原告某超导公司主张某风电公司和大连某公司擅自修改了其母公司享有著作权的风力发电机组电控软件，并未经授权在某海南公司风力发电机组中复制、安装、使用，侵犯了

---

① 详见《最高人民法院公报》1998年第3期。
② 最高人民法院（2020）最高法知民终1360号之一民事判决书。
③ 最高人民法院（2005）民四终字第16号民事判决书。
④ 详见《最高人民法院公报》1989年第1期。
⑤ 最高人民法院（2013）民提字第54号民事裁定书。

其著作权。根据某超导公司与某风电公司间的《采购合同》，某超导公司应依约向某风电公司提供涉案部件及其软件，而某风电公司有权自行修理或消除缺陷或不符合合同之处。对于仲裁协议范围问题，一审法院认为，要判断某风电公司的行为是否构成侵权，首先必须依据《采购合同》判断某风电公司对产品及软件所享有的修理或消除缺陷的权利范围，故某超导公司在该案中对某风电公司的起诉属于与执行合同有关的争议，应提请仲裁解决。二审法院亦对于一审法院的认定予以维持。而后，该案被最高人民法院提审，最高人民法院经审理则认为，由于某超导公司主张的复制与修改软件的行为，并未包含在某超导公司与某风电公司签订的《采购合同》内容中，因此某超导公司对某风电公司提起的侵害计算机软件著作权主张并非为执行双方合同有关的争议，不应受到该合同仲裁条款的约束。

2. 展望

如上文所述，侵权案件往往难以事后达成仲裁协议，且即使是在事前已达成仲裁协议的情况下，由于缺乏明确规定，实践中情况也不尽统一，当事人仍有可能通过诉讼等方式否认仲裁管辖。这种情形无疑使得侵权纠纷是否能够进入仲裁程序具有一定的不确定性，仲裁机制针对知识产权案件的优势也难以充分发挥。

对此，首先应考虑对于侵权与违约竞合这一问题进行较为具体的规制，明确在二者相竞合的情形下，应结合哪些因素来判断仲裁庭是否能够取得案件的管辖权，特别是，应如何对于涉案仲裁协议的范围进行解释和判断。这或可以在一定程度上避免因判断标准不统一而导致仲裁管辖的不确定性。

另外，在当事人间不存在仲裁协议的情况下，也可考虑加强仲裁机构与行政机关间的配合以处理知识产权侵权案件。根据我国现行法律规定，行政管理机关调处此类案件无须当事人合意，其可直接对知识产权侵权行为进行认定并责令停止侵权行为。但行政管理机关无权就侵权赔偿数额进行认定，而是仅能够就该数额进行调解，调解不成的，当事人可向人民法院进行另案起诉。这就导致当事人在经历行政执法程序之后，还可能面临漫长的诉讼程序，不利于纠纷的灵活高效解决。因此，可考虑将行政调处程序与仲裁程序进行有机结合，形成资源互补。具体而言，可以在行政执法的调解程序中引入仲裁机制，在双方当事人无法就侵权赔偿数额达成一致的情形下，其可直接借助仲裁以解决纠纷。从实际操作层面来说，此种模式的建立可参考 WIPO 的调解—仲裁程序。在该程序下，当事人将首先利用调解程序来尝试解决纠纷，如相关纠纷经过调解程序无法得到解决，则可直接转入仲裁程序予以解决。通过在知识产权领域，特别是专利领域建立该种机制，既有利于提升争议解决的专业性、高效性，同时也可促使双方针对侵权纠纷进行积极善意的沟通与调解，从而有利于其纠纷的合理解决。①

三、证据规则在知识产权仲裁案件中的适用

在知识产权相关案件中，证据的呈现具有至关重要的作用。不论是对于违约、侵权行为的确定，还是对于赔偿额的计算，均需要当事人提供大量且有效的证据予以支撑。因此，如何能够建立健全完善的规则体系以最大程度地便利当事人的举证，不论对于诉讼还是仲裁机制而言均系需要重点关注的问题。

1. 现状与评述

虽如上文所述，各类证据在知识产权案件中具有重要的作用，但事实上在此类案件中，承担举证责任的当事人可能往往无法自行提供特定证据以支撑其主张。例如，在涉及赔偿计算的侵权案件中，若权利人希望以侵权获利为基础计算赔偿额，由于相关账簿、交易数据等掌握在侵权人手中，权利人往往无法自行获取，从而也就难以自行举证。再如，在涉及知识产权许可费率裁判的案件中，当事人往往需要提交另一方当事人与第三人间所签订的同类协议，以证明其关于合理费率的主张，显然，该部分协议也掌握在对方当事人手中，往往难以自行获取。

针对上述问题，我国民事诉讼司法体系中，设置了一定的特殊规则予以平衡。例如，我国《民事诉讼法》第六十七条中就明确规定，当事人及其诉讼代理人因客观原因不能自行收集的证据，或者人民法院认为审理案件需要的证据，

---

① 谢冠斌：《构建专利行政处理之仲裁机制的建议》，载《北京仲裁》2012 年第 4 期，第 11—13 页。

人民法院应当调查收集。在《最高人民法院关于适用〈中华人民共和国民事诉讼法〉的解释》中也进一步规定，书证在对方当事人控制之下的，承担举证证明责任的当事人可以在举证期限届满前书面申请人民法院责令对方当事人提交。申请理由成立的，人民法院应当责令对方当事人提交。并且，类似规定也明确出现在最高人民法院专门针对知识产权案件举证问题而出台的《关于知识产权民事诉讼证据的若干规定》当中。更值得注意的是，根据相关规定，对于经法院要求拒不提交证据的情形，法院还可以推定对方当事人就该证据所涉证明事项的主张成立。①

对于知识产权案件而言，前述规则具有不可忽视的积极作用，对于知识产权案件中公认的"举证难"问题的解决具有一定的意义。

而在知识产权仲裁案件的举证方面，我国《仲裁法》仅在第四十三条中进行了原则性的规定，即当事人应当对自己的主张提供证据，并明确仲裁庭认为有必要收集的证据，可以自行收集。而至于仲裁庭具体在何种情形下应当或可以自行收集证据，以及当事人能否在特定情形下请求仲裁员收集证据或要求对方提供证据等问题，该法中并未予以明确。从仲裁规则角度而言，以《贸仲规则2024》为例，其中第四十三条规定，"（一）仲裁庭认为必要时，可以调查事实，收集证据。（二）仲裁庭调查事实、收集证据时，可以通知当事人到场。经通知，一方或双方当事人不到场的，不影响仲裁庭调查事实和收集证据。（三）仲裁庭调查收集的证据，应转交当事人，给予当事人提出意见的机会"，明确了仲裁庭主动调查取证的权力和程序要求。

2. 展望

在证据规则方面，与民事诉讼制度相比，仲裁制度应在符合实际情况的基

---

① 《最高人民法院关于知识产权民事诉讼证据的若干规定》第二十五条规定："人民法院依法要求当事人提交有关证据，其无正当理由拒不提交、提交虚假证据、毁灭证据或者实施其他致使证据不能使用行为的，人民法院可以推定对方当事人就该证据所涉证明事项的主张成立。当事人实施前款所列行为，构成民事诉讼法第一百一十一条规定情形的，人民法院依法处理。"

《最高人民法院关于民事诉讼证据的若干规定》第四十八条规定："控制书证的当事人无正当理由拒不提交书证的，人民法院可以认定对方当事人所主张的书证内容为真实。控制书证的当事人存在《最高人民法院关于适用〈中华人民共和国民事诉讼法〉的解释》第一百一十三条规定情形的，人民法院可以认定对方当事人主张以该书证证明的事实为真实。"

础之上，做到持平或突破。

首先，应至少保证与民事诉讼制度相持平。具体而言，可考虑在《仲裁法》中明确细化相关证据规则，例如，增加书证提出命令等特定规则，并明确在当事人拒绝提供其所持有的证据的情形之下的推定规则，从而缓解特定知识产权案件中当事人举证难的问题。

其次，鉴于仲裁系基于双方当事人自由意志以及对于仲裁规则的认可，也可考虑在目前民事诉讼制度所确立的规则基础之上进行一定的突破。例如，可以在结合仲裁自身特点的基础之上，通过《仲裁法》或各仲裁委员会仲裁规则对于相关证据规则进行进一步细化与明确，也可根据需要增设诉讼体系中尚未规定的新规则，以最大程度地适应仲裁特性，为当事人在仲裁中的举证提供便利。

四、临时措施在知识产权仲裁案件中的适用

对于知识产权案件来说，各类临时措施具有较为重要的作用。例如，知识产权案件具有时效性强的典型特征，在许多情况下，如不能及时制止侵权行为，权利人将会遭受难以挽回的损失，且由于该种损失可能难以进行准确衡量或充分举证，即使最终侵权行为被认定成立，权利人所获赔偿额可能也无法完全覆盖该部分损失。基于此，利用行为保全措施要求被告立即停止侵权行为具有重要意义。再如，在特定类型的知识产权案件，如计算机软件著作权侵权案件中，侵权证据往往掌握在被告手中，权利人难以自行取得。在此种情况下，利用证据保全措施进行取证，对于案件具有决定性的作用。因此，不论对于何种争议解决机制来说，临时措施的有效适用对于解决知识产权争议均具有不可忽视的作用。

1. 现状与评述

作为独立的非公权力机构，仲裁机构所作出的裁决虽具有法律效力及执行力，但多年以来，我国仲裁机构自身却不具有决定临时性措施的权力，无法自行对案件采取保全、强制执行等措施。在国内仲裁方面，对于证据保全及财产保全，我国现行《仲裁法》明确规定，当事人应向仲裁机构提交申请，再由仲

裁机构将申请转交给具有管辖权的人民法院。对于行为保全，《仲裁法》中并无明确规定，但《最高人民法院关于审查知识产权纠纷行为保全案件适用法律若干问题的规定》中明确，在符合相关条件的情形下，仲裁当事人可在仲裁裁决生效之前向人民法院申请行为保全。总之，不论何种保全类型，最终是否能够成功进行保全的决定权均掌握在司法机关手中。

这种情形在实践中会带来弊端。若相关争议已由仲裁机构受理，仲裁庭对于案件具体情况已形成较为完整的认知，这有利于正确处理当事人所提出的保全申请。然而，由于对保全申请的决定权归属于法院，法院在作出相关裁定前还需自行对所涉背景情况进行了解，这一定程度上增加了当事人机会成本的负担，降低了仲裁审查效率，并且也造成了司法资源的浪费。

2. 展望

如前文所述，在仲裁案件中涉及保全等强制性措施时，仲裁机构不得不借助于司法强制力进行解决，但由于在此过程中仲裁庭与司法机关的沟通存在脱节，法院在审查强制措施申请时还需独立对于案件情况进行了解，这将不可避免地带来实践中的弊端。

因此，为完善仲裁机制在解决知识产权纠纷中的职能，对于知识产权案件中所常见的保全等强制措施的开展，应考虑赋予仲裁庭一定的决断权，仲裁庭基于对案件背景的充分了解确定保全等措施的实施必要性。在此过程中，司法机关可对强制措施的具体实施予以支持，无须对于案件背景进行了解，也无须决定是否实施强制措施。

从仲裁机制层面来看，上述措施的开展可提升仲裁在解决知识产权争议领域的优势地位，并加强案件处理与强制措施的实施间的协调性。

值得肯定的是，目前，针对这一问题，我国立法机关已经予以了关注，在2021年发布的《仲裁法修订意见稿》中专门设置了"临时措施"一节，明确了仲裁庭应对当事人的保全申请及其他临时措施申请及时作出决定。如前述规定可以及时落地，相信知识产权仲裁案件将迎来新的发展阶段。

第三节　知识产权争议解决发展趋势

党的十八大以来，在以习近平同志为核心的党中央坚强领导下，我国知识产权事业取得历史性成就。2021年，中共中央、国务院印发《知识产权强国建设纲要（2021—2035年）》，全面开启知识产权强国建设新征程。2023年，知识产权争议解决深化发展，知识产权保护强链持续构筑。

下文将分别对我国知识产权争议解决发展趋势和全球知识产权争议解决发展趋势展开具体论述，并探索发展建议。立足本国，我国知识产权纠纷呈现多元化争议解决趋势，仲裁、调解等非诉讼争议解决方式日益受到重视，知识产权大保护格局逐步形成。着眼世界，随着经济全球化和贸易自由化深入推进，国际平行诉讼数量趋增，禁诉令制度被频繁适用，知识产权全球治理并存挑战与机遇。

一、我国知识产权争议解决发展趋势

近年来，发展多元化纠纷解决机制成为民事司法领域分流案件、缓解审判压力以及节约司法资源的重要课题。在知识产权领域，《知识产权强国建设纲要（2021—2035年）》明确提出要"建立完善知识产权仲裁、调解、公证、鉴定和维权援助体系，加强相关制度建设"，精准把握了当前我国知识产权纠纷解决领域面临的新形势和新问题，顺应与推动了新时代纠纷解决的新趋势。当前，我国知识产权争议解决机制呈现多元化的特点。

知识产权多元化纠纷解决机制是综合诉讼、仲裁和调解等多种纠纷解决方式，以其特定的功能实现有机互补、相互衔接，所形成的满足知识产权纠纷当事人多元利益诉求的纠纷解决体系。基于知识产权纠纷的高度复杂性、利益保护紧迫性和市场关联性等特质，从知识产权争议解决的效率性、专业性、保密

性、市场导向目标出发，构建一个"协调统一、良性互动、功能互补、程序衔接"[1]的多元化纠纷解决机制，努力达成各方利益的最大化，是我国当今知识产权争议解决发展的必然趋势与应有之义。

由此，下文将首先论述我国知识产权多元化争议解决模式概况。其次在此基础上从以下三方面具体分析2023年我国知识产权争议解决发展趋势。第一，剖析我国知识产权纠纷诉讼解决的发展趋势。第二，探究知识产权纠纷替代性解决方式的发展趋势。第三，重点关注我国知识产权纠纷仲裁解决的发展趋势。

（一）我国知识产权多元化争议解决机制

我国多元化纠纷解决机制是建立在我国社会和法治发展的实际需要之上，将中国崇尚和谐的传统与当代世界追求的协商共赢文化融会贯通，与综合治理政策一脉相承，以社会创新实践为依托，其目标是形成民间、行政、司法机制并存，诉讼与非诉讼程序相互协调的多元化纠纷解决程序和制度体系，并形成相应的解纷文化。[2] 聚焦知识产权领域，以纠纷解决主体为主要划分标准，知识产权纠纷解决的多元机制主要包括诉讼、仲裁、调解（法院调解、商事调解、人民调解、行政调解等）等。各纠纷解决方式均有其特有优势，彼此相互衔接，良性互动，最大化地产生纠纷解决合力，才能满足多元主体不同诉求的同时高效化解纠纷。

---

[1] 浙江省高级人民法院联合课题组、徐建新：《知识产权纠纷多元化解机制问题研究》，载《中国应用法学》2019年第2期，第127—146页。

[2] 范愉：《当代世界多元化纠纷解决机制的发展与启示》，载《中国应用法学》2017年第3期，第48—64页。

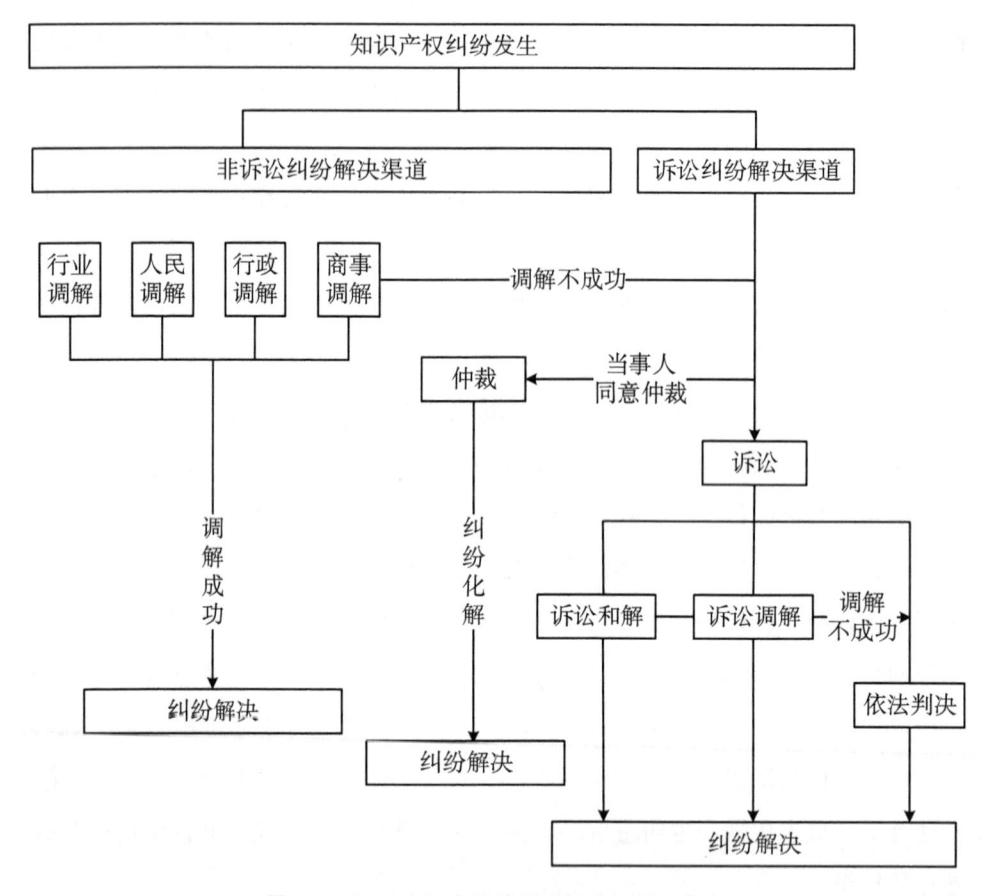

图 2-2：知识产权多元化纠纷解决机制示意图

（二）我国知识产权多元化争议解决的发展趋势

1. 知识产权纠纷的诉讼解决

诉讼是解决纠纷的主要方式，因其所具有的程序的法定性、结果的权威性和强制执行力而受到当事人的青睐，同样，在知识产权纠纷中，诉讼也往往会成为纠纷当事人的首选。特别是近些年，在创新驱动发展战略背景下，知识产权纠纷诉讼解决机制作为构筑知识产权大保护格局的坚强后盾，在保障权利人利益、推进科技创新和维护市场稳定等方面发挥着中流砥柱作用。

诉讼在知识产权纠纷解决中占据主导地位。自知识产权专门审判后，知识产权案件收案量逐年增长。根据最高人民法院工作报告，2023 年全国法院共审结各类知识产权案件 49 万件，同比增长 1.8%。最高人民法院知识产权法庭

2020年至2023年新收各类知识产权案件逐年同比增长63.3%、36.4%、1.6%、14.9%，2020年至2023年审结各类知识产权案件逐年同比增长94.5%、24.1%、0.2%、31.5%。总收案量位居高位，且保持上升态势。可以预见的是，知识产权诉讼纠纷在未来数年内仍将处于高位并呈现新特点。

表2-3：最高人民法院知识产权法庭2020-2023年收结案情况统计表①

年份	新收各类知识产权案件量（件）	新收各类知识产权案件量同比变化	审结各类知识产权案件量（件）	审结各类知识产权案件量同比变化
2020年	3177	63.3%	2787	94.5%
2021年	4335	36.4%	3460	24.1%
2022年	4404	1.6%	3468	0.2%
2023年	5062	14.9%	4562	31.5%

纵观近年知识产权纠纷诉讼解决机制的发展情况，制度改革成效显著，正逐步形成公正高效、管辖科学、权界清晰、系统完备的知识产权司法保护体制。具体情况如下：

（1）最高人民法院知识产权法庭改革创新持续推进

2019年1月1日，最高人民法院知识产权法庭成立，承担起破解裁判标准不统一、改革审判机制体制、探索知识产权行政确权程序与民事侵权诉讼程序相衔接等沉疴顽疾的功能，标志着我国知识产权诉讼制度进入了新的发展阶段。② 近年来，最高人民法院知识产权法庭坚持问题导向，立足知识产权司法保护实际，着力提升审判质量和效率，多项改革举措取得了重大突破和创新。

（2）知识产权法院、知识产权专门法庭区域布局不断优化

知识产权法院方面，北京、上海等地的知识产权法院立足区域内受理知识产权案件的实际情况，创新案件管辖制度审判机制，不断推动知识产权纠纷审理朝着专业化目标迈进。知识产权专门法庭方面，从2017年开始，最高人民法

---

① 《最高人民法院知识产权法庭年度报告（2023）》，载中国法院网，https://www.chinacourt.org/article/detail/2024/02/id/7813578.shtml，2024年4月7日访问。

② 马一德：《知识产权司法现代化演进下的知识产权法院体系建设》，载《法律适用》2019年第3期，第39—50页。

院结合各地案件纠纷特点和案件纠纷解决需求,科学批复各地设置知识产权专门审判机构,持续优化布局,设立了多个跨地域管辖的知识产权专门法庭,包括武汉、成都、南京、苏州、合肥、福州、杭州、宁波、济南、青岛、天津、郑州、长沙、西安等。知识产权跨区域机制不断优化,在克服地方保护主义现象、优化知识产权审判资源配置和统一裁判标准等方面的优势逐渐显现。

(3) 知识产权审判"三审合一"改革工作稳步深化

知识产权"三审合一"审判改革工作持续推进,通过出台相应的司法解释、提供审判指导以及召开审判研讨会等多种方式,加大对全国法院推进知识产权"三审合一"改革的支持力度,经过多年的持续努力,"三审合一"工作取得突破性进展。伴随"三审合一"审判改革的持续深化,其在优化法院资源配置、避免裁判矛盾和提升知识产权审判质效等方面取得了显著成效。[①]

2. 知识产权纠纷的替代性解决方式

《知识产权强国建设纲要(2021—2035 年)》要求"健全统一领导、衔接顺畅、快速高效的协同保护格局""建立完善知识产权仲裁、调解、公证、鉴定和维权援助体系,加强相关制度建设"。近年来,中央及各地区都积极探索知识产权仲裁、调解的第三方纠纷解决方式,并通过将诉讼与行政、仲裁以及调解进行衔接,实现知识产权纠纷解决的模式优化,到目前整个知识产权替代性纠纷解决机制框架已基本建立。

习近平总书记对坚持发展枫桥经验作出重要指示,要求把枫桥经验坚持好、发展好。知识产权领域的"新枫桥经验"遵循减少司法干预、保障民间自治和促进纠纷内化的基本理念,积极发挥本领域专业人士在知识产权纠纷解决和创意保护与激励中的作用,寻找法院诉讼之外替代性纠纷解决路径。[②]

[①] 易继明:《我国知识产权司法保护的现状和方向》,载《西北大学学报(哲学社会科学版)》2018 年第 5 期,第 57 页。

[②] 黄国群、徐丽红:《知识产权领域的"新枫桥经验":典型案例与启发》,载《科学学与科学技术管理》2023 年第 8 期,第 81—93 页。

知识产权纠纷替代争议解决方式（ADR[①]）包括两大类内容：一类是社会ADR，即争议的主体直接寻求诉讼外的其他纠纷解决渠道而不是诉讼手段，如人民调解、商事仲裁等；另一类是法院内设的司法ADR，即争议的主体起诉到法院后再由法院移交或指定不行使审判职能的特定人先行解决，如诉讼调解、当事人（诉讼期间）和解等。近年来，我国多个城市广泛开展知识产权纠纷多元化解决机制的实践，探索知识产权纠纷的替代性解决方式，主要包括建立知识产权纠纷调解云平台、成立实体知识产权第三方平台、统筹行业协调委员会等，部分城市的具体实践情况如下：

表2-4：我国部分城市知识产权纠纷代替性解决方案的实践[②]

城市	实践类型	实践主体	目标任务
北京	重组多元调解协调指导委员会	北京市知识产权保护中心、知识产权纠纷人民调解委员会	形成人民调解、行政调解、行业性专业性调解、司法调解优势互补的大调解工作格局
杭州	中国（杭州）知识产权·国际商事调解云平台	杭州市中级人民法院指导杭州市贸促会主办	达成在线申请、智能分案、电子送达、在线调解、司法确认等多重功能
宁波	宁波市知识产权运用和保护第三方平台	浙江省高级人民法院、省知识产权局、宁波市中级人民法院、宁波市知识产权局	开展知识产权纠纷诉调对接工作，提高程序透明度，减少行业协会保护主义
长沙	湖南湘江新区知识产权纠纷调解中心	湖南湘江新区、长沙市知识产权局	快速化解知识产权矛盾纠纷、减轻诉讼压力、节约司法资源
深圳	鸿蒙协同云平台	深圳市市场监管局、深圳市中院	行政执法程序前置的取证确证优势，线上证据推送
温岭	在线调解平台	温岭市知识产权保护中心	推动总对总在线纠纷诉调对接机制建设，建立数字化矛盾纠纷化解体系

梳理近年知识产权纠纷替代性解决的具体实践情况，我国当前知识产权替

[①] Alternative Dispute Resolution（ADR）概念源于美国，即替代性纠纷解决方式或非诉讼纠纷解决程序。原指20世纪逐步发展起来的各种替代诉讼的纠纷解决方式，现在已引申为世界各国各种非诉讼纠纷解决程序或机制的统称。

[②] 董雨潇、程意、孟奇勋：《湖北省知识产权纠纷多元化解决机制研究》，载《科技创业月刊》2023年第3期，第69—72页。

代性纠纷解决机制具有如下发展趋势特征。第一，发挥来自基层、行业专业性人才作用，汇聚更多力量参与知识产权保护与治理。① 知识产权纠纷代替性解决方案充分发挥新时代"枫桥经验"，强调在处理知识产权领域问题时发挥来自基层、行业专业性人才作用。第二，从实践出发，强调自治性，注重自我管理与协商处理。平台、协会以及行业调解委员会，通过对实践经验的不断总结和创新，最终探索出一套具有适应性的自治管理模式，发挥基层实践创造性与自治性。第三，以市场为导向，关注争议解决的效率性。在知识产权案件数量日益增加的当前，构建多元化和高效率的争议解决方式是必然要求。第四，知识产权替代性纠纷解决机制（ODR②）兴起。随着"互联网+"时代发展，专门针对网络环境下纠纷的更加高效、低成本、便捷的ODR模式成为被当事人逐渐采用的解决电子商务版权纠纷新机制。

3. 知识产权纠纷的仲裁解决

仲裁是我国多元化纠纷解决机制的重要途径之一，在保护当事人的合法权益、保障社会主义市场经济健康发展、促进国际经济交往等方面发挥着不可替代的重要作用。③ 近年来，仲裁在我国日益受到重视。2021年，司法部公布《仲裁法修订意见稿》，是中国特色社会主义仲裁事业发展的新举措。

近年来，随着知识产权强国建设稳步推进，多元化知识产权纠纷解决机制不断发展，仲裁制度与知识产权的结合日益紧密。具体体现在三个方面：知识产权纠纷仲裁的机构日益完善，知识产权纠纷仲裁的需求日益广泛，知识产权纠纷仲裁的经验日益丰富。

（1）知识产权纠纷仲裁的机构日益完善

随着知识产权保护体系的不断完善，在知识产权纠纷大幅增长的背景下，知识产权仲裁开始受到关注，学理界和实务界对相关问题的讨论也不断深入。

---

① 黄国群、徐丽红：《知识产权领域的"新枫桥经验"：典型案例与启发》，载《科学学与科学技术管理》2023年第8期，第81—93页。
② OnlineDisputeResolution（ODR）即在线纠纷解决机制，其主要模式是把ADR的方法和经验运用到全球电子商务环境中，以解决大量出现的在线纠纷的一种机制。
③ 孙子涵：《我国知识产权效力争议仲裁的理论基础与实现路径》，载《现代法学》2023年第1期，第194—208页。

目前，我国仲裁机构已经预见到仲裁在知识产权领域纠纷解决的潜力，纷纷设立专门的知识产权仲裁中心或仲裁院，在知识产权纠纷解决领域取得不少进展。如 2022 年 7 月，贸仲成立了知识产权仲裁中心，进一步提升知识产权仲裁的专业性。2019 年 10 月，WIPO 仲裁与调解上海中心成立，它是我国知识产权仲裁领域对外开放的重要举措，标志着我国知识产权仲裁发展进入了一个新阶段。

（2）知识产权纠纷仲裁的需求日益广泛

当前，社会主体逐渐认识到知识产权诉讼中存在费用高昂、程序过于拖延、公开审判中商业隐私泄露、诉讼双方交恶等问题，开始关注和倾向于仲裁解决机制。一是仲裁具有快捷性。仲裁"一裁终局"的制度设计使其高效快捷。仲裁能够满足知识产权纠纷的当事人尽快解决争议以免错过市场周期的定分止争的需要。二是仲裁具有专业性。仲裁员的来源十分广泛，从业经历丰富行业背景深厚的仲裁员可以更好地把握知识产权争议中专业性问题，给出专业化的可信解析，从而使知识产权争议的脉络变得清晰明了。三是仲裁具有保密性，可以防止很多不能纳入现行知识产权保护体制下重要信息泄露，避免造成不必要的额外损失。四是仲裁具有灵活性。相较于由法官主导的诉讼程序，仲裁更能够体现当事人的自主性。比如在专利侵权案件中，被侵权人可以与侵权人约定签署专利许可合同，将原侵权行为转化为合法行为，原侵权人可以继续使用专利从而避免贻误市场时机，同时专利所有权人又可以从中获得持续性收益。五是仲裁具有国际性。与诉讼相比，仲裁可以有效避免因地域保护所可能导致的歧视与偏差，为来自不同法域的当事人提供一个更为中立客观的争议解决方式，使当事人能够更加容易地接受争议解决的最终结果。同时仲裁将给予其相关争议解决结果更为广泛更为普遍的国际有效性。

（3）知识产权纠纷仲裁的经验日益丰富

知识产权仲裁在国际层面上日益蓬勃发展起来，并且逐渐影响到国内知识产权仲裁的设立。总体来讲，知识产权纠纷的仲裁解决机制呈现以下趋势。一是知识产权纠纷的多元化解决机制正在逐步确立并完善。二是大多数的发达国家已经通过立法的形式扩大了以仲裁机制解决知识产权纠纷的范围。三是为推动以仲裁方式解决知识产权纠纷，部分发达国家的公权力机关将仲裁作为前置程序，使得私法性质的仲裁机制更具有公信力。四是充分发挥了仲裁机制在解决知识产权纠纷中的优势，如为迎合争议当事人的保密性要求，仲裁裁决仅对当事人有效，此外，赋予仲裁机构采取临时措施的权利，以便保持仲裁机制的灵活性和高效性等。总之，这些国家的法律和政策都在不断丰富以推动知识产权纠纷的解决，使得知识产权案件在处理的过程中有完善的制度作为指导。针对知识产权案件建立高效的机制和完备的法律制度，一起构成了全链条的知识产权纠纷解决体系，使得当事人在面临知识产权案件时都有法可依，有律可循。这也对我国知识产权纠纷解决机制的建设提供了借鉴，专门知识产权仲裁机制的建立是我国知识产权法制体系的重要补充。

总而言之，知识产权诉讼成本日益高昂，导致人们非常迫切地寻求快速而节省地解决纠纷的替代方法，知识产权仲裁日益成为各国解决知识产权合同纠纷和侵权纠纷的重要选择之一。知识产权仲裁以其快速性、便捷性、成本节省而成为补充知识产权诉讼的非常有效的方法。[1] 知识产权仲裁尽管也有其不足之处，但仍不足以阻碍知识产权仲裁在我国成为有效的纠纷解决方法，我国知识产权仲裁拥有广阔前景。

二、全球知识产权争议解决发展趋势

随着全球化的加深和知识产权的不断引起关注，国际知识产权纠纷日益成为全球法律领域的焦点。在这一背景下，全球知识产权争议解决发展趋势备受关注，其中国际平行诉讼和禁诉令的应用成为热点话题。国际平行诉讼，作为知识产权纠纷解决的一种常见方式，呈现出明显的增加趋势。而禁诉令的频繁使用，则在跨国专利纠纷中发挥着重要作用。本节将深入探讨这两个方面的发展趋势，分析其原因和适用标准的分歧，以期更好地了解全球知识产权争议解决的最新动态。

（一）国际平行诉讼呈现增加趋势

平行诉讼（Parallel Litigation）有时也可称为重复诉讼（Repetitive Litigation）。[2]

---

[1] 陈健：《知识产权仲裁制度研究》，载《北京仲裁》2015年第4期，第1—19页。
[2] James P. George, International Parallel Litigation: A Survey of Current Conventions and Model Laws, Texas A&M University School of Law, https://scholarship.law.tamu.edu/facscholar/921/#.

平行诉讼产生的根源在于国际民事争议解决中缺乏统一的诉讼管辖规则，当事人为获得对其最有利的裁决结果，会选择在其本国法院或在其认为最有利的他国法院提起诉讼，即择地行诉（forum shopping），从而产生多国法院对同一或关联争议案件管辖的平行诉讼。[1]

在知识产权纠纷领域中，国际平行诉讼是指当事人在涉及多个国家和地区的知识产权纠纷中，同时在这些国家和地区的法院提起诉讼，可能导致不同国家和地区法律的适用和多地的裁决结果。近年来，知识产权纠纷领域中，国际平行诉讼呈现出以下趋势：[2]

1. 全球制造业迁移和知识产权保护加强：随着全球制造业的迁移和各国知识产权保护力度的提升，涉及知识产权的纠纷在全球范围内增加。企业更倾向于在涉及其知识产权的多个国家和地区寻求法律救济，导致国际平行诉讼的增加。

2. 欧美国家和地区法院争夺司法管辖权：一些欧美国家和地区的法院出现了争夺司法管辖权的趋势，主要表现在对"长臂管辖"和禁诉令制度的频繁适用。[3] 法院倾向于受理涉外知识产权案件，使得企业更频繁地在这些国家和地区提起诉讼。

3. 多国企业在多个国家和地区提起平行诉讼：随着全球化发展，许多大型企业在多个国家和地区拥有业务，当它们的知识产权在不同国家和地区受到侵权时，这些企业倾向于在涉及国家和地区同时提起平行诉讼，以确保其在全球范围内维护合法权益。

4. 标准必要专利纠纷的国际平行诉讼增多：特别是在标准必要专利纠纷领

---

[1] James P. George, International Parallel Litigation: A Survey of Current Conventions and Model Laws, Texas A&M University School of Law, https://scholarship.law.tamu.edu/facscholar/921/#.

[2] 中国应用法学研究所课题组，姜启波：《涉外知识产权纠纷法律问题研究》，载《中国法律评论》2022 年第 6 期，第 177—191 页。

[3] 丁文严、韩萍：《中国企业专利涉外司法保护中的管辖困境与应对》，载《人民法院报》2018 年 5 月 30 日，http://rmfyb.chinacourt.org/paper/html/2018-05/30/content_139562.htm，2024 年 4 月 2 日访问。

域，如某为诉某星案①、某为诉某文森案②、某米诉某互数字公司案③等，被告企业同时在多个国家和地区对原告企业提起平行诉讼的案例逐渐增多。

5. 裁决结果的多样性和风险管理：不同国家和地区法院的裁决结果可能存在差异，企业需在多个国家和地区维护其知识产权，同时面临不同法律体系和文化背景的考验。因此，企业在国际平行诉讼中更加注重风险管理和裁决结果的多样性。

总体而言，国际平行诉讼在全球范围内呈现出增加的趋势，企业需要更加谨慎和灵活地应对跨国知识产权纠纷，以确保其在全球范围内的合法权益。

(二) 禁诉令的频繁使用

1. 禁诉令制度的起源

国际平行诉讼既是对各国司法主权的内在尊重，又是对当事人对纠纷处分权的外在体现。然而，如果国际平行诉讼不受控制地蔓延，将会引发一系列实际问题，包括当事人诉讼成本的上升，司法资源的浪费，以及不一致的各国法院判决结果可能带来的潜在风险。因此，如何有效解决国际平行诉讼，协调各国司法管辖权冲突，成为国际社会亟待解决的重要问题。

当前，禁诉令制度已成为英美法系国家如英国、美国、澳大利亚、加拿大及少数大陆法系国家如法国、德国等经常用来对抗当事人挑选法院以及发起国际平行诉讼的常用司法工具。④ 禁诉令通常指一国法院在受理案件后、作出判决前，应一方当事人的申请，对另一方当事人发出的，阻止其在外国法院就相

---

① 某为公司诉某星中国公司等侵害发明专利权纠纷案，广东省深圳市中级人民法院（2016）粤03民初816号、840号民事判决书。
② 某为技术有限公司等与某文森无线许可有限公司确认不侵害专利权及标准必要专利使用费纠纷案，江苏省南京市中级人民法院（2018）苏（01）民初232、233、234号民事判决书；最高人民法院（2019）最高法知民终732、733、734号民事裁定书。
③ 申请人某米通讯技术有限公司、申请人某米之家商业有限公司、申请人北京某米移动软件有限公司诉被申请人InterDigital, n. (中文译名某互数字公司)、被申请人InterDigitalHoldings, nc. (中文译名：某互数字控股有限公司) 标准必要专利许可费率争议裁决纠纷案，湖北省武汉市中级人民法院（2020）鄂01知民初169号之一、（2020）鄂01知民初169号之二民事判决书。
④ 王淑君：《国际平行诉讼中外国禁诉令签发的主要事由》，载《人民法院报》2021年1月29日，http：//rmfyb.chinacourt.org/paper/html/2023-07/21/content_ 230522. htm? div=-1，2024年4月2日访问。

同或类似纠纷提起诉讼或继续进行诉讼的限制性命令，以避免另一方当事人利用外国法院判决干扰或架空本国法院的判决。①

近年来，随着经济全球化和贸易自由化的深入推进，各国经济主体之间的利益冲突不断加剧，尤其在专利纠纷领域。在该领域谈判中，双方往往选择在可能有利于自己的司法辖区提起专利纠纷诉讼，导致可能存在多个司法辖区之间的诉讼请求重叠甚至对抗的情况。此外，这种竞争似乎已经不仅仅局限在专利纠纷的当事人之间，而是升级到处理平行诉讼的不同国家和地区法院之间，表现为禁诉令的频繁应用。

禁诉令最早起源于15世纪，是英国衡平法院"出于良心和正义"，为禁止普通法院的平行诉讼而设计出的救济措施。历史上，英国签发的第一项禁诉令出自1665年的"乐福诉贝克案"。到19世纪，英国法院已将禁诉令制度全面适用于涉外平行诉讼。② 目前，禁诉令已成为国际诉讼管辖权之争中的重要制度工具，除英国外，澳大利亚、美国、新加坡等其他英美法系国家也经常在涉外平行诉讼中签发禁诉令。禁诉令主要针对外国诉讼程序中实际的或潜在的诉讼当事人，仅对该当事人具有法律约束力，而不针对外国法院。法院签发禁诉令的权力源自一国的司法管辖主权，普通法系国家如英国的法院在当事人违反禁诉令时，会认定其为藐视法庭罪并给予相应惩戒。③ 在知识产权领域，禁诉令主要应用于标准必要专利的跨国纠纷中。标准必要专利是指在实施行业标准时必须使用的专利。专利权人在促使其专利成为行业标准时，有责任提前声明并保证将来会按照公平、合理和非歧视的许可条件向专利实施者授予专利许可。随后，专利权人和专利实施者可能在专利侵权、专利许可费率等方面发生争议，

---

① 刘佳奥：《域外专利诉讼中禁诉令制度的考察》，载《人民法院报》2023年7月24日。注：本文系2021年司法部一般课题"RCEP中的数字经济规则及其争端解决机制研究"（21SFB2027）的阶段性成果，http：//rmfyb.chinacourt.org/paper/images/2023-07/21/08/2023072108_pdf.pdf，2024年4月2日访问。

② 刘佳奥：《域外专利诉讼中禁诉令制度的考察》，载《人民法院报》2023年7月24日。注：本文系2021年司法部一般课题"RCEP中的数字经济规则及其争端解决机制研究"（21SFB2027）的阶段性成果，http：//rmfyb.chinacourt.org/paper/images/2023-07/21/08/2023072108_pdf.pdf，2024年4月2日访问。

③ 程建斌：《国际条约适用的三种制度》，载《人民法院报》2023年7月21日，http：//rmfyb.chinacourt.org/paper/html/2023-07/21/content_230522.htm?div=-1，2024年4月2日访问。

并最终诉诸法院。为防止另一方当事人在他国法院申请撤销禁诉令，申请禁诉令的一方通常会同时申请反制禁诉令。

2. 禁诉令频繁适用的原因

在数字信息时代，随着跨国企业在知识产权领域的广泛竞争，全球化已经成为常态。知识产权原本的地域性特征逐渐减弱，导致围绕同一专利、同一权利人和实施人的专利纠纷在全球范围内屡见不鲜。除了英美法系大国依据各自司法惯例使用禁诉令制度争夺专利纠纷管辖权外，传统上没有禁诉令的大陆法系国家如德国、法国等也开始颁发禁诉令和反禁诉令。近年来，在涉外专利诉讼中，各国法院频繁签发禁诉令源于几个主要因素。① 首先，专利本身的时效性使得专利权人对法院的办案效率有更高要求。由于专利技术更新迭代快速，专利权人需要在专利有效期内获取许可费用，因此为了保护专利的技术优势与商业价值，他们倾向于向法院申请禁诉令。其次，专利诉讼中涉及的巨额利益可能导致禁诉令的滥用。专利纠纷涉及重大经济利益，有时可能被非实施实体滥用，通过在对其有利的地区法院申请禁诉令来威胁实体企业，谋求更高的专利许可费。最后，法院对专利案件管辖权的争夺也导致了禁诉令的频繁使用。在标准必要专利的情况下，老牌巨头和新创企业之间因专利许可谈判引发的矛盾日益加剧，不同国家和地区的法院为主导案件审判，因此禁诉令成为国际专利诉讼中的一项有效武器，有助于在司法管辖权的争夺中减少复杂性。

3. 禁诉令制度适用标准的分歧

禁诉令在国际专利纠纷中反映了各国法院在具体案件中对司法管辖权的考量。在考虑是否签发禁诉令时，各国法院主要关注两个方面：一是本法院是否具有合理的管辖基础，二是签发禁诉令是否必要。从比较法的角度看，英美法系国家和地区已经在判例法的基础上建立了相对完善的禁诉令签发标准，并在实际应用中不断发展；相比之下，大陆法系国家和地区在立法层面对禁诉令制

---

① 刘佳奥：《域外专利诉讼中禁诉令制度的考察》，载《人民法院报》2023 年 7 月 24 日。注：本文系 2021 年司法部一般课题 "RCEP 中的数字经济规则及其争端解决机制研究"（21SFB2027）的阶段性成果，http://rmfyb.chinacourt.org/paper/images/2023-07/21/08/2023072108_pdf.pdf，2024 年 4 月 2 日访问。

度鲜有规定，司法实践上较为保守，且尚未形成明确的签发标准。在涉外专利诉讼中，不同国家和地区的法院就禁诉令的适用有保守模式与宽松模式之差异。①

（1）保守模式

大陆法系国家和地区在司法实践中通常对禁诉令的签发持保守和谨慎态度。这些国家和地区认为，各国有权决定自己是否具备对案件的管辖权，禁诉令可能会不当干涉他国的司法管辖权，破坏司法秩序。因此，原则上，这些国家和地区对专利纠纷中禁诉令的适用持反对态度。一般情况下，仅在专利纠纷当事人达成管辖权协议的情况下，才会同意由当事人所约定的有管辖权的法院签发禁诉令。否则，法院签发的通常是保障本国专利诉讼程序正常进行的反禁诉令。

德国法律认为英美法系国家和地区法院对德国当事人签发禁诉令侵犯了德国的司法主权，因此持不理会或不接受的态度。一般情况下，德国法院也很少签发禁诉令，除非法院认为对方当事人的行为可能侵犯本国的司法管辖权或导致当事人遭受重大财产损失。

在2022年，德国《专利法》第一百三十九条第一款进行了修订，以落实联邦最高法院在其"热交换器"裁决中的裁决。②立法者补充了一种可能性，即如果禁令与案件的特殊情况不相称，则可以拒绝禁令救济请求。虽然一些评论人士预计，鉴于这一新的比例限制条款，专利侵权禁令将以较不频繁的方式授予，但德国地区法院的初步裁决表明，法官不愿意发现驳回禁令所需的"特殊情况"。例如在最近的两起案件中，杜塞尔多夫法院③和慕尼黑法院④都遵循了类似的思路，这两份判决书都认为，只有在特别特殊的情况下才能对禁令进行

---

① 刘佳奥：《域外专利诉讼中禁诉令制度的考察》，载《人民法院报》2023年7月24日。注：本文系2021年司法部一般课题 "RCEP中的数字经济规则及其争端解决机制研究"（21SFB2027）的阶段性成果。http：//rmfyb.chinacourt.org/paper/images/2023-07/21/08/2023072108_pdf.pdf，2024年4月2日访问。

② https：//juris.bundesgerichtshof.de/cgi-bin/rechtsprechung/document.py？Gericht=bgh&Art=en&nr=75714&pos=0&anz=1，2024年1月23日访问。

③ https：//www.justiz.nrw.de/nrwe/lgs/duesseldorf/lg_duesseldorf/j2022/4b_O_7_22_Urteil_20220630.html，2024年1月23日访问。

④ https：//www.gesetze-bayern.de/Content/Document/Y-300-Z-GRURRS-B-2022-N-13480？hl=true，2024年1月23日访问。

限制。只有在禁令的负面影响因个案的特殊情况而特别严重时，不相称性抗辩才能成功。因此，根据德国《专利法》第一百三十九条第一款，撤销禁令的门槛仍然很高，这意味着成功援引该条款的情况可能仍然是一个罕见的例外。在这种背景下，如果专利侵权行为成立，禁令仍然是默认的法律补救措施。

（2）宽松模式

英美法系国家和地区采取宽松模式，倡导在涉外专利诉讼中实现判决结果的协调一致，解决平行诉讼问题，并追求自然正义。在这一模式下，法院认为本国诉讼结果足以处理外国诉讼问题时，可签发禁诉令。英美法系国家和地区，尤其是英国高等法院，率先在国际诉讼中广泛应用禁诉令，特别是在标准必要专利的全球平行诉讼中，裁定全球许可费率并使用禁诉令，以消除或限制其他国家和地区法院的司法管辖。由于英国高等法院以提高诉讼效率为理由，裁决了标准必要专利全球费率，一些标准必要专利实施者选择在可能裁决最低费率的某国法院提起全球费率诉讼，同时为防止专利权人在其他国家和地区法院提起或即将提起的侵权诉讼，向已提起全球费率诉讼的法院申请禁诉令。①

4. 禁诉令制度的发展趋势

禁诉令在表面上是针对案件当事人采取的措施，实际上是基于本国法律，旨在防止其他国家和地区法院介入本国专利诉讼，从而进行司法干预。禁诉令制度自产生以来一直备受争议，其中一个争论焦点是如何处理禁诉令与国际礼让原则的冲突。英美法系国家和地区认为在专利纠纷中适用禁诉令是必要的，应该在各个案例中寻找平衡点，考虑各诉讼主体之间的利益以及不同法域司法管辖权之间的冲突。相反，大陆法系国家和地区倾向于对禁诉令持保守态度，认为其高度依赖法官的自由裁量权，不符合国际礼让原则，构成对他国司法主权的无理干涉。尽管存在争议，但不可否认禁诉令为处理域外专利诉讼中的平行诉讼、实施全球许可条件和执行费率裁判提供了一种实用而有效的解决方案。目前，国际社会对专利领域的禁诉令判决表现出极大的关注。禁诉令制度本身

---

① 刘佳奥：《域外专利诉讼中禁诉令制度的考察》，载《人民法院报》2023年7月24日。注：本文系2021年司法部一般课题"RCEP中的数字经济规则及其争端解决机制研究"（21SFB2027）的阶段性成果。http://rmfyb.chinacourt.org/paper/images/2023-07/21/08/2023072108_pdf.pdf，2024年4月2日访问。

并非导致冲突和对抗的直接原因，而是反映各国专利政策存在分歧，而这些分歧难以通过传统的贸易谈判途径解决。因此，一些国家和地区选择利用禁诉令作为一种新的对话方式。通过禁诉令，一国法院可以维持专利许可谈判双方的平等地位，而其他国家和地区法院则可以通过签发反禁诉令来实现制衡。在这个过程中，所有与涉诉专利相关的国家和地区都有机会参与交流，使当事人能够充分表达他们的意见。因此，企业推动并经法院审查的禁诉令可能成为国家和地区之间进行专利政策对话的新途径，有助于促进交流、弥合分歧，并在专利法规方面达成共识。

三、我国知识产权争议解决研判

（一）持续推进我国知识产权多元化解决机制

保护知识产权在维护创新秩序方面具有至关重要的作用。随着国际贸易的日益国际化，知识产权在全球经济中的地位变得更加突出。对于如何妥善解决知识产权纠纷，以及如何迎接新技术、新领域和新业态的挑战，持续推进知识产权纠纷多元化解决机制变得尤为紧迫。

早在2021年，国务院发布了《"十四五"国家知识产权保护和运用规划》，在强调知识产权协同保护的同时，也提出了完善知识产权纠纷多元化解决机制等措施。国家知识产权局知识产权保护司副司长王晓浒表示，国家知识产权局一直在不断完善知识产权纠纷调解工作机制。通过与司法部、最高人民法院等机构建立对接机制，形成了高效便捷的知识产权纠纷调解工作格局。中国科学院大学知识产权学院院长马一德认为，在知识产权制度的发展中，需要妥善处理直接保护、平台责任和竞争治理三方面的关系。在平台责任方面，他建议通过鼓励技术创新，各方共同合作，实现"各司其职、合作治理"的理念，使监管机关、网络交易平台提供者和用户各尽其责，共同完善治理。[①]

为了更好地推动知识产权纠纷多元化解决工作，建议采取以下措施：

---

① 参见《直击2023服贸会｜知产争议纠纷何解？多元化纠纷解决机制成关注焦点》，https://finance.eastmoney.com/a/202309042835773986.html，2024年1月25日访问。

1. 建立知识产权纠纷诉调对接中心

在党委的坚强领导下，由省、市法院具体指导，与市场监管局、高校等相关单位携手共同组建知识产权诉调对接中心。该中心旨在深化知识产权领域纠纷解决机制，通过广泛邀请各成员单位积极参与诉前调解程序的前置改革，并共同推动非诉讼纠纷解决机制的建设，以实现知识产权纠纷解决从过去法院单打独斗的模式向多元共治的新阶段的转变。该中心将充分发挥协调机构的作用，整合法院、市场监管局、高校等多方资源，以形成一个全面的合作网络。通过定期召开联席会议、研讨会以及专业培训活动，促进各成员单位之间的沟通与合作，实现信息的共享和协同努力。同时，中心将鼓励各方建立更加紧密的工作联系，以提高整个知识产权领域纠纷解决的效率和质量。通过这一综合性的机制，能够建立起一个高效、便捷、公正的知识产权纠纷解决体系，为维护创新者权益、促进知识产权创造和运用提供更有力的法治支持。这一创新性的中心将成为促进知识产权保护与发展的关键环节，推动知识产权纠纷解决向更加协同、智能的方向发展。

2. 实现诉调无缝对接

为了促进司法体系的协同发展，建议以人民法院调解平台为纽带，构建一个全面连接审判系统、智调、智审平台的司法办案平台。该平台将涵盖诉前调解、立案受理、速裁快审、送达保全等多个司法服务环节，实现一网通办的目标。通过该系统，致力于打造一个纵横联动的司法服务网络，使得各个环节能够相互协作、信息共享。平台的开放融合将为各方提供更为便捷的办案体验，同时也有助于提高办案效率。在这个高度集约的纠纷解决网络中，法院、调解平台以及其他相关智能化系统将密切合作，为当事人提供更加全面、高效的司法服务。这不仅有助于加速纠纷解决过程，也有助于全面提升司法体系的现代化水平。

3. 推动新时代"枫桥经验"创新发展

在各诉调对接工作站的巡回审判点方面采取了一系列措施。通过设立巡回审判点，开展知识产权巡回审判，对于那些在工作站内未能成功调解的案件，提倡在案发地就地立案、就地开庭、就地宣判。这一举措不仅使当事人更便捷地就近进行诉讼，同时提高了以具体案例释法的针对性，增强了法治宣传效果，引导企业经营者树立"积极维权、避免侵权"的法治意识。在实施中，可采用以案教学的方式向调解员传授经验。通过巡回审判的过程，借助实际案例，向调解员普及法律知识，提高其纠纷解决的专业水平。通过这种方式，促使调解员更好地理解和应用法律法规，使其在调解过程中更有针对性和高效率。巡回审判将致力于进一步促进非诉调解与司法诉讼的有机融合。对于工作站内无法通过调解解决的案件，鼓励通过巡回审判方式迅速立案、开庭、宣判，不仅方便当事人，同时有效打通知识产权保护的"最后一公里"，将非诉调解和司法诉讼更加紧密地结合起来，实现更为全面和高效的知识产权保护。

在"调解+行业"方面，建议开辟批量纠纷解决的新途径。通过以类案和批案为切入点，及时通过案件审理总结案件特点，研判特定行业矛盾纠纷的趋势特征，强化主动司法理念，积极延伸审判职能，主动参与诉源治理。结合重点产业园区和创新主体的需求，设立知识产权司法保护示范基地，开展调解指导、企业服务、联合宣传、专业研讨等活动，激发行业自治潜能，走出一条"法官指导+行业调解+宣传预防"的常态化新路径，实现"行业纠纷行业解"，有效推动大量知识产权纠纷在源头得到解决。

4. 进一步发挥知识产权仲裁的独特优势

仲裁作为我国多元化纠纷解决机制的重要途径之一，具有其独特的优势。随着我国知识产权仲裁事业的不断发展和完善，仲裁在解决知识产权争议方面将具有更大的作用空间。为更好地发挥仲裁在知识产权争议解决方面的独特优势，可以围绕更好地满足知识产权纠纷当事人以下三方面的需求改进和完善仲裁工作。首先，满足知识产权纠纷当事人快速处理纠纷的需求。相较于知识产权诉讼长期面临的"案多人少"矛盾，仲裁机构的机构设置及人员配备更加灵活，可以根据案件裁决需求及时进行调整，从而可以确保纠纷处理的效率，不会出现"久拖不决"的现象，满足当事人快速处理纠纷、减少经营状态不确定性的需求。其次，满足知识产权纠纷当事人灵活处理纠纷的需求。相较于知识产权诉讼程序，仲裁在知识产权纠纷处理上，无论在程序推进还是处理方式上均更加具有灵活性，能够满足当事人灵活处理纠纷的需求，便于当事人以更加自主的方式一揽子解决纠纷。最后，满足知识产权纠纷当事人有效处理跨境知识产权纠纷的需求。知识产权具有地域性，知识产权诉讼程序对于跨境知识产权纠纷往往受到诸多的限制，从而导致近年来知识产权领域的跨境并行诉讼日益增多，各国诉讼程序差异较大，且不同法域的处理还可能存在冲突，由此导致该类诉讼通常周期较长、成本高昂，从而给当事人带来了沉重的负担。相比诉讼程序，仲裁则可以在很大程度上减轻知识产权地域性的限制，为来自不同法域的当事人提供更加普适性的程序规则以及更具国际性的裁决结果。

综上所述，应继续以满足多元化司法需求为导向，凸显知识产权纠纷诉调对接工作的亮点，进一步探索创新智慧诉讼服务的新模式，切实提升基层治理效能，通过多渠道、多维度推动多元解纷工作，取得新的成效。

（二）探索构建我国特色禁诉令制度

禁诉令源自英美法系的衡平法救济措施，通常在面临管辖权冲突时，本国法院可根据一方当事人的申请，颁发限制性命令，阻止对方在他国法院提起或参与未决或预期的与本国法院诉求相同的诉讼。近年来，一些大陆法系国家和地区为了维护本国司法管辖权，呈现出采取禁诉令或反禁诉令等反制措施的趋势。我国法院对国际平行诉讼中的管辖权冲突和禁诉令的适用问题一直保持审慎保守的态度，直到一些案件的审理开始探索相关问题。

经济全球化是当前国际经济生活的发展趋势，然而，一些西方大国，尤其是美国，在国际经贸争议和知识产权保护方面采取单边主义，导致围绕知识产权的国际竞争变得不稳定。由于各国在知识产权保护上存在差异，我国在这方面存在薄弱之处。因此，我国在维护知识产权的同时，需要适应国内经济和技术发展的阶段和水平。

首先，建立禁诉令制度对于保护我国法院在跨境知识产权诉讼中的正当管辖权至关重要。通过禁诉令，我国法院可以有效应对外国法院滥用平行诉讼或禁诉令的情况，确保我国企业在国际法律纠纷中得到公正的司法保护。

其次，我国企业在跨境知识产权纠纷中常常遇到平行诉讼的情况，特别是在标准必要专利纠纷中。由于我国在立法上尚无明确的禁诉令制度，企业面临着失去本土法院司法保护的尴尬局面。为应对这种情况，我国亟须建立完善的禁诉令制度，以有效应对外国法院的强势做法，保护国内企业的正当权益。

最近，我国法院已经在知识产权领域尝试颁布禁诉令，例如某为与某文森的案例。然而，由于我国在禁诉令制度上的不足，国际上对我国法院禁诉令的非议也在增多。因此，我国需要积极参与国际社会的合作，推动国际上在司法管辖权方面的协调，促使各国达成统一的条约。

在面临国际上对我国法院禁诉令的非议时，我国建立明晰完善的禁诉令制度，不仅提升了我国法院审查和颁布禁诉令的透明度和公信力，同时为我国政府在国际法律纠纷中提供了合法有效的反驳利器。

综上所述，我国应参与和推动国际社会在司法管辖权方面的协调与合作，制定国际诉讼统一法条约。同时，在国内立法中，我国应构建以防御性制度为核心，遏制外国法院频繁颁发禁诉令，以维护国内企业的合法权益和司法主权。

第四章

重点行业的知识产权仲裁案例分析

第一节　重点行业整体发展及知识产权纠纷情况概述

2023 年 10 月，国务院办公厅印发《专利转化运用专项行动方案（2023—2025 年）》，对我国大力推动专利产业化，大力发展专利密集型产业，加快创新成果向现实生产力转化作出专项部署。我国专利密集型产业主要包括新装备制造业、信息通信技术服务业、信息通信技术制造业、新材料制造业、医药医疗产业、研发、设计和技术服务业、环保产业。除专利密集型产业之外，高技术产业、知识技术密集型产业，以及知识产权密集型产业的发展均对建设我国现代化产业体系具有重要意义。因此，下文将选取知识产权密度高、研发投入强度高、产业规模大、创新发展动能强劲，且与人们工作与生活密切相关的信息传输与通信业、制造业、服务业、科教文卫行业作为重点行业进行介绍。这些行业的知识产权纠纷具有数量多、类型广、内容复杂、专业性较高的特点。梳理以上重点行业发展现状、总结重点行业现有知识产权纠纷情况，有助于进一步提高我国的科技创新竞争力、产业竞争力、经济增长潜力。

一、信息传输与通信业

信息传输与通信业一般是指利用以信息通信技术（Information and Communications Technology，ICT）为核心的各种技术手段，实现信息的采集、传输、交换、处理、存储、应用等的产业，其中包括电信、互联网、卫星通信、广播电视、邮政等行业。信息传输与通信业是我国现阶段最具潜力且最关键的行业之一，近年来发展迅速。

（一）信息传输与通信业整体发展

1. 信息传输与通信业保持稳中有进发展态势

我国信息传输与通信业主要运行指标平稳增长，连续 5 年投资实现正增长，算力等新型网络基础设施建设加快，5G 和千兆用户规模保持快速增长，各项应用普及全面加速，行业高质量发展稳步推进。① 根据工业和信息化部发布的数据，经初步核算，2023 年，电信业务收入累计完成 1.68 万亿元，比上年增长 6.2%；完成固定互联网宽带接入业务收入 2626 亿元，比上年增长 7.7%。自 2019 年 5G 商用以来，通信业投资已连续 5 年保持正增长，连续 4 年的年投资规模超 4000 亿元，其中 5G 累计投资超过 7300 亿元。数字化转型服务成效凸显，业务结构呈现移动互联网、固定宽带接入、云计算等新兴业务"三轮"驱动特点。数据中心、云计算、大数据、物联网等新兴业务快速发展，2023 年共完成业务收入 3564 亿元，比上年增长 19.1%，拉动电信业务收入增长 3.6%。其中，云计算、大数据业务收入比上年均增长 37.5%，物联网业务收入比上年增长 20.3%。②

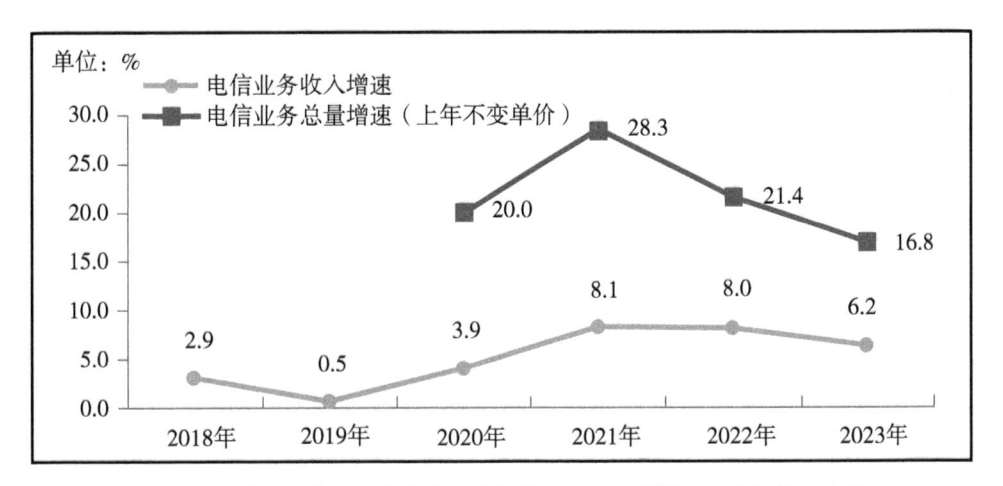

图 4-1：电信业务收入和电信业务总量增长情况（图源：工业和信息化部）

---

① 参见工业和信息化部：《2023 年通信业统计公报解读》，载工业和信息化部官方网站，https://www.miit.gov.cn/gxsj/tjfx/txy/art/2024/art_c3f0194a3a8141488885fc26ca5c98fd.html，2024 年 2 月 27 日访问。

② 工业和信息化部：《2023 年通信业统计公报》，载工业和信息化部官方网站，https://www.miit.gov.cn/jgsj/yxj/xxfb/art/2024/art_7f101ab7d4b54297b4a18710ae16ff83.html，2024 年 2 月 27 日访问。

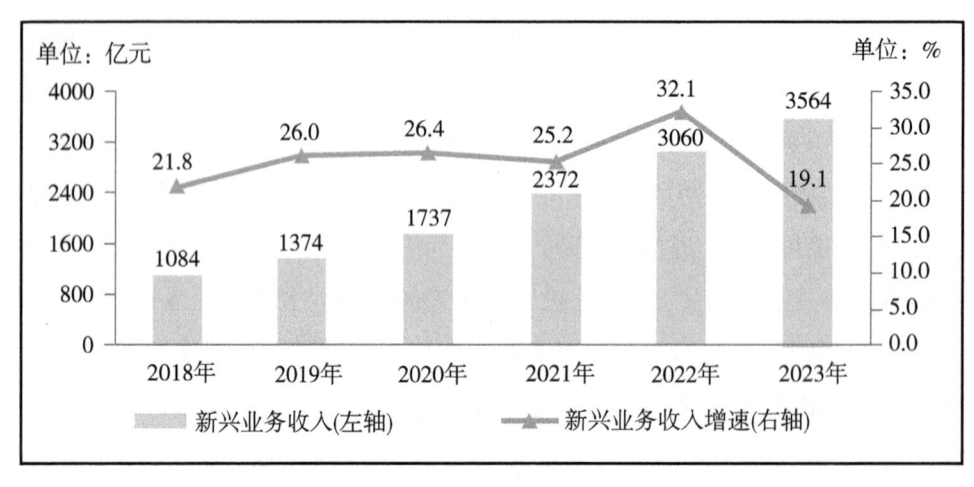

图 4-2：新兴业务收入发展情况（图源：工业和信息化部）

2. 信息传输与通信业研发投入持续增高

全球范围内，企业对 ICT 的研发投入不断增高。WIPO 于 2023 年 9 月发布的《2023 全球创新指数报告》指出，2022 年，全球顶级企业研发投入最多的五个行业分别为：ICT 硬件和电气设备、软件和 ICT 服务、制药和生物技术、汽车、建筑和工业金属。其中，软件和 ICT 服务行业的研发投入总量于 2022 年首次超越制药和生物技术行业的研发投入总量，位居企业研发投入总量的第二位。[①]

就国内市场而言，中国 ICT 市场正处于数字化转型的关键时期，在接下来的 5 年内将迎来持续的增长和创新。根据国际数据公司（International Data Corporation，IDC）2023 年 8 月《全球 ICT 支出指南企业规模和行业》，2022 年我国 ICT 市场支出规模超过 5300 亿美元。随着数字化转型和数字经济的持续发展，预计 2027 年中国 ICT 市场总支出规模将超过 7200 亿美元，全球占比约为 11.7%，5 年复合年增长率（CAGR）约为 6.2%。[②]

3. 信息传输与通信业专利布局密集

在信息传输与通信业的移动通信子领域，中国企业掌握了大量的 5G 标准必

[①] 参见世界知识产权组织《Global Innovation Index 2023》。
[②] 参见《全球 ICT 支出指南企业规模和行业》，载微信公众号"IDC 咨询"，https://mp.weixin.qq.com/s/f6en_rIGuB-FcVV11eVZ3Q，2023 年 10 月 29 日访问。

要专利，目前中国也是全球较大的5G应用市场。中国信息通信研究院于2023年4月发布的《全球5G标准必要专利及标准提案研究报告（2023年）》显示，在有效全球专利族（一项专利族包括在不同国家申请并享有共同优先权的多件专利）数量排名前十位的企业中，华为的有效全球专利族数量占比以14.59%排名第一，高通以10.04%排名第二，三星以8.8%排名第三。排在第四位和第十位的企业依次是：中兴、LG、诺基亚、爱立信、大唐、OPPO和小米。① 其中有五家企业来自中国。计算发现，前十家企业有效全球专利组的数量占比超过全部专利族数量的75%，其中五家中国企业共占比超35%。目前，全球5G标准必要专利发展进入平稳期。中国企业5G标准必要专利数量排名靠前，并且5G标准必要专利占比远高于4G时代。② 以华为为代表的中国通信设备制造商已逐渐成为全球5G标准的主要参与者和制定者，在5G技术、专利、标准、产业、终端方面全面引领全球。

4. 信息传输与通信业持续与传统产业融合、向垂直行业延伸

信息传输与通信业的重要特点之一就是其底层技术在持续升级，覆盖的产品种类也在不断拓维，信息传输与通信业数智化赋能向深、向广、向新，影响力逐渐扩展至传统产业，这背后也需要更丰富的知识产权生态参与。

数智化转型需求驱使着信息传输与通信业与传统产业融合，各行各业不断增加ICT方面的支出。根据IDC最新数据显示，金融业、专业服务、政府、制造业的ICT支出合计占比超过中国ICT市场总支出规模的50%。此外，未来5年制造业的ICT支出将持续保持高增长，五年复合增长率将高于11%。③

物联网技术是信息通信技术向其他垂直行业延伸的代表之一。我国移动物联网连接数占全球70%以上，成为首个"物超人"国家。中国产业已经在全球物联网行业中占据了举足轻重的地位。根据工业和信息化部发布的数据，截至2023年底，我国移动网络终端连接总数达40.59亿户，其中蜂窝物联网终端用

---

① 参见中国信通院《全球5G标准必要专利及标准提案研究报告（2023年）》。
② 参见5G产业知识产权运营中心《全球5G标准必要专利导航报告》。
③ 参见《全球ICT支出指南企业规模和行业》，载微信公众号"IDC咨询"，https://mp.weixin.qq.com/s/f6en_rIGuB-FcVV11eVZ3Q，2023年10月29日访问。

户数达 23.32 亿户，占移动终端连接数比重达到 57.5%，同比增长 26.4%，本年净增 4.88 亿户，仍处规模化爆发期；蜂窝物联网终端应用于公共服务、车联网、智慧零售、智慧家居等领域的规模分别达 7.99 亿户、4.54 亿户、3.35 亿户和 2.65 亿户。① 现阶段物联网对设备、性能、传输网络都有较强的要求，必须满足实时数据的稳定、快速、便捷、高效地处理信息。对于各个领域所涉及的技术提升和硬件的性能改善，都离不开信息通信技术的加持，同样也离不开知识产权规则的保护。

（二）信息传输与通信业法律纠纷概况

1. 信息传输与通信业专利纠纷数量增多、种类多样

信息传输与通信业大规模的专利布局也引发了大量的专利案件。纵向来看，国内最先在全球市场遭遇一系列专利诉讼的集中在中兴和华为这两家头部通信基础设施企业。但这些年来，随着越来越多中国企业走向全球并产生较大影响力或者占领较高市场份额，在海外涉及的诉讼案件数量不断增加，知识产权则成为信息传输与通信业国际话语权提升、企业发展的关键。

从具体专利纠纷的类型来看，信息传输与通信业最为典型的便是标准必要专利纠纷（Standards-Essential Patents，SEP）。根据《关于标准必要专利领域的反垄断指南（征求意见稿）》的定义，标准必要专利是指实施标准必不可少的专利。SEP 纠纷类型包括但不限于侵权判定、许可费率确定、滥用市场支配地位认定、FRAND 行为相关抗辩以及常涉及的专利无效审理等。此外，在标准必要专利费率确认纠纷中往往涉及不同法域的管辖权和平行诉讼问题，以及衍生出的禁令、反禁令等，往往给企业带来不小的挑战。

2. 信息传输与通信业专利纠纷趋于复杂化

信息传输与通信业专利领域纠纷的多边化以及国际化导致案件体量逐渐扩张，涉及的司法实践争议也逐渐趋于复杂化。

SEP 纠纷内容趋于复杂化。SEP 纠纷中的核心问题是公平、合理、无歧视

---

① 工业和信息化部：《2023 年通信业统计公报》，载工业和信息化部官方网站，https://www.miit.gov.cn/jgsj/yxj/xxfb/art/2024/art_7f101ab7d4b54297b4a18710ae16ff83.html，2024 年 2 月 27 日访问。

（FRAND）行为的判断以及许可费率的确定，但其判断标准始终伴随着全球司法实践的发展而动态调整。FRAND原则是标准化组织为了平衡技术标准化和专利权保护之间的需求，而要求标准参与者及时披露拥有的专利，并以公平、合理和非歧视的条件许可标准实施者使用这些专利。许可费率的确定是当前FRAND许可实践中的核心问题，权利人和实施人无法就许可费率达成一致是双方矛盾的根本来源。

SEP纠纷管辖权的确定趋于复杂化。由于各国对SEP的司法裁判标准存在显著差异，导致专利权人和实施者之间的博弈空间更大，专利权人或选择对自身有利的司法区域发起诉讼，或在多国发起密集性诉讼，一定程度上加剧了标准必要专利纠纷的专业化和复杂化程度。就信息传输与通信业SEP的许可费率之争，一国法院有可能就涉案SEP的全球许可费率作出裁决。标准必要专利相关跨国诉讼争议频发期间，英美等国法院也频繁颁发跨国禁诉令，争夺司法管辖权，维护规则话语权。

信息传输与通信业专利纠纷主体趋于复杂化。非执业实体（Non-Practicing Entities，NPE）是指拥有专利权但没有实体业务的实体，其往往从其他公司、研究机构或个人发明者处购买专利的所有权或使用权。根据IMT-2020（5G）推进组发布的《5G+产业标准必要专利发展最新态势（2023年）》白皮书，NPE仍在积极布局智能终端领域，2022年，ICT领域诉讼量占NPE诉讼总量的77%，居NPE参与的诉讼总量之首位。在被诉的ICT企业中，电子商务和软件领域、网络领域、消费电子领域和计算机领域排名诉讼数量前三位。

3. 数据权益纠纷数量增多，内容专业化

《中华人民共和国网络安全法》（以下简称《网络安全法》）、《中华人民共和国个人信息保护法》（以下简称《个人信息保护法》）、《中华人民共和国数据安全法》（以下简称《数据安全法》）三部法律先后生效，既有互补，又有交叉，在保护网络安全、数据安全、个人信息等方面形成了三法联动体系，将数据权益纳入到知识产权领域进行保护也成为热议话题。2022年12月，中共中央、国务院发布《关于构建数据基础制度更好发挥数据要素作用的意见》，明确数据作为新型生产要素，是数字化、网络化、智能化的基础，提出要逐步建立保障权益、合规使用的数据产权制度。对于信息传输与通信业而言，由于其中不可避免地涉及大量个人信息，并涉及大量数据的传输、处理、使用等，相关数据权益纠纷难免随之产生。其中，个人信息保护纠纷产生的场景相对而言更为广泛。对于信息传输与通信业所涉个人信息保护类案件，在处理过程中可能涉及的专业问题包括对于个人信息保护范围的判断、相关数据的可识别性、可复原性、个人信息的手机、处理、适用、储存、传输技术的考量、所涉行业业务模式及合理需求，以及行业内收集个人信息的合理限度判断等。

二、制造业

（一）制造业整体发展

1. 制造业总体规模较快增长，新兴业务发展步伐加快

国内制造业整体营收总额和资产规模增幅较为明显。根据中国企业联合会、中国企业家协会发布的 2023 年中国制造业企业 500 强排行榜，2023 中国制造业企业 500 强营业收入总额和资产规模双双突破 50 万亿元大关，入围门槛再上 165 亿元新台阶。2023 中国制造业企业 500 强的营业收入达到 51.06 万亿元，同比增长 8.38%；资产总额达到 53.02 万亿元，较上年增长 11.27%；入围门槛达到 165.50 亿元，较 2022 年提高了 17.72 亿元，增幅达到 11.99%。

国内企业研发投入平稳增长。2023 中国制造业企业 500 强研发费用总规模达到 10962.15 亿元，较上年增长 3.83%；研发强度为 2.33%，处于近年来的较高水平。从不同行业看，航空航天、通信设备制造、轨道交通设备制造、纺织印染的行业平均研发费用位居前列。海外营业收入较快增长。2023 中国制造业企业 500 强的海外营业收入总额达到 7.20 万亿元，较上年增长 1.16 万亿元，增速为 19.21%。海外营业收入占全部营业收入比重回升至 18.43%，较上年提升 1.09 个百分点。海外资产规模进一步扩大。2023 中国制造业企业 500 强海外资产总规模达到 6.89 万亿元，较上年增长了 1.65 万亿元，增速达到 31.49%。

战略性新兴业务发展步伐加快。2023 中国制造业企业 500 强中，重化工行业仍然占据主要位置，营业收入规模最大的 5 个行业中有 4 个为重化工行业。同时战略性新兴业务发展步伐加快，营业收入和净利润增长位居前列的大都是战略性新兴产业的企业。行业平均营业收入增长率位居前五位的是：动力和储能电池，风能、太阳能设备制造，医疗设备制造，计算机及办公设备和化学纤维制造，其中前三位的增长率达到了45%以上，分别为59.72%、49.42%、45.54%。行业平均利润增长率位居前五位的是：医疗设备制造，动力和储能电池，摩托车及零配件制造，风能、太阳能设备制造和电线电缆制造，分别为286.2%、96.63%、68.84%、52.39%和42.65%。[①]

2. 制造业的专利数量质量显著提升，分布更为集聚

专利是促进制造业转型升级，带动实体经济创新发展的重要技术力量。2023年，我国制造业专利质量显著提升。根据中国制造业企业500强榜单，2023年中国制造业企业拥有的专利总数、发明专利数较2022年双双实现大幅增长，增速分别为10.27%和12.04%，专利质量稳定提升，发明专利占比达到44.78%。具体而言，专利数达到143.84万件，较上年增加了13.39万件，增长了10.27%；发明专利达64.41万件，较上年总体增加了6.92万件，增幅为12.04%。[②]

近年来，随着我国产业结构的调整，专利的产业分布也不断变化，分布更为集中。从制造业大类行业看，我国专利主要分布在计算机、通信和其他电子设备制造业、专用设备制造业、通用设备制造业、化学原料和化学制品制造业、仪器仪表制造业、电气机械和器材制造业、金属制品业、非金属矿物制品业、铁路、船舶、航空航天和其他运输设备制造业、汽车制造业和医药制造业。2017—2021年，以上行业发明专利授权量合计占制造业发明专利授权量的比重达到90.8%。其中，从制造业大类行业看，计算机、通信和其他电子设备制造业的发明专利授权量最多。专用设备制造业专利授权量提升快于通用设备制造业，尽管专用设备制造业和通用设备制造业的发明专利授权量均不断增长，但专用设备制造业增长更快。汽车制造业专利授权量提升快于医药制造业。

[①] 参见中国企业联合会、中国企业家协会：《2023中国企业500强榜单》，载中国社会组织促进会官方网站，https://www.chinanpo.org.cn/ds/2309175b0d.html，2023年11月4日访问。

[②] 参见中国企业联合会、中国企业家协会：《2023中国企业500强榜单》，载中国社会组织促进会官方网站，https://www.chinanpo.org.cn/ds/2309175b0d.html，2023年11月4日访问。

3. 制造业数字化转型加快，与人工智能结合紧密

制造业智能化进一步升级。随着自动化控制、大数据管理、物联网、人工智能、5G、3D 打印等在制造场景的充分运用，智能制造已经在相当大程度上改变了工业生产的方法，不同的操作系统之间形成新的互动。智能制造产业链的核心便是数据，大量数据集合产生，数据引导生产，这是智能制造时代知识产权保护的重要新特点。制造业数字化中信息数据的高度互联性给智能制造业的知识产权保护带来了新的挑战。

人工智能与制造业融合，是指将人工智能技术应用到制造业，使制造业在数字化和网络化的基础上，实现机器的自动反馈和自主优化。人工智能在制造业中的应用广泛，围绕提升效率、降低成本、增加产品和服务价值以及探索新业务模式等价值定位产生了不同的应用场景。科技部数据显示，以"大数据、大算力、强算法"相结合的人工智能大模型在中国正在得到迅猛发展，中国研发的大模型数量排名已居全球第二，仅次于美国，目前中国 10 亿参数规模以上的大模型已发布 79 个。[①] 据中国信息通信研究院测算，2022 年中国人工智能核心产业规模达 5080 亿元人民币，我国人工智能产业生态正在逐步形成，产业布局也在提速，一大批新产业新模式新业态不断涌现，与制造业结合有广阔前景。

政策支持方面，国家对智能制造业重视程度高。为加快推动智能制造发展，工业和信息化部发布了《"十四五"智能制造发展规划》，提出"十四五"及未来相当长一段时期，推进智能制造，要立足制造本质，紧扣智能特征，以工艺、装备为核心，以数据为基础，依托制造单元、车间、工厂、供应链等载体，构建虚实融合、知识驱动、动态优化、安全高效、绿色低碳的智能制造系统，推动制造业实现数字化转型、网络化协同、智能化变革。规划提出到 2025 年，一是转型升级成效显著，70% 的规模以上制造业企业基本实现数字化网络化，建成 500 个以上引领行业发展的智能制造示范工厂。二是供给能力明显增强，智能制造装备和工业软件市场满足率分别超过 70% 和 50%，培育 150 家以上专业

[①] 参见科技部新一代人工智能发展研究中心《中国人工智能大模型地图研究报告》，https://baijiahao.baidu.com/s?id=1767184986442749777&wfr=spider&for=pc，载百家号"湖南日报"，2024 年 4 月 12 日访问。

水平高、服务能力强的系统解决方案供应商。三是基础支撑更加坚实，完成 200 项以上国家、行业标准的制修订，建成 120 个以上具有行业和区域影响力的工业互联网平台。①

4. 制造业知识产权的保护逐渐强化

制造业是国家的支柱产业，《关于加快推动知识产权服务业高质量发展的意见》提出需加快知识产权服务业与产业融合发展。引导知识产权服务业聚焦先进制造业等重点领域，面向产业链、创新链开展知识产权专业服务，鼓励知识产权服务资源向先进制造业集群汇聚，促进专利与标准融合创新，推动优质知识产权服务品牌和先进制造业品牌强强联合，助力关键核心技术攻关和知识产权布局突破。②

国家知识产权局正大力推动制造业专利转化。2023 年 10 月 17 日，国务院办公厅《专利转化运用专项行动方案（2023—2025 年）》提出，到 2025 年，推动一批高价值专利实现产业化。全国涉及专利的技术合同成交额达到 8000 亿元。一批主攻硬科技、掌握好专利的企业成长壮大，重点产业领域知识产权竞争优势加速形成，备案认定的专利密集型产品产值超万亿元。③ 国家知识产权局表示，要面向民营企业建立从技术研发，到产品制造，再到市场经营的全链条知识产权保护机制，切实保护民营企业的知识产权。为此，国家知识产权局已在全国布局建设了 103 家国家级知识产权保护中心和快速维权中心，涵盖高端装备制造、新一代信息技术、新能源新材料、生物医药等多个制造业领域，备案企业超过 12 万家。此外，国家知识产权局将以开展专利转化运用专项行动为契机，会同相关部门进一步完善政策、强化保护、优化服务，特别是以专利产业化促进中小企业成长，培育推广专利密集型产品，促进民营制造业领域投

---

① 参见工业和信息化部：《"十四五"智能制造发展规划》，载工业和信息化部官方网站，https://www.miit.gov.cn/jgsj/ghs/zlygh/art/2022/art_c201cab037444d5c94921a53614332f9.html，2023 年 11 月 2 日访问。
② 参见国家知识产权局等 17 部门《关于加快推动知识产权服务业高质量发展的意见》。
③ 参见国务院办公厅《专利转化运用专项行动方案（2023—2025 年）》。

资，更好助力实体经济发展。①

以电子信息制造业为例，2023年9月5日，工业和信息化部与财政部联合发布《电子信息制造业2023—2024年稳增长行动方案》（以下简称《电子信息制造业行动方案》），针对电子信息制造业（包含计算机、通信和其他电子设备制造业以及锂离子电池、光伏及元器件制造等相关领域）提出一系列稳增长工作举措和保障措施。方案指出，近年来，我国电子信息制造业规模效益稳步增长，创新能力持续增强，企业实力不断提升，行业应用持续深入。2022年，我国规模以上计算机、通信和其他电子设备制造业实现营业收入15.4万亿元，占工业营业收入比重达11.2%；包含光伏、锂电等在内的电子信息制造业实现营业收入20.3万亿元，占工业营业收入比重达14.8%。《电子信息制造业行动方案》提出的主要目标为：2023—2024年计算机、通信和其他电子设备制造业增加值平均增速5%左右，电子信息制造业规模以上企业营业收入突破24万亿元。②

（二）制造业遭遇知识产权纠纷情况概述

1. 制造业知识产权纠纷种类多样，标准密集

制造业知识产权分布密集，相关知识产权纠纷主要以专利权纠纷为主，包括产品结构侵权、生产工艺侵权、外观设计侵权等。此外，制造业相关的知识产权纠纷还涉及侵犯商业秘密，商标权侵权，著作权侵权，以及知识产权许可协议相关纠纷等。制造业知识产权纠纷多与技术相关，故技术合同纠纷尤为多见，其中争议焦点多见于技术合同的定性、涉案技术的内涵和外延、技术的载体、当事人双方义务的认定等。

近年来我国制造业知识产权纠纷逐渐增多。根据中国知识产权研究会、国家海外知识产权纠纷应对指导中心于2023年6月底发布的《2022年中国企业在美知识产权纠纷调查报告》显示，2022年，中国企业在美知识产权诉讼新立案共986起，较上一年增长14.39%，总体持续上涨。在美纠纷共涉及中国企业

---

① 参见工业和信息化部：《国新办举行加快推进知识产权强国建设、有效支撑创新驱动发展国务院政策例行吹风会》，载工业和信息化部官方网站，https://www.miit.gov.cn/xwdt/szyw/art/2023/art_be4bd0afc2c742689f8b8b8115d48746.html，2023年11月7日访问。

② 参见中华人民共和国工业和信息化部《电子信息制造业2023—2024年稳增长行动方案》。

9569家次，较上年增长75.06%，其中98.16%的中国企业为被告。制造业成为中国企业涉美专利、商业秘密纠纷常见行业。中国企业涉美知识产权纠纷中，44.25%的专利和72.22%的商业秘密诉讼涉及制造业。从诉讼的结果来看，分别有63.39%的专利诉讼和50%商业秘密诉讼以和解撤案结案；而商标诉讼中有74.56%的被告因缺席应诉而被判败诉。在有判决赔偿的案件中，专利诉讼平均判赔额为382.1万美元，商标诉讼平均判赔额为47.8万美元。[①]

2. 智能制造业知识产权类型密集交织

智能制造领域的知识产权呈现出密集交织的状态。从底层物理系统到网络、平台，再到上层应用，密集分布着由专利、软件著作权、商标、技术秘密、集成电路布图、数据权属、开源许可协议所约束的相关权属等知识产权形态。各种权属形态背后，伴随着智能制造领域产品的开发、运营和应用，存在诸多亟待理顺的法律问题。诸如数据权属的确定、专利侵权问题、开源软件涉及的许可证合规问题、平台软件盗版及事实标准问题、工业网络和工业云相关技术实现涉及的专利侵权问题、工业大数据涉及的技术秘密、不正当竞争等问题。

三、服务业

（一）服务业整体情况概述

2023年服务业呈现持续向好发展态势。根据国家发展和改革委员会数据显示，2023年前三季度，服务业增加值同比增长6.0%，占国内生产总值比重达到55.1%，对国民经济增长的贡献率为63%，为国民经济持续向好奠定了坚实基础。[②]

近10年我国服务业整体发展取得显著成就。一是规模逐步壮大。服务业增加值从2012年的24.49万亿元增长至2022年的63.87万亿元，按不变价计算，年均增长6.9%，高于国内生产总值（Gross Domestion Product，GDP）年均增速0.7个百分点。二是结构不断优化。服务业增加值占GDP的比重从2012年的44.6%提高到2022年52.8%，经济增长贡献率约55%，信息传输、软件和信息

---

① 参见中国知识产权研究会《2022年中国企业在美知识产权纠纷调查报告》。
② 参见《赵同录：前三季度我国经济运行持续恢复向好》，载国家统计局官方网站，https://www.stats.gov.cn/sj/sjjd/202310/t20231019_1943736.html，2024年4月3日访问。

技术服务业，金融业，租赁和商务服务业等现代服务业增加值占服务业增加值比重提高 5 个百分点以上。三是吸纳就业稳步增长。2012—2022 年服务业就业人员累计增加 7090 万人，2022 年服务业就业人员占全国就业人员总数的 47.2%，比 2012 年提高 11.1 个百分点。四是创新创业持续活跃。截至 2022 年底，全国登记在册个体工商户达 1.14 亿户，其中服务业占比约 9 成，服务业数字化步伐加快。五是对外开放深入扩展。服务业领域开放持续扩大，服务贸易总额达 5.98 万亿元，10 年年均增长 7%，知识密集型服务进出口竞争力显著提升。①总的来看，服务业作为推动经济增长"主动力"、吸纳就业"主渠道"、扩大投资"主平台"、促进消费"主阵地"的地位作用更加稳固，构建优质高效服务业新体系具备了良好基础。

在新一轮科技革命的背景下，中国服务业从传统的劳动密集型向知识密集型转型升级。知识密集型服务业是服务业中创新活跃、劳动生产率较高的部门，也是服务业转型升级的重要方向。商务部在 2023 年 8 月 3 日发布的数据显示，2023 年上半年，我国服务进出口总额 31358.4 亿元，同比增长 8.5%。知识密集型服务贸易占比提升。上半年，知识密集型服务进出口 13639.2 亿元，同比增长 12.3%，占服务进出口总额的比重达 43.5%，同比提升 1.5 个百分点。其中，知识密集型服务出口 7923.4 亿元，增长 16%；进口 5715.8 亿元，增长 7.5%。②我国知识密集型服务成为外贸稳增长的新引擎，赋能我国在全球价值链中的竞争力。

知识密集型服务业中，我国软件和信息技术服务业在促进产业升级、推动经济结构调整中发挥着越来越重要的作用。软件及信息技术服务业是指利用计算机、通信网络等技术对信息进行生产、收集、处理、加工、存储、运输、检索和利用，并提供信息服务的业务活动。由软件开发、集成电路设计、信息系统集成和物联网技术服务、运行维护服务、信息处理和存储支持服务、信息技

---

① 参见《立足中国式现代化要求推动服务业优质高效发展》，载百家号"国家发展改革委，ht-tps：//baijiahao.baidu.com/s?id=1781513763550025680&wfr=spider&for=pc，2024 年 4 月 3 日访问。
② 参见商务部：《商务部服贸司负责人介绍 2023 年上半年服务贸易发展情况》，http：//ca.mofcom.gov.cn/article/xwfb/202308/20230803425811.shtml，2023 年 11 月 8 日访问。

术咨询服务、数字内容服务和其他信息技术服务组成。2023年，我国软件和信息技术服务业业务收入高速增长。全国软件和信息技术服务业规模以上企业超3.8万家，累计完成软件业务收入123258亿元，同比增长13.4%。软件业利润总额14591亿元，同比增长13.6%。信息技术服务收入较快增长。信息技术服务收入81226亿元，同比增长14.7%，高出全行业整体水平1.3%，占全行业收入比重为65.9%。其中，云服务、大数据服务共实现收入12470亿元，同比增长15.4%，占信息技术服务收入的15.4%，占比较上年同期提高0.5%；集成电路设计收入3069亿元，同比增长6.4%；电子商务平台技术服务收入11789亿元，同比增长9.6%。[①] 我国软件和信息技术服务业的发展现状呈现规模效益快速增长、创新体系更加完善的特点。

（二）服务业遭遇知识产权纠纷情况概述

1. 传统服务业知识产权纠纷类型较为集中

在餐饮医药、教育培训等传统服务业中，知识产权纠纷大多集中在服务商标侵权纠纷。然而，在服务商标不同于商品商标，在认定服务商标侵权方面存在一定的难度，即使满足商标本身构成相同或近似、服务属于相同或类似群组的情况下，仍需要综合权利商标的知名度和显著性、服务内容和种类、服务的水平和标准、消费群体和对象的主观意图等一系列动态无形的诸多要素去判断是否存在混淆可能性。服务商标是服务业特有的商标类型，服务商标与字号、企业名称之间的联系往往是密不可分的，很多的服务商标就是企业的字号，但也存在字号权与商标权冲突的问题。而商业秘密侵权纠纷主要来源于企业与员工签订的保密合同、与供应商签订的保密条款等。

2. 知识密集型服务业知识产权纠纷更为复杂

目前针对知识密集型服务业的知识产权纠纷存在于著作权、专利权、商标权和商业秘密等各个领域，不同的服务领域的知识产权纠纷内容和侧重点不同。由于服务业数字化进程加快，带动了知识密集型服务产品的发展，知识产权纠

[①] 参见《2023年软件业经济运行情况》，载工业和信息化部官方网站，https://www.miit.gov.cn/jgsj/yxj/xxfb/art/2024/art_3cb679c2662d4127af3cc857d7dbff8e.html，2024年4月3日访问。

纷变得更为广泛和复杂。以软件和信息技术服务业为例，其纠纷主要存在于软件著作权纠纷、发明专利权纠纷（软件和商业方法专利）、外观设计专利权纠纷（图形用户界面，Graphical User Interface，GUI）、商标权纠纷、商业秘密纠纷，以及软件合同纠纷等。软件案件呈现出诉讼程序复杂、技术事实查明难、法律争点多、高标的额案件逐年增加的特点，多数案件无法通过一次邮寄完成送达，提出证据保全、财产保全、管辖权异议、追加当事人、进行司法鉴定的案件占比高，案件流程管理难度较大。

四、科教文卫行业

（一）科教文卫行业整体情况概述

1. 科技行业整体发展

科技行业发展前景广阔。2023年7月，麦肯锡公司发布《2023科技趋势展望报告》，通过分析关注度、创新性、资本等定量指标，总结出2023年最被关注的15项创新趋势。这些创新趋势分别为生成式人工智能、应用型人工智能、工业化机器学习、下一代软件开发、信任架构和数字身份、Web3.0、先进连接技术、全息现实技术、云以及边缘计算、量子技术、未来出行、未来生物工程、太空技术、电气化和可再生能源、其他气候和相关技术。下文主要对关注度较高的人工智能科技产业和生物科技产业进行展开。

人工智能是全球科技和产业竞争的焦点。中国工程院中国新一代人工智能发展战略研究院于2023年5月发布了《中国新一代人工智能科技产业发展2023》。报告指出，我国人工智能产业集群的簇群结构特征越来越明显。以华为、腾讯、百度和阿里巴巴为代表的超级平台是我国人工智能产业集群形成和发展的核心节点。报告将人工智能划分了19个应用领域，第三产业中的信息传输、软件和信息技术服务业与人工智能技术合作关系分布密度较高，其次是科学研究和技术服务业、租赁和商业服务业等。第二产业中计算机、通信和其他电子设备制造业、汽车制造业、电气机械和器材制造业与人工智能技术合作关系分布密度较高。报告表示，尽管取得了前所未有的成就，但是在建设具有全球竞争力的人工智能产业集群的过程中，我们还面临着来自美国技术封锁、技术体系存在短板和头部平台企业技术升级相对缓慢带来的挑战。因此，构建自主可控技术体系和软硬件协同创新生态，是培育和发展具有全球竞争力的人工智能产业集群的战略目标。①

2. 教育行业整体发展

教育行业的财政投入逐年增加，国家保障教育事业发展。根据教育部 2023 年 7 月 1 日公布的最新数据显示，2022 年我国教育经费总投入为 61344 亿元，比上年增长 6%。其中，政府投入是教育经费的第一来源渠道，国家财政性教育经费为 48478 亿元，比上年增长 5.8%。②

教育信息化是国家中长期重点发展方向，近几年中国教育信息化发展不断受到政策的鼓励。国务院、教育部等相关部门发布多项规划，推动基于信息技术的新型教育教学模式，将互联网、人工智能、虚拟现实、大数据等新技术运用在教育服务中，提升全社会的教育质量、促进教育公平。《中华人民共和国国民经济和社会发展第十四个五年规划和 2035 年远景目标纲要》特别提到"推动社会高质量在线课程资源纳入公共教学体系，推进优质教育资源在线辐射农村和边远地区薄弱学校，发展场景式、体验式学习和智能化教育管理评价"。教育信息化的发展扩大了市场参与者的范围，牵涉到更多市场主体，从而导致更多纠纷。

3. 文化行业整体发展

文化产业是以文化为核心内容而进行的创作、生产、传播、展示文化产品和提供文化服务的经营性活动。文化产业发展主要依赖于文化产品的创造与传播，其核心资产为知识产权。文化企业，主要通过对知识产权进行开发利用，进而获取利润、实现资产增值及产业链延伸。保护知识产权不但是文化企业创新发展的保障、文化产业健康发展的根本，更是促进我国文化繁荣的关键。

我国文化产业营业收入稳步增长。根据国家统计局 2023 年 1 月发布的数据显示，2022 年，我国文化企业实现营业收入超 12 万亿元。在 9 个文化行业中，内容创作生产、新闻信息服务、文化投资运营、文化装备生产和文化消费终端

---

① 参见中国新一代人工智能发展战略研究院《中国新一代人工智能科技产业发展 2023》。
② 参见《2022 年教育经费总投入 61344 亿元》，载教育部官方网站，http://www.moe.gov.cn/jyb_xwfb/s5147/202307/t20230703_1066834.html，2023 年 11 月 14 日访问。

生产等5个行业营业收入比上年实现增长，增速分别为3.4%、3.3%、3.2%、2.1%和0.3%。此外，新业态发展韧性持续增强，数字出版、娱乐用智能无人飞行器制造、互联网文化娱乐平台、增值电信文化服务和可穿戴智能文化设备制造等行业均实现两位数增长，增长分别为30.3%、21.6%、18.6%、16.9%和10.2%。①

科技赋能文化发展，成为创新发展的驱动力量。2023年11月21日，北京市国有文化资产管理中心发布《北京文化产业发展白皮书（2023）》，重点提出科技赋能成为文化产业承压前行的驱动力量。2022年1—12月，北京市市规模以上数字文化核心产业占全市规模以上文化产业单位数量的33%，数字科技成为产业创新发展的重要引擎。规模以上"文化+科技"企业实现营业收入占全市文化企业营业收入的比重为61.8%，同比提高5%，拉动全市文化企业营业收入增长5.1%。②

网络文化领域知识产权侵权持续涌现。知识产权保护客体的无形性特征使复制、传播智力成果更加便捷，加之互联网技术的高歌猛进，知识产权侵权案件不断涌现。尤其是网络文化领域甚至形成规模化的盗版利益链条，以致涉网络类型化维权案件大幅上涨。该类案件集中于著作权信息网络传播权侵权纠纷，以音乐、摄影、影视作品为主，在当事人、诉讼请求、案件事实上共性特征明显。

4. 医疗卫生行业整体发展

我国医疗卫生政府投入与资源总量持续增加。2023年10月12日，国家卫生健康委发布《2022年我国卫生健康事业发展统计公报》，公报显示，我国医疗卫生领域政府投入不断增加，医疗卫生资源提质扩容，卫生服务体系不断健全，健康中国建设稳步推进。2022年，全国医疗卫生机构总诊疗人次84.2亿，与上年基本持平。截至2022年年末，全国医疗卫生机构总数、医疗卫生资源总

---

① 参见《2022年全国规模以上文化及相关产业企业营业收入增长0.9%》，载国家统计局官方网站，https://www.stats.gov.cn/sj/zxfb/202302/t20230203_1901733.html，2024年4月3日访问。
② 参见北京市国有文化资产管理中心：《北京文化产业发展白皮书（2023）》，http://wzb.beijing.gov.cn/wzbdwdt/wzdt/ff8080818bf0ae1c018bf0b17b040001.html，2023年11月16日访问。

量继续增加。卫生人员总数上，全国卫生人员总数1441.1万人，比上年增加42.5万人。与上年比较，卫生技术人员增加41.4万人。

医疗器械方面，医疗器械企业知识产权竞争态势严峻，医疗器械领域知识产权保护力度将愈来愈强。2022年12月5日，国家知识产权局、国家医疗保障局联合印发了《关于加强医药集中采购领域知识产权保护的意见》（以下简称《医药集中采购意见》），进一步完善了医药产品集中采购的知识产权保护机制。虽然《医药集中采购意见》主要是针对医药和医用耗材在集中带量采购和挂网采购过程中的知识产权保护，但截至目前，已有相当大一部分医疗器械产品进入集采模式，而不远的将来，加入集采模式的医疗器械产品类目也必将越来越多，企业的医疗器械领域的知识产权布局愈发重要。

（二）科教文卫行业遭遇知识产权纠纷情况概述

1. 科技行业知识产权纠纷种类形式多样

在科技领域，从《最高人民法院知识产权法庭年度报告（2023）》统计情况来看，技术类知识产权案件在众多案件中呈现明显增长态势。2023年，最高人民法院知识产权法庭共受理知识产权和垄断案件7776件，审结4562件。与2022年相比，受案量增长25.8%，其中新收案件量增长14.9%，结案量增长31.5%。自2019年1月1日成立以来，法庭共受理技术类知识产权和垄断案件18924件，审结15710件，整体结案率83%。技术产业案件持续增长，新收新一代信息技术、生物技术、新能源、高端装备、新能源汽车等新兴产业1582件，占全部新收案件的31.3%，较2022年增加244件，占法庭案件比例进一步提升。[①] 技术类纠纷案件呈现逐年增长态势，且复杂技术案件不断增加。技术是企业的核心竞争力，如何借助法律手段保护其拥有的技术是企业全球布局考量的重要一环。科技行业存在的知识产权民事纠纷主要包括侵权纠纷与合同纠纷。其中侵权纠纷包括专利权纠纷、著作权纠纷、商标权纠纷、侵犯商业秘密等情形，合同纠纷包括合作研发合同纠纷、委托开发合同纠纷、知识产权转让

---

① 参见最高人民法院：《最高人民法院知识产权法庭年度报告（2023）》，https：//www.court.gov.cn/zixun/xiangqing/425872.html，2024年2月27日访问。

合同纠纷、知识产权许可使用合同纠纷等情形。

2. 教育行业知识产权纠纷多发于在线教育领域

教育行业的知识产权纠纷多发于在线教育领域。互联网环境下侵权简单易行，在线教育课件、教学视频制作研发投入大、耗时长，侵权取证难、赔偿低，这些因素都导致了在线教育知识产权侵权事件屡见不鲜。从纠纷类型来看，在线教育的知识产权纠纷主要包括出售考试辅导课件侵害著作权纠纷、商标权纠纷、不正当竞争纠纷、虚假宣传纠纷、商业诋毁纠纷等。其中著作权纠纷较为常见，通常为在线授课内容、教学课件、授课视频、教材或题库、在线教育软件等侵权纠纷。在认定侵权的过程中可能会涉及侵权对象是否构成著作权保护的客体、使用作品的方式是否超出课堂教学合理使用的范围、两件作品实质性相似的判断等。此外，较为典型的著作权纠纷包括在线教育所涉作品之上的著作权归属纠纷、侵权者擅自在平台上上传侵权作品而导致的平台侵害作品信息网络传播权纠纷等。

3. 文化行业知识产权纠纷高发于合同领域

文化产业知识产权纠纷集中表现为在文化内容的创作和传播、文化产品的交易、文化产品的品牌维护和运营过程中产生的各类知识产权民事争议。在案件主体上，涉及文化内容的创作者、传播者，例如作家、编剧、导演、影视制作公司、互联网服务提供者等；在案件类型上，涉及知识产权合同纠纷、著作权权属侵权纠纷、商标及不正当竞争纠纷；案件涵盖文化产品制作、流转、衍生各个过程。

文化产业知识产权合同纠纷系纠纷的首要产生领域。主要集中于著作权许可使用合同纠纷、著作权转让合同纠纷、委托创作合同纠纷、合作创作合同纠纷、涉教育及网络的特许经营合同纠纷、涉网络的技术合同纠纷等。导致知识产权合同纠纷的原因主要有权利人的重复授权、侵权人违反授权范围约定、授权期限届满而履行义务尚未完成、实际履行变更合同约定、成果验收标准模糊、合同履行成果及款项交付不当等。

就文化产业知识产权侵权纠纷领域，主要表现为著作权纠纷和商标权纠纷。在文化产业著作权侵权纠纷方面，纠纷的产生主要源于著作权保护意识不强、对著作权法保护范围理解不当、对合理使用制度认知不足、权属证据留存不足、职务作品归属规定不清等原因。侵权行为主要表现为未经授权直接上传作品；提供信息存储空间服务，用户上传内容侵权；提供链接等技术服务，手段作品在线播放侵权；网络直播侵权等。在商标侵权及不正当竞争纠纷方面，侵权纠纷主要由商业标识的不当使用、侵害商业秘密、虚假宣传等行为所导致。

4. 医疗卫生行业知识产权纠纷以专利侵权为主

在医疗卫生行业的知识产权权属纠纷方面，主要集中在研发领域。医疗卫生行业是企业、高校、科研机构深度融合的创新体系，企业与高校间合作容易发生知识产权权属纠纷。对于高校指派其教职员工参与企业研发的情形，往往难以直接认定企业与高校员工存在事实上的劳务关系，在此情况下产生的知识产权并不当然属于企业的职务发明。双方若对开发或改进后产生的知识产权未约定或约定不明，则可能引发权属纠纷。

在医疗卫生行业的知识产权侵权纠纷方面，以专利问题较为突出。其他形式知识产权，包括商业秘密、商标以及相关文书资料、软件等的著作权。医疗行业的专利侵权诉讼存在涉外案件多、审理周期长的特点。在医疗行业的专利侵权诉讼中，往往取得关键证据的难度较大。其他行业的侵权产品通常面向普通消费者，而医疗行业的侵权产品经常面向特定疾病的患者或者特定医院，此时需要运用多种手段进行取证如调查、证据保全、现场勘验等。在商业秘密侵权诉讼中，由于医疗领域尤其是高端医疗器械板块的人员之间的流动相比于传统行业要频繁得多，因此核心技术人员的流动而引发的商业秘密、专利权归属等案件层出不穷，且数量逐渐增多，故商业秘密侵权纠纷较为频繁。

第二节　信息传输与通信业知识产权仲裁案例分析

一、信息传输与通信业背景与发展现状

信息传输与通信业一般是指利用各种技术手段，实现信息的采集、传输、交换、处理、存储、应用等的产业，其中包括电信、互联网、卫星通信、广播电视、邮政等行业。信息传输与通信业是我国现阶段最具潜力且最关键的基础产业之一，近年来发展迅速。根据工信部发布的数据，经初步核算，2022年，电信业务收入累计完成1.58万亿元，比上年增长8%；完成固定互联网宽带接入业务收入2402亿元，比上年增长7.1%；完成移动数据流量业务收入6397亿元，比上年增长0.3%；数据中心、云计算、大数据、物联网等新兴业务快速发展，2022年共完成业务收入3072亿元，比上年增长32.4%。[1]

今年以来，我国以"东数西算"工程为牵引，加快推进信息基础设施建设，提高算力对人工智能、数字经济等的支撑能力，助力经济高质量发展。数据显示，今年上半年，我国新型基础设施建设投资同比增长16.2%，其中5G、数据中心等投资增长13.1%，工业互联网、智慧交通等投资增长34.1%。[2]

根据工业和信息化部制定的《"十四五"信息通信行业发展规划》，2021年至2025年，我国将继续加快建设网络强国和数字中国、推进信息通信行业高质量发展、引导市场主体行为、配置政府公共资源。[3] 具体而言，截至2025年，

---

[1] 工业和信息化部：《2022年通信业统计公报》，载中国政府网，https://www.gov.cn/xinwen/2023-02/02/content_5739680.htm?eqid=a189e25800029bf60000000-66466d0fc，2023年12月21日访问。

[2]《加快新型基础设施建设 打通经济社会发展的信息"大动脉"》，载央视新闻，https://news.e23.cn/content/2023-11-27/2023B2700160.html，2023年12月22日访问。

[3] 工业和信息化部：《〈"十四五"信息通信行业发展规划〉解读》，载中国政府网，https://www.gov.cn/zhengce/2021-11/16/content_5651267.htm，2023年12月22日访问。

信息通信行业收入规模预期达到 4.3 万亿元，年均增长 10% 左右，同时，要实现通信网络基础设施保持国际先进水平、数据与算力设施服务能力显著增强、融合基础设施建设实现重点突破、数字化应用水平大幅提升、行业治理和用户权益保障能力实现跃升、网络和数据安全保障能力有效提升、绿色发展水平迈上新台阶等发展目标。①

可见，信息传输与通信业对于我国整体经济发展而言具有重要作用，且处于高速发展的阶段。而对该行业中存在的纠纷予以重视及妥善解决，对于行业的进一步发展有着重要意义。

二、信息传输与通信业常见知识产权纠纷类型

除普通合同纠纷外，信息传输与通信业中较有特色的纠纷类型主要包括专利纠纷与数据权益纠纷。

1. 专利纠纷

信息传输与通信业具有较强的技术性，其中涉及大量专利，也因此常常产生大量专利纠纷。其中，一般专利侵权纠纷与专利有效性纠纷数量较大，但与其他技术领域的这两类专利纠纷相比，除所涉专利存在差异外，案件其他方面的特点并无本质差异。相比之下，信息传输与通信业下的标准必要专利相关纠纷则更具有行业特殊性。

标准必要专利纠纷既是近年来全球知识产权领域的热点问题，也是困扰诸多标准必要专利权人和实施者的重大难题。在信息传输与通信业，尤其是通信领域，随着 4G、5G 等通信技术的加速发展与更新迭代，相关标准必要专利具有极高的商业价值，由此引发的标准必要专利纠纷也层出不穷。主要国家和地区的许多法院近年来均从专利法、合同法、竞争法、诉讼法等不同角度，对如何妥善解决标准必要专利纠纷进行了各种有益的探索，其中包括全球性标准必要专利纠纷管辖权的确定、对标准必要专利禁令发放的合理限制等热点问题。②

---

① 中华人民共和国工业和信息化部《"十四五"信息通信行业发展规划》。
② 谢冠斌、李凤凤、邵渝棋：《中国知识产权争议解决年度观察（2022）》，载《中国商事争议解决年度观察（2022）》，中国法制出版社 2022 年版，第 229—255 页。

由于本报告的其他部分对于标准必要专利纠纷已有详述，在本部分暂不展开论述。

2. 数据权益纠纷

从2021年开始，数据权益保护的热度一直居高不下。《网络安全法》《个人信息保护法》《数据安全法》等数据安全领域的"三驾马车"相继生效，将数据权益纳入到知识产权领域进行保护也成为热议话题。对于信息传输与通信业而言，由于其中涉及大量数据的传输、处理、使用等，相关数据权益纠纷难免随之产生。其中，个人信息保护纠纷产生的场景相对而言更为广泛，且相关纠纷适合采用仲裁的方式进行解决，故本部分主要对于个人信息保护纠纷进行分析。

三、信息传输与通信业知识产权纠纷的典型案例

仲裁机制具有高度专业化、保密性强、高效率等特点，个人信息保护纠纷采用仲裁方式进行解决具有显著优势。

首先，仲裁机制采取不公开审理且不公布裁决文书的原则，其保密性对于涉个人信息类案件而言具有积极意义，使得个人信息主体在无须进行额外申请程序的情况下即可保证隐私安全。

并且，仲裁机制相比于司法机制而言，专业化程度较高。从裁判人员方面来讲，仲裁机构往往会聘请大量在各领域具有丰富专业知识与经验的人员来担任仲裁员，其中也不乏同时拥有专业技术和法律背景的复合型人才。当事人可自行选择拥有案件所涉专业领域知识、经验的仲裁员参与案件，增加当事人对于裁判人员及结果的信任度。对于信息传输与通信业所涉个人信息保护类案件，在处理过程中可能涉及对于个人信息保存，传输技术的考量，以及行业内收集个人信息的合理限度判断等。对于这些对专业性与行业了解度要求较高的问题，具有特定技术背景或行业背景的仲裁员介入无疑能够更大程度上确保案件得到合理、公正的解决。

此外，仲裁机制的审理效率也相对较高。由于与诉讼相比省去了部分程序性要求，仲裁案件的审理期限常常短于同类诉讼案件。更为重要的是，由于其

一裁终局的特性，仲裁裁决自作出之日起即告生效，当事人可及时依据生效裁决内容实现其权益。对于个人信息主体而言，仲裁程序更有利于及时保障其利益。

下文将结合贸仲提供的与个人信息保护相关的典型案例，讨论仲裁解决个人信息保护纠纷的优势，并提出相关实务建议。

（一）典型案例一：中国 A 公司与中国 B 网络科技公司服务销售合同纠纷

1. 案件情况

2018 年 4 月，申请人与被申请人签订《销售合同》（以下简称涉案合同），约定由申请人向被申请人提供精准营销大数据服务，具体服务类型为定制化标签查询服务。涉案合同对于该服务的定义为："2.1.1 通用标签查询服务：乙方在法律规定的范围内，基于在数据分析、分析挖掘平台等方面的优势，依托乙方的大数据能力与产品平台，向甲方提供经过清洗和脱敏后形成的标签数据服务。2.1.2 定制标签查询服务……"合同附件一"服务内容及资费标准"显示，用户兴趣标签包括：生活服务、生活用品、游戏、图书、影音、食品等。

根据涉案合同约定，定制化标签服务费＝服务开通费＋数据产品使用费＋平台资源占用费，其中：（1）服务开通费 10 万元，应在合同生效后一次性支付；（2）数据产品使用费按月计费，计费方式为各类别标签调用单价乘以各类标签实际调用次数；（3）平台资源占用费按月计费，计费方式为实际具体使用的资源个数乘以单价。此外，该条款还约定被申请人承诺每月支付保底消费金额 25 万元，如每月实际发生的费用未达到承诺的保底金额的，仍需按约支付此项费用。如被申请人使用本服务发生的数据产品使用费超出保底金额的，应以实际发生的费用向申请人支付。同时，涉案合同还约定了逾期付款违约金。

合同签订后，2018 年 3 月一个月为测试期，测试期内不收取服务费，自 2018 年 4 月开始正式计费。2019 年 2 月合同到期后，双方协商将合同有效期延长一个月到 2019 年 3 月。在 2018 年 3 月至 2019 年 3 月合同履行期间，申请人按照合同约定向被申请人提供了定制化标签查询服务，被申请人应当按照合同约定支付服务费。被申请人已支付服务费 300 余万元，包括：（1）10 万元的服务开通费；（2）2018年4月至2019年2月的服务费，每月均按照实际使用服务费金额近30万元支付。但被申请人未支付2019年3月的近30万元服务费。故申请人提起仲裁，要求被申请人支付欠付服务费用、逾期付款违约金及相关合理支出。

对于涉案服务，申请人在审理过程中进一步强调，其不侵犯任何个人信息。具体而言，申请人在涉案合同项下提供的"标签查询服务"操作如下：被申请人向申请人的平台提供手机国际移动设备识别码（International Mobile Equipment Identity，IMEI码），并在申请人的平台上部署相应算法模型（申请人给被申请人开通建模），申请人基于大数据对IMEI码进行"标签"分类，例如，将"标签"分类为个人爱好或交易习惯等。该过程不涉及任何个人信息，且相关方无法通过IMEI码上的标签复原到特定自然人。另外，申请人对输出的数据均采取了安全措施，例如增加接口授权访问、安全传输加密以及接口审计等。若涉及个人信息，其在数据入库过程中便被加密存储，无法指向特定自然人，输出后亦不涉及个人信息。

被申请人未提出抗辩。

经审理，仲裁庭认定，涉案合同约定的合作事务不违反法律、行政法规的强制性规定，申请人及被申请人对其真实性均未提出异议，仲裁庭认定其真实性及合法性，对涉案合同及相关约定予以认可，并以涉案合同的内容作为认定双方权利义务的主要依据。由于被申请人未按合同约定支付服务费，构成违约，仲裁庭最终对申请人的仲裁请求予以全额支持。

2. 纠纷观察与实务建议

本案中，涉及仲裁庭对于涉案合同项下合作事务是否违法违规的判断。根据《民法典》第一百五十三条规定，违反法律、行政法规的强制性规定的民事法律行为无效。因此，如果涉案合同违反了相关法律法规的强制性规定，则合同可能被认定为无效，从而当事人无法依据该无效合同主张相应权利。

从个人信息保护的角度而言，涉案合同项下，如申请人向被申请人提供的信息，即IMEI码及相关标签，无法单独或者与其他信息结合识别特定自然人，且不能复原，则该信息不属于个人信息，或已经过匿名化，不落入个人信息保护范畴，使用该信息不构成对于个人信息权益的侵犯。而若相关信息具有识别特定自然人的可能性，构成受保护的个人信息，则还需审查在收集该等信息时是否经过相关个人信息主体的同意、收集范围及处理过程是否符合合法、正当、必要原则、存储及传输方式是否符合法律规定等一系列问题。在对于上述问题进行审查时，首先需具备一定的技术知识，才能准确判断相关数据是否具有可识别性、是否可复原等。同时，还需对于行业模式、背景情况等存在一定的了解，方能对于相关业务模式、所涉合理需求等问题予以判断。仲裁机制之下，部分仲裁员所具有的特定行业背景与技术背景可以较好地呼应前述需求，从而使案件得到专业、妥善的处理。本案中，仲裁庭结合相关专业知识，认定涉案业务模式不存在违反法律、行政法规的强制性规定的情形，也就是说，仲裁庭认定该模式不构成对于个人信息权益的侵犯。

另外值得注意的是，本案中，被申请人并未对于申请人的仲裁请求提出抗辩，亦未提出合同无效的主张。而本案仲裁庭结合处理相关案件的经验，注意到涉案合同项下业务涉及个人信息保护的敏感问题，需要对于业务模式进行了解并审查是否违反相关强制性规定，并最终在进行了深入审理之后作出了公正裁决。这充分体现出在仲裁机制之下仲裁员所具有的丰富行业经验、类案经验对于案件审理的重要性。同时，本案亦对于类案具有指导性意义，即在面对涉及数据、个人信息等因素的新型业务模式产生的纠纷时，应关注最新的规定情况，判断是否有必要就相关业务的合法合规性进行审查，以对于合同的效力进行认定。在信息传输与通信业中，随着新技术的飞速发展，各类新兴业务模式也常常出现，同时，对于相关行为进行规制的法律、法规也接连颁布，不论是对于仲裁机构还是司法机构而言，结合最新的规定对于新兴业务模式进行深入分析与判断，是对于相关纠纷作出公正裁判的基础。

（二）典型案例二：中国 A 公司与中国 B 信息咨询公司大数据服务合同纠纷

1. 案件情况

2018 年 9 月，申请人与被申请人签订《服务合同》（以下简称涉案合同），约定由申请人向被申请人提供精准营销大数据服务，具体服务类型为定制化标签查询服务。合同有效期为 2018 年 9 月至 2019 年 8 月，以及签订《服务销售合同的补充（修订）合同》（以下简称补充合同），在涉案合同基础上增加月保底并调整相应折扣。自合同生效后 1—3 个月为测试期，测试期内不收取服务费。根据涉案合同约定，定制化标签服务费＝数据产品使用费＋平台资源占用费。

合同自 2018 年 11 月开始正式计费。申请人在 2018 年 9 月至 2019 年 8 月合同履行期间，按照合同约定向被申请人提供了定制化标签查询服务，而被申请人未支付 2019 年 5 月至 2019 年 8 月应支付的保底服务费和建模开通费。故申请人提请仲裁，要求被申请人支付欠付费用、逾期付款违约金及相关合理支出。

被申请人则抗辩称，申请人将其在经营中获取的公民通信信息，以盈利为目的，通过所谓的精准营销大数据标签化查询服务及平台使用服务的形式对外进行销售获利，违反《网络安全法》及《全国人民代表大会常务委员会关于加强网络信息保护的决定》（以下简称《加强网络信息保护的决定》）的相关规定。被申请人或其客户将有偿获取的所谓"脱敏"的公民通信信息（客户流水号），通过拨打手机号码（客户流水号）或以发送短信的方式向客户推销商业广告，对接收信息的手机用户的日常工作、生活均造成极大的侵扰。申请人变相地泄露了公民个人信息，严重损害个人及社会公共利益。所以，申请人与被申请人签订的《服务合同》及《补充合同》损害了社会公共利益，且违反法律、行政法规的强制性规定，应依法认定为无效合同。

经审理，仲裁庭对于涉案服务作出如下评述：

（1）自 2017 年 6 月 1 日起施行的《网络安全法》第七十六条规定，个人信息是指以电子或者其他方式记录的能够单独或者与其他信息结合识别自然人个人身份的各种信息，包括但不限于自然人的姓名、出生日期、身份证件号码、个人生物识别信息、住址、电话号码等。第四十一条规定，网络运营者收集、使用个人信息，应当遵循合法、正当、必要的原则，公开收集、使用规则，明示收集、使用信息的目的、方式和范围，并经被收集者同意。第四十二条规定，网络运营者不得泄露、篡改、毁损其收集的个人信息；未经被收集者同意，不得向他人提供个人信息。但是，经过处理无法识别特定个人且不能复原的除外。

第四十四条规定，任何个人和组织不得窃取或者以其他非法方式获取个人信息，不得非法出售或者非法向他人提供个人信息。

《网络安全法》施行之前，全国人民代表大会常务委员会 2012 年 12 月 28 日通过的《加强网络信息保护的决定》作出了与该法相同或类似的规定。

(2) 自 2021 年 11 月 1 日起施行的《个人信息保护法》第四条规定，个人信息是以电子或者其他方式记录的与已识别或者可识别的自然人有关的各种信息，不包括匿名化处理后的信息。第七十三条规定，去标识化是指个人信息经过处理，使其在不借助额外信息的情况下无法识别特定自然人的过程。第五十一条规定，个人信息处理者应当根据个人信息的处理目的、处理方式、个人信息的种类以及对个人权益的影响、可能存在的安全风险等，采取相应的加密、去标识化等安全技术措施。

(3) 自 2021 年 9 月 1 日起施行的《数据安全法》第七条规定，国家保护个人、组织与数据有关的权益，鼓励数据依法合理有效利用，保障数据依法有序自由流动，促进以数据为关键要素的数字经济发展。第八条规定，开展数据处理活动，应当遵守法律、法规，尊重社会公德和伦理，遵守商业道德和职业道德，诚实守信，履行数据安全保护义务，承担社会责任，不得危害国家安全、公共利益，不得损害个人、组织的合法权益。

(4) 没有在案证据证明，申请人在涉案合同项下向被申请人提供的数据为申请人非法采集和处理的公民个人信息。

(5) 没有在案证据证明，申请人在涉案合同项下向被申请人提供的数据为未经申请人匿名化、去标识化处理的公民个人信息。

(6) 双方当事人均否认，且没有在案证据显示，双方签署本合同的目的是泄露或违法使用个人信息，或损害社会公共利益。

(7) 涉案合同禁止被申请人对申请人平台基础数据进行外泄、破译、破解等行为，或者使用申请人提供的数据关联或试图关联至用户、获取用户个人信息。此外，被申请人没有主张，也没有在案证据证明，被申请人已经将申请人提供的大数据复原为基础数据或原始个人信息。

综上，仲裁庭认为，涉案合同及其补充合同体现了各方的真实意思表示，内容不违反中国法律法规的强制性规定，依法成立并生效，可以作为认定本案各方当事人权利义务的依据。

2. 纠纷观察与实务建议

本案事实背景及所涉服务类型与上文所述典型案例一相类似，也涉及对于相关服务是否存在违法违规情况的认定。但相比于该案，在本案中，仲裁庭对于相关法律法规进行了具体阐述，并对涉案业务模式是否构成对于个人信息权益的侵犯，以及是否损害公共利益，进行了较为明确的认定。

仲裁庭首先对于可能适用的个人信息保护相关法律法规进行了阐述。而后，仲裁庭认定在案证据无法证明申请人在涉案合同项下向被申请人提供的数据为申请人非法采集和处理的公民个人信息，亦无法证明申请人在涉案合同项下向被申请人提供的数据为未经申请人匿名化、去标识化处理的公民个人信息。后其又明确在案证据无法证明申请人提供的数据已被复原为原始个人信息。仲裁庭在此部分并未展开进行详述，但可以看出其基本的处理思路。一般来说，在此类案件中，可以先判断涉案数据是否属于个人信息，或是否经过匿名化处理，即处理后信息不再具有可识别性且无法复原。如相关信息本就不属于个人信息或已经过匿名化处理，则其不落入个人信息保护的范畴。若相关信息属于受保护的个人信息，则需进一步判断对于相关信息的收集、处理、使用、存储、传输等是否符合相关规定的要求，是否构成对于个人信息权益的侵犯。而不论在上述哪一步的认定中，都需要裁判人员对相关法律规定、行业背景、专业技术等有充分的了解与掌握，如前文所述，仲裁机制可以充分满足这种需求。

从以上两个典型案例可以看出，在信息传输与通信业下，部分企业基于业务模式可以获取大量用户信息，而对于这些信息进行二次销售或其他形式的二次利用则较易引发纠纷。因此，对于相关企业而言，应提高对于个人信息保护的重视程度，在收集、存储、使用用户信息的过程中均应充分遵守法律规定，不应对业务过程中获取的个人信息进行非法二次使用或售卖，以免构成对用户个人信息权益的侵害，从而引发后续纠纷。

(三) 典型案例三：孙某与中国移动等隐私权、个人信息保护纠纷[①]

该案涉及通信业比较常见的个人信息相关纠纷场景（电话推销），与行业的相关度较高，具有一定的典型性。考虑到目前本部分相关仲裁案例较少，特增加此诉讼案例。

1. 案件情况

原告孙某系被告中国移动通信集团山东有限公司某分公司的通信服务用户。2011 年，原告在被告移动某分公司处入网，办理了电话卡。原告提交的话费账单显示，2020 年 2 月至 2021 年 1 月，其号码的套餐及固定费为 131 元、业务费用减免 50 元，账单总额基本为 81 元至 82 元之间。2020 年 6 月至 12 月期间，原告持续收到营销人员以移动公司工作人员名义拨打的推销电话，以"搞活动""回馈老客户""赠送""升级"等为由数次向原告推销中国移动的套餐升级业务，包括增加包月流量、增加通话时长、开通视频彩铃等业务。2020 年 9 月 15 日、2020 年 9 月 22 日，原告孙某分别拨打中国移动客服电话投诉反映，此后，移动客服在投诉回访中表示会对原告的手机号加入"营销免打扰"，以后尽量避免再向原告推销。但后来原告又接到了被告的推销电话，原告无奈再次拨打过移动客服电话进行投诉，但一直未收到回复。原告认为，被告长期无视原告拒绝推销的要求，多次给原告打电话、发短信推销业务，给原告造成了极大困扰，已侵犯其合法权益。

一审法院经审理认为，在原告孙某与被告移动某分公司之间的电信服务合同内容即案涉移动通信号码的话费套餐足够原告孙某使用的情况下，被告移动某分公司多次向原告进行电话推销，要求原告办理套餐升级等增加消费的业务，且在原告已多次向被告表示生活受干扰，要求停止此类推销的情况下，仍未停止，被告此行为超出了必要限度，违反了民法平等、自愿原则，侵犯了原告孙某的隐私权和受法律保护的个人信息，被告移动某分公司应承担侵权责任。故就推销电话的时间、内容、次数和对原告生活、工作造成后果等综合因素考虑，

[①] 一审：山东省滨州市滨城区人民法院（2021）鲁 1602 民初 83 号民事判决书；二审：山东省滨州市（地区）中级人民法院（2021）鲁 16 民终 2594 号民事判决书。

一审法院对原告孙某精神损害损失数额酌定为3000元。二审法院经审理对一审判决予以维持。

2. 纠纷观察与实务建议

本案涉及通信领域的典型场景之一，即电话推销。根据相关法律法规的规定，自然人的电话号码显然属于受法律保护的个人信息，对于相关通信企业而言，应在合理合法的范围之内对于该部分个人信息进行处理，否则将很可能构成对于用户个人信息权益的侵害，从而引发相关纠纷。

本案中，由于涉案行为发生时间较早，法院主要适用了《中华人民共和国民法总则》（现已失效，以下简称原《民法总则》）第一百一十一条的规定，① 认为被告在原告明确表示拒绝的情形之下仍通过其手机号码对其进行推销，构成对其个人信息的非法使用，侵犯其个人信息权益。而在2021年11月《个人信息保护法》生效之后，对于类似行为是否合法，有了更为细致且全面的判断方法。例如，对于通过用户手机号码进行推销的情形，可能需判断是否事先获得了用户的同意，其同意是否基于充分知情的前提，是否清晰、明确，等等。并且，《个人信息保护法》对于信息的存储、删除、查询等均进行了明确规定，用户可能基于任一环节的问题主张企业对其个人信息权益构成侵犯。

总之，随着我国对个人信息保护的重视逐步加强，以及各项法律法规的逐步出台与完善，完整的个人信息保护体系将逐步建立并贴合实际需要，为个人信息主体提供有效保护。对于信息传输与通信业内相关企业而言，由于其业务过程中不可避免地涉及大量个人信息，对于相关规定进行了解与及时更新，并根据相关规定进行相应调整，可以很大程度上避免因纠纷产生的损失，对于业务合规及企业长远发展均有着重要意义。

---

① 原《民法总则》第一百一十一条规定："自然人的个人信息受法律保护。任何组织和个人需要获取他人个人信息的，应当依法取得并确保信息安全，不得非法收集、使用、加工、传输他人个人信息，不得非法买卖、提供或者公开他人个人信息。"

第三节　制造业知识产权仲裁案例分析

汽车行业是制造业发展势头迅猛的典型代表。国家统计局数据显示，2022年，规模以上汽车制造业工业增加值比上年增长6.3%，高于同期制造业增加值增速3.3个百分点；完成营业收入92899.9亿元，增长6.8%，高于同期制造业增速2.3个百分点；实现利润总额5319.6亿元，增长0.6%。[1] 从前述数据可知，汽车行业是制造业的重要组成部分，同时汽车也是扩大内需的重要消费品，对我国经济社会发展意义重大。汽车相关税收占全国税收比、从业人员占全国城镇就业人数比、汽车销售额占全国商品零售额比均连续多年超过10%。全国与汽车相关产业的就业人数，已经超过社会就业总人数的1/6。[2] 2022年，我国汽车产销分别完成2702.1万辆和2686.4万辆，同比分别增长3.4%和2.1%。其中，新能源汽车产销分别完成705.8万辆和688.7万辆，同比分别增长96.9%和93.4%。[3] 2021年，我国汽车产销分别完成2608.2万辆和2627.5万辆，同比分别增长3.4%和3.8%，结束了连续3年的下降趋势。新能源汽车销售完成352.1万辆，同比增长1.6倍，连续7年位居全球第一。[4] 目前，汽车行业呈现出"四化"的特点，即"电动化、智能化、网联化、共享化"，新能源

---

[1] 中国汽车工业协会：《2022年汽车工业经济运行报告》，载国家统计联网直报门户网站，http://lwzb.stats.gov.cn/pub/lwzb/bztt/202306/W020230605413586552922.pdf，2024年2月26日访问。

[2] 中汽中心：《从中央经济工作会议看2023年汽车产业》，载微信公众号"电动汽车观察家"2022年12月23日。

[3] 《2022年12月汽车工业经济运行情况》，载工业和信息化部官方网站，https://www.miit.gov.cn/gxsj/tjfx/zbgy/qc/art/2023/art_610c626d34b8424c9c1077ac5e5a40fe.html，2024年1月20日访问。

[4] 《2021年12月汽车工业经济运行情况》，载工业和信息化部官方网站，https://www.miit.gov.cn/gxsj/tjfx/zbgy/qc/art/2022/art_63f16aa43e3543c28bb285b7dc759eea.html，2024年1月20日访问。

汽车和智能网联汽车面临深刻的产业变革和前所未有的新发展机遇。①

汽车行业是典型知识产权密集型行业，以专利为例，2020 年中国汽车专利公开量为 29.5 万件，同比增长 8.05%，持续保持稳步增长态势。发明专利授权量为 6.4 万件，同比增长 2.61%。随着每年百万辆的新能源汽车消费热潮，与新能源汽车尤其是电动车核心技术知识产权相关的摩擦也开始逐渐增多。除了电池和整车领域外，随着汽车智能化和网联化的发展，大量科技公司涌入汽车赛道，引发了多起知识产权诉讼。②

下文将汽车行业特点作为切入点，聚焦目前汽车行业热点知识产权纠纷类型，并通过真实案例现身说法，提出汽车行业相关知识产权纠纷解决的建议。

一、2021—2023 年汽车行业国内专利申请情况

汽车行业的显著特点之一是技术密集，而专利是企业保护技术的主要方式，本部分将以汽车行业专利申请情况为基础数据，拟通过汇总、梳理专利申请数量及对应分布的技术领域，分析汽车行业的技术发展及保护情况。

（一）申请数量

在国家知识产权局官方网站专利检索库，③ 以"汽车"为全文检索关键词，得出如下检索结果：2021—2023 年，国家知识产权局共受理 263601 件专利申请，其中 2021 年受理 108763 件，2022 年受理 100967 件，2023 年受理 53871 件。

---

① 张昭昭、王军雷、王亮亮：《汽车企业知识产权管理建议》，载《汽车文摘》2022 年第 1 期。
② 张昭昭、王军雷、王亮亮：《汽车企业知识产权管理建议》，载《汽车文摘》2022 年第 1 期。
③ 参见国家知识产权局官方网站，https://pss-system.cponline.cnipa.gov.cn/conventionalSearch，2024 年 1 月 5 日访问。

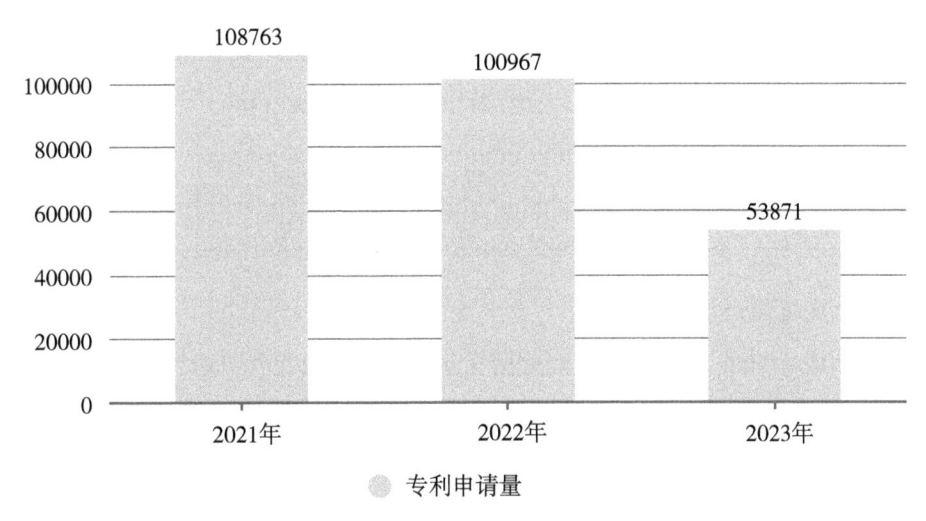

图 4-3：2021—2023 年中国汽车领域专利申请量柱状图

（二）不同技术领域专利申请情况

目前汽车行业的专利申请领域主要集中在车辆智能化网联化，新能源汽车相关的动力电池及其热管理，汽车电机及其控制，整车，动力装置和布置、传动装置和布置，车辆配件及车用半导体器件这 7 类不同技术领域。在国家知识产权局官方网站专利检索库，以"汽车"及汽车重点技术领域对应的"IPC 分类号"①为检索关键词，得出如下检索结果：

表 4-1：2021—2023 年汽车行业不同技术领域专利申请数量统计

技术领域 \ 年份	2021 年（件）	2022 年（件）	2023 年（件）
车辆智能化网联化领域	9215	11431	7840
新能源汽车相关的动力电池及其热管理领域	2943	2749	1283
汽车电机及其控制领域	1235	1222	667
整车领域	4078	4045	2042
动力装置和布置、传动装置和布置领域	9992	8764	5318

① 国际专利分类法是国际上通用的专利文献分类法。用国际专利分类法分类专利文献（说明书）而得到的分类号，称为国际专利分类号，通常缩写为 IPC 号。

续表

技术领域 \ 年份	2021年（件）	2022年（件）	2023年（件）
车辆配件领域	8378	7897	4306
车用半导体器件领域	121	118	35

由上文可得出如下结论：

1. 2021—2023年，车辆智能化网联化技术领域的专利申请数量在所有技术领域中始终居于首位，汽车电机及其控制领域专利申请数量始终最少。

2. 2021—2023年，车辆智能化网联化技术领域，动力装置和布置、传动装置和布置领域以及车辆配件领域专利申请数量占比大，三者在汽车所有重点技术领域中的专利申请数量所占比重超过2/3。

二、汽车行业知识产权纠纷特点

（一）纠纷数据统计

1. 专利领域

为了解汽车行业专利相关纠纷类型，现通过北大法宝数据库①检索相关案例，将审结时间限制在2020年至2023年，法院限制在最高人民法院、北京知识产权法院、广州知识产权法院、广东省高级人民法院、上海知识产权法院、上海市高级人民法院，共检索出606件汽车行业内专利相关的案件，其中，2020年共有284件，2021年共有172件，2022年共有108件，2023年共有42件，当事人涉外的案件共有41件。

---

① 数据由笔者统计，仅供读者参考。

第四章 重点行业的知识产权仲裁案例分析 | 205

专利领域案件数量

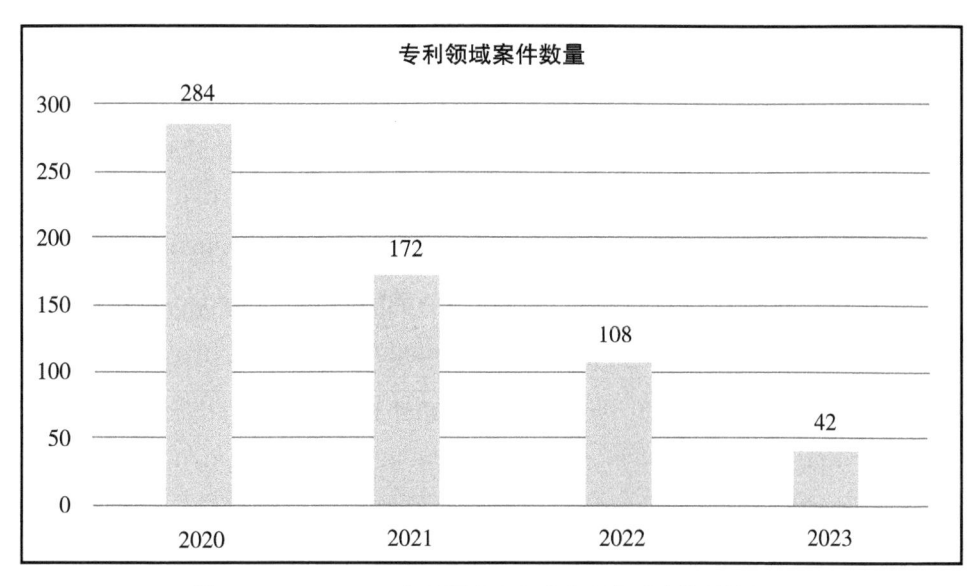

年份	数量
2020	284
2021	172
2022	108
2023	42

图 4-4：2020—2023 年中国汽车行业专利领域案件量柱状图

2. 技术秘密领域

以"侵害技术秘密纠纷"为案由，全文检索"汽车"，审理程序限制在一审，以全国为范围，审结时间限制在 2020 年至 2023 年，共检索出 5 件案件。其中，2020 年共有 3 件，2021 年共有 1 件，2022 年共有 1 件。

技术秘密领域案件数量

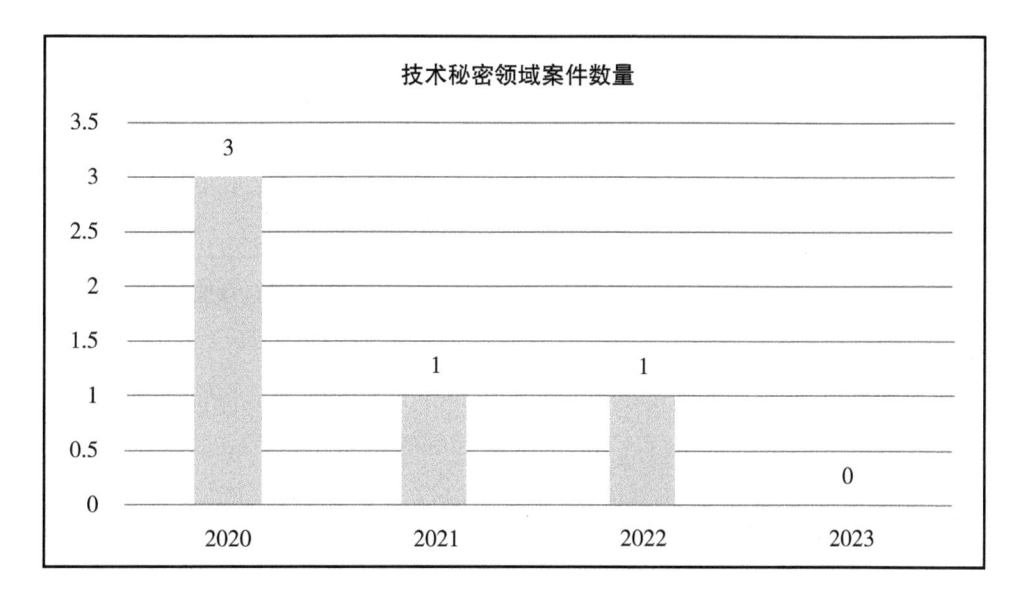

年份	数量
2020	3
2021	1
2022	1
2023	0

图 4-5：2020—2023 年中国汽车行业技术秘密领域案件量柱状图

3. 技术合同领域

以"技术合同纠纷"为案由，全文检索"汽车"，审理程序限制在一审，以全国为范围，审结时间限制在 2020 年至 2023 年，共检索出 379 件案件。其中，2020 年共有 156 件，2021 年共有 133 件，2022 年共有 57 件，2023 年共有 33 件。技术合同领域中，纠纷类型主要有技术委托开发合同纠纷、技术合作开发合同纠纷、技术转让合同纠纷、技术咨询合同纠纷、技术服务合同纠纷以及技术培训合同纠纷。其中，技术服务合同纠纷案件数量最多，共有 179 件；其次为技术委托开发合同纠纷，共有 129 件；案件数量最少的为技术转让合同纠纷，共有 3 件。

技术合同领域案件数量

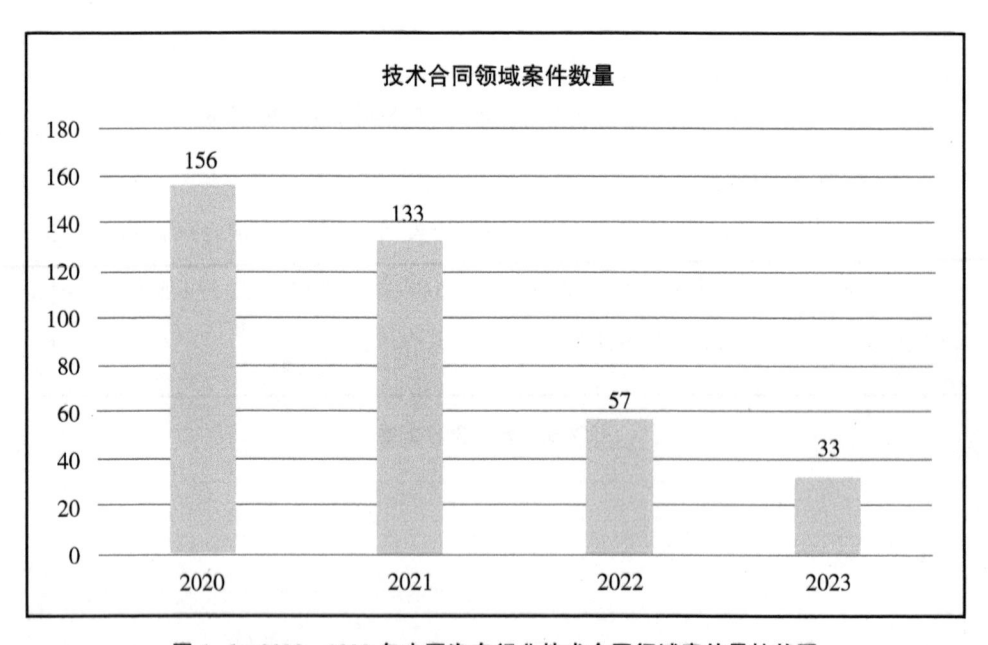

年份	案件数量
2020	156
2021	133
2022	57
2023	33

图 4-6：2020—2023 年中国汽车行业技术合同领域案件量柱状图

技术合同领域纠纷类型案件数量

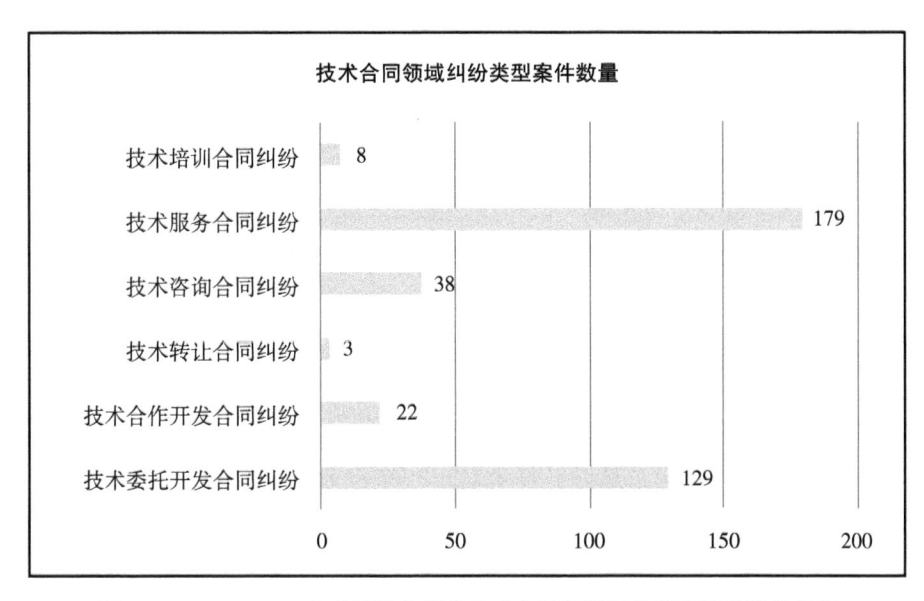

纠纷类型	数量
技术培训合同纠纷	8
技术服务合同纠纷	179
技术咨询合同纠纷	38
技术转让合同纠纷	3
技术合作开发合同纠纷	22
技术委托开发合同纠纷	129

图 4-7：2020—2023 年中国汽车行业技术合同领域纠纷类型案件量柱状图

4. 数据保护领域

全文检索"汽车",审理程序限制在一审,审结时间限制在 2020 年至 2023 年,以"人格权纠纷"为案由,共检索出 1 件案件,以"侵害经营秘密纠纷"为案由,共检索出 2 件案件。

数据保护领域纠纷类型案件数量

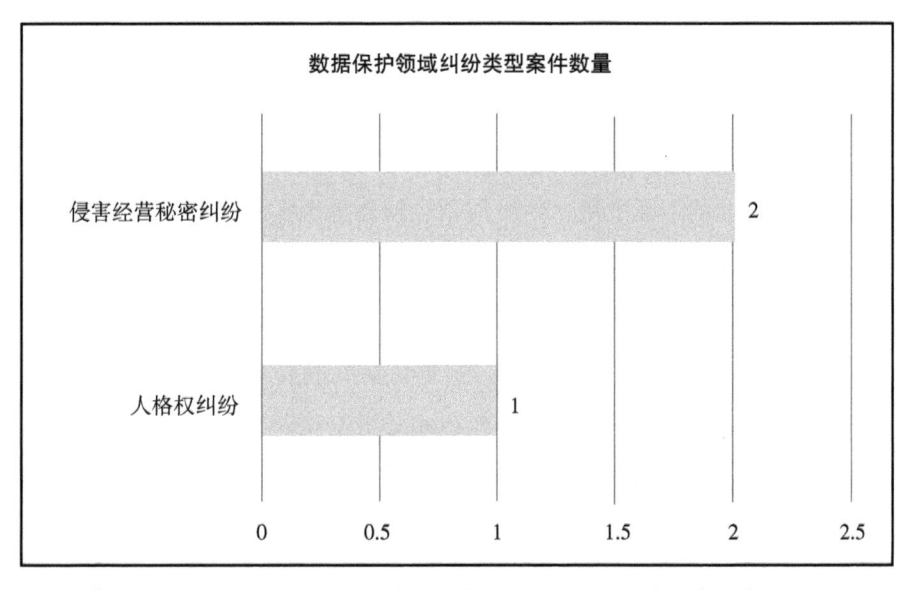

纠纷类型	数量
侵害经营秘密纠纷	2
人格权纠纷	1

图 4-8：2020—2023 年中国汽车行业数据保护领域纠纷类型案件量柱状图

（二）纠纷特点

1. 技术性强

汽车行业纠纷类型呈现技术性强这一特点与该行业固有属性紧密相关。如上文所述，汽车行业是典型的知识产权密集型产业，技术是汽车发展的生命源和市场竞争力所在，汽车企业重视技术成熟、可靠、耐久、实用性，故技术领域成为纠纷的重灾区。

例如，吉利诉威马技术秘密案，该案是国内首起新能源汽车领域的侵权案件，也是中国汽车行业知识产权纠纷最高索赔金额的诉讼案，权利人主张的损害赔偿金额高达21亿元，足可见技术对于汽车行业的重要价值。2019年9月17日，吉利汽车起诉威马汽车侵犯商业秘密案在上海市高级人民法院正式开庭。① 被告方是威马汽车旗下的四家子公司，包括威马汽车科技集团、威马智慧出行科技、威马汽车制造温州公司以及威马新能源汽车销售公司。纠纷的起源是吉利集团员工离职带走了吉利SUV车型GX7的全部资料，并且这名高管和其团队核心成员随后加入了威马汽车，并在此基础上研发出了威马EX5车型，涉案技术秘密包括：前稳定杆总成、后桥总成安装支架、前悬左下摆臂、前稳定杆左趁套、后桥总成，均为汽车底盘零部件。目前案件一审已宣判，上海市高级人民法院判决威马停止侵权，即停止使用用于EX5车型上的前述五个汽车零部件图纸。

2. 纠纷类型多元化

随着汽车行业的不断发展，纠纷类型也随之呈现多元化的特点，如近期热点问题标准必要专利许可以及用户信息保护问题。

（1）关于汽车行业标准必要专利许可纠纷。2019年，德国专利数据公司IPlytics就在其发布的《汽车行业5G标准必要专利竞争态势报告》中指出："除智能手机外，汽车行业可能会成为全球首批最依赖5G技术的行业之一。"我国汽车行业对此亦有回应，中国汽车技术研究中心、中国信息通信研究院于

---

① 时代财经：《吉利告威马侵害商业秘密索赔21亿，威马独家回应》，https://baijiahao.baidu.com/s?id=1643376304103907918&wfr=spider&for=pc，2024年1月20日访问。

2022 年 9 月 13 日发布了《汽车行业标准必要专利许可指引》（以下简称《指引》）其中就许可费的计算原则及被许可主体等均有说明。

汽车行业在标准必要专利领域出现纠纷的原因之一，是通信行业惯用的许可模式是向终端产品制造商发放许可证，该做法目前因通信技术在智能网联汽车领域的广泛应用而延伸至汽车行业。但这与汽车行业的行业惯例相悖，在汽车行业，汽车企业通常以组件级许可作为行业惯例，面对上述通信行业的许可方式，汽车企业不能以违反产业实践为理由拒绝，否则汽车企业很可能会被认定为拒绝接受许可的非善意的被许可人，从而在潜在的诉讼中面临禁令的风险。

Avanci 是全球第一个以汽车行业为主要客户的专利池组织，由爱立信、高通等 5 家通信标准必要专利优势企业联合创立。目前，Avanci 拥有 48 个许可人成员，运营约 50% 的 3G 和 70% 的 4G 标准必要专利，被许可人包括大众、奥迪、宝马、通用在内的 26 个汽车品牌。[1] Avanci 拒绝给零部件厂家发放许可，仅面向汽车厂商进行整车级许可。这种以整车为对象的许可模式并不符合汽车行业惯例。在传统汽车产业链中，专利许可往往是纵向的，即由供应商负责获得相应零部件的专利授权并承担专利许可成本，汽车厂商从供应商处采购零部件组装成整车，汽车厂商通过采购合同中的知识产权条款来规避侵权责任。[2]

综上可知，汽车行业在标准必要专利领域的纠纷会随着智能网联汽车市场扩张而持续成为纠纷热点。

（2）关于数据保护。近几年，有多部关于汽车用户数据保护的规定出台，由此可窥见此类纠纷已经引发了足够的关注度。

《汽车数据安全管理若干规定（试行）》于 2021 年 8 月 20 日由国家互联网信息办公室、国家发展和改革委员会、工业和信息化部、公安部、交通运输部联合发布，该规定自 2021 年 10 月 1 日起施行。

该规定明确了汽车数据的定义范围，除了公民个人信息外，还包括重要敏

---

[1] 中国汽车工程学会知识产权分会、北京大学国际知识产权研究中心、中国汽车知识产权运用促进中心组织编：《汽车标准必要专利研究报告（2023）》，知识产权出版社 2023 年版，第 9—10 页。
[2] 王军雷、龙悦、王亮亮：《智能网联汽车通信标准必要专利许可及其反垄断规制》，载《西部学刊》2023 年第 13 期。

感区域的地理信息、人员流量、车辆流量、物流等重要数据；明确了汽车数据处理者的义务和法律责任；明确了重要数据应当依法在境内存储，因业务需要确需向境外提供的，应当通过国家网信部门会同国务院有关部门组织的安全评估的重要规则；明确了汽车数据监管部门的安全监督管理职责等。

此外，《关于加强车联网网络安全和数据安全工作的通知》于 2021 年 9 月 15 日由工业和信息化部发布，通知对象，即责任部门包括各级政府工信主管部门、通信管理局、三大运营商（中国移动、中国联通、中国电信）、有关智能网联汽车生产企业、车联网服务平台运营企业、有关标准化技术组织。该通知指出，车联网是新一代网络通信技术与汽车、电子、道路交通运输等领域深度融合的新兴产业形态。智能网联汽车是搭载先进的车载传感器、控制器、执行器等装置，并融合现代通信与网络技术，实现车与车、路、人、云端等智能信息交换、共享，具备复杂环境感知、智能决策、协同控制等功能，可实现"安全、高效、舒适、节能"行驶的新一代汽车。在产业快速发展的同时，车联网安全风险日益凸显，车联网安全保障体系亟须健全完善。

3. 纠纷解决保密性、时效性要求高

纠纷解决保密性要求与汽车行业技术密集有着不可分割的关系，如何避免技术信息的外泄，或者尽可能减少外泄是汽车企业通常关注的内容。此外，如上文所述标准必要专利的许可带来的知识产权纠纷也成了汽车企业需要密切关注的重点，在该类纠纷中常见的是许可费率纠纷，无论是许可人抑或是被许可人，均不愿意过多地披露涉及费率的具体内容，故对纠纷解决的保密性提出了切实的需求。

关于对时效性要求高，其原因在于纠纷解决的时效性将会对企业市场行为产生影响。时效性在具体的案件中体现为两个层面，其一是具体个案从立案到作出裁判效率高低；其二是具体争议完全解决，即从立案到作出生效裁判所需的时间成本。效率是企业的生命线，太过拖沓、滞后的效率会导致牵一发动全身的负面效应，是企业难以承受之重。

三、仲裁解决汽车行业知识产权纠纷的优势

(一) 仲裁的保密性有助于维护当事人合法权益

如上文所述，无论是从技术保护层面，抑或是从商业条件保护层面，保密性的要求在汽车行业都显得极为重要，而仲裁天然具备的保密性将全方位的维护当事人利益。相比于诉讼程序，仲裁以实行不公开审理为原则，仲裁裁决书、仲裁调解书、撤案决定等结案文书也不会公开，保密性可以提高仲裁程序的效率，不仅给争端当事方提供一个自由协商的平台，同时也降低了媒体和商业竞争者以及其他非当事方获取重要商业信息的可能。

(二) 仲裁的高效性有助于高效率解决纠纷

如上文所述，高效解决纠纷可以从两个层面来理解，无论从任何一层面考量，仲裁均有着得天独厚的优势。

1. 仲裁在审理案件审限层面具有优势

知识产权诉讼持续时间久已成为普遍认知，以专利侵权一审为例，有数据统计显示，对2020年11月1日至2023年10月30日3年间，中级人民法院和专门法院审理的侵害发明专利权纠纷的一审判决书进行检索，共得到373件搜索结果。其中，可以获知审理周期的案件共318件。统计结果显示，审理周期在365天以上的有124件，占比39%；181—365天的有99件，占比31.13%；91—180天的有67件，占比21.07%；31—90天的有25件，占比7.86%；16—30天的有3件，占比0.94%。[①] 审理周期超过1年的案子数量占比达到了将近40%，这还仅仅是一审，大量的案子还会进入二审，时间成本则在此基础上进一步提高。关于二审的审理期限，最高人民法院知识产权庭发布的《最高人民法院知识产权法庭年度报告（2022）》中统计，2022年法官人均受案（含新收和旧存）142.5件，同比增加16件，结案79.9件，同比减少3.6件。已结各类

---

① 贾博：《专利侵权诉讼哪国快？》，载律商网，https：//www.lexiscn.com/law/articles-453583.html? newstype = 3&expert_ analysis_ flag = 1&act = detail&access = content_ detail&keyword = 5LiT5Yip5L615-p2D6K%2BJ6K685ZOq5Zu95b%2Br&t_ kw = 5LiT5Yip5L615p2D6K%2BJ6K685ZOq5Zu95b%2Br&eng = 0&lang = cn&prid = 38eca772 - a5ae - f9fc - 0725 - 7807953961af&crid = 7ca2626b - 537c - 4706 - b4f9 - 204da092070e，2024年4月2日访问。

案件平均审理周期 165.2 个自然日。其中，管辖案件 28.6 个自然日，民事二审实体案件 179 个自然日，行政二审案件 215 个自然日。因法官人均受案持续增长和受疫情影响较大，案均审理周期同比增加。① 从上述统计可知，诉讼程序所携带的时间成本相对较高，实务中当事人因畏惧时间成本本身及其所引发的其他并发压力，故而产生惧诉的心理也是常见的情况。

仲裁纠纷解决的时间成本要相对较低。以贸仲为例，根据《贸仲规则 2024》规定，涉外普通程序在组庭后 6 个月内作出裁决书；国内普通程序在组庭后 4 个月内作出裁决书；简易程序在组庭后 3 个月内作出裁决书。

2. 一裁终局，根本解决纠纷程序冗长的问题

相较于诉讼的二审终审制度，仲裁有着其天然的优势，一裁即生效，实务中许多纠纷当事人均是因此选择仲裁作为纠纷解决方式。最直观层面上，一裁生效节约了大量的时间成本；此外，随着高效解决纠纷一并产生的正面社会效应是一定程度上打消了未生效判决产生的不确定性进而引发的不安全感。这对维护市场的稳定性，助力市场活动持续活跃有着重要的价值。

（三）仲裁解决纠纷更具经济性

从经济成本层面，仲裁亦有着相对明显的优势。下表为把诉讼费与仲裁费所做的比较。根据《贸仲规则 2024》及现行《诉讼费交纳办法》，梳理比较贸仲仲裁案件及法院诉讼案件收取案件相关费用情况如下：

---

① 《最高人民法院知识产权法庭年度报告（2022）》，载最高人民法院官方网站，https：//www.court.gov.cn/zixun-xiangqing-394802.html，2024 年 1 月 22 日访问。

表 4-2：诉讼、仲裁费用比对表

比较结果	标的额（万元）	贸仲		法院	
		案件受理费	案件处理费	一审	二审
仲裁委>法院 差额在 0.4 万元—1 万元	25	1.4		1.01	
		0.7	0.7	0.505	0.505
	50	2.4		1.76	
		1.2	1.2	0.88	0.88
	100	3.65		2.76	
		1.7	1.95	1.38	1.38
仲裁委≈法院	200	4.6		4.56	
		2.2	2.4	2.28	2.28
仲裁委<法院 差额在 2 万元—10 万元	600	8.25		10.76	
		4.2	4.05	5.38	5.38
	1000	11.45		16.36	
		6.2	5.25	8.18	8.18
	1800	17.85		25.96	
		10.2	7.65	12.98	12.98
	2000	19.45		28.36	
		11.2	8.25	14.18	14.18
仲裁委<法院 差额在 20 万元	5000	40.45		58.36	
		26.2	14.25	29.18	29.18

通过上述梳理，可得出如下结论：

1. 案件标的额为 200 万元以下的，仲裁费多于诉讼费，差额在 1 万元以内；

2. 案件标的额为 200 万元的，仲裁费和诉讼费几乎相同；

3. 案件标的额为 200 万元—5000 万元的，仲裁费少于诉讼费，差额在 20 万元以内。其中案件标的额处于 200 万元—600 万元时，差额在 2 万元以内；案件标的额处于 600 万元—2000 万元时，差额在 2 万元—10 万元之间，案件标的额处于 2000 万元—5000 万元时，差额在 10 万元—20 万元之间。

（四）仲裁有利于跨境知识产权纠纷的解决

汽车行业知识产权纠纷随着我国汽车出口量的增加随之增加，根据中国汽车工业协会统计的 2021 年、2022 年全年及 2023 年 1—3 月汽车出口数据（见下图），我国汽车出口数量自 2021 年起连续递增，增幅明显。

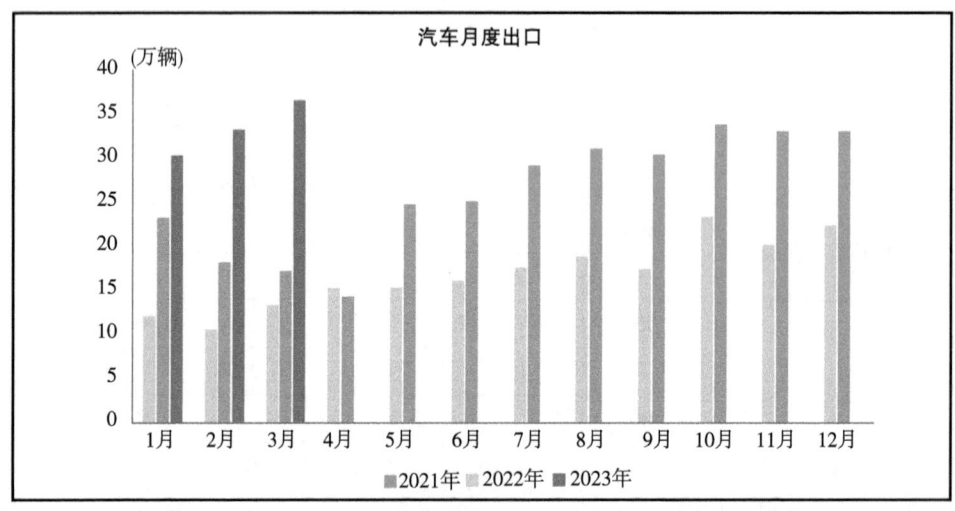

图 4-9：2021 年、2022 年全年及 2023 年 1—3 月汽车出口数据①

管辖权是跨境争议解决常见的问题之一，仲裁可彻底规避这一问题。在诉讼中，原告通常会选择对自己维护权益最友好的法院提诉，但被告通常亦会对此提出异议，结果导致管辖确认就会消耗当事人相当大的时间、精力以及经济成本。因为仲裁的基础是双方的合意，故关于管辖的争议就根本性地予以消除，对于高效解决纠纷起到了重要作用。

仲裁裁决的跨境执行已被多国支持。对外国裁决的承认受制于不同的国际规则，包括 1927 年《日内瓦公约》、1958 年《纽约公约》、1961 年《欧洲公约》、1972 年《莫斯科公约》以及 1975 年《巴拿马公约》。《纽约公约》毫无疑问是处理外国仲裁的承认和执行方面最重要的国际规则。《纽约公约》成员承诺承认外国仲裁，除非属于《纽约公约》第五条对裁决或程序相关规定的情

---

① 《2023 年 3 月汽车出口情况简析》，载中国汽车工业协会官方网站，http://www.caam.org.cn/chn/4/cate_34/con_5235763.html，2024 年 1 月 20 日访问。

况。在我国，最高司法机关亦对《纽约公约》的实施采取积极、正面的态度。①综上可知，仲裁在保障跨境争议落地解决有着得天独厚的优势。

四、汽车行业知识产权纠纷的典型案例

下文将结合贸仲关于汽车行业纠纷的典型案例，进一步论述仲裁解决汽车行业纠纷的优势，并提供具体的实务建议。

（一）典型案例一：上海某科技公司与广东某新能源汽车科技公司技术许可协议争议

1. 案件情况

以上海某科技公司（以下简称申请人）与广东某新能源汽车科技公司（以下简称被申请人）技术许可协议争议仲裁案为例。

2019年6月14日，申请人与被申请人签署本案协议，约定由申请人向被申请人提供协议约定的技术，包括：1. 许可方从事纯电动汽车的研究、开发、设计和制造，并已开发一个纯电动汽车平台，并在该平台上开发了C纯电动SUV车型的原型车；2. 被许可方目前从事纯电动汽车的设计、开发、制造和商业化活动；3. 为加快其自有车辆平台和车型的研发，被许可方需要某些知识产权和技术支持。许可方愿意通过将其平台技术许可给被许可方并提供必要技术支持的方式，支持被许可方。被申请人支付一定金额的许可费。本案协议中约定了对应支付节点。2019年6月，被申请人支付第一期许可费。2019年7月，被申请人支付第二期许可费。申请人已于2019年6月完成协议要求的技术资料的完整、准确交付义务。被申请人一直拒绝支付第三期许可费，故申请人提出仲裁申请。

本案中被申请人抗辩称，涉案协议要求申请人对被申请人所许可技术应当包含与平台相关的完整技术，包括但不限于所有知识产权，进而实现被申请人在所许可技术基础上进行完整车型开发的根本目标。然而，在被申请人按照约

---

① 高晓力：《中国法院对仲裁持积极态度》，载最高人民法院国际商事法庭官方网站，https：//cicc.court.gov.cn/html/1/218/62/164/1054.html，2024年4月2日访问。

定支付了第一期和第二期许可费的情况下，申请人提供的技术资料却存在缺失核心文件等情况，导致被申请人无法进行必要的评估和验证，更无从谈起利用该等技术资料进行任何技术开发与应用，无法实现本案协议的根本目的。具体事实依据是：纯电动汽车的技术核心主要在于电机、电池、电控。以其中电控技术和电池技术为例，经被申请人核实，申请人交付的电子电器相关技术资料中仅有需求说明级别的技术协议以及部分通用技术规范和线束原理图，电池管理系统也仅包含二维（2D）图纸和三维（3D）数学模型，缺失构成一个纯电动车平台所必需的多项资料。具体而言，涉及电控和电池相关技术资料中存在的重大缺陷至少包括：①申请人提供的电子、电器技术资料缺失零部件和子系统验证技术规范级别的相关技术文档、技术规范、整车及零部件的功能和性能试验报告等。在该等资料缺失的情况下，被申请人无法进行电子电器系统架构及零部件的开发。②对于汽车各部分的电控类零件或模块、涉及车身的车身控制模块、整车控制系统及电池管理系统，申请人提供的技术资料中仅包含2D图纸和3D数学模型，但缺失该等电控模块或系统相关的功能定义、算法控制、控制策略、通讯协议定义、物料清单及供应商等信息。在此情况下，被申请人无法开发出相关的电控模块和系统。③申请人提供的整车电子电器架构图仅为原理图，但缺失将该原理图运用至车型开发所必需的控制器硬件及接口定义、软件策略及定义、通讯协议内容、故障诊断策略及定义等信息，使得被申请人无法依据申请人提供的资料开发出可行驶的车型。④在电池领域，申请人交付的电池管理系统 BMS 未提供可开发白盒，需被申请人重新开发，交付的 2D 图纸和 3D 数学模型缺失模组、热管理系统、电气系统、支架附件图纸，也无相关子系统关键特性清单，需被申请人重新开发。

2. 纠纷观察与实务建议

技术许可合同是汽车行业常见的合同类型，而技术合同纠纷中如何界定"交付"是否符合合同约定，以及如何界定技术术语的内涵和外延等争议焦点对于案件的走向有着重要影响，也在一定程度上是裁判者展示智慧的重要场合。

在本案中，"交付"问题也是仲裁庭核心关注的内容之一，在如何认定"交付"问题方面，仲裁庭进行了多维度的论述说理：首先，仲裁庭巧妙地将合同目的与"技术资料"术语的外延解释融合在一起进行解释与认定,并确定了"在'技术资料'术语已经被本案协议清楚地做了定义的情况下,不应当再援引合同目的对'技术资料'术语进行扩大性解释"的处理原则,并在认定交付范围时厘清了"背景知识产权"术语与交付范围之间的关系。其次,仲裁庭通过回溯合同签订的过程明确交付的范围。最后,仲裁庭充分考量了合同履行过程中,双方就合同所涉技术交流的频率、深度等因素对"交付"进行了认定。

值得注意的是,在本案中存在向案外第三人获得许可的情形,仲裁庭对此事实对本案的影响亦作出了回应:有些"背景知识产权"是需要特别谈判取得第三人许可才能纳入许可范围的,并非所有"背景知识产权"都当然属于申请人应向被申请人许可并交付的客体。

如上所述,仲裁庭在处理纠纷中充分考量了涉案协议从签订到履行的重要节点,并综合了汽车行业的特点,将第三方许可因素纳入并作为认定案件争议焦点认定的因素之一,这样周全的考量是源于仲裁员对行业的了解以及丰富的裁判经验。

(二) 典型案例二:中国某咨询公司与中国某变速器公司技术服务合同争议

1. 案件情况

中国某咨询公司(以下简称申请人)与中国某变速器公司(以下简称被申请人)于 2017 年 3 月签订了合同及相关附件,约定由申请人向被申请人提供 C 液压控制模块设计和开发的技术服务。

本案合同生效后,申请人按约提供服务,并交付相应货物,被申请人也相应履行前四期付款义务。至"任务 8-工装设计验收"阶段,并达到第五期付款节点时,被申请人拒绝履行该部分付款义务。另外,经被申请人要求,申请人同意在开始"任务 8-工装设计验收"阶段的同时开始"任务 9-量产和量产后支持"。但被申请人在接受相应服务并达到第六期付款节点后,拒绝履行该部分付款义务。经申请人多次沟通,被申请人仍未支付相应合同款,遂提起仲裁。

被申请人答辩称:根据本案合同约定,工装设计验收后,被申请人支付第五笔款项，开票日期为 2018 年 5 月；量产后支持结束，被申请人支付尾款。但申请人至今仍未提供工装设计进行验收，尚未进入量产阶段，申请人要求被申请人支付的第五笔款项和第六笔尾款尚未达到合同约定的付款条件。因此，申请人的仲裁请求缺乏合同依据，应予驳回。

2. 纠纷观察与实务建议

如上文所述，汽车行业的纠纷特点之一是技术性强，关于技术合同定性的问题是争议核心，会直接影响界定当事人权利义务的内容。本案仲裁庭在全面审视了案件之后对涉案协议的性质予以了明确，仲裁庭论述称："从本案合同附件《技术协议》约定的双方合作事务内容看，申请人提供的服务包括 A 样机的概念设计和具象设计、详细设计、样机测试、工装设计更新、工装样机测试，以及其他环节的技术咨询和支持等。"结合原《合同法》上述规定，仲裁庭认为："本案合同实为包含了技术开发、技术咨询和技术服务等内容在内的混合合同，当事人的具体权利义务需要结合具体事务的情况进行分析。"在明确了合同性质后，仲裁庭进一步指出合同性质对当事人权利义务范围界定的影响，仲裁庭认定："本案合同性质决定了申请人既非向被申请人提供一个成熟的产品并对产品技术指标和性能承担完全责任，亦非仅仅提供劳务，对产品技术指标和性能不承担任何责任，而是介于两者之间，由申请人和被申请人共同努力实现产品技术指标和性能。"

此外，关于技术合同的履行问题，仲裁庭在充分考虑了合作开发的性质、合作标的的技术性，以及合作目的的切实落实性等特点对合同的履行情况进行了认定。

一般而言，在技术合同纠纷中，如何界定争议技术的技术范畴与载体、如何认定在技术合作过程中双方的义务是常见的争议焦点内容。导致前述争议焦点的原因在于，技术表达本身具有模糊性，这是文字表达的有限性、具体操作人员认知的差异性等多个因素共同作用导致的结果。表达的模糊性必然导致边界的可塑性，可塑性在争议中即体现为当事人各自说各自的道理，并且都觉得自己更有道理。这样的情况下就需要裁判人员洞悉争议本质，抓取最为核心的内容，在解读合同目的的时候取最大公约数，在统一基础事实的情况下作出合宜的裁判。

值得注意的是，在本案中仲裁庭对技术的内容进行了分割，将无法确认问题出处的技术问题剥离在合同权利、义务范畴之外，仲裁庭原文表述为："本案中，对于涉案项目最终尚未解决的 RV 问题、TC 抖动问题、DN 换挡冲击问题等，由于导致该问题的多种因素的存在，双方均无证据证明上述问题完全是对方原因所致，导致前述问题的真正原因无法查明。仲裁庭认为，也不排除此类技术问题系因双方当前技术能力和条件所限，双方无力解决的问题。在此情况下，应该综合考虑本案合同的性质及双方主要权利义务关系，双方付出的成本和遭受的损失、项目最终状态等因素，本着公平的原则，合理确定双方权利义务。"这一认定与仲裁裁决追求实质公平的价值观深度契合，无论是哪一方当事人都有冷静、理性看待争议的眼光。

（三）典型案例三：康文森公司与特斯拉公司标准必要专利侵权争议

为多视角展现汽车行业知识产权纠纷解决全貌，下文特选取诉讼案例进行观察与分析。

1. 案件情况

该案的原告康文森，是一家注册在卢森堡的 NPE，其前身为核心无线公司。被告是特斯拉。[①] 该案的争议焦点是特斯拉是否侵犯了康文森的专利权。2011 年，康文森收购了诺基亚持有的近两千项专利和专利申请组合，获得了包括诉权在内的权利。2018 年 12 月，康文森向特斯拉发送 FRAND[②] 许可要约，说明康文森拥有与移动通信网络相关的广泛专利组合，其中包括数百项专利和专利申请，这些专利对 2G、3G 和 4G 移动标准至关重要。同时，康文森为特斯拉提供了共享文件网址的访问权限，便于特斯拉获得康文森专利组合的代表性权利要求表。

2019 年 2 月，康文森再次联系特斯拉沟通前述要约事项，并表明："如您

[①] 特斯拉（Tesla）是美国一家电动汽车及能源公司，参见特斯拉官方网站，https://www.tesla.com/about，2024 年 3 月 6 日访问。

[②] 标准的专利许可原则，意思指公平（fair）、合理（reasonable）、无歧视性（non-discriminatory），参见世界知识产权组织官方网站，https://www.wipo.int/wipo_magazine/zh/2022/04/article_0007.html，2024 年 3 月 7 日访问。

所知，标准必要专利的 FRAND 许可需要双方积极参与谈判"。特斯拉虽然在 2019 年 4 月作出了回应，但该回应不涉及任何实质性内容。在沟通无果后，康文森于 2020 年 2 月向德国曼海姆法院对特斯拉及特斯拉德国子公司提起专利侵权诉讼。该案目前仍在审理过程中。

美国得克萨斯州西区法院认为，特斯拉的制造、使用、销售等行为侵犯了康文森的专利权。特斯拉在安装、配置和销售特斯拉的汽车产品时，使用独立的硬件和软件，实施了涉案专利。①

2. 纠纷观察与实务建议

标准必要专利纠纷将在未来成为汽车行业知识产权争议的核心领域，在全球范围内，汽车业发展成熟的国家和地区均纷纷出台相应的规定、政策，确立价值导向。

欧洲汽车供应商协会（European Association of Automotive Supplies）于 2023 年 3 月 7 日发布了《标准必要专利政策指南》（Standards Essential Patents Policy guidelines），其副标题是"适用于适应生态系统数字化转型的欧盟专利法规"（For an EU patent regulation that adapts to the digital transformation in the mobility e-cosystem）。②

2021 年 12 月，美国司法部、美国专利商标局和美国国家标准与技术研究院共同发布了《关于受自 F/RAND 承诺约束的标准必要专利许可谈判和补救措施的政策声明草案》（Draft Policy Statement on Licensing Negotiations and Remedies for Standard-Essential Patents Subjects to F/RAND Commitments），向公众征求意见。该草案主要内容分为两个层面，其一是促进、引导善意谈判；其二是在遵循 FRAND 许可原则后，如遭遇侵权可获得的权利救济范围。③

如上文所述，我国也对该热点问题予以了回应，具体的方式是《指引》的出台。《指引》归纳总结了近年来全球智能网联车领域标准必要专利许可谈判

---

① 中国汽车工程学会知识产权分会、北京大学国际知识产权研究中心、中国汽车知识产权运用促进中心组织编：《汽车标准必要专利研究报告（2023）》，知识产权出版社 2023 年版，第 181—183 页。
② 参见欧洲汽车零部件制造协会（CLEPA）官方网站，https://clepa.eu/mediaroom/standard-essential-patents-policy-guidelines/，2024 年 1 月 22 日访问。
③ 易继明：《美国标准必要专利政策评述》，载《信息通信技术与政策》2023 年第 3 期。

环节的难点问题，提出了利益平衡、公平、合理、无歧视，产业链任何一环节均有资格获得许可及协商处理行业差异等四项核心原则，阐明了标准必要专利许可费计算技术基数、许可考量因素、累积许可费率限制原则等的计算原则。

无论是从各国政策的重视程度，抑或是实务中层出不穷的纠纷角度，汽车行业标准必要专利纠纷将与汽车行业整体的快速发展相生相伴，在该背景下高效、快速、公平的纠纷解决方式不仅是纠纷当事人期待所在，更成为整个行业的夙愿所在。

第四节　服务业知识产权仲裁案例分析

一、服务业的背景、概况及其重要分支

服务业，顾名思义，是指不直接生产有形产品，而是提供各种无形服务的经济活动。这些服务可能包括商品的零售、教育业、法律服务、金融财税服务、信息技术服务、餐饮、旅游、娱乐等。服务业的本质特征在于它提供的是无形的价值，例如娱乐享受、专业知识咨询、技术支持或者日常生活便利。

服务业不仅是经济增长的重要驱动力，也是创新和就业的重要源泉。特别是在现代化国家中，其占据国民生产总值的比重较大。在21世纪，服务业占全球GDP的2/3以上，并雇佣了全球劳动力的1/3以上。[1]

正是因为服务业在现代社会的国民经济中占据举足轻重的地位，其纠纷数量也是较多的。也由于服务具有无形性，对于服务是否满足双方之间的约定或者行业惯例，相较于有形的商品，双方更难达成一致意见。事实上，有形商品的买方更容易根据具体的标准、规格、款式来评判商品，卖方也能借此证明其履行了义务；而就无形的服务而言，双方提前就服务的范围、服务的质量达成完全量化的约定是很难的，服务的质量在很大意义上取决于个人的主观感受，接受服务的一方对服务效果的评价也往往是主观的。因此，提供服务的一方和接受服务的另一方往往会对服务的范围、报酬、验收标准等事项产生争议，而这些争议有时也会与知识产权有关，其中技术服务业的纠纷往往与知识产权高度相关。

作为服务业的一个重要分支，技术服务业特指那些提供专业技术支持的行

---

[1]《世界银行Databank数据库》，载世界银行官方网站，https://data.worldbank.org.cn/indicator/，2024年1月15日访问。

业，如技术许可、技术转让、技术开发、技术咨询等。随着我国的经济转型，技术在促进产业升级、推动经济结构调整中发挥着越来越重要的作用，这也是知识产权强国战略和技术服务业高质量发展的体现。

技术服务业的争议不仅涉及经济利益，更关系到自主创新和技术秘密的保护。因此，技术服务业的知识产权纠纷案件的公正审理是非常重要的。仲裁作为解决技术服务业的知识产权纠纷的有效途径，不仅提供了一种相对快速的解决方案，还保证了专业性和保密性，是一种常用的解决该等纠纷的方式。

二、软件服务业知识产权仲裁案例的整体特点

21世纪是信息技术的时代，软件服务业是技术服务业的重要分支，指的是服务方提供软件方面的技术开发、技术应用和技术支持。以笔者筛选和检索的软件服务业仲裁案例为统计样本，笔者发现了软件服务业知识产权仲裁案件的在整体上的一些特点，以下将分别说明。

首先，关于仲裁选用的程序，在笔者的统计样本中，大约85%的仲裁案件采用了简易程序，并由独任仲裁员审理。根据自2015年1月1日起施行的《中国国际经济贸易仲裁委员会仲裁规则（2015版）》第五十六条和第六十五条的规定，[①] 对于不具有涉外因素的仲裁案件，如果争议金额未超过人民币500万元，除非双方对适用普通程序达成一致意见，将适用简易程序。由于软件服务业的纠纷的标的额一般不会超过500万元，因此对于大部分的软件服务业的知识产权仲裁都会采用简易程序，由独任仲裁员进行审理。

这种高比例的简易程序应用表明，在软件服务业的仲裁案件中，争议通常相对简明，并且争议金额通常不会很大。通过适用简易程序，大量的软件服务业知识产权纠纷案件经由仲裁得到了快速化解。这也是仲裁处理该等案件的优势之一。

事实上，在大多数软件服务业知识产权纠纷案件中，争议金额和最终的裁决金额均不超过100万元，这也是软件服务业乃至技术服务业或服务业的通常

---

① 中国国际经济贸易仲裁委员会：《中国国际经济贸易仲裁委员会仲裁规则（2015版）》，http://www.cietac.org.cn/index.php? m=Article&a=show&id=19730，2024年1月15日访问。

现象，双方交易反应在金钱上的金额一般不会太高。但是也有个别案例涉及争议金额很高，如在"上海 A 科技公司与广东 B 新能源汽车科技公司技术许可协议争议仲裁案"中，争议金额超过 1 亿元，这充分显示了企业核心技术在市场交易中代表着巨额的经济利益。

另外，笔者还就申请人的身份进行了分析，在统计样本中，超过 70% 的案例是由提供技术服务的一方作为申请人，接受软件技术服务并且需要支付报酬的一方则作为被申请人。也就是说，只有不到 30% 的案件是由接受软件技术服务的一方主动提起仲裁程序。这充分显示了当前的软件服务业知识产权纠纷往往是由于接受服务的一方并不足额支付报酬导致的，至于接受服务方不足额支付报酬的原因则较为多样，有可能是对服务效果并不满意，也有资金周转困难或者单纯想赖账等原因。

同时在统计样本中，大约 57% 的被申请人提出了反请求。这充分表明，技术行业的知识产权纠纷，被申请人并不单纯只是从事实和法律上提出抗辩，也会围绕服务范围、服务完成情况、服务验收标准、服务效果等提出独立的反请求。由此可见，被申请人往往会对该类纠纷积极回应，无论是通过抗辩还是通过提出反请求。数据也表明，只有很少的被申请人会对该类仲裁案件完全置之不理，即不超过 10% 的案件是在被申请人缺席的情况下由仲裁庭作出裁决的。

很有意思的是，仲裁庭经过审理，完全驳回申请人请求的情况非常少见，低于 15%，可完全支持申请人请求的情况也并不多，低于 20%。可见，软件服务业的知识产权纠纷往往双方在合同履行过程中都有所过错或者瑕疵，很少存在一方是绝对无辜的情况。当然，虽然部分支持申请人请求的裁决占据绝大多数，但对于被申请人的反请求而言，在相当多的案例当中，仲裁庭都直接驳回了被申请人的反请求。从这里也可以看出，被申请人提出的反请求更多地是为了强化自己的抗辩地位并试图减轻自己的责任，并不是为了追求申请人的责任，当然还会有争取和解时的谈判地位等在纠纷解决策略上的考量。

此外，还值得关注的是，绝大多数的软件服务行业的知识产权仲裁案件，仲裁庭在作出裁决时会依据双方当事人之间签订的合同，通过对合同的解释来作出裁决。而接受服务方如果作为被申请人，则往往会提出服务事项尚未完成、未届付款期限、服务质量不达标、服务成果没有交付或者没有通过验收等作为抗辩，这不仅需要深入地考察双方之间的合同文本和交易过程来解释合同应当怎么履行，还需要关注程序问题、技术问题和知识产权的特有法律问题，而在笔者看到的案例中，仲裁机制在这些问题上都展现出了得天独厚的优势。关于这些问题，下文将用更多的篇幅来详细探讨。

三、仲裁解决软件服务业知识产权纠纷的程序优势及典型案例

仲裁机制在解决软件服务业知识产权纠纷时，能精准适用法律，有效应对其中涉及的复杂程序问题。同时，最终的仲裁裁决不仅会明确列出法律依据，还会详尽阐释相关理由，确保双方当事人能够充分理解仲裁裁决并信服其公正性。

例如，在"中国 A 技术公司与中国 B 科技公司技术开发合同争议仲裁案"中，被申请人已经处于破产清算过程中，被申请人对于本案并未过多地纠缠于实体问题，而是提出了对于破产清算过程中的被申请人而言，关于它的民商事争议案件，应由人民法院主管，仲裁庭无权管辖本案。

在该案中，仲裁庭准确地适用了法律。首先，仲裁庭确认了被申请人已经被人民法院裁定破产清算的事实，同时也明确了申请人提出仲裁是在人民法院作出破产清算裁决之前。其次，处于破产清算的企业，其民商事纠纷并不绝对地由人民法院主管。虽然根据我国《破产法》的相关规定，人民法院裁定受理破产申请后，有关债务人的民事诉讼，只能向受理破产申请的人民法院提起，但这只是法院系统内部的集中管辖。对于应由仲裁机构主管的案件来说，则仍然应该通过仲裁解决。

仲裁庭在裁决中直接引用了法律依据：《最高人民法院关于适用〈中华人民共和国企业破产法〉若干问题的规定（三）》第八条规定，债务人、债权人对债权表记载的债权有异议的，应当说明理由和法律依据。经管理人解释或调整后，异议人仍然不服的，或者管理人不予解释或调整的，异议人应当在债权人会议核查结束后十五日内向人民法院提起债权确认的诉讼。当事人之间在破产申请受理前订立有仲裁条款或仲裁协议的，应当向选定的仲裁机构申请确认

债权债务关系。

此外，仲裁庭也详细说明了理由。对于该案而言，申请人主张被申请人拒不履行本案合同约定的义务、构成严重违约，而管理人则主张需要人民法院才能确定合同是否履行以及履行的程度。正是由于被申请人破产管理人对于申请人主张的债权不予认可，申请人方才向选定的仲裁机构提出仲裁请求，其目的也是确认债权数额。因此，双方当事人的争议，明显属于仲裁条款约定的仲裁范围之内。即便申请人提起仲裁之后被申请人被人民法院裁定进入破产程序，也不妨碍当事人相关债权债务争议通过仲裁程序加以审理与认定。

四、仲裁解决软件服务业知识产权合同纠纷的优势及典型案例

仲裁机制在解决软件服务业知识产权合同纠纷时展现出高度的专业性。由于合同是仲裁的主要应用领域之一，仲裁庭对合同法问题一般具有深厚的专业知识和娴熟的处理技巧，能够准确地解释合同并有效处理合同履行过程中产生的纠纷。

此外，当面对申请人提出的存在缺陷的仲裁请求时，仲裁裁决不仅会精准地指出其问题所在，更会引导申请人以正确规范并符合申请人真实意愿的方式提出仲裁请求。同时，仲裁裁决还会对该等正确规范的仲裁请求进行深入分析，给出可能的裁决结果，以充分保障申请人的合法权益。仲裁会尽力满足当事人的需求，这充分体现了仲裁机制对于当事人真实意图的深入理解和尊重。当然，虽然仲裁机制基于其灵活性会积极回应当事人的仲裁请求，但不会偏袒那些于法无据的请求，并不会因为其灵活性而有失公正。

例如，"中国A机器公司与中国B科技公司知识产权转让协议争议仲裁案"即体现了仲裁在处理合同法问题上的高度专业性。

在该案中，双方当事人已经履行完毕了涉案合同，申请人已经交付了全部文档并转让了所有知识产权，被申请人也已经足额付款。但是，被申请人的律师却于2019年10月向申请人发送了解约律师函，又在三个月之后向申请人发送了第二封律师函并且明确声明第一封律师函不作为解除通知。这两封律师函给申请人带来了困扰，因此提起了仲裁，主张解约通知应当是无效/已经撤销

的，并要求被申请人赔偿包括仲裁费用和律师费在内的损失。

该案的核心问题其实在于申请人的请求其实是为了确认被申请人发出的律师函是无效的/已被撤销的，这样的请求其实在法律上并无依据。申请人原仲裁请求是"确认被申请人解除合同的通知无效"；后变更为"确认被申请人解除合同的通知已被撤销"。无论申请人出于何种考虑提出该仲裁请求，其客体不是"确认解除合同的效力"。仅此而言，申请人的仲裁请求于法无据。

仲裁庭本可以直接驳回申请人的请求，但仍然相当负责任地解释了所有问题。首先，两封律师函都是意思表示，但是并不是"要约"和"承诺"。要约和承诺是合同成立阶段的意思表示，只是意思表示的下位概念，因此不能将要约和承诺的法律规定适用于该案，更不能适用要约的撤回和撤销的法律规范。

其次，仲裁庭准确地认识到了申请人的需求，即为了对第一封解约律师函提出异议，以维持涉案合同的效力。其实这样的请求并没有除斥期间，根本不需要在所谓三个月内的除斥期间内提出。同时，由于涉案律师函并没有附上授权委托书，属于无权代理的范畴，申请人应该做的是催告被申请人是否对第一封律师函进行追认。

最后，由于被申请人的律师及时发出了第二封律师函，通知申请人第一封律师函不发生效力，本案也不存在所谓表见代理的问题。

事实上，仲裁机制在处理有关合同的问题时展现出的高度专业性正是其处理软件行业知识产权纠纷的核心优势。如前所述，软件服务业的纠纷多是提供软件技术服务的一方作为申请人，提出仲裁请求是为了要求被申请人支付服务报酬，而接受服务一方不支付报酬的原因往往是对软件服务的技术效果或者商业效果不满意，从而以各种理由试图说明提供技术服务一方在履行上有缺陷，因此其不应付款。这个时候就需要仲裁庭围绕合同条款以及双方提供的证据，准确地解释合同，分析清楚付款条件是什么以及提供软件服务一方是否满足了付款条件的要求。

例如，在"中国 A 科技公司与中国 B 软件公司软件开发合同争议仲裁案"中，双方就对付款条件产生了争议。根据双方之间的合同，合同对价分两期支付，第一期是预付款，双方之间不存在争议；第二期则应于系统上线后 10 日内支付。问题在于合同全篇并没有对"上线"有所定义。

在这种情况下，申请人主张"上线"应该是部署到生产线上。申请人引用了 DevOps Master 认证课程的权威教材，主张软件上线后可以使用系统也可以不使用系统。如果使用系统，开始创造业务价值，那么叫投产（即投产＝上线＋使用系统）；如果上线后，不使用系统，那么表示系统还没有"开工"，它并不影响上线这个动作。申请人还引用了百度百科，主张只要软件具备正式运行生产的所有必要条件并且部署到真实的运营环境里即所谓"上线"。

相反，被申请人则认为合同有专门的验收条款，上线指的就是通过最终验收。该案是软件开发合同纠纷，被申请人将合同履行分为了十个阶段：合同生效、系统设计→开发→安装→调试→测试→调整→优化→试运行期→系统终验→质量保证期。被申请人认为，申请人的观点相当于是软件可以安装了就相当于"上线"，这是不合理的，因为这相当于软件一旦安装，尚未调试无法确认软件质量是否合格的情况下，被申请人就需要支付剩余的所有款项，这是不公平的。被申请人认为，由于本案没有设置质保金，应该按项目进度付款，通过最终验收才支付所有款项，这样一来，不留质保金也能避免过大的风险。被申请人认为这才是合同的本意，他们也是这么执行合同的，在支付预付款后根据申请人的进度支付了两笔进度款。

被申请人同时还试图举证证明，申请人开发的系统软件不仅被终端用户（案外人，最终的软件使用者）停止使用，并且存在严重缺陷，两次整改都未达到整改要求，软件连试运行都做不到，与最终验收之间有明显的差距。这是软件未能通过验收和获得验收报告的原因。因此，被申请人认为其不应该付款。

仲裁庭在双方观点针锋相对的情况下，认为双方的主张均不可取。这都是在网络上查找的"上线"的概念，彼此矛盾。该案的合同也存在漏洞，其"定义"部分对"技术服务""试运行期""系统终验"等均作出了定义，但未对上述条款的"上线"作出定义；其余合同条款对安装、调试、试运行以及验收等步骤都进行了约定，但也未对"上线"作出约定。

在这种情况下，仲裁庭则做出了自己的判断：最迟当该案软件能够正常投入使用时，合同剩余价款的支付条件应当视为成就。本报告认为，这是较为公正的标准。诚如被申请人所言，如果软件部署到运行环境中就视为"上线"，那即使软件的功能完全无法实现，申请人就能拿到所有款项，这是不公平的。但是，如果按照被申请人的主张，软件要通过系统终验，申请人才能够拿到所有款项，这也是非常不公平的。软件总有漏洞，也总有可以根据业务需求予以改进的地方；而就验收问题组织会议和作出验收，主动权都掌握在被申请人一方，在缺乏合同明确约定的情况下如果机械地以最终验收作为付款条件，则事实上会给予被申请人一方以软件需要调整为由一直拒绝付款的权利，这显然也是有失公正的。

于是，该案的关键在于，结合双方的证据，涉案软件究竟是否能够正常投入使用。仲裁庭认为，被申请人在支付预付款之后又支付了两笔进度款，虽然这符合合同的约定，但正好能印证涉案软件是可以正常投入使用的，否则被申请人在软件交付后支付两笔进度款的原因何在。同时，仲裁庭认为在案证据能够证明虽然涉案软件于2019年底停用了，但停用之前最终用户都有使用该软件，停用的原因根据"中国F电力公司内部通知"应为"配合国家信息安全方面开展的网络系统安全漏洞检测工作和集团公司针对此项工作开展的'长城行动'"；而被申请人提交的"中国F电力公司科技创新部函"只说明了"仍有许多问题无法正常使用"却没有说明具体原因，并且该函缺乏单位负责人及制作证明材料的人员签名以及单位印章，仅为中国F电力公司某部门作出的文件，不满足证据的形式要求，不予以采信。综上，仲裁庭认定涉案软件能够正常投入使用，据此判令被申请人应该支付剩余的尾款。

在该案中，由于合同约定中关于何为"上线"缺乏明确的约定，仲裁庭通过合同解释的方法确立了"上线"的标准：软件能够正常投入运行，能够基本实现业务需求，不存在严重的缺陷。仲裁庭在解释合同的基础上，结合双方提交的证据，认定了涉案软件能够投入正常运行的事实，据此作出了裁决，可见仲裁在解释合同和处理合同类纠纷上的专业和公正。

该案也给购买软件服务的一方提了个醒，对于付款条件相关的术语，应有明确的定义；尤其是买方如果很重视软件初步开发完成后的调试整改，不应该仅以"上线"来作为付款条件，应在约定验收标准和步骤后以"验收"作为最后的付款条件，可以以"上线"或者"试运行"作为中途的进度款的付款条件。总之，买方应结合自己的实际需要在合同签署前对于付款及其条件做充分的安排，否则极其容易出现纠纷。

同样地，在"中国 A 科技公司与中国 B 软件公司开发合同争议仲裁案"中，合同也是约定的系统上线后的 10 日内，由买方向卖方支付合同总价的 60%作为尾款。双方也是对于"上线"的定义起了争执，被申请人同样主张"上线"的含义应为系统终验，并主张由于软件开发过程中申请人多次违约，使该软件一直未进入验收阶段，因此其不应付款。但涉案软件已经安装部署，不存在不能正常运行的情况，并且申请人已经开始就使用者内部提出的意见进行细节性修改和完善、调整，这种情况下被申请人的主张自然无法得到仲裁庭的支持，被申请人需要承担支付尾款的法律责任。

在软件服务业的知识产权仲裁案件中，也存在关于服务范围或者报酬计算方式的争议。例如，在"中国 A 软件公司与中国 B 科技公司技术服务合同争议仲裁案"中，仲裁庭也显示出其在合同法领域的深厚功底。该案涉及三个技术服务项目以及大量的交易文件，案件审理具有相当大的难度。

首先，仲裁庭认定，双方于 2017 年 11 月签订的技术服务合同以及随后签署的几份补充协议。这些文档共同构成了双方之间的合同依据。这是因为随后的补充协议明确了其是作为技术服务合同的附件，而根据技术服务合同的约定，附件同样可以作为双方之间的合同依据。

其次，申请人要求被申请人支付 C 项目、D 项目、E 项目的技术服务费共计一百多万元。仲裁庭通过审查相关证据和双方之间的合同依据，从海量信息中抓到了服务报酬核算的关键：各项目的协议文件虽然都约定每个项目的固定总费用，但是同样约定了实际支付时，申请人应按照 2017 年 11 月双方签订的技术服务协议，根据约定内容提供工作人员清单及具体支付金额，被申请人安排相关项目经理签字。

同样地，合同里的所谓预付款并非指被申请人在申请人尚未提供服务时预先支付给申请人的费用，实质上是指"分阶段批次支付"的第一笔费用，其计算方法与支付条件无异于其他价款，实际支付时需经被申请人项目经理在申请人的工作报告单上签字确认。所以，实际上三个项目的金额原则上是应当根据被申请人项目经理签字的工作报告单计算的，而不是简单地把各个项目的协议上的固定费用进行汇总。有鉴于此，仲裁庭分别对三个项目被申请人应当支付的服务费用结合证据进行了判定。

C 项目：确认双方就申请人实际发生的人/天数费用进行了结算，被申请人已支付结算确认的项目金额共计 6 万元。

D 项目：判定被申请人应向申请人支付的服务费为双方依约结算的费用共计 20 余万元，加上被申请人自认的应给予申请人的费用 5 万元，共计近 30 万元。

E 项目：确认双方就申请人提供的部分服务进行了结算，被申请人应支付 20 万元。

再结合被申请人已经支付的费用，仲裁庭得出了欠付金额。有意思的是，申请人的仲裁请求还提到了迟延付款的利息，但却请求按照合同约定的违约金标准进行计算。很显然，这样的请求是站不住脚的。仲裁庭本着负责任的精神，依然对迟延付款的利息进行了计算，明确了迟延付款的金额和时间，并在缺乏合同明确约定的情况下最终按照 LPR 一倍的利率进行了裁决。

五、仲裁解决软件服务业知识产权纠纷的法律和技术问题的优势及典型案例

对于软件服务业或者技术服务业的知识产权纠纷而言，处理知识产权方面的法律问题和技术问题是案件审理的关键。前文已提到，仲裁程序中技术专家和知识产权法律专家均可以参与案件的审理。仲裁在解决软件服务业知识产权的法律和技术问题具有明显优势。

例如，"上海 A 科技公司与广东 B 新能源汽车科技公司技术许可协议争议仲裁案"就涉及十分复杂的技术问题。该案的背景是一个技术许可协议，本案的第一个争议焦点在于技术许可的范围是什么。双方之间的合同约定了"所许可技术"的范围：指技术资料中所载、所含及体现的背景知识产权，以及许可方自合同生效日起至特定时间点为止的任何改进。在此基础上，涉案协议进一

步将"技术资料"定义为附件2列出的为了完成本协议项下所拟目的而需要的所有技术文件;将"背景知识产权"定义为在平台上、为了平台或与平台相关而被创建、开发、使用或者存在的所有知识产权,尤其指附件1所列明的专利和专利申请。

申请人即主张其已经交付了附件2中的所有资料,并且保证不会就被申请人使用附件1所列的专利和专利申请提出法律挑战,已经完成了涉案协议项下的约定,被申请人应该支付第三期许可费1亿元。而被申请人则是认为支付第3期许可费的条件为通过验收,申请人交付的技术资料有遗漏核心文件无法通过验收,付款条件并未得到满足。为了支撑己方的观点,被申请人提出了另外一种关于技术许可范围的观点,其认为要通过合同目的来解释技术许可的范围。被申请人认为,涉案协议鉴于条款中列明了"加快其自有车辆平台和车型的研发"的合同目的,并且主张其签订的合同目的正是为了完成自有车辆平台的研发,因此与平台研发有关的知识产权都应在本合同约定的许可范围内。被申请人进一步指出,涉案协议的正文(包括合同目的)对技术许可的范围做出整体界定,附件2再以列举方式明确应交付的平台重点部分涉及的主要技术资料,因此技术许可的范围并不局限于附件2。

事实上,被申请人的抗辩显得有点牵强。正如仲裁庭指出的那样,涉案协议在关于"技术资料"范围的约定中明确限定了需要在附件2中列出,在协议条款有明确约定的情况下通过目的解释是不恰当的。被申请人要求申请人协助其达成"加快其自有车辆平台和车型的研发"的商业目的是十分不合理的,加快研发进度本身是非常主观的,其具体判断以及实现完全依赖于被申请人自身的意愿和技术能力,申请人对此并无掌控力。仲裁庭也认为,包含"加快其自有车辆平台和车型的研发"的"鉴于"条款不能理解为是具有担保性质的条款,该条款并不担保申请人依约交付技术资料后被申请人的研发生产进度"加快"到什么程度,因为没有参照系而谈"加快"是无意义的。

在本报告看来,被申请人的观点也与知识产权许可的惯例不符,知识产权许可一般是有明确的范围和权利清单的,许可方也是根据明确的许可范围进行定价的,而不是根据被许可人想要达到的商业目的或者商业效果进行定价的。

仲裁庭准确认定了知识产权许可的范围,接下来涉及的另一争议焦点是,就附件 2 中的技术资料，申请人是否完整交付了这些技术资料，其履行是否有缺陷或者瑕疵。仲裁庭查明了关于附件 2 从知识产权归属角度对技术资料的分类问题：A 类零部件指的是其知识产权完全归许可方所有的零部件；B1 类零部件则是基于许可方及其关联方与供应商之间的开发协议产生的，这类零部件新产生的知识产权同样归许可方所有；B2 类零部件也是基于类似的开发协议，但因开发而新产生的知识产权由许可方和供应商共有；C 类零部件的知识产权则完全归属于供应商。

对于 B1、B2 类和 C 类零部件，由于涉及供应商，申请人最初主张他们不提供与这些背景知识产权有关的资料。经过仲裁庭的细致审理，申请人最终承认，协议文本并未将 A、B、C 三类零部件的分类与申请人交付技术资料的义务直接关联起来。同时，协议对于支付第 3 期许可费的条件有明确约定，除了通过被许可方的验收之外，许可方应向被许可方提供供应商出具的其同意许可方按协议向被许可方授予许可的书面确认。因此，包含在附件 2 中的技术资料，申请人均需要向被申请人交付。

然而，附件 2 是一份技术清单，涉及整车控制器部分、电机及电机控制器部分、制动系统部分、TBD 数据等四个部分的技术且技术文档超过两千余项，而这些交付的技术文档是否与附件 2 的要求相符，是否有遗漏或缺陷，是否能够一一对应。关于这些问题，申请人和被申请人均提交了大量的专家意见，仲裁庭当庭审理时也有专家证人出庭作证，申请人一方的专家证人也对被申请人专家证人指出的问题进行了回应，这充分体现了灵活的仲裁程序能够让双方当事人在技术问题上充分论证。无论如何，该案的技术问题确实具有相当的复杂性，但仲裁庭仍然在考虑双方意见后分析清楚了这些问题。

就技术资料的缺陷问题，仲裁庭指出，被申请人是自有车辆平台研发的主体，申请人仅提供技术支持。被申请人需要取得技术许可后进行二次研发，经过创造性劳动，最终完成自己的汽车平台或自有车型。换而言之，被申请人不应是那种取得他人全套完整技术资料后就可以完全按照他人的技术资料进行生产、加工、制造、销售的企业，被申请人也不应对申请人提供的技术资料有这样的期望。因此，被申请人主张的部分缺陷无法成立。

当然，仲裁庭也经过仔细考察，发现了申请人交付的《28号文件》《29号文件》《30号文件》《31号文件》和《32号文件》等文件存在瑕疵。这些文件中包含了多处标明"TBD"（即To Be Decided，中文含义为"待确定"）的数据。这种标注表示某些数据点还未确定，从而导致这些技术文件不完整或不明确，无法完全满足合同要求。此外，仲裁庭认为申请人在许可"VCU相关软件技术"时，应当提供整车控制器中的"整车控制器工具链"等五项软件，因为在双方邮件沟通中明确了这应当是申请人有义务提交的文件。

基于此，仲裁庭认为申请人已经基本履行了作为协议约定的第三期许可费支付条件的技术资料交付义务，仅在履行上有一些瑕疵。该案的裁决也很有意思，仲裁庭考虑各种情况后认为，被申请人应向申请人支付第三期许可费的90%，即9000万元，另外1000万元，被申请人应于申请人补充裁决认定的缺失文件后立即支付给申请人。

可见，仲裁庭不仅能同时妥善处理好知识产权方面的法律问题和技术问题，对于较大标的额的核心技术许可交易也能在充分衡量后妥当地划分责任。仲裁机制能够有效解决在核心技术许可交易过程中产生的标的额较高的知识产权纠纷。

第五节 教科文卫行业知识产权仲裁案例分析

一、教科文卫行业知识产权法律纠纷概况

前文提及，从最高人民法院历年来发布的中国法院司法保护状况来看，知识产权纠纷案件整体呈现增长趋势，其中技术类案件保持明显上升态势。教科文卫行业主要包括教育、科技、文化、卫生等方面，前述行业均直接关切人们的工作和生活，在一定程度上也决定了该行业的法律纠纷案件占比较大，下文将分别针对教育、科技及文体娱乐行业知识产权法律纠纷概况进行介绍。

（一）教育行业知识产权法律纠纷概况

近年来，随着互联网深化发展，教育行业的法律纠纷案件也呈现"互联网+"的特点，并呈现增长态势。根据北京市海淀区人民法院于2020年4月16日出发布的《海淀法院审理"互联网+教育"知识产权案件的情况报告》（以下简称《教育类知产纠纷案件报告》），2017年1月1日至2020年第一季度，北京市海淀区人民法院受理涉互联网教育知识产权民事纠纷案件共970件，其中2017年受理此类案件196件；2018年的受理数量较2017年增长了47.9%，达290件；2019年的受理数量为413件，较2018年增长了42.4%；2020年第一季度，此类案件受理数量为71件，从该报告中可见，涉互联网教育类知识产权民事纠纷案件主要类型为侵害著作权纠纷、侵害商标权纠纷、不正当竞争纠纷以及特许经营合同纠纷四类，其中侵害著作权纠纷案件占比达72.5%，为主要案件类型；特许经营类合同纠纷案件占比21.3%，成为第二类纠纷案件类型；侵

害商标权纠纷案件及不正当竞争纠纷则分别占比3%。①

2023年4月18日，北京互联网法院发布《数字教育著作权案件审判情况白皮书》显示，自2018年9月北京互联网法院建院以来至2022年12月，北京互联网法院共受理数字教育纠纷案件2700余件，起诉主体主要包括出版社、教育培训机构、教师等，案件呈现类型化、批量化以及新类型案件频发等特点。②

基于上述法院出具的报告可见，教育行业知识产权纠纷案件呈现出如下特点：第一，案件逐年增长；第二，案件主要以著作权纠纷案件为主；第三，基于教育行业特性，特许经营合同纠纷案件也成为较为主要的纠纷案件类型。

（二）科技行业知识产权法律纠纷概况

前文提及，从历年来的纠纷案件统计情况来看，技术类知识产权案件在众多案件中呈现明显增长态势。2020年最高人民法院知识产权法庭发布的年度报告显示，2020年最高人民法院新收技术类知识产权案件3176件，与2019年同期相比，收案数量增加1231件，同比增长63%，新收的民事二审案件为1948件，技术类纠纷案件数量明显多于2019年，整体案件情况增长迅猛，涉及新领域新业态案件较多，涉及复杂技术事实查明问题案件增多。③ 2021年最高人民法院知识产权法庭发布的年度报告显示，2021年新收技术类知识产权及垄断案件达4335件，侵害发明专利权纠纷、计算机软件纠纷、专利申请权及专利权权属纠纷、技术秘密纠纷、植物新品种权纠纷等案件增幅较大，管辖权异议案件有所下降，技术类知识产权案件数量持续增长，涉及的技术前沿领域日益扩展，诉讼的国际性特征更加凸显，案件来源的地域性更趋分化。④ 2022年最高人民法院知识产权法庭年度报告显示，2022年最高人民法院新收技术类知识产权案

---

① 北京市海淀区人民法院民事审判五庭（知识产权审判庭）：《海淀法院审理"互联网+教育"知识产权案件的情况报告》，载微信公众号"丹棱论坛"，https://mp.weixin.qq.com/s/USJX20zpkd-BdEx-vjTPWCew，2024年2月6日访问。

② 北京互联网法院：《北京互联网法院：自建院起审结数字教育著作权纠纷案件2578件》，载知产财经网，https://www.ipeconomy.cn/index.php/index/news/magazine_details/id/6856.html，2024年2月6日访问。

③ 最高人民法院：《最高人民法院知识产权法庭年度报告（2020）》，载最高人民法院知识产权法庭官方网站，https://ipc.court.gov.cn/zh-cn/news/view-1071.html，2024年2月6日访问。

④ 最高人民法院：《最高人民法院知识产权法庭年度报告（2021）》，载最高人民法院知识产权法庭官方网站，https://enipc.court.gov.cn/zh-cn/news/view-1783.html，2024年2月6日访问。

件及垄断案件4405件，新收案件中，职务新品种权纠纷案件和集成电路布图设计纠纷案件数量明显增加，据统计，自2019年1月1日最高人民法院知识产权法庭成立以来，法庭共受理技术类知识产权案件及垄断案件达13863件，案件逐年持续增长，涉战略新兴产业案件逐步增加，如涉新一代信息技术、生物医药、高端装备制造、标准必要专利、药品专利链接、集成电路布图设计、植物新品种等新产业、新领域案件明显增多。①

2023年，广州知识产权法院发布技术类案件审判工作情况报告中显示，其新收各类专利案件9583件，涉前沿领域和复杂技术案件不断增多，涉新一代信息技术、高端装备制造、生物医药等战略新兴产业的案件总量稳步提升，涉数据要素、数据交易等数字经济产业的纠纷不断涌现。②

上述法院出具的报告显示，技术类纠纷案件呈现逐年增长态势，且复杂技术案件不断增加。

（三）文体娱乐行业知识产权法律纠纷概况

文体娱乐行业的发展十分依赖且重视文化产品的创造与传播，近年来保护知识产权意识的逐渐强化以及文体娱乐行业的迅猛发展使得知识产权纠纷案件逐年增加。2020年6月北京市朝阳区人民法院发布的《北京市朝阳区人民法院文化产业知识产权审判白皮书（2015年度—2019年度）》显示，2015—2019年，北京市朝阳区人民法院知识产权庭共受理文化产业知识产权民事案件达19995件，占据其收案总量的84.4%，成为朝阳法院知识产权庭最主要的收案类型，同时，由于互联网技术的深化发展，网络侵权案件频发，使得涉网络纠纷案件猛增，在案由分布上，文化产业知识产权纠纷案件主要集中于知识产权合同纠纷、著作权权属、侵权纠纷、商标权权属、侵权纠纷及不正当竞争纠纷，

---

① 最高人民法院：《最高人民法院知识产权法庭年度报告（2022）》，载最高人民法院官方网站，https://www.court.gov.cn/zixun-xiangqing-394802.html，2024年2月6日访问。
② 《附判决｜广州知产法院发布2023年服务和保障科技创新十大典型案例》，载微信公众号"知产财经"，https://mp.weixin.qq.com/s/fhpHjFZVH7da7vsIFMitQw，2024年2月6日访问。

其中知识产权合同纠纷案件成为案件量最多的案件，其次为著作权案件。①2022年，上海市普陀区人民法院发布《上海普陀法院发布涉文化创意产业知识产权纠纷案件司法审判白皮书》指出，2019年至2021年以来，上海市普陀区人民法院受理涉文化创意产业的知识产权案件共计4902件，占全部知识产权案件的37%，难案、要案主要集中在游戏、短视频等作品类别，整体呈现出占比高、增长快、分布广、批量化及类型化特点。②

二、仲裁在解决教科文卫行业知识产权纠纷的优势

从目前的知识产权纠纷案件来看，知识产权纠纷案件主要分为权属纠纷案件、侵权案件、不正当竞争案件、合同纠纷案件以及确权案件。亦有观点认为知识产权纠纷案件主要分为权利得失争议、权利归属争议、权利交易争议以及权利侵害争议，上述案件类型原则上均具有可仲裁性，且我国国内立法对于知识产权仲裁已有相关规定，举例而言，《著作权法》第六十条第一款规定："著作权纠纷可以调解，也可以根据当事人达成的书面仲裁协议或者著作权合同中的仲裁条款，向仲裁机构申请仲裁"，明确指出著作权纠纷案件可申请仲裁，虽然目前《专利法》及《商标法》中无类似规定，但其并不禁止通过仲裁解决纠纷。③并且，我国积极倡导利用仲裁方式解决知识产权纠纷，例如，2019年11月，中共中央办公厅、国务院办公厅印发《关于强化知识产权保护的意见》，要求"完善知识产权仲裁、调解、公证工作机制，培育和发展仲裁机构、调解

---

① 《北京市朝阳区人民法院文化产业知识产权审判白皮书（2015年度-2019年度）》，https://cb-jwl.cn/wp-content/uploads/2020/06/1592292759-%E6%96%87%E5%8C%96%E4%BA%A7%E4%B8%9A%E7%9F%A5%E8%AF%86%E4%BA%A7%E6%9D%83%E5%AE%A1%E5%88%A4%E7%99%BD%E7%9A%AE%E4%B9%A6.pdf，2024年2月6日访问。

② 《上海普陀法院发布涉文化创意产业知识产权纠纷案件司法审判白皮书》，载上海市高级人民法院官方网站，http://www1.hshfy.sh.cn/shfy/web/xxnr.jsp?pa=aaWQ9MjAyNzQwNzgmeGg9MSZsbWRtPW-xtMTcxz&zd=xwxx，2024年2月6日访问。

③ 《国内知识产权仲裁立法成就与探索》，载微信公众号"仲裁视界"，https://mp.weixin.qq.com/s/ZQCCkH8350z-M7beSRM_6A，2024年2月6日访问。

组织和公证机构"。① 2021 年 9 月，中共中央、国务院印发《知识产权强国建设纲要（2021—2035 年）》，要求"建立完善知识产权仲裁、调解、公证、鉴定和维权援助体系，加强相关制度建设"。② 2022 年 3 月，中共中央、国务院印发《关于加快建设全国统一大市场的意见》，要求完善统一的产权保护制度，畅通知识产权诉讼与仲裁、调解的对接机制。③

事实上，运用仲裁方式解决知识产权纠纷案件具有优越性，具体而言，第一，仲裁案件具有保密性，对于具有保密性要求的当事人而言是较为适合的纠纷解决方式。第二，仲裁审理周期相对较短，效率较高，具体体现在仲裁为一裁终局，相较于诉讼一审、二审甚至再审程序而言，仲裁审理周期具有期限优势。第三，仲裁有助于满足知识产权争议解决的专业性需求，即仲裁允许当事人选任对涉案领域具有专业知识的仲裁员，有助于查明案件事实尤其是技术事实。第四，仲裁裁决结果稳定性相对较强，大部分仲裁案件的裁决能通过司法审查，不会被轻易撤销。第五，仲裁裁决更能实现"案结事了"，更具灵活性，仲裁重视当事人意思自治，契合当事人对纠纷解决的个性化需求，更有利于实现"案结事了""定分止争"。

如前所述，近年来知识产权纠纷案件增长迅速，仲裁以其专业性、中立性、保密性、一裁终局等特征满足了市场主体对纠纷解决方式的多元化需求，降低了知识产权维权和保护成本。④ 因此，仲裁成为知识产权多元化争议解决方式之一，并逐渐成为当事人优先选择方式之一，以文体娱乐行业为例，文体娱乐行业与知识产权具有天然内在联系，并对专业性、效率性及保密性具有较高要

---

① 《中共中央办公厅 国务院办公厅印发〈关于强化知识产权保护的意见〉》，载中国政府网，https://www.gov.cn/gongbao/content/2019/content_5459131.htm?eqid=81ce-27b7000330d100000003645-def14，2024 年 2 月 6 日访问。

② 《中共中央 国务院印发〈知识产权强国建设纲要（2021-2035 年）〉》，载中国政府网，https://www.gov.cn/zhengce/2021-09/22/content_5638714.htm?eqid=fb55eb3e0000-e5f300000002647e-9133，2024 年 2 月 6 日访问。

③ 《中共中央 国务院关于加快建设全国统一大市场的意见》，载中国政府网，https://www.gov.cn/zhengce/2022-04/10/content_5684385.htm?eqid=d59293570006e1590000000-2645b1954，2024 年 2 月 6 日访问。

④ 《新形势下知识产权保护与争议解决研讨会成功举办》，载微信公众号"中国贸仲委"，https://mp.weixin.qq.com/s/BoIZidnTB6KePikuJmiBfg，2024 年 2 月 6 日访问。

求，因此，当事人逐渐开始采用仲裁方式解决纠纷。

三、教科文卫行业知识产权纠纷的典型案例

为更好地展示仲裁在知识产权争议解决方式中凸显的优势和重要性，以及仲裁在知识产权争议解决中的灵活性，下文将选择贸仲部分关于教科文卫行业中的典型仲裁案件进行简要分析。

（一）典型案例一：中国 A 出版公司与中国 B 传播公司合同终止事项协议书纠纷

1. 案件情况

申请人中国 A 出版公司系在中国 J 市注册的公司，主营中英文书刊和印刷品的出版、发行、销售、代理等业务。被申请人系一家注册地在中国 K 市的公司，经营图书、期刊、电子出版物、音像制品批发零售及其他业务。申请人与被申请人之间具有多年的图书版权许可与合作关系。双方于 2013 年 1 月签订《C 合同》，并于 2013 年 6 月订立了《D 合同》，由申请人授权被申请人在中国大陆地区出版、发行、销售《E2-D》共 41 本的简体中文字版精装本及《E2》中文简体字版（即"E3 作品"）。后因合作关系发生变化，双方于 2019 年 6 月订立了本案合同，就前述著作权合作关系予以终止，并就终止后的相关事宜进行了安排。

其中，本案合同约定："库存销售期：乙方（被申请人）现有 D 简体精装本库存明细如附件一，乙方应于 2019 年 8 月前将附件一 D 简体精装本及 E2 简体版库存处理完毕并自主发店铺渠道下架，包括当当自营及其他所有主发店铺渠道，见附件二。"根据附件一，合同订立当日被申请人 D 简体精装本的库存盘点明细为：当当网 4000 余套，被申请人库存近 600 套，在途 1000 余套，总计近 6000 套。根据附件二列明的内容，被申请人 D 简体精装本主发货渠道，包括当当网自营及其他所有主发店铺渠道，当当网以外所有主发店铺渠道。

另，本案合同约定："乙方及其关联方亦不得在宣传、发行等销售乙方或关联方任何产品或进行商业活动过程中使用任何"E3"及其简体精装本、妈妈手册简体版的任何部分，包括但不限于书本封面、书本图案、书本文案。乙方并

于库存销售期结束后即刻将其自有与可控制渠道（包括官方网站、微博、微信公众号、自营微店、当当自营平台）中有关 D 授权著作一切营销与宣传内容予以撤除下架。"

申请人称，申请人与被申请人曾于 2013 年 1 月签订了图书出版合同（以下简称《C 合同》），并于 2013 年 6 月签订另一图书出版合同（以下简称《D 合同》），被申请人均存在违约的情形。后双方自 2018 年底至 2019 年 6 月经多次友好协商，就《C 合同》和《D 合同》终止后的相关事宜达成一致意见，进而签订了本案合同。

根据本案合同，库存销售期的截止日期为 2019 年 8 月 30 日，另据本案合同，被申请人于库存销售期结束后即刻将其自有与可控渠道（包括官方网站、微博、微信公众号、自营微店、当当自营平台）中有关 D 授权著作一切营销与宣传内容予以撤除下架。但库存销售期结束后，申请人仍发现被申请人及其关联公司在其微博、微信公众号等处保留关于 D 授权著作的营销与宣传内容，严重违反了合同约定。根据合同规定，被申请人应当向申请人支付违约金人民币 30 万元。另外，申请人为处理本合同纠纷案件，产生了公证费用、律师费用、差旅费用及翻译费用。申请人多次通过律师函、电子邮件、电话等方式要求被申请人支付违约金，并以各种方式谋求和解，但被申请人并无诚意，一直未果，故提请仲裁处理。

庭审中，申请人变更了仲裁请求，并于庭审后提交了变更仲裁请求申请书。经申请人最终确认的仲裁请求如下：（1）被申请人向申请人支付违约金人民币 30 万元；（2）被申请人向申请人偿付本案所支出的公证费；（3）被申请人向申请人偿付本案所支出的翻译费；（4）被申请人向申请人偿付本案所支出的差旅费；（5）被申请人向申请人偿付本案所支出的律师费；（6）被申请人承担本案仲裁费。

被申请人认为，申请人的请求没有任何事实依据、法律依据与合同依据，请求驳回其全部仲裁请求。具体理由如下：

第一，没有证据证明申请人对《E1》及《E2》（以下合称"E3 作品"）拥有著作权，本案合同是对"E3 作品"及相应原始作品著作权的处分行为，包含了对案涉作品及相关原始作品的复制权、发行权、翻译权和信息网络传播权等著作权的处分。从本案合同看，"E3作品"为翻译作品，申请人不是原始权利人，不享有再许可他人使用的权利，申请人属于无权处分。依据原《合同法》第五十一条及《著作权法》等相关规定，本案合同无效。

第二，即使不考虑无效的情况，申请人是主营书刊、印刷品等的编辑、出版、发行、经销和代理等业务的专门公司，本案合同每一页均标有繁体字"A"字样，属于申请人预先拟定的格式条款合同。本案合同第2.1条约定库存销售期，是为了解决本案双方合作期间已经进入销售程序的图书能够尽可能销售完毕，避免双方的损失。合同第4.6条约定库存销售期结束后瞬间将其自有与可控渠道中有关"E3作品"营销与宣传的内容予以撤除和下架，但该项工作需要与多方主体及相关的技术人员沟通、协调，是一项复杂庞大的工作，需要大量的准备时间。因此合同约定如不能即刻下架就是被申请人违约，加重了被申请人的责任，排除了被申请人的主要权利，明显违反公平原则，申请人对此也未提请被申请人注意并给予解释，故合同第2.1条、第4.6条和第5条属无效条款。

第三，即使不考虑合同及条款无效的问题，协议第4.6条应解释为在库存销售期结束后，被申请人"积极采取措施将本案合同签订后至库存销售期间形成的有关D著作的营销与宣传内容，从自有与可控渠道中予以撤除下架"。合同第4.6条中的"营销与宣传"应是为解决库存产品的销售所做的营销与宣传，如果没有实质销售行为，原先固有的甚至是新形成的宣传与销售内容，不是该条指向的内容。而且申请人所指向的"宣传与销售内容"均是数年前申请人依据原合同行使权利所为，要求对申请人行使权利形成的内容予以撤除下架，不是本案合同条款的本意。对合同4.6条款存在两种解释的情况下，根据原《合同法》第四十一条规定，应当作出不利于提供格式条款一方的解释。而且，即使在申请人提出不同解释的情况下，被申请人本着定分止争的目的和息事宁人的态度，超出本案合同条款约定的义务范畴，在库存销售期结束后完成了有关"E3作品"的营销与宣传内容的撤除下架操作，不存在任何违约行为。

第四，即使不考虑合同和条款效力及解释问题，本案合同第5条约定的违约金过高，应予免除或酌减。被申请人已对库存销售期内形成的有关"E3作品"的营销与宣传内容完成了撤除下架工作，而且针对非营销与宣传内容也完成了撤除下架操作。事实上被申请人早已停止销售案涉作品，假设存在些许内容，也不是为销售目的的宣传、营销行为，根本不会给申请人造成任何损失，相反倒是对申请人有利的。另申请人主张的预期利益损失没有依据，应当就被申请人是否存在违约行为及给申请人造成的损失承担举证责任。

针对本案，仲裁庭认为争议焦点集中在：（1）本案合同格式与合同条款效力问题；（2）著作权问题是否影响本案合同的效力；（3）关于"下架和撤除"相关事项之解释；（4）被申请人是否违约；（5）合同违约金是否过高。

针对上述争议焦点，仲裁庭分别作出如下分析：

第一，关于本案合同格式与合同条款的效力问题。原《合同法》所规定的格式合同，通常是指居于商业控制地位或市场强势地位的一方当事人在合同订立前事先拟定的、非经双方协商确定的合同，格式合同具有完整性和定型化特征。对于本案合同的洽商过程，申请人提供了"洽谈历程列表"及其所附电子邮件，以证明合同内容业经双方反复磋商后订立。对此，仲裁庭认为，从双方电子邮件洽商的情况看，本案合同条款系由双方当事人多次协商直至达成合意后所订立，双方当事人对合同内容和权利义务事项的安排均有充分的预期。且从申请人和被申请人的资格和能力方面看，双方当事人均为版权贸易和图书出版、发行、营销领域的专业经营者，不存在一方对另一方的控制优势或强行订约之情形，亦不存在原《合同法》第四十条规定中所谓加重对方责任或免除己方义务导致合同条款无效之情形。至于被申请人提及本案合同标注有"A"字样，实为当事人为合同履行及管理之便所作的标注，以此为由，亦不足以证明属格式合同。因此，本案合同是双方当事人真实意思表示，依法成立并生效。从合同条款及约定的事项看，仲裁庭未发现有违原《合同法》和相关法律法规的强制性规定，亦不存在违反公序良俗之情形，故仲裁庭认为本案合同对双方均具有法律拘束力，可以作为本案裁判的依据。

第二，关于著作权问题是否影响本案合同的效力。仲裁庭认为申请人提交证据可以初步证明申请人已经获得"F"（E3作品英文版的原著作权人）的原始授权，进而取得对本案"E3作品"进行翻译、出版以及再许可的合同权利。被申请人作为图书出版和经营的专业公司，在与申请人开展著作权合作过程中，对案涉作品的著作权来源及真实性不可不察，但被申请人在双方履行《D合同》的过程中，直至本案合同的订立，未曾对申请人的著作权、再许可权以及权利期限等事项提出过异议，亦未有证据证明有案外第三人向被申请人主张案涉作品的著作权或侵权赔偿之情形，被申请人作为被许可方的权利并未因此受到损害。被申请人在《D合同》终止后再行主张《D合同》的许可方即申请人不享有著作权的，违反了禁反言规则，亦有违诚信原则，仲裁庭不予支持。故本案不存在因著作权问题导致本案合同无效的情形。

第三，关于"下架和撤销"的解释。仲裁庭认为结合该条款中"禁止混淆使用"之标题，本案合同第4.6条旨在禁止被申请人使用与申请人作品相关的宣传和营销内容，要求被申请人自库存销售期结束后将其自有与可控制的渠道中所有与案涉作品相关的营销与宣传内容予以撤除下架。对于撤除和下架"相关营销与宣传内容"的时间，仲裁庭注意到，合同第2.1条对库存图书应于"库存销售期结束前"予以下架，合同第4.6条对营销与宣传内容应于"库存销售期结束后即刻"撤除下架。结合本案实际情况，仲裁庭认为对于申请人自有与可控制的电子渠道，应在期满后的几个工作日内完成所有撤除和下架之工作是合理的。本案合同于2019年6月由双方签署，库存图书销售期约定于2019年8月结束，故仲裁庭认为被申请人应于2019年8月后的几个工作日内完成撤除和下架工作是可以接受的，但不应过度延期实施。

第四，关于被申请人是否违约。本案中，申请人主张被申请人违约的情形是指被申请人于当当网自营及以外的其他所有主发店铺渠道未按合同约定履行撤除和下架义务的情形。根据在案证据，可以确认被申请人于2020年1月8日办理公证前完成了撤除和下架，但不能说明被申请人于库存图书销售期结束后的合理期限内即履行了撤除和下架义务，因此，被申请人构成违约。针对被申请人关于案涉作品网络宣传行为属于信息网络传播权的范畴，申请人未获得该项授权，因此无权要求下架以及其认为案涉行为落入著作权权利用尽范畴，其有权继续使用、销售涉案作品的主张，仲裁庭认为，其一，信息网络传播权涉及的是作品内容的传播，而非对作品营销和宣传内容的传播，因此，被申请人的主张不成立。其二，著作权权利用尽原则旨在规定著作权产品的物权所有人有权再使用、销售著作权产品的情形。本案中，申请人与被申请人签署的合同明确约定合作事项终止后，作品宣传内容应当予以下架，且在约定期限内未销售完毕的书籍不得继续出售。其中，对于作品宣传内容不属于著作权权利用尽的情形，而图书本身适用权利用尽约定，但应当遵守合作双方签署的协议约定，因此，被申请人关于权利用尽的主张不成立。

第五，关于本案合同违约金是否过高。结合本案案情，仲裁庭认为本案合同约定的违约金较之本案实际存在过高情形。鉴此，仲裁庭认为被申请人应向申请人支付人民币 20 万元的违约金为宜。

2. 纠纷观察与实务建议

本案系图书领域的合同纠纷案件，基于本案事实及法律适用可总结如下问题：

（1）格式条款的认定

《民法典》第四百九十六条第一款规定："格式条款是当事人为了重复使用而预先拟定，并在订立合同时未与对方协商的条款。"从该定义可知，格式条款有如下要件：一是为了重复使用；二是预先拟定；三是订立合同时未与对方协商。

本案中，仲裁庭注意到申请人与被申请人之间对于本案合同条款进行了多次洽谈商定，因此本案合同条款系双方当事人多次协商直至达成合意后所订立，并不存在订立合同时未进行协商的情形，即本案合同并无格式条款。

（2）合同终止后权利用尽原则的适用

著作权权利用尽原则或称"发行权一次用尽原则/首次销售原则"为一项重要的权利限制制度，尽管著作权法中并未明文规定，但该项原则应当认为是著作权法的基础原则。具体而言，该项原则是指作品对应的产品本身（如书籍等）自销售或依法转让后，作品原件或者复制件的所有者有权再次出售或者赠与他人，其再次出售或赠与行为均无须再次获得著作权人许可，否则，作品的原件或复印件的所有人将无法进行正常的市场交易，这与著作权法促进作品的创作与传播的立法宗旨相违背。因此，当作品的原件或复印件经著作权人许可合法投入市场后，在后的所有权人有权再销售或处分作品的原件或复印件，而无须获得著作权人同意。此原则在《北京市高级人民法院侵害著作权案件审理指南》第 5.3 条有明确规定。

本案中，被申请人抗辩称本案应当适用著作权权利用尽原则，但应当注意的是，申请人与被申请人双方对于合作终止后的应当采取的相关事宜进行了明确约定：第一，双方明确约定，合同终止后，被申请人及其关联方不得在宣传、发行等销售自己或关联方的产品或进行商业活动过程中使用任何的"E3 作品"的任何部分，包括但不限于"书本封面、书本图案、书本文案"；第二，自库存销售期结束后，被申请人将有关"E3 作品"的营销与宣传内容予以撤除和下架。

因此，本案涉及权利用尽原则与合同特别约定之间的理解与适用问题，如前所述，通常而言，在作品经过著作权人许可合法投入市场后，著作权人无法阻止作品原件或复印件的所有权人进行销售，但当事人之间对于销售期另有约定的应按约定履行相应的义务。本案中，当事人之间对于合同终止后应采取的措施以及库存销售期进行了明确约定，应当从其约定，而不应再以权利用尽原则进行抗辩。

（3）信息网络传播权的适用对象

本案中，被申请人主张其对于案涉作品的网络宣传等事项属于网络传播权的范畴，但应当明确《著作权法》第十条第一款第（十二）项的"信息网络传播权"是指以有线或者无线方式向公众提供，使公众可以在其选定的时间和地点获得作品的权利。因此，该项权利的对象为作品本身，而非与作品相关的营销和宣传内容。本案被申请人错误地混淆作品本身以及与作品相关的营销和宣传内容，仲裁庭对此进行了明确及纠正。

（二）典型案例二：中国 A 技术公司与中国 B 技术公司商标使用授权合同纠纷

1. 案件情况

2016 年 1 月，申请人（甲方，商标使用许可人）与被申请人（乙方，商标使用被许可人）签订了本案《商标使用授权合同书》（以下简称本案合同）。双方在本案合同中约定：对于申请人注册登记的第9类商标（以下简称"许可商标"或"该商标"），申请人许可被申请人使用两个注册商标生产/定制/销售：存储类品项B品牌内存卡、B品牌优盘、B品牌SSD、B品牌读卡器产品并进行相应产品的推广销售；授权地域范围为中国境内，以传统实体渠道或电商方式；授权使用期限自2016年5月起至2019年5月；具体使用形式为：被申请人在产品包装、宣传资料及产品说明中使用。

本案合同第二条"双方的权利和义务"条款约定：被申请人可以在授权范围内使用许可商标，被申请人必须在使用许可商标的产品上标明被申请人的名称和产品产地；申请人必须保证被申请人在同类品项产品（即存储类品项：B品牌内存卡、B品牌优盘、B品牌SSD、B品牌读卡器产品）独家使用许可商标；对于使用许可商标的产品，被申请人保证其生产、制作和销售均不违反相关法律法规、规章及相关的政府规定，符合国家卫生、质量、环保、包装行业标准及法定说明文字等要求，否则申请人有权书面通知被申请人立即解除合同，被申请人须立即停止使用许可商标，并向申请人支付人民币10万元的违约金，违约金不足以弥补申请人损失的，被申请人需承担损害赔偿责任（第二条第3款）；被申请人不任意改变申请人注册商标的文字、图形或者其组合，不超越许可的产品范围使用申请人的注册商标。如合同期内增加产品品项范围则被申请人须同申请人协商，未经申请人许可擅自在授权范围外使用许可商标且经申请人书面要求停止后的7日内仍未停止使用的，被申请人须向申请人支付人民币10万元的违约金，违约金不足以弥补申请人损失的，被申请人需继续承担损害赔偿责任（第二条第5款）；申请人有义务提供给被申请人电脑PC、内存等存储品项的杀毒软件，被申请人有义务在许可的产品里植入相应的杀毒软件（第二条第8款）；被申请人承诺：（1）不得在其名称中使用许可商标、"B"、申请人名称或其他可能造成申请人和被申请人双方存在关联关系误解的内容；（2）在使用许可商标的过程中，合法合规地正常经营业务，从而最大程度地维护申请人和被申请人的商誉（第二条第9款）。

根据本案合同第三条"许可使用费金额、计算方法及支付方式"条款及合同附页2，被申请人承诺每年支付申请人商标使用费人民币10万元，合同期间，每年提前两个月支付，首次支付不晚于本合同签订后的7日内；被申请人迟延支付许可使用费超过总费用的30%的，在申请人书面通知后的7日内仍未支付的，申请人有权以单方书面通知的方式立即解除合同并要求被申请人停止使用许可商标，被申请人收到通知后的7日内仍未停止使用的，被申请人须向申请人支付人民币10万元的违约金。

本案合同签订后，被申请人在履行本案合同的过程中曾先后向申请人支付了第一年和第二年即2016年5月至2018年4月期间的商标许可使用费合计20万元。本案合同项下第三年即2018年5月至2019年5月期间的商标许可使用费10万元，被申请人一直未予支付。

申请人提供的证据表明，2019年2月，申请人公证购买了被申请人的B内存卡和USB闪存盘。将被申请人在上述产品上所使用的商标标识与申请人的许可商标进行对比，可以看出，被申请人在使用许可商标的过程中，改变了申请人许可被申请人使用的两个注册商标的文字、图形及其组合。

申请人公证购买的被申请人产品B内存卡包装上写明：内置B杀毒软件。而实际上，产品中是空白的，没有B杀毒软件，违反了本案合同第二条第8款的约定，即申请人有义务提供给被申请人电脑PC、内存等存储品项的杀毒软件，被申请人有义务在许可的产品里植入相应的杀毒软件。

申请人在淘宝网上公证购买的B USB闪存盘及内存卡的包装背面均标明出品商：中国B公司（即本案被申请人），并写明地址和电话。扫描USB闪存盘包装上的二维码出现"中国E公司"微信公众号；扫描USB闪存盘包装上的条形码出现"B U盘X7-16G"字样；扫描内存卡包装上的二维码出现"中国B公司"的微信号；扫描内存卡包装上的条形码出现"B内存卡"字样。

申请人于2018年4月向被申请人发出《催款函》，要求被申请人支付欠付的商标许可使用费。被申请人认可其于2018年4月收到上述文件。被申请人方相关人员曾于2018年4月至5月期间联系申请人方人员，询问本案合同项下许可商标的授权费用支付事宜，申请人方人员曾回复"不用支付今年的费用，明年是否继续做提前沟通"。

申请人于 2018 年 5 月向被申请人寄送了《合同解除通知书》，被申请人于 2018 年 5 月收到了上述通知。该通知中称：截至 2018 年 4 月，被申请人尚欠付申请人商标许可使用费人民币 10 万元，申请人曾向被申请人发出《催款函》，要求被申请人在收到《催款函》后 7 日内向申请人支付迟延支付的商标许可使用费，但被申请人一直未予支付。此外，申请人发现被申请人在使用申请人许可商标生产、销售内存卡及优盘的过程中，存在未经申请人许可使用与申请人盾牌商标相似的图案的情形。被申请人的行为已超过申请人的商标许可范围，破坏了申请人对商标使用的商业规划，且会使消费者对申请人的商标产生误认和混淆，已严重侵害了申请人的利益。基于上述，申请人通知被申请人：申请人有权根据本案合同约定单方解除本案合同，并要求被申请人停止使用许可商标。如被申请人在收到本通知后的 7 日内仍未停止使用许可商标，申请人有权要求被申请人向申请人支付人民币 10 万元的违约金。本案合同自本通知送达被申请人之日即解除，并要求被申请人于本通知送达之日起 7 日内停止使用许可商标，包括但不限于停止生产并将所有使用申请人许可商标的产品撤出市场、停止销售。

申请人于 2018 年 11 月委托中国 F 律师事务所向被申请人发送了关于申请人商标使用事宜的律师函，要求被申请人立即停止侵害申请人商标权的行为，包括但不限于立即停止生产、停止销售及以其他任何方式使用申请人的任何商标及其相似图案等。

申请人认为，本案合同授权被许可人使用许可商标，授权期限为三年，即自 2016 年 5 月至 2019 年 5 月。2018 年 4 月开始，被申请人在产品销售过程中，未经申请人同意随意改变申请人注册商标的文字、图形及其组合，且擅自使用与申请人被授权许可具有一定知名度的商标近似的盾形商标，该行为破坏了申请人对商标使用的商业规划及品牌战略设计，侵害了申请人的无形资产，并给申请人带来一系列法律风险。此外，被申请人承诺每年向申请人支付 10 万元的商标使用费，但被申请人至今尚未支付 2018 年 5 月至 2019 年 5 月的商标使用费 10 万元。为此，申请人于 2018 年 4 月，曾向被申请人发送《催款函》，但被申请人拒不履行合同约定的付款义务，2018 年 5 月，申请人正式向被申请人发送《合同解除通知书》，2018年11月，申请人发送律师函，要求被申请人立即停止侵害申请人商标权的行为，将侵权产品撤出市场。然被申请人不予回复，迟迟不付款，且仍在使用不在被申请人许可范围内的商标，被申请人的行为显然已构成严重违约，应当承担相应的违约责任。

申请人提出仲裁请求为：（1）被申请人向申请人支付因任意改变申请人注册商标的文字、图形及其组合，超越授权范围使用申请人独占使用商标而产生的违约金10万元；（2）被申请人向申请人支付涉嫌虚假宣传产生的违约金10万元；（3）被申请人向申请人支付因延迟支付商标使用费而产生的违约金10万元；（4）被申请人向申请人偿付申请人的维权费用，包括公证费和律师费；（5）确认双方签订的《商标使用授权合同书》已于2018年6月解除；（6）被申请人承担本案仲裁费。

被申请人认为，第一，申请人通过公证购买的商品来源于淘宝链接，并非被申请人自有商铺或者工厂。经辨认，申请人购买的产品为第三方出品，其包装是否符合商标使用授权以及是否按照合同约定内置杀毒软件，被申请人不能控制，该产品与被申请人无关。

第二，被申请人延时支付商标使用费用，有合理理由，不应承担违约责任。被申请人于2018年4月前即向申请人的全权代表提出支付商标使用费，但因申请人出具的催收函要求支付款项为20万元，与协议约定的10万元不符合，在此情况下，双方进行协商，协商过程中，申请人提出解除合同，经过交涉，申请人授权代表称不用支付今年的费用，故被申请人一直未支付。

第三，因违约造成损失的，损失赔偿额应当相当于因违约所造成的损失，包括合同履行后可以获得的利益，但不得超过违反合同一方订立合同时预见到或者应当预见到的因违反合同可能造成的损失。申请人主张被申请人违约，但该所谓违约行为并未影响申请人的经济收入，没有给其造成损失，因此其主张的损失赔偿额不能成立。

第四，申请人主张被申请人任意改变申请人注册商标的文字、图形及其组合，超越授权范围使用申请人独占使用商标，构成违约。但本案中，被申请人并未违约，没有超出产品范围使用。另外，被申请人缴纳使用费，得到了商标方的授权，生产带有 B 公司商标的货物是为了获得更好的收益。在此情况下，把得到授权的商标改成非著名商标也不符合正常的思维，从生产销售成本上来讲也没有意义。

针对本案，仲裁庭认为争议焦点集中在：（1）关于被申请人是否未经申请人同意，随意改变申请人注册商标的文字、图形及其组合，且擅自使用盾形商标；（2）关于被申请人是否涉嫌虚假宣传；（3）被申请人是否迟延支付商标许可使用费；（4）申请人是否有权解除合同。

针对上述争议焦点，仲裁庭分别作出如下分析：

第一，在案证据证明被申请人未经申请人同意，改变了申请人在本案合同项下许可被申请人使用的两个注册商标的文字、图形及其组合。本案合同第二条第 5 款约定，被申请人不任意改变申请人注册商标的文字、图形或者其组合；《商标法》第五十六条规定，注册商标的专用权，以核准注册的商标和核定使用的商品为限。被申请人在本案中的行为违反了本案合同的上述约定和《商标法》的相关规定，构成违约，被申请人应承担相应的违约责任。

第二，《反不正当竞争法》第八条第一款规定："经营者不得对其商品的性能、功能、质量、销售状况、用户评价、曾获荣誉等作虚假或者引人误解的商业宣传，欺骗、误导消费者。"本案中，申请人公证购买的被申请人相关产品包装上写明内置 B 杀毒软件，而实际上相关产品中并没有 B 杀毒软件，申请人据此认为被申请人涉嫌虚假宣传。仲裁庭认为，本案现有证据表明，被申请人生产的相关产品包装上的说明与该产品的实际情况不符，违反了本案合同第二条第 3 款和第 8 款的约定及《反不正当竞争法》的上述规定，被申请人的行为构成违约，被申请人应当承担相应的违约责任。

第三，根据本案合同约定，被申请人应于 2018 年 3 月向申请人支付第三年（即 2018 年 5 月至 2019 年 5 月）的商标许可使用费 10 万元，但被申请人未按合同约定依期如数支付上述费用，被申请人的行为违反了本案合同第三条的相关约定，构成违约，被申请人应当承担相应的违约责任。

第四，仲裁庭认为，在本案合同的履行过程中，被申请人存在多个违约行为。被申请人迟延支付商标许可使用费的行为违反了本案合同第三条的约定，申请人有权要求解除合同，被申请人也认可本案合同早已解除。综合考虑本案双方当事人的履约情况，尤其是被申请人已于2018年5月收到申请人寄送的《合同解除通知书》，仲裁庭确认，本案合同已于2018年6月解除。

2. 纠纷观察与实务建议

本案系一起商标授权许可合同纠纷案，基于本案事实及法律适用可总结如下问题：

（1）商标使用规范

《商标法》第四十三条规定："商标注册人可以通过签订商标使用许可合同，许可他人使用其注册商标。许可人应当监督被许可人使用其注册商标的商品质量。被许可人应当保证使用该注册商标的商品质量。经许可使用他人注册商标的，必须在使用该注册商标的商品上标明被许可人的名称和商品产地。许可他人使用其注册商标的，许可人应当将其商标使用许可报商标局备案，由商标局公告。商标使用许可未经备案不得对抗善意第三人。"《商标法》第四十九条第一款规定："商标注册人在使用注册商标的过程中，自行改变注册商标、注册人名义、地址或者其他注册事项的，由地方工商行政管理部门责令限期改正；期满不改正的，由商标局撤销其注册商标。"第二十四条规定："注册商标需要改变其标志的，应当重新提出注册申请。"《中华人民共和国商标法实施条例》（以下简称《商标法实施条例》）第六十九条规定："许可他人使用其注册商标的，许可人应当在许可合同有效期内向商标局备案并报送备案材料。备案材料应当说明注册商标使用许可人、被许可人、许可期限、许可使用的商品或者服务范围等事项。"

基于此，对于商标被授权许可人而言，需要遵守如下规范：

第一，许可使用的商标必须与注册商标保持一致，不得随意改变被许可使用的商标标志，如字体、颜色、形状、外观等；

第二，应当遵守商标授权许可合同约定，不得超出许可期限、许可的商品或服务范围甚至是许可的地域等；

第三，被许可使用的商品上应明确标注被许可人的名称和商品产地；

第四，商标授权许可合同应当进行备案，由商标局进行公告，未经备案不得对抗善意第三人。

本案中，被申请人为商标被授权许可方，其应当严格按照商标权人许可其使用的商标标识进行使用，且不得超出授权许可使用的商品或服务类别，否则构成违约行为，应当承担违约责任。

（2）虚假宣传行为认定

《反不正当竞争法》第八条第一款规定："经营者不得对其商品的性能、功能、质量、销售状况、用户评价、曾获荣誉等作虚假或者引人误解的商业宣传，欺骗、误导消费者。"因此，虚假宣传行为的构成要件包括如下要件：第一，经营者之间具有竞争关系；第二，经营者对于商品的性能、功能、质量、销售状况、用户评价、曾获荣誉等作虚假宣传；第三，有关宣传内容起到了欺骗、误导消费者的效果，损害其他经营者合法利益。

本案中，被申请人销售的相关产品包装上明确写明产品内置 B 杀毒软件，而实际上相关产品中并没有 B 杀毒软件，即属于上述规定中的对商品的功能、质量等进行了不符合事实的虚假宣传，欺骗或误导消费者，损害了其他经营者的合法利益。故仲裁庭指出被申请人生产的相关产品包装上的说明与该产品的实际情况不符，违反了当事人之间的合同约定以及《反不正当竞争法》的规定，被申请人构成违约，应当承担违约责任。

（三）典型案例三：中国 A 科技公司与中国 B 软件公司软件开发合同纠纷

1. 案件情况

2017 年 9 月 18 日，申请人与被申请人签订了本案合同，被申请人委托申请人开发软件平台，合同总价金 50 万元，合同约定，申请人向被申请人提交合同总价 100%金额税率为 3%的增值税发票，经审核无误后，被申请人在 10 日内向申请人支付合同总价 30%，计近 14 万元作为合同产品采购首付款；系统上线后，10 日内被申请人向申请人支付合同总价的 70%，计 30 余万元的进度款。

仲裁庭查明，申请人提交了其于 2017 年 11 月向被申请人开具的合同总价 100%的增值税发票。申请人作为申请书附件提交了招商银行股份有限公司的"账务明细清单"，该明细清单显示：2017 年 11 月，申请人账户收到近 14 万元，附言为"货款备注：吉电股份 ERP"；2018 年 6 月，收到 10 万元，附言为"货款备注：ERP 生产管控平台"；2018 年 10 月收到 10 万元，附言为"货款备注：ERP 管控平台"。上述货款共计 30 余万元。被申请人对上述发票及明细清单不持异议。

此外，申请人提交了其代表与被申请人在 2019 年 7 月的微信记录（被申请人对该微信记录的真实性不持异议）。在该微信记录中，申请人说"刘总，在不？尾款的事情还得请帮忙跟进下"，被申请人回应"好的"。申请人又说"我上周和财务看了下，剩余的部分还不少，2017 年管控平台还差 10 万元（即本案合同项目），2018 年安全项目和门禁（其他合作合同）还差 18 万元，2019 年和彭总做的那个车辆管理的项目是 5 万元。一共是 33 万元。您那边也和财务确认下啊，别时间太长了，搞不清楚了"，被申请人回应"好"。

本案其他事实为，申请人主张其已经在 2017 年 10 月完成了 PC 端上线，2017 年 11 月完成了移动端上线。被申请人认为由于委托申请人开发的系统未能通过最终验收，造成最终用户无法正常使用，因此，不应向申请人支付剩余 10 万元。

申请人认为，2017 年 9 月申请人与被申请人签订了本案合同，合同约定被申请人委托申请人开发软件平台，合同总价为近 50 万元。截至目前，申请人已经按照本案合同的约定向被申请人交付了所有开发的系统且以上系统均已上线，被申请人也在正常使用该系统，但被申请人未向申请人支付相应款项，尚欠合同款项共计 10 余万元未支付，且依据双方所签署合同的约定，被申请人应支付迟付款违约金。具体理由如下：

第一，本案合同付款条件已经全部成就。本案争议焦点在于合同第二期支付条件的理解，合同约定第二期款项应于系统上线后 10 日内支付。"上线"在合同中没有给出明确定义，但应当按照 IT 行业的通常意义来理解，即"上线"是指将开发完的系统，放到真实的运营环境中进行使用和测试。在 IT 信息化行业中，表示软件具备正式运行生产的所有必要条件，并且完成发布工作，称为"上线"，因此，申请人已经在 2017 年 10 月完成了 PC 端上线，2017 年 11 月完成了移动端上线。合同约定的付款条件已经满足。"上线"和"验收"是系统开发交付过程中的两个不同行为，不能混为一谈。被申请人将"上线"等同于

"验收"是不符合合同约定的,是为了不付款的推脱抵赖之辞,被申请人的行为也能证明本案的软件系统正常上线并运行。

第二,被申请人违反合同约定延迟付款,应当向申请人支付违约金。

第三,申请人的仲裁请求未超过诉讼时效。

申请人的仲裁请求具体为:(1)被申请人向申请人支付合同欠款共计人民币10余万元;(2)被申请人向申请人支付以欠款金额为基数按照每日万分之一点四三的利率计算自2018年12月10日起至被申请人实际支付之日为止的违约金(暂计算至2022年2月28日的违约金为近2万元);(3)被申请人承担本案财产保全费及申请人律师费;(4)被申请人承担本案仲裁费。

被申请人认为,第一,申请人开发的"ERP生产管控平台PC端和移动端"系统软件由于没有通过验收,造成用户无法正常使用,构成严重违约。第二,被申请人委托申请人开发的平台早已超过合同规定的交货期,实际处于已暂停该合同的履行,构成严重违约。第三,被申请人委托申请人开发的平台达不到合同规定的技术规范,已构成严重违约,被申请人有权收回预付款。第四,申请人还存在其他违约事项,即按本案合同规定,卖方应该向买方提供合同产品的原厂商程序文件(即源代码),申请人至今未给;按合同规定的平台"系统终验",至今尚未进行。

被申请人的仲裁请求具体为:(1)申请人向被申请人支付违约金近14万元(按总价近50万元×30%计算);(2)申请人向被申请人返还已收未做的近7万元培训费;(3)申请人向被申请人交付合同规定的源代码;(4)申请人承担被申请人代理人从上海到北京开庭的往返差旅费;(5)申请人承担本案反请求仲裁费。

仲裁庭认为主要争议焦点集中在:(1)本案是否已经过仲裁时效;(2)本案付款条件是否已经成就,被申请人是否应当支付申请人10万元。针对上述争议焦点,仲裁庭作出如下分析:

第一,关于仲裁时效,《仲裁法》第七十四条规定:"法律对仲裁时效有规定的,适用该规定。法律对仲裁时效没有规定的,适用诉讼时效的规定。"原《民法总则》第一百九十八条规定:"法律对仲裁时效有规定的,依照其规定;

没有规定的，适用诉讼时效的规定。"第一百八十八条规定："向人民法院请求保护民事权利的诉讼时效期间为三年。法律另有规定的，依照其规定。诉讼时效期间自权利人知道或者应当知道权利受到损害以及义务人之日计算。法律另有规定的，依照其规定。但是自权利受到损害之日起超过二十年的，人民法院不予保护；有特殊情况的，人民法院可以根据权利人的申请决定延长。"第一百九十五条规定："有下列情形之一的，诉讼时效中断，从中断、有关程序终结时起，诉讼时效期间重新计算：（一）权利人向义务人提出履行请求；（二）义务人同意履行义务；（三）权利人提起诉讼或者申请仲裁；（四）与提起诉讼或者申请仲裁具有同等效力的其他情形。"根据上述规定，仲裁庭认为本案仲裁时效因申请人的代表通过微信向被申请人提出履行支付尾款的请求而中断并重新计算，并因申请人向法院提起诉讼而再次中断并重新计算。鉴于申请人提起本案仲裁并未超过法律所规定的仲裁时效期间，仲裁庭不能支持被申请人提出的时效异议。

第二，被申请人是否应当支付申请人10万元的关键点在于如何理解系统"上线"这一付款条件。仲裁庭认为，不论"上线"应理解为申请人的"系统部署后就是上线"还是被申请人的"终验后方正式上线"，最迟当本案合同系统正常投入使用时，合同剩余价款的支付条件应当视为成就。现有证据显示本案合同系统已经交付被申请人并在最终用户中国F电力公司的相关环境中安装上线、正常使用，被申请人业已向申请人支付部分第二笔合同价款，故本案合同关于第二笔合同价款的支付条件已经成就。被申请人应按照本案合同的约定继续向申请人支付剩余的第二笔合同价款。因此，仲裁庭支持申请人要求被申请人支付合同欠款10余万元的仲裁请求。

2. 纠纷观察与实务建议

本案系一起软件开发合同纠纷案，案件当事人的争议主要是合同解释问题，即当事人双方对于如何定义系统软件"上线"有不同理解，因此，对于合同付款条件是否达成存在分歧。基于本案事实及主要争议焦点可总结如下问题：

第一，关于合同条款的理解与适用。在当事人对于合同条款的含义存在不同理解时，就需要借助合同解释规则对合同条款进行解释。《民法典》第一百四十二条规定："有相对人的意思表示的解释，应当按照所使用的词句，结合相关条款、行为的性质和目的、习惯以及诚信原则，确定意思表示的含义。无相对人的意思表示的解释，不能完全拘泥于所使用的词句，而应当结合相关条款、行为的性质和目的、习惯以及诚信原则，确定行为人的真实意思。"第四百六十六条第一款："当事人对合同条款的理解有争议的，应当依据本法第一百四十二条第一款的规定，确定争议条款的含义。"《最高人民法院关于适用〈中华人民共和国民法典〉合同编通则若干问题的解释》第一条第一款规定："第一条人民法院依据民法典第一百四十二条第一款、第四百六十六条第一款的规定解释合同条款时，应当以词句的通常含义为基础，结合相关条款、合同的性质和目的、习惯以及诚信原则，参考缔约背景、磋商过程、履行行为等因素确定争议条款的含义。"基于上述规则，在合同条款的理解存在争议时，原则上应当以词句的通常含义为基础，结合考虑相关条款、合同的性质和目的、习惯及诚信原则，并参考缔约背景、履行行为等因素综合确定。本案中，针对系统"上线"的含义，双方的争议点在于"上线"是直接提供系统供他人使用还是需要经过验收合格后供他人使用，对此，仲裁庭综合考虑合同约定第二期款项付款条件、被申请人实际履行情况以及申请人客观上已经将涉案系统进行了交付安装等情况，认定"上线"的含义应当是本案合同系统正常投入使用时，因此，仲裁庭认定本案第二期付款条件已成就，被申请人应当继续按照原合同履行付款义务。

第二，关于仲裁时效。如前所述，仲裁时效在无特殊规定的情况下，适用诉讼时效的规则。本案中，申请人进行了多次款项催收等行为，客观上使得仲裁时效多次中断得以重新计算，因此本案并未超过仲裁时效。

第五章

数字产业的知识产权仲裁案例分析

第一节　数字产业整体发展及知识产权纠纷情况概述

随着全球进入信息网络时代，以电子商务、自动驾驶、人工智能、大数据以及云计算等为代表的新型数字技术已成为主导社会经济发展的主要因素之一，传统产业向数字化转型的需求日益增加，数字经济成为创新性最强、发展速度最快、涉及面最广的经济模式。直播业、网游业和短视频行业，作为我国当前迅速发展的新兴数字产业的代表，呈现出广阔的未来发展空间。

本章尝试从直播业、网游业和短视频这三个新兴数字产业入手，对其基本情况、法律保护现状和困境以及法律纠纷的特征进行梳理总结，并通过研究直播业、网游业和短视频法律纠纷典型仲裁案例，提出直播业、网游业和短视频产业法律纠纷仲裁解决机制的完善建议与前景展望。

一、直播业

（一）直播业著作权纠纷基本情况

网络直播又称互联网直播，是指基于互联网，以视频、音频、图文等形式向公众持续发布实时信息的活动。[①] 随着网络技术的飞速发展，各种新兴文化传播方式层出不穷，网络直播作为全新的社交网络交互方式方兴未艾。

从直播用户来看，根据《中国网络表演（直播与短视频）行业发展报告（2022-2023）》显示，截至 2022 年 12 月，中国网络直播用户规模达 7.51 亿，同比增长 6.7%，占整体网民的 70.3%。[②] 就市场规模而言，2022 年泛网络视听

[①] 参见《互联网直播服务管理规定》，载国家互联网信息办公室官方网站，http://www.cac.gov.cn/2016-11/04/c_1119847629.htm，2023 年 11 月 16 日访问。

[②] 参见《2022 年中国网络表演行业市场营收近 2000 亿元人民币》，载中国服务贸易指南网，http://tradeinservices.mofcom.gov.cn/article/yanjiu/hangyezk/202305/148639.html，2023 年 11 月 16 日访问。

产业的市场规模为 7274.4 亿元，网络直播领域市场规模为 1249.6 亿，占比为 17.2%，成为拉动网络视听行业市场规模的重要力量。[1] 从市场规模来看，直播分为娱乐直播和游戏直播。娱乐直播方面，我国娱乐直播市场规模呈现上涨趋势。直播行业数据统计相关数据显示，中国娱乐直播市场规模从 2016 年的 209 亿元增长至 2021 年的 1458 亿元，预计 2024 年将达到 1759 亿元。从游戏直播行业来看我国游戏直播行业市场规模近年来也呈现上涨态势。相关数据显示，2021 年中国游戏直播行业市场规模达到 948 亿元。[2]

网络直播节目侵权盗播情况严重。根据国家相关机构监测数据显示，在对足球、篮球、乒乓球、格斗等不同场次进行监测，共监测各项赛事直播 546 场，发现未授权直播链接 4633 个；监测点播 2025 场，发现侵权链接 623159 条。盗播行为的存在，进行直播或者转播的媒体机构将面临巨大损失，无法有效实现网络直播产业的价值，对正规直播和转播机构的利益产生了极大的影响，不对相关侵权盗播行为进行规制，最终会影响整个网络直播产业发展。[3]

（二）直播业的法律保护现状

我国现行法律体系中能够规范网络直播行为的规范性文件主要包含法律、法规、部门规章等。

第一，由全国人民代表大会及其常务委员会制定的法律或由国务院制定的行政法规，涉及网络直播著作权的主要有《民法典》《著作权法》《信息网络传播权保护条例》等。以上法律法规中涉及网络直播著作权的均为概括性、原则性的话语，如《民法典》第三条中关于"民事主体的人身权利、财产权利以及其他合法权益受法律保护"的表述，再如《著作权法》第三条中关于"作品"的规定。

第二，有关部门制定了若干部门规章进行管理。2016 年 11 月 4 日，国家

---

[1] 参见《我国短视频市场规模达到 2928.3 亿》，载央广网，https://m.cnr.cn/tech/20230401/t20230401_526202777.html，2023 年 11 月 16 日访问。
[2] 参见《2023 年直播行业数据统计：直播行业规模持续扩大》，载中国报告大厅网，https://m.chinabgao.com/info/1245554.html，2023 年 11 月 16 日访问。
[3] 参见《2019 年中国网络视频版权保护研究报告》，载艾瑞网，https://report.iresearch.cn/report/201903/3342.shtml，2023 年 11 月 16 日访问。

互联网信息办公室发布《互联网直播服务管理规定》,① 规定各级互联网信息办公室采用日常监督和定期检查相结合的方式负责网络直播管理工作,对网络直播实施分级管理,并规定了网络服务提供者在网络服务使用者在违反法律规定时,可以在报告互联网信息办公室的同时采取警示、暂停发布或关闭账号等处罚。2016年12月2日,原文化部发布《网络表演经营活动管理办法》,② 对网络表演者、网络表演经营单位、网络表演行业三方面提出要求,加强行业注册审查和行业自我监管。2019年11月24日,中共中央办公厅、国务院办公厅印发了《关于强化知识产权保护的意见》,③ 意见主要在"加大行政处罚力度""严格规范证据标准""构建行政执法、仲裁、调解等快速处理渠道"三个方面着手,意见列出了强化知识产权保护的二十三个具体方向,针对网络直播侵权多发的现状,推行司法保护与行政执法保护"双轨制"。④ 2018年8月1日,全国"扫黄打非"工作小组办公室、工业和信息化部、公安部、文化和旅游部、国家广播电视总局、国家互联网信息办公室联合发布《关于加强网络直播服务管理工作的通知》,⑤ 对网络直播服务许可和备案管理工作、服务基础管理工作提出具体加强措施,⑥

---

① 参见《互联网直播服务管理规定》,载国家互联网信息办公室官方网站,http://www.cac.gov.cn/2016-11/04/c_1119847629.htm,2023年11月16日访问。
② 参见《文化部关于印发〈网络表演经营活动管理办法〉的通知》,载中国政府网,https://www.gov.cn/gongbao/content/2017/content_5213209.htm,2023年11月16日访问。
③ 参见《中共中央办公厅、国务院办公厅印发〈关于强化知识产权保护的意见〉》,载中国政府网,https://www.gov.cn/zhengce/2019-11/24/content_5455070.htm,2023年11月16日访问。
④ 参见姚捷:《网络直播著作权研究》,长江大学2020年硕士论文,第23页。
⑤ 参见《关于加强网络直播服务管理工作的通知》,载中国扫黄打非网,https://www.shdf.gov.cn/shdf/contents/709/383850.html,2023年11月16日访问。
⑥ 参见《关于加强网络直播服务管理工作的通知》:"一、加强网络直播服务许可和备案管理工作。网络直播服务提供者应依法向电信主管部门履行网站 ICP 备案手续,涉及经营电信业务及互联网新闻信息、网络表演、网络视听节目直播等业务的网络直播服务提供者应当分别向相关部门申请取得电信业务经营、互联网新闻信息服务、网络文化经营、信息网络传播视听节目等许可,并于直播服务上线30日内按照有关规定到属地公安机关履行公安备案手续。互联网接入服务业务、互联网数据中心业务、内容分发网络业务(以下简称"网络接入服务")提供者不得为未履行 ICP 备案手续、未取得相关业务许可的网络直播服务提供者提供网络接入服务。移动智能终端应用软件分发平台(以下简称"应用商店")不得为未履行 ICP 备案手续、未取得相关业务许可的网络直播服务提供者提供移动智能终端应用软件(以下简称"APP")分发服务。二、强化网络直播服务基础管理工作。各网络接入服务提供者应按照要求通过"工业和信息化部 ICP/IP 地址/域名信息备案管理系统"向各地通信管理局报送网络直播服务提供者 ICP、IP 地址、域名等信息。有关部门将建立违法网络直播服务提供者黑名单,网络接入服务提供者应核验网络直播服务提供者的 ICP、IP 地址和域名信息,不得为信息不一致、黑名单中的网络直播服务网站、APP 提供网络接入服务。应用商店不得为黑名单中的网络直播服务 APP 提供分发服务。各网络直播服务提供者应按照要求落实用户实名制度,加强网络主播管理,建立主播黑名单制度,健全完善直播内容监看、审查制度和违法有害内容处置措施。"

并要求建立健全网络直播服务监管工作机制。① 2021年2月9日，国家互联网信息办公室、全国"扫黄打非"工作小组办公室、工业和信息化部、公安部、文化和旅游部、国家市场监督管理总局、国家广播电视总局等七部委联合发布《关于加强网络直播规范管理工作的指导意见》，② 其中提出以"强化准入备案管理"来建立健全制度规范，③ 以"建立完善工作机制"来增强综合治理能力。④

（三）直播业著作权面临的困境

第一，对网络直播作品的认定标准缺乏一致性。目前尚无有效的法律制度对网络直播节目进行保护，著作权法并未对网络直播节目的保护进行规定。无论是《著作权法》还是《反不正当竞争法》均未对网络直播节目作出明确的定义，仅能依靠个案进行割裂解释。同时，对于直播作品"独创性"程度的认定标准缺乏一致的口径，理论界和司法界一直争议不休，没有形成统一的定论和

---

① 参见《关于加强网络直播服务管理工作的通知》："四、建立健全网络直播服务监管工作机制。网络直播服务提供者应严格按照许可范围开展业务，不得利用直播服务制作、复制、发布、传播法律法规禁止的信息内容。网络接入服务提供者应按照要求建立内容审核、信息过滤、投诉举报处理等相关制度，建立7×24小时应急响应机制，加强技术管控手段建设，按照要求处置网络直播中的违法违规行为。网络直播服务提供者应当按照有关法律法规要求，记录直播服务使用者发布内容和日志信息并保存一定期限，对自己不具备存储能力且不购买存储服务的网络直播服务提供者，网络接入服务提供者不得提供服务。网络接入服务提供者、网络直播服务提供者应当依法配合有关部门的监督检查、调查取证，并提供必要的文件、资料和数据。"

② 参见《关于印发〈关于加强网络直播规范管理工作的指导意见〉的通知》，载中国政府网，https://www.gov.cn/zhengce/zhengceku/2021-02/10/content_5586472.htm，2023年11月16日访问。

③ 参见《关于加强网络直播规范管理工作的指导意见》："9. 强化准入备案管理。开展经营性网络表演活动的直播平台须持有《网络文化经营许可证》并进行ICP备案；开展网络视听节目服务的直播平台须持有《信息网络传播视听节目许可证》（或在全国网络视听平台信息登记管理系统中完成登记）并进行ICP备案；开展互联网新闻信息服务的直播平台须持有《互联网新闻信息服务许可证》。网络直播平台应当及时向属地网信等主管部门履行企业备案手续，停止提供直播服务的平台应当及时注销备案。"

④ 参见《关于加强网络直播规范管理工作的指导意见》："11. 建立完善工作机制。各部门应当切实履行职能职责，依法依规加强对网络直播行业相关业务的监督管理。网信部门要进一步强化网络直播行业管理的统筹协调和日常监管，建立健全部门协调联动长效机制，制定出台支持和促进网络直播行业健康发展、生态治理和规范管理的政策措施；'扫黄打非'部门要履行网上'扫黄打非'联席会议牵头单位职责，会同有关部门挂牌督办重大案件；工业和信息化部门要严格落实网络接入实名制管理要求，强化ICP备案管理；公安部门要全面提升对网络直播犯罪行为实施全方位遏制打击力度；文化和旅游部门要加强网络表演行业管理和执法工作，指导相关行业组织加强网络表演行业自律；市场监管部门要加强网络直播营销领域的监督管理；广电部门要研究制定网络视听节目等管理规范及准入标准。"

观点，使得网络直播节目的知识产权保护路径不清。[1]

第二，对网络直播作品的规制路径存在混淆。对于网络直播节目的保护主要从著作权和反不正当竞争保护两大方面进行，而著作权保护中则存在狭义著作权和邻接权两种保护路径。大部分的网络直播节目案件都是以著作权保护方式为主，反不正当竞争方式为辅，但以此形成的保护模式有其局限性。狭义著作权所保护的网络直播节目认定网络直播节目构成"作品"，[2] 主要是针对独创性程度较高的网络直播作品，狭义的著作权保护并不完善。[3] 广义上的著作权还包括了邻接权，录像制品即以邻接权的方式进行保护，但是以录像制品为代表的邻接权保护路径较为狭窄，受法律保护的水平也较低。《反不正当竞争法》也可以作为一种单独的路径对网络直播节目进行保护，由于反不正当竞争保护属于一种事后救济，而无法对网络直播节目的侵权行为进行预防性的保护，因此该路径也存在较大的局限性。[4]

第三，行业规范不够完善。国家已经通过发布《关于加强网络表演管理工作的通知》《关于进一步规范网络直播营利行为促进行业健康发展的意见》等文件对直播行业进行规范，但行业规范中依然存在知识产权相关规定不完善、对直播平台的指引和监管不充分等问题。首先，网络直播行业中关于著作权的相关管理与规定不够明晰。在斗鱼、虎牙等头部直播平台的直播协议中，虽然对主播方侵犯他人著作权的行为作出了禁止性约定，但对何为侵犯他人著作权并未作详细解释，主播方往往难以意识到侵权行为并知晓相应法律后果。其次，网络直播行业与传统行业相比，就业形态存在明显区别。网络直播行业用工较为灵活，工作时间、地点、方式等不固定，网络主播通常不需要去专门的地点工作，只需一台移动网络设备就可进行直播，同一 MCN 机构[5]的签约主播可能

---

[1] 参见郝明英：《网络直播节目著作权保护研究》，中国政法大学2020博士论文，第56页。
[2] 参见郝明英：《网络直播节目著作权保护研究》，中国政法大学2020博士论文，第52页。
[3] 首先，狭义著作权的保护对象尚难以区分，即使针对相同类型的网络直播节目，独创性的认定标准不同也会导致网络直播节目的保护路径无法被厘清；其次，涉及网络直播节目的保护时常需要对邻接权与狭义著作权进行区分，而区分的标准无论是独创性的程度大小抑或是有无固定性都过于宽泛。
[4] 参见吴鹏：《网络直播节目著作权保护探析》载《中国报业》2022年第22期，第12页。
[5] 即 Multi-Channel Network 机构。

来自全国不同地区,因此,直播公司对主播进行集中统一的知识产权培训与考核的难度较大,加大了网络主播侵犯知识产权的风险。最后,在电商直播领域中,由于电商机构间的竞争关系和电商平台经营范围的多样性,整个行业的资源与信息难以共享,也无法定期开展行业交流会或制定行业规范,加大了网络直播知识产权风险治理难度。[1]

(四)直播业著作权的完善建议

第一,厘清对网络直播作品的认定标准。首先,基于网络直播节目所存在的实时性、非交互式等特性,对网络直播节目的定义及分类需要具体表达,不同属性的网络直播节目应当予以不同方式的保护。网络时代下基于网络直播行为节目的多样化趋势,对其进行科学的分类能有效避免主观性影响。其次,对于作品的独创性认定标准需要加以规范。对于性质相同的作品,到底是以独创性的"有无"作为界定标准,还是以其独创性的程度作为依据,应当加以统一。参考美国对于独创性标准的判断,独创性的认定标准可以设定一个最低限度的标准,相应类别的网络直播节目达到一个最低标准即可以认定为作品。[2]最后,厘清认定标准应当与相应的规制路径相结合。网络直播节目根据其技术手段和内容会有多种不同的分类,对于独创性程度的认定也有不同的方法。同时在制定认定标准时应当考虑到目前所拥有的规制路径,同时也需要将网络直播节目的分类和独创性认定标准作为考虑因素,二者是相辅相成的。

第二,明晰对网络直播作品的规制路径。首先,厘清视听作品概念,区分狭义著作权与邻接权的保护对象及标准。录像制品、电影作品及类电影作品看似有较为明显的区别,然而因其认定标准缺乏一致,依然存在路径混淆的情况。在明确网络直播节目类别的情况下,有必要对其性质进行考察,从而确定其适用的保护路径。其次,完善录像制品制度。根据《中华人民共和国著作权法实施条例》(以下简称《著作权法实施条例》)的定义,独创性的有无并不是录像制品的构成要件。在网络直播领域,相当一部分网络直播节目不以表达独创

---

[1] 参见余立立、胡神松:《网络直播知识产权风险多元化治理研》,载《科技创业月刊》2023第36期,第75页。

[2] 参见郝明英:《网络直播节目著作权保护研究》,中国政法大学2020博士论文,第156页。

性思想作为目的。以录像制品制度对其进行保护，既可以将其与独创性程度较高的网络直播节目进行区分，同时又以邻接权方式一定程度上保护了相关主体的权利。最后，《反不正当竞争法》作为知识产权法的补充，应当可以通过著作权的路径同时对权利人的权益进行保护。在多数涉及网络直播节目的案件中，如果以著作权的路径对权利人的损失进行赔偿，则往往不会再以反不正当竞争的方式进行考虑。然而，《反不正当竞争法》的目的是打击不正当竞争，因而在明晰三种不同规制路径的基础上，应当将其作为一种并列的保护路径进行考虑。

第三，细化行业操作规范，建立行业协作机制。加强网络直播行业知识产权保护力度，直播平台网络主播、MCN 机构和电商商家都应充分自省自查。首先，应当加强直播行业知识产权保护，在平台协议、电商入驻协议中细化知识产权相关规定，依法建立知识产权保护规则，包括但不限于通知、移除等规则，同时在网络主播、电商商家签约协议中增加知识产权警示条款。其次，MCN 机构与主播合同中也应加入知识产权条款对知识产权赔偿及责任承担作相关说明。再次，直播公司应当通过定期组织线上会议、开发公众号推送网络直播产权知识及侵权案例等方式对签约主播进行知识产权培训与考核，从而提高网络主播知识产权保护意识。最后，在电商直播中，电商主播、MCN 机构不仅要注意所销售商品本身是否涉及知识产权侵权，同时还应该关注直播内容是否涉及知识产权侵权，MCN 机构应按要求落实主播实名制，拒绝非实名认证主播加入直播行业，商家自身也应当提前审查销售商品是否具有知识产权侵权风险。网络直播从业者以及 MCN 机构应当带头建立行业协作机制，通过组建行业协会、召开行业交流会等形式，整合行业资源与信息，细化行业操作规范，将主播、MCN 机构对电商产品的审查程序，以及直播公司对主播的定期知识产权培训与考核作为行业标准加以确立，制定全行业信用体系与征信体系，营造良好的行业竞争秩序。

二、网游业

（一）网游业著作权纠纷基本情况

近年来中国游戏产业一直处在快速发展期，游戏产业在海内外的影响力逐渐增强，有越来越多的游戏原创公司新秀在源源不断地涌现出来，激发着国内整个游戏产业的活力。2023 年，国内游戏市场实际销售收入 3029.64 亿元，同比增长 13.95%，首次突破 3000 亿元；用户规模 6.68 亿人，同比增长 0.61%，为历史新高点。[①]

中国的游戏产业在快速发展的同时，也面临着许多严峻的挑战，很多关于游戏著作权的案件相继出现，并且在数量和形式上都在呈现上升的趋势。网络游戏具有复合型性特征，由游戏动态画面、计算机软件、游戏规则、场景地图、人物形象、文字介绍以及背景音乐等诸多元素构成。近年来，围绕上述游戏元素，网络游戏产业在游戏视听作品保护、游戏直播侵权、换皮游戏侵权、游戏短视频合理使用以及云游戏侵权等具体问题领域诉讼案件不断。

目前，著作权法对游戏产业的保护主要通过拆分保护和整体保护两种模式进行，[②] 法院根据权利人的选择进行相应的判定。权利人既可主张拆分后的游戏元素构成作品而要求相应保护，[③] 也可主张游戏连续动态画面构成类电影作品而获得著作权法保护。[④] 2020 年 4 月广东省高级人民法院发布的《关于网络游戏知识产权民事纠纷案件的审判指引（试行）》第六条规定，原告可以主张

---

① 参见《〈2023 年中国游戏产业报告〉正式发布》，载新华网，http://www.xinhuanet.com/ent/20231215/f670a4330eac41d6859e9f11d9226d5b/c.html，2024 年 1 月 16 日访问。

② 参见刘名洋：《电子游戏的著作权保护研究》，西南政法大学 2022 年博士论文，第 39 页。

③ 网络游戏具有复合性，由计算机程序、游戏名称、游戏标识、游戏规则、故事情节、场景地图、人物形象、文字介绍、对话旁白、背景音乐等元素组合而成，而这些元素可能分别落入计算机程序、文字、美术、音乐、电影等作品类别之中。须判断这些元素是否形成具有独创性的表达，进而确定是否予以著作权法保护。

④ 对网络游戏进行整体保护，通常涉及游戏连续动态画面的著作权法定性问题。游戏连续动态画面的独立作品属性已得到多数学者和司法实践的认同。北京市高级人民法院《侵害著作权案件审理指南》第 2.14 条规定，运行网络游戏产生的连续动态游戏画面若符合以类似摄制电影的方法创作的作品构成要件的，受著作权法保护。广东省高级人民法院《关于网络游戏知识产权民事纠纷案件的审判指引（试行）》第 17 条规定，运行网络游戏某一时段所形成的连续动态画面，符合以类似摄制电影的方法创作的作品构成要件的，应予保护。

他人侵害网络游戏整体内容的相关权益，也可以主张他人侵害网络游戏特定部分或游戏元素的相关权益。即对两种保护模式均予以了认可。

（二）网游业的法律保护现状

目前中国还没有形成一个完善的游戏产业的著作权保护体系和制度，游戏同质化的问题越来越严重，游戏侵权行为可以带来巨大的利润，令游戏著作权侵权纠纷日益增多，但是国内在司法实践过程中对游戏的保护力度远远达不到其对应的水平。

第一，由全国人大及其常委会制定的法律或由国务院制定的行政法规。对电子游戏保护的相关法律条文分散在各个法律法规中，主要有《著作权法》《计算机软件保护条例》《电子出版物出版管理规定》《著作权法实施条例》。针对游戏侵权，则主要由《民法典》《中华人民共和国刑法》等法律来确定相应法律责任。关于游戏名称、游戏规则、游戏程序等还有可能会涉及《商标法》《专利法》《反不正当竞争法》等。另外还有一些法律法规虽然涉及保护电子游戏，但是与著作权关系不大，如《互联网文化管理暂行规定》《关于开展对"私服"、"外挂"专项治理的通知》《互联网信息服务管理办法》《互联网著作权行政保护办法》《信息网络传播权保护条例》等。需要特别指出的是，2010年原文化部出台了《网络游戏管理暂行办法》，① 这是我国第一部专门针对网络游戏进行管理和规范的部门规章，但是该暂行办法于2019年7月10日废止。②2023年12月22日，国家新闻出版署发布关于公开征求《网络游戏管理办法（草案征求意见稿）》意见的通知，③ 征求意见稿全文围绕网络游戏出版经营单位的设立与管理、网络游戏的出版经营、未成年人保护、监督管理、保障与奖励、法律责任等，共设八个章节、六十四个条款，进一步对中国境内从事网络游戏出版和运营的活动进行规制，尤其是在法律责任规定方面，本次征求意见

---

① 参见《中华人民共和国文化部令第49号》，载中国政府网，https://www.gov.cn/flfg/2010-06/22/content_1633935.htm，2023年11月16日访问。
② 参见《中华人民共和国文化和旅游部令第2号》，载中国政府网，https://www.gov.cn/zhengce/zhengceku/2019-12/02/content_5457656.htm，2023年11月16日访问。
③ 参见《国家新闻出版署关于公开征求〈网络游戏管理办法（草案征求意见稿）〉意见的通知》，载中国日报网，https://cn.chinadaily.com.cn/a/202312/22/WS65854391a310c2083e41433c.html，2023年12月26日访问。

稿对比原《网络游戏管理暂行办法》，提高了罚款金额并细化了各项义务相应的法律责任。①

第二，网络游戏产业较为发达、纠纷也更为频发的北京和广东两地，法院系统相继出台了《涉及网络知识产权案件的审理指南》和《关于网络游戏知识产权民事纠纷案件的审判指引（试行）》（以下简称《审判指引》）。上述规范指引为统一网络游戏案件裁判标准、妥善处理网络游戏行业纠纷，从司法审判角度进行了有效回应。其中，广东出台的《审判指引》全文共有四十个条文，涵盖了审理网络游戏类案件的指导原则、行为保全、著作权纠纷、商标权与不正当竞争纠纷、民事责任等五个主要方面，对目前法院审理网络游戏类案件过程中所面临的行为保全的要件、网络游戏作品的定性、游戏画面和游戏直播画面的法律属性等难点问题进行了一一回应，亦在现有法律框架内对涉及网络游戏的相关问题进行了进一步细化和明确。② 作为全国首个总结网络游戏知识产权审判经验的地方性司法规范，该《审判指引》体现了广东法院在网络游戏行业司法保护的趋势，同时也为广东省内各级法院审理网络游戏知识产权案件提供了重要指导。

（三）网游业著作权面临的困境

随着游戏产业的快速发展，网络游戏的著作权侵权问题也凸显出来。网络游戏的知识产权领域侵权问题日趋严重，相关案件的数量在不断增多，特别是游戏同质化现象频发，由于立法的滞后性，我国在对网络游戏著作权保护存在的缺陷也日益明显。随着自主研发游戏进入国际市场，那么我们就更应该尊重和研究知识产权的保护，从而使得我国可以提供一个统一、稳定的环境为游戏著作权保驾护航。我国网络游戏著作权保护问题频发，主要面临以下问题。

第一，著作权法并没有厘清网络游戏作品属性。我国并没有相关的专门法律来规定对游戏作品的保护，导致法律对网络游戏的保护地位无法明确。对游

---

① 《网络游戏管理办法（草案征求意见稿）》在第五十三条至第六十一条，分别规定了对未经批准从事游戏服务、网络游戏内容违规、出借、出租等许可证、违规变更许可内容、擅自中止、违反未成年人保护、实名注册违规、违反网络信息及个人信息安全保护以及其他违规方面的处罚。

② 参见《广东高院发布网络游戏领域知识产权案件审判指引》，载国家互联网信息办公室官方网站，http://www.cac.gov.cn/2020-04/15/c_1588496207537941.htm，2023年11月16日访问。

戏作品的保护也只是通过《著作权法》及其实施条例、《计算机软件保护条例》、《网络游戏管理暂行办法》、《民法典》侵权责任编来进行简单的拆分保护，无法体现电子游戏作为有机整体的价值。在司法实践中，在关于游戏的著作权侵权案件中，由于缺乏专门的立法，司法实践的过程中不能依据相关的法律条文进行裁定，法院没有明确的法律依据可以适用。随着游戏产业的蓬勃发展，网络游戏所涉及的版权、商标、不正当竞争等各方面法律问题日渐突出，但现行法律法规在网络游戏相关领域的缺失以及部分法律法规的僵化和滞后，给游戏类案件的知识产权领域审判带来了极大的挑战。

第二，网络游戏的著作权侵权赔偿制度不明确。我国立法并未明确著作权侵权认定规则，司法实践中各法院采用的侵权认定标准也不一致，加上网络游戏的专业性，导致网络游戏侵权案件认定的复杂。目前，侵权所依据的赔偿制度有三个标准，分别是以被侵权人所损失的多少对侵权人要求进行赔偿，根据侵权人自身的获利或对侵权行为的影响进行裁决以及法定赔偿标准。在一般情况下，前两种的赔偿制度很难正确地计算出应赔金额，因此在著作权侵权的案例中，最常见到的赔偿制度就是法定赔偿制度，但是法定赔偿制度相对侵权者在侵权的过程中所获得的利润来说，如同九牛一毛，并不能对他们起到警示的作用。

（四）网游业著作权的完善建议

第一，在著作权法的相关司法解释中明确网络游戏的作品属性，将其纳入著作权法保护的客体范围。从电子游戏作品体现的有机统一整体价值角度来看，在目前的条件下可以从立法上对《著作权法》予以修改完善，[1] 增加一类"游戏作品"，即将电子游戏作品纳入到著作权法保护的客体当中，明确其法律地位。网络游戏作为一个在计算机软件设定下产生的包括文字、美术、音频等多种作品为一体的综合性智力成果，其整体的设计体现了游戏开发者有意的取舍、设计和安排，反映出作者的独特个性，且可以通过一定的形式表现，具有作品属性，应当通过立法的方式受到著作权法保护。

第二，完善网络游戏著作权的侵权认定规则。规范网络游戏著作权侵权认

---

[1] 参见李宏伟：《电子游戏的著作权保护问题探究》，广西师范大学2018年硕士论文，第28页。

定，首先，在判断网络游戏著作权侵权问题时，先利用思想与表达二分法对网络游戏的保护范围进行划分，如将游戏中的人物设计、地图设计、配乐音效、故事情节等具体游戏表达，纳入游戏著作权保护的范围。其次，明确侵权行为的类型，网络游戏的侵权类型多样，从原先的盗版、私服、外挂扩展到如今对游戏元素、游戏画面、游戏规则等游戏内容的侵权。最后，综合使用侵权认定的方法。对于网络游戏著作权侵权认定时，不能仅依靠一种判定方法，应当综合适用多种判定方法来判断侵权事实的成立。[1]

三、短视频

(一) 短视频著作权纠纷基本情况

由于短视频易传播且社交性与互动性强等特点，短视频产业从2018年初以来异军突起、站上风口，游戏行业的高速发展为短视频的制作提供了大量优质直播内容，游戏短视频成为热门短视频的主要类型之一。根据中国互联网络信息中心（CNNIC）8月28日发布的第五十二次《中国互联网络发展状况统计报告》，短视频用户规模达到10.26亿人，用户使用率为95.2%。[2] 就市场规模而言，2022年泛网络视听产业的市场规模为7274.4亿元，短视频领域市场规模为2928.3亿，占比为40.3%，是产业增量的主要来源。[3]

网络短视频行业的高速发展，不仅带来了高额的经济利益，同时关于网络短视频的著作权侵权问题也日益严重。2021年4月，12346版权监测中心对523名短视频作者进行调研，调研数据显示在过去的一年中56.4%的原创短视频作者发现自己的网络短视频被侵权，82.5%的短视频作者采用向网络服务提供者（网络短视频平台）投诉的方式进行维权。各短视频平台的流调数据显示，60.6%的网络短视频作者认为平台投诉所需举证的材料过多，48.8%的网络短

---

[1] 参见张倩：《网络游戏著作权法律问题研究》，湖南师范大学2021年硕士论文，第45页。
[2] 参见《〈2022年中国游戏产业报告〉正式发布》，载中国音像与数字出版协会官方网站，http://www.cadpa.org.cn/3271/202302/41574.html，2023年11月16日访问。
[3] 参见《我国短视频市场规模达到2928.3亿》，载央广网，https://m.cnr.cn/tech/20230401/t20230401_526202777.html，2023年11月16日访问。

视频作者认为平台进行投诉答复的周期较长，维权效率不高。①

目前我国涉及侵权的短视频主要有三种形式：一是将他人制作的短视频直接发布到网络上进行传播；二是利用他人作品通过表演等方式制作短视频；三是利用他人制作完成的视频或作品进行重新组合，制作短视频发布到网络上进行传播等。②侵权乱象背后反映出网络短视频著作权保护所面临的困境，最新修改的《著作权法》虽然在一定程度缓解了网络短视频著作权保护存在的部分争议，但随着移动互联网技术的快速发展，网络侵权行为也会因技术的改变出现侵权手段隐蔽化、多元化的问题。作为一种近几年兴起的新型表达方式，网络短视频著作权保护与其他作品相比，有自身的不同之处。梳理现有立法规定及司法解释后发现，我国《著作权法》及其他相关法律规范性文件的部分规定并不能完全适用于当前网络短视频著作权保护，相关的理论和制度仍然存在些许不足之处，需要进行细化完善。

（二）短视频的法律保护现状

第一，《民法典》对短视频的法律保护。《民法典》侵权责任编第一千一百九十五条明确了权利人对行为人实施网络侵权行为时所能采取的维权方式，以及网络服务提供者面对权利人行权时所要履行的通知和采取必要措施的义务。③具体而言，当权利人在网络短视频平台发现行为人利用网络服务对自己实施侵权行为时，权利人可以向平台进行申诉维权。网络服务提供者在收到权利人的维权通知后，应当及时将权利人的维权通知内容转发给行为人，并同时根据实际情况采取删除、屏蔽、断开链接等必要措施以防止损失进一步扩大。④ 如果

---

① 参见焦香豫：《网络短视频著作权保护研究》，西南大学 2022 年硕士论文，第 1 页。
② 参见《北京知识产权法院召开"短视频著作权案件审判情况"新闻通报会》，载北京政法网，https://www.bj148.org/wq/szfdw/bjsfy/202008/t20200824_1581733.html，2023 年 11 月 16 日访问。
③ 《民法典》第一千一百九十五条规定："网络用户利用网络服务实施侵权行为的，权利人有权通知网络服务提供者采取删除、屏蔽、断开链接等必要措施。通知应当包括构成侵权的初步证据及权利人的真实身份信息。网络服务提供者接到通知后，应当及时将该通知转送相关网络用户，并根据构成侵权的初步证据和服务类型采取必要措施；未及时采取必要措施的，对损害的扩大部分与该网络用户承担连带责任。权利人因错误通知造成网络用户或者网络服务提供者损害的，应当承担侵权责任。法律另有规定的，依照其规定。"
④ 参见焦香豫：《网络短视频著作权保护研究》，西南大学 2022 年硕士论文，第 23 页。

网络服务提供者因未及时采取必要措施或者错误通知致使行为人或权利人损害的，网络服务提供者对此应当承担侵权责任。此外，《民法典》第一千一百九十七条也规定了网络短视频平台的注意义务，① 该条款是"通知—删除"规则的例外规定，如果网络短视频平台疏于监管或者明知、应知用户存在侵权行为而予以放任，网络短视频平台应当与侵权用户承担连带责任。当然，如果有证据证明平台已经采取了合理、有效的技术措施，但仍然难以发现用户侵权行为的，则不能认定平台存在主观过错，要求其承担连带责任。

第二，《著作权法》及《著作权法实施条例》关于网络短视频著作权保护。2020年《著作权法》引入了"视听作品"概念，将"电影作品和以类似摄制电影的方法创作的作品"修改为"视听作品"。2020年《著作权法》第五十二条列明了侵害作品著作权的十一种行为方式和四种民事责任，② 第五十三条经过修改，大幅度提高了对严重侵权行为的惩罚性赔偿标准。③ 《著作权法》第五

---

① 《民法典》第一千一百九十七条规定："网络服务提供者知道或者应当知道网络用户利用其网络服务侵害他人民事权益，未采取必要措施的，与该网络用户承担连带责任。"

② 《著作权法》第五十二条规定："有下列侵权行为的，应当根据情况，承担停止侵害、消除影响、赔礼道歉、赔偿损失等民事责任：（一）未经著作权人许可，发表其作品的；（二）未经合作作者许可，将与他人合作创作的作品当作自己单独创作的作品发表的；（三）没有参加创作，为谋取个人名利，在他人作品上署名的；（四）歪曲、篡改他人作品的；（五）剽窃他人作品的；（六）未经著作权人许可，以展览、摄制视听作品的方法使用作品，或者以改编、翻译、注释等方式使用作品的，本法另有规定的除外；（七）使用他人作品，应当支付报酬而未支付的；（八）未经视听作品、计算机软件、录音录像制品的著作权人、表演者或者录音录像制作者许可，出租其作品或者录音录像制品的原件或者复制件的，本法另有规定的除外；（九）未经出版者许可，使用其出版的图书、期刊的版式设计的；（十）未经表演者许可，从现场直播或者公开传送其现场表演，或者录制其表演的；（十一）其他侵犯著作权以及与著作权有关的权利的行为。"

③ 《著作权法》第五十三条规定："有下列侵权行为的，应当根据情况，承担本法第五十二条规定的民事责任；侵权行为同时损害公共利益的，由主管著作权的部门责令停止侵权行为，予以警告，没收违法所得，没收、无害化销毁处理侵权复制品以及主要用于制作侵权复制品的材料、工具、设备等，违法经营额五万元以上的，可以并处违法经营额一倍以上五倍以下的罚款；没有违法经营额、违法经营额难以计算或者不足五万元的，可以并处二十五万元以下的罚款；构成犯罪的，依法追究刑事责任：（一）未经著作权人许可，复制、发行、表演、放映、广播、汇编、通过信息网络向公众传播其作品的，本法另有规定的除外；（二）出版他人享有专有出版权的图书的；（三）未经表演者许可，复制、发行录有其表演的录音录像制品，或者通过信息网络向公众传播其表演的，本法另有规定的除外；（四）未经录音录像制作者许可，复制、发行、通过信息网络向公众传播其制作的录音录像制品的，本法另有规定的除外；（五）未经许可，播放、复制或者通过信息网络向公众传播广播、电视的，本法另有规定的除外；（六）未经著作权人或者与著作权有关的权利人许可，故意避开或者破坏技术措施的，故意制造、进口或者向他人提供主要用于避开、破坏技术措施的装置或者部件的，或者故意为他人避开或者破坏技术措施提供技术服务的，法律、行政法规另有规定的除外；（七）未经著作权人或者与著作权有关的权利人许可，故意删除或者改变作品、版式设计、表演、录音录像制品或者广播、电视上的权利管理信息的，知道或者应当知道作品、版式设计、表演、录音录像制品或者广播、电视上的权利管理信息未经许可被删除或者改变，仍然向公众提供的，法律、行政法规另有规定的除外；（八）制作、出售假冒他人署名的作品的。"

十二条和五十三条以明确侵权行为内容和提高侵权成本的方式为网络短视频著作权提供有效保护。

第三，其他规范性法律文件关于短视频著作权保护。除《民法典》《著作权法》及《著作权法实施条例》对短视频的著作权侵权问题提供保护途径外，我国其他规范性法律文件，如《互联网著作权行政保护办法》《著作权行政处罚实施办法》《信息网络传播权保护条例》以及《最高人民法院关于审理侵害信息网络传播权民事纠纷案件适用法律若干问题的规定》也对短视频的著作权侵权问题明确了救济途径。2005年国家版权局发布的《互联网著作权行政保护办法》第十一条明确了著作权行政管理部门可以对网络服务提供者存在的侵权行为予以行政处罚的规定。2009年国家版权局发布的《著作权行政处罚实施办法》第四条明确了网络服务提供者实施侵权行为时，著作权行政管理部门可以依法实施的行政处罚种类。两部部门规章都为短视频著作权保护提供行政处罚保护机制，即当短视频平台不履行规章所规定的积极义务时，其不仅要承担因侵权行为而带来的民事责任，同时也要承担部分行政责任。2013年国务院修订的《信息网络传播权保护条例》也为网络短视频的著作权提供了行政保护途径，该行政法规第十四条对权利人所提交的救济通知书内容作出了具体规定，明确通知书所要载明的内容，提高权利人依法维权的效率。除此之外，为了促进信息网络产业的健康良性发展，更好地维护权利人的合法权益和社会公共利益，2020年12月29日最高人民法院发布了新修正的《最高人民法院关于审理侵害信息网络传播权民事纠纷案件适用法律若干问题的规定》，其中第十三条指出权利人除了要向网络服务提供者提交侵权通知外，还应当提交行为人侵权行为的初步证据，如果网络服务提供者没有及时履行通知义务并采取必要措施的，可推定网络服务提供者主观过错为明知。[①]

（三）短视频著作权面临的困境

第一，作品认定存在争议。出现短视频这一新事物后，相关版权保护法律法规并未跟上。针对当前发生的种种短视频侵权行为，无适用的对应法律条款，

[①] 参见焦香豫：《网络短视频著作权保护研究》，西南大学2022年硕士论文，第26页。

缺少明确短视频法律责任、法律概念及处罚措施，而这会给短视频的健康发展形成很大制约。《著作权法》修订后，用"视听作品"替代了"电影作品和以类似摄制电影的方法创作的作品"这一说法，但并未具体阐述"视听作品"的概念。如此一来，就造成司法实践中，对于"视听作品"不同主体的理解不同，如此则会影响某类作品的独创性认定。①

第二，合理使用认定困难。我国《著作权法》第二十四条，针对著作权合理使用有十二项情形的规定，但客观来讲合理使用情况的列举仍较模糊，虽然采用了较为开放的一种叙述模式，但合理使用判断标准不明。②倘若不在规定的十二种情形之列，但应被认定为合理使用，则不能援引法律中的确切规定，需要法官行使自由裁量权完成判断。并且，实务中有两种判断短视频合理使用的标准，即三步检验法与四要素，案件不同所选择的标准也不同，如此就使得整个制度不统一，不能凸显我国特色的法律体系。

第三，平台侵权存在认定困难。《民法典》规定了"避风港原则"，在平台用户上传短视频时平台不承担版权审查义务，只有在事先明知或接到通知后未及时删除的情况下，网络服务提供者才构成间接侵权，需要承担赔偿责任。③对短视频平台侵权责任进行追究时，短视频平台多以自身是提供信息存储服务，同时提供上传用户 IP 地址、联系方式与名称等信息为由抗辩，要求对避风港原则进行适用，以达到推脱事前监管责任，免除侵权责任的目的。若平台主张自身尽到了通知删除义务，著作权侵权的责任就应免除，则会出现越来越多的短视频平台侵权案件。

（四）短视频著作权的完善建议

第一，完善细化作品认定规则。短视频作品拥有丰富、多样的内容，在判断其独创性的时候，不可将短视频内容全都看作视听作品，也不可因为其较短

---

① 参见沈守华：《短视频著作权保护问题研究》，载《大陆桥视野》2022 年第 6 期，第 68 页。
② 《著作权法》中合理使用条款规定"为介绍、评论某一作品或者说明某一问题，在作品中适当引用他人已经发表的作品"。其中的"适当引用"，由于没有具体可操作性的标准，仍存在界定模糊的问题。
③ 参见梅傲、侯之帅：《短视频著作权保护的现实困境及完善进路》，载《大连理工大学学报（社会科学版）》2022 年第 6 期，第 94 页。

的时长，就否认其独创性。应在著作权法中对独创性的判断标准进行明确。若对英美法系国家和地区"额头出汗"标准做直接适用，则与当前要求作品应是作者智力活动所创造的现状不符；若对大陆法系国家和地区的较高独创性标准做直接适用，则可能使著作权法无法良好保护我国一些具有智力创造性的劳动成果。因此结合上述观点，一方面要尊重已有现实，也就是《著作权法》已然区分了"音像制品"和"视听作品"，根据"独创性"有无完成对两者进行区分。另一方面，要结合司法实践的实际情况，选择"个性表达"的高标准或是"额头出汗"的低标准。本报告认为，独创性标准应具有能被社会一般人客观识别的差异，所以应在英美法系低标准与大陆法系高标准之间，"存在一定的高度"。如此不仅能对制作人的创作积极性形成良好保护，也不会造成短视频行业在过分宽泛的保护下，发展受阻。所以，为了更好认定短视频的独创性，避免短视频侵权纠纷的出现，应在立法上明确界定"独创性标准"。

第二，完善合理使用的判断标准。关于合理使用的判断，一些特殊之处须留意。比如，作品使用者目的的判断存在困难，很多时候无法及时看出其是否具有盈利目的。比如，一些视频创作者会在一些平台搜集具有较多播放量、较高质量的短视频，然后发在自己的账号内。而伴随越来越多用户关注，其会获得一些商业广告，根据点击量或播放量，衡量应得报酬。所以，在其接受商家请求后，就转变了其视频发布的主观目的，故此，合理使用的判断标准不宜选择目的。结合短视频著作权特点，对于合理使用行为的判断，可采用一种客观性的标准。一是对该使用行为是否会增加使用人利益，损害权利人利益展开判断；二是对使用人获益和权利人受损是否存在联系进行判断；三是对使用人抗辩是否合理进行判断。若行为人行为与上述三点不符，就可判断其行为构成侵权。

第三，完善避风港原则的法律适用。单纯提供"信息存储服务"的短视频平台，无疑能对避风港原则直接适用，以免除法律责任。然而现实中部分短视频平台为了实现利益的获取，时常会主动介入视频传播，并非只提供信息存储服务。例如，"今日头条"App 与"西瓜视频"App 为实现流量收益的获取，诱导用户上传英雄联盟的侵权短视频。这时，如果短视频平台只履行通知删除的义务，就将责任免除，则会由于侵权成本过低，而使此类行为不断出现。所以，法院对于平台避风港原则是否适用的判定，不可单一凭借"通知删除"的形式要件，还应考虑是否满足"不知道也没合理理由应当知道"的实质要件，结合个案中平台的系列操作与表现，完成更合理的判断。同时，《民法典》第一千一百九十五条、第一千一百九十六条的第一款，未举出封闭式的具体规定，只规定了应完成"不侵权和侵权初步证据"的提交。所以，建议法院对于"初步证据"，应充分考虑个案的实际情况，应提供的证据具体包含哪些，并且为了不给侵权人更多时间进行利益的获取，更及时删除短视频，平台需要做好初步证据的快速审查，以免著作权人维权效果降低。此外，虽然平台没有事先审查义务，更多是进行通知删除的事后治理，但可把事先审查视为主观过程认定的一项因素。我国有着庞大的短视频市场体量，同时正在不断增加短视频侵权案件数量，为了促进短视频的创作和传播，可适当参考欧盟新规于平台设置事前过滤机制的做法，作为认定短视频侵权的辅助因素，并将过滤的"度"把控好。并且不能忽视过滤技术的成本，要结合平台的实际规模，适当施为。如此良好结合通知删除的事后治理，能更有效认定短视频平台侵权与否，从而使侵权内容的传播在源头上被遏制，确保著作权人合法权益不受损。

第二节　直播业知识产权仲裁案例分析

一、直播行业发展情况

近几年来，随着网络科技的飞速发展，网络直播平台数量猛增，社会资本亦纷纷涌入，网络直播行业已经成长为一个庞大的产业。截至 2022 年 12 月，我国网络直播用户规模达 7.51 亿，同比增长 6.7%，占整体网民的 70.3%；[1]行业整体市场营收 1992.34 亿元［不含线上营销（广告）业务］，同比增长 8%，直播与短视频行业市场规模进入平稳增长阶段。截至 2022 年，累计主播账号超 1.5 亿。2022 年，平台新增开播账号 1032 万个。[2]特别是在 2020 年疫情期间，由于用户上网时间较多，观看直播的人也日渐增多，特别是许多人在家里通过网络购物，在电商带货直播的带动下，我国的直播行业自此有了爆发式增长。

互联网直播，一般认为是基于互联网，以视频、音频、图文等形式向公众持续发布实时信息的活动。直播作为一种新型传播媒介，逐渐渗透到人们日常生活的多个方面。比如基于互联网等信息网络，以视频、音频、图文等形式向公众持续发布实时信息，对商品或服务进行介绍、展示、说明、推销，并与消费者进行沟通互动，以达成交易为目的的商业活动，使得传统上"人找货"的模式因为直播的介入转变为"货找人"的网络电商直播；而传统电视、广播等媒体提供的节目录播、直播的模式，则转变为通过互联网等信息网络，向公众

---

[1] 中国演出行业协会：《中国网络表演（直播与短视频）行业发展报告（2022-2023）》，第 14 页，2023 年 5 月 11 日。

[2] 中国演出行业协会：《中国网络表演（直播与短视频）行业发展报告（2022-2023）》，第 7 页，2023 年 5 月 11 日。

持续发布实时信息的直播模式。

随着直播行业在我国的飞速发展，直播行业相关衍生业态的持续拓展，诸多问题与纠纷亦逐渐凸显。特别是近几年受到单边主义、贸易保护主义和逆全球化思潮的影响，再加上地缘政治形势复杂多变以及全球整体经济形势下行，直播行业产业链上下游企业整体受市场波动影响较大。同时，鉴于直播行业的进入门槛相对较低，越来越多的人可以参与到直播行业中，直播行业的各个产业链环节的相关纠纷也将呈增多的态势，这也给争议解决带来了不少新问题与新挑战，引起了直播行业从业者、法律工作者，特别是仲裁从业者愈来愈多的关注与重视。

本章节尝试从直播行业法律纠纷的特征、从仲裁方式解决直播行业法律纠纷的优势和仲裁公信力在直播行业的提升入手，通过分析直播行业法律纠纷典型仲裁案例，提出直播行业法律纠纷仲裁解决机制的完善建议与前景展望。

二、仲裁解决直播行业知识产权纠纷的优势

（一）直播行业法律纠纷

在直播行业中，因为整个产业链包括直播平台、直播内容生产者、直播内容消费者，以及衍生的周边行业，如直播平台基础设施的技术开发者等。因此整个产业链上的参与者因其参与行为，以及延伸的利益分配，都不免产生相关争议。此外，因直播行业为通过互联网载体输出相关内容，并通过该等输出内容再连接到其他服务，如电子商务等领域。因此，互联网本身以及与之连接的其他服务领域的纠纷都会叠加体现在直播行业。

直播行业法律纠纷从法理角度，可以分为合同纠纷和侵权纠纷。而结合部门法并从纠纷客体的角度又可分为知识产权纠纷、隐私权和个人信息保护方面的纠纷、平台责任和监管方面的纠纷、消费者权益保护方面的纠纷等。其中，就直播行业知识产权的纠纷，包括著作权、商标权、专利权等方面的纠纷。

直播行业的知识产权纠纷目前呈现如下特点：

1. 纠纷数量相对庞大

尽管直播行业是近几年新兴的互联网业态，但随着该行业的发展，该行业

各类分支（如游戏直播、直播电商、赛事直播等）发生的法律纠纷中，知识产权纠纷都是占有相对较大的比例。① 常见的纠纷包括网络直播中出现的著作权侵权以及直播电商带货中的商标权侵权纠纷。随着"直播+"趋势渗透到更多传统的行业，同时直播行业高度依赖知识产权（如著作权、商标权）并同步输出可能具有知识产权或潜在侵犯他人知识产权的内容，可以预见知识产权纠纷将持续成为直播行业的主要法律纠纷。

2. 纠纷形态多样复杂

直播行业往往涉及包括直播平台、主播、MCN 机构等在内的多个主体，同时多个主体之间又通过不同的业务合作模式形成了有差别的法律关系。鉴于此，直播行业纠纷呈现出法律关系多样复杂的特点，而多个主体参与直播行业运作也使得该领域矛盾多发，并且纠纷化解难度大。而知识产权纠纷本身就具有相对复杂的特点，叠加到直播行业的多重法律关系，使得直播行业知识产权纠纷更为复杂。该等复杂性必定要求通过专业、高效的方式解决该类纠纷。

3. 纠纷解决要求具有时效性

直播行业作为互联网的新兴衍生业态，具有互联网环境下知识产权纠纷的特点。例如，就知识产权侵权纠纷而言，直播行业的知识产权侵权纠纷更易实施、更加隐蔽、更为复杂，影响范围更为广泛，收集固定证据更加困难，也使得权利人维权难度进一步加大。这些特点都要求纠纷解决具有高时效性，以能够及时止损，维护知识产权权利人的合法权益。

（二）仲裁可成为直播行业首选之法律纠纷解决方式

在直播行业中，因为整个产业链涉及多个利益主体，就各个利益主体的权利义务和收益分配，往往通过合同予以界定。此外，直播行业发展日新月异，行业自身的运营也极其讲究效率。然而，直播行业毕竟为近几年才出现的新兴行业，目前在仲裁领域可查询的直播行业相关案例还较少。当然，越来越多的直播行业相关企业在其业务合同中开始选择仲裁来解决直播行业法律纠纷，并将其作为首选争议解决方式。之所以有此选择，一是仲裁在解决这些纠纷上所

---

① 《网络直播引起的知识产权纠纷频发，怎么治？》，载《中国知识产权报》2017 年 8 月 21 日。

具备的固有优势，二是在于仲裁作为争议解决机制的认可度和公信力的提升。

1. 仲裁在解决直播行业法律纠纷中的固有优势

仲裁作为替代性纠纷解决机制（Alternative Dispute Resolution，ADR）的重要一类，在英美等西方国家已经有长足发展，其制度目的在于缓解司法机关的办案压力，同时也提供了诉讼外的多元化纠纷解决方式，给予了当事人纠纷解决方式的自主选择权。自《仲裁法》于 1995 年施行以来，仲裁以其充分尊重当事人意思自治，便捷、专业、高效解决纠纷等自身特有优势，在保护当事人合法权益，公正及时解决纠纷，妥善化解矛盾，保障社会主义市场经济健康发展，维护社会稳定，促进国际经济交往等方面发挥了不可替代的重要作用。具体到直播行业，仲裁的固有优势亦同样适用。在实践中，直播行业因其业务特点，更有选择仲裁解决纠纷的需求与动力，仲裁在解决直播行业法律纠纷中的优势主要体现在以下方面：

一是仲裁充分尊重当事人的意思自治，当事人有更多的自由选择权利。仲裁案件不受诉讼程序中级别管辖和地域管辖的限制，当事人可自由选择仲裁机构、仲裁规则、仲裁地点、仲裁员、仲裁的语言和适用的法律等，也可自由聘请自己信任的人作为仲裁代理人，不受诉讼程序中对代理人的限制等，具有很大的灵活度和自由度。

具体而言，直播行业因产业链长、业态多、涉及相关市场主体较多且地域分散等特点，从纠纷解决的一致性、经济性，以及纠纷处理的可预测性与高效性等方面综合考量，直播行业相关企业也倾向于选择相对固定的争议解决机构，以便集中统一处理各类纠纷争议。而法院诉讼为法定管辖，直播行业相关企业可选择的余地较小，这也是直播行业相关企业更倾向于选择公信力强的以贸仲为代表的顶级仲裁机构解决纠纷的内在动因。

二是仲裁的保密性，更有利于保护当事人的商业秘密、知识产权及商业信誉等。相比于诉讼，仲裁以实行不公开审理为原则，仲裁程序的内容、仲裁过程中展示的证据、仲裁裁决等仲裁关联信息不应对当事人以外的人披露。同时在一般情况下，与案件无关的人在未得到仲裁当事人和仲裁庭确认之前，不得参与仲裁的审理程序。鉴于仲裁程序具有较强的保密性，当事人通过仲裁解决争议，也更有利于其达成协议，继续保持友好的合作关系，最大限度地保障当事人的正常商业运营不受干扰。

直播行业在国内属于依托于互联网而发展起来的行业，随着越来越多的市场主体进入到该行业，该行业也形成了高度的自由竞争态势。基于此，行业内企业对商业秘密、知识产权以及商业信誉都愈发重视。双方当事人可以决定保密方式，还可通过合意约定程序规则来最大限度地避免泄密给当事人的市场竞争力和商誉造成负面影响。总而言之，仲裁以固有优势，能够在纠纷处理中，最大限度地保障直播行业当事人的商业信誉不受纠纷案件影响，确保其正常经营管理不受干扰，这也是直播行业相关企业倾向于选择仲裁解决纠纷的另一个重要原因。

三是仲裁的独立公正高效与一裁终局有利于当事人节省时间成本和经济成本。有别于法院作为国家审判机关的性质，仲裁机构的性质为社会组织，不同于国家机构，也独立于行政机关，与行政机关并无隶属关系，仲裁机构彼此之间也无隶属关系，仲裁员相对更为独立，仲裁庭独立办案，受仲裁机构或行政机关的干预较少，裁决公正性有保障。同时，在仲裁程序中，当事人可以缩短甚至略去部分程序以加快纠纷解决。特别是近几年各个仲裁机构相继设置并开始推行网络仲裁的程序，案件全程可在线上进行，审限也大大缩短。

此外，相较于法院的"四级两审制"诉讼制度，仲裁实行的是一裁终局。在该等制度设计下，仲裁裁决自作出之日起即发生法律效力，不仅与法院作出的判决书具有同等法律效力，而且没有二审或者再审，各方当事人可以免受诉累，节省时间和纠纷解决成本，更符合直播行业相关企业的经济效益原则和追求效率的价值取向。

四是仲裁的专家断案体现的专业性，更能充分保证裁决的公正性与合理性。按照《仲裁法》规定的仲裁员选聘条件以及仲裁机构关于聘任仲裁员的标准，机构仲裁的仲裁员队伍均是由法律、经济贸易等各相关领域的专家组成。

知识产权纠纷通常涉及技术领域或可能突破现有法律解释和适用的新兴技术、商业领域，对于专业性具有很高要求，当事人可以按照仲裁程序选择具有相关领域专业知识的仲裁员进行裁决，更利于正确、高效地解决纠纷。同时，就直播产业而言，其涉及的分支行业较多，合同类型多样，大多数情况下对事实做出判断需要相当丰富的行业背景专业知识，这也正是仲裁机构具备专业知识丰富且熟悉法律规范的专家仲裁员的优势所在，因而专家仲裁员来审理案件可能更具有权威性和说服力，更有利于纠纷的妥善解决。

除上所述外，仲裁还有诸如服务优质、氛围和谐、易于执行等其他优势，囿于本文主题及篇幅所限，在此不再一一赘述。

2. 仲裁公信力的提升

仲裁是国际上通行的纠纷解决方式，也是中国法律明确规定的纠纷解决制度，是中国多元化纠纷解决机制中重要的"一元"。随着仲裁认可度和公信力的不断提升，仲裁这一争议解决方式也被越来越多的行业所熟知、认可并选择。

从仲裁发展的角度来说，公信力可以理解为仲裁的生命线，以及当事人选择仲裁的前提条件。尽管仲裁从产生到其发展完善过程中，形成了诸多固有优势，但其中当事人愿意选择仲裁，希望通过仲裁解决纠纷的最大内在动因，还是在于仲裁的公信力。从当事人角度来看，仲裁公信力主要是对仲裁的认可度及信任度，即对仲裁解决纠纷机制的认可，包括对仲裁制度设计及流程、仲裁机构、仲裁员、仲裁裁决质量及其执行等的正面评价与高认可度。

作为直播行业当事人来说，与其他市场主体的选择一样，选择仲裁方式解决纠纷，内在原因还是基于对仲裁的高度认可。2023年5月29日，《全国人大常委会2023年度立法工作计划》（以下简称《计划》）印发，仲裁法列入预备审议项目。《计划》提出，仲裁法由有关方面抓紧开展调研和起草工作，视情安排审议。目前，仲裁法修订工作正在司法部主持下有条不紊积极推进。目前的修订建议稿对仲裁当前亟待解决的问题都有涉猎并具有针对性，同时进一步彰显了中国仲裁的国际化发展思维。直播行业相关企业也希望《仲裁法》能尽快完成修订，将中国仲裁实践中的先进经验在法律规范层面予以确立，配套完善仲裁的司法解释和行业规范。对此不仅能有效做好提高仲裁公信力所需的顶层设计，而且有利于仲裁机构的规范、整合与监督，提升仲裁质量，最终有助于直播行业当事人将仲裁作为争议解决的首选模式，并使仲裁案件得到妥善解决。

三、直播行业知识产权纠纷的典型案例

以下结合贸仲有关直播行业纠纷典型案例，探讨实务中仲裁解决直播行业纠纷的优势，并提供具体实务意见。

（一）典型案例一：A 电子商务公司与 B 信息技术公司品牌授权合同纠纷

1. 案件情况

申请人 A 公司系一家中国电子商务公司，被申请人 B 公司系一家中国信息技术公司。2018 年 3 月，申请人作为被授权人、被申请人作为授权人，签署了案涉《品牌授权合同》（以下简称案涉合同）。其中约定该合同的争议解决机制为仲裁，仲裁机构为贸仲。A 公司作为申请人将该案件递交仲裁。

案涉合同第一条约定，被申请人将 C 品牌商标许可申请人为某 APP 平台全权代理，以及使用在其销售的产品包装上。该 APP 平台包括通过直播带货的形式销售相关产品。申请人向被申请人缴纳品牌使用合规经营保证金 10 万元，合同终止时无违规全额退还（不计息）；第三条约定，许可使用的期限自 2018 年 3 月起至 2019 年 3 月，合同期满，如需延长使用时间，申请人和被申请人双方另行续订商标使用许可合同；第九条约定，合同生效的条件：双方在商标使用许可合同上签字、盖章。第十一条约定，合同终止的条件：商标使用许可合同的许可期限到期没有续签合同；第十五条约定，双方如有违反"违约责任"中条款的，违约方违约金额为 10 万元人民币；合同在最后一段约定，本合同一式四份，根据《商标法》和《商标法实施条例》的规定，自签订之日起三个月内，被申请人将合同副本报原国家工商行政管理总局商标局备案；申请人将合同副本交送注册地工商局存查。

在仲裁过程中，申请人提交了原国家工商行政管理总局商标局颁发的商标注册证的复印件，显示注册人取得"C"的商标注册证，注册时间为 2013 年 3 月，有效期至 2023 年 3 月，核定使用商品/服务项目为第 24 类：枕套、毛毯、床单等。申请人提交的排他授权书显示，被申请人在 2018 年 3 月出具该授权书，授权申请人在某 APP 上开设"C 家纺"品牌旗舰店。授权时间为 2018 年 3

月至 2019 年 3 月。

本案的一个争议焦点在于《品牌授权合同》的效力。[①] 根据仲裁庭的认定，申请人和被申请人签署的案涉合同是双方在平等自愿基础上作出的真实意思表示，申请人和被申请人均在合同上加盖了公章，被申请人的法定代表人在合同上签名，申请人的法定代表人在合同上加盖了人名签章，该合同已有效成立。

此外在对《品牌授权合同》效力认定的过程中，仲裁庭特别留意到案涉合同在最后一段约定，合同签订之日起三个月内，被申请人将合同副本报原国家工商行政管理总局商标局备案，申请人将合同副本交注册地工商局存查。但经仲裁庭在庭审中询问，申请人表示双方未办理上述备案或存查手续。仲裁庭进一步援引：（1）《商标法》第四十三条第三款的规定，"许可他人使用其注册商标的，许可人应当将其商标使用许可报商标局备案，由商标局公告。商标使用许可未经备案不得对抗善意第三人。"（2）根据《最高人民法院关于审理商标民事纠纷案件适用法律若干问题的解释》第十九条规定，"商标使用许可合同未经备案的，不影响该许可合同的效力，但当事人另有约定的除外。"结合上述法律和行政规章的规定，被申请人应当在规定的期限内办理商标许可的备案手续，然而本案未见被申请人办理备案手续的证据，有一定瑕疵，但被申请人是否备案并不影响案涉合同的效力。综上，仲裁庭进一步认定本案合同因未违反法律和行政法规的强制性规定，已经生效，双方应按照合同的约定履行各自的义务。

尽管在案件裁判过程中，申请人认为案涉合同到期后，双方没有续签合同，该合同已经终止。案涉合同约定，合同有效期至 2019 年 3 月；案涉合同约定，商标使用许可合同的许可期限到期没有续签时，合同终止。从合同内容分析，案涉合同虽然名为《品牌授权合同》，实际上是商标使用许可合同，该约定所指商标使用许可合同即案涉合同。据此，根据案涉合同的约定，以及申请人的上述陈述，仲裁庭确认案涉合同已经在 2019 年 3 月终止。

[①] 本案中仲裁庭首先认定的问题是法律的适用，基于本报告撰写目的在此不予赘述。作为背景信息，仲裁庭结合本案主要法律事实发生的日期，最终确定本案对双方权利义务的认定适用《合同法》，相关商标问题适用 2013 年修正的《商标法》。

本案的另一个争议点在于被申请人退还申请人保证金 100,000 元以及向其支付违约金 100,000 元的仲裁请求。案涉合同第一条约定，申请人向被申请人缴纳品牌使用合规经营保证金 10 万元，合同终止时无违规全额退还。本案合同已经终止，未见申请人有违规行为的任何证据，被申请人应当按照合同约定退回该保证金，仲裁庭支持申请人的该项请求。

申请人主张，被申请人应当退回保证金而未退回，违反了合同的约定，应承担相应的违约责任。申请人称其提出该请求的依据是案涉合同条款。该条款内容为，"双方如有违反'违约责任'中的条款，违约方违约金额为人民币 10 万元。"案涉合同中并无"违约责任"条款，从当事人签署合同的本意分析，对被申请人的违约责任可参照该条款判断。原《合同法》第一百一十四条规定，当事人可以约定一方违约时应当根据违约情况向对方支付一定数额的违约金，也可以约定因违约产生的损失赔偿额的计算方法。违约金在性质上主要以补偿损失为主，兼具一定的惩罚性，考虑到申请人在案涉合同下仅需支付保证金，无需支付商标许可费用，合同到期后保证金亦应被全部退回，且申请人的损失是资金被占用损失，同时，也考虑到案涉合同的终止日期是 2019 年 3 月，距仲裁时已有 2 年半的时间，仲裁庭认为，综合本案上述因素，按照公平原则和诚实信用原则，被申请人向申请人支付人民币 3 万元的违约金是合理的。

2. 纠纷观察与实务建议

在直播带货行业中，电子商务平台往往通过签署"品牌授权合同"来达成销售相关授权方产品的商业目的，该类合同涉及的核心条款为商标授权许可。同时，在直播带货行业中，商业主体有灵活多变的业务模式，该等模式反映在法律文件层面，体现为相关主体签署的不同类型的合同。在本案中，涉案合同名称尽管为《品牌授权合同》，但仲裁庭秉持从现象到本质分析的思路，明确指出其实际上是商标使用许可合同，使得表面上具有各种名称的合同，最终归类到在仲裁实践中具有统一称谓并存在一定案例积累的合同类别中。

在本案中，仲裁庭充分尊重当事人的意思自治，根据双方当事人签订合同的过程来探究合同当事人的真实意图，并依据当事人真实意图来判断合同的效力。尽管案涉合同规定了合同缔结后的商标备案义务，然而仲裁庭结合我国现行商标领域的法律规定，特别是借鉴该领域的司法解释，做出了认定该合同有效的仲裁裁决，有利于当事人双方通过仲裁进一步履行合同未尽义务，最大程度促使和保障交易的推进。

为更好应对或尽量避免此类纠纷，建议直播带货行业相关企业在签署业务合同，特别是涉及品牌授权或商标许可合同的过程中，注意以下的风险控制和合规操作：第一，审慎做好品牌、商标许可项目相关的商务谈判以及合同文本的规范设计、确定并严格履行。对于许可期限、使用范围、使用费的确定与支付等，特别是要对许可使用的商标的期限以及合同本身的期限均应在合同里明确载明，避免出现矛盾之处。此外，一般如涉及多个商标的许可，通常的做法是以合同附件的形式，尽可能详细列明许可商标的清单。第二，对于当事人意图达成附条件生效的合同，在起草合同中要注意现行法律，特别是与知识产权相关法律的具体规定，以避免当事人双方对于合同效力的认识与法律规定存在不一致。第三，在商标许可合同的签订及履约过程中，不管是许可方还是被许可方，都应遵守诚实信用原则，规范自身行为，在防范与规避风险的同时，遵守商业道德，助力推动形成高效规范、有序竞争的市场环境。

此外，本案的仲裁实践也为其他仲裁庭审理同类纠纷提供了很好的借鉴，也建议解决同类纠纷的其他仲裁庭以将民法理论和知识产权特别法相结合的思路对相关问题作出合理裁判。

（二）典型案例二：自然人 A 与 B 咨询公司技术开发合同纠纷

1. 案件情况

申请人 A 系一中国籍自然人，被申请人 B 公司为一家中国的咨询公司，A 和 B 公司签订了《技术开发暨合伙合同》（以下简称本案合同），其中约定该合同的争议解决机制为仲裁，仲裁机构为贸仲。A 作为申请人将该案件递交仲裁。

2018 年 8 月，A 以个人身份承接了被申请人 B 公司的软件开发项目，并在同月与被申请人签署了本案合同。合同约定双方的合伙项目为"商务分销平台"，申请人同学代表申请人口头承诺或默认以"PC 端+小程序 H5"形式开发，该等小程序也可被用于直播带货平台。申请人在《验收协议》中对其 PC 端"商务联盟网"有文字确认，但是并未实质性开发部署到对应的 PC 端业务中。

2018年8月收到合同中第一笔预付款人民币1万元后开始进行沟通与开发工作。在经历了3个多月的工程期后于2019年1月初测试版本完成并经被申请人验收合格，于2019年1月收到被申请人验收款1万元。

项目按要求部署上线后，申请人与被申请人于2019年1月签署了《技术开发验收协议》（以下简称《验收协议》），并注明了尾款4万元的分期支付期与分润3万元的规则。最初的三个月被申请人按《验收协议》的支付期按月如期支付了部分尾款共计1.5万元，在第四个月时被申请人以资金流紧张为由向申请人申请暂缓支付，申请人同意。第五个月，申请人在支付期当日要求被申请人按期支付款项时，被申请人拒绝支付，并且表示未来也将拒绝支付此款项，在沟通过程中被申请人也明确表示不怕法律制裁。在此之后的第六个月至今，被申请人也无任何履行《验收协议》中支付条款的行为。申请人鉴此要求被申请人支付所有合同和协议中未支付的项目款2.5万元。

被申请人认为本案中应以本案合同为主合同，《验收协议》是作为主合同的部分或阶段性的协议，申请人不能脱离完整合伙合同来孤立主张全部开发权益。被申请人无技术团队，本着寻找技术合伙人创业的初心，经申请人同学做中间人撮合与申请人签署本案合同。被申请人在无技术验收能力的情况下，应申请人同学的要求做阶段性程序验收，后续没有得到申请人其他服务支持。申请人在合同附件需求中的"客服模块""搜索"等栏目并未完整开发。

申请人未能在合伙约定框架下有效组织技术团队，以致本应2018年10月上旬的交付日期推迟到2019年1月下旬，已经远远超过合同约定的45个工作日。由于项目周期延误太长、需求功能未完整开发、技术合伙及相应的后期运营支持没有如预期实现，项目未产生任何收益，被申请人已经因此支付申请人3.5万元，而申请人作为技术合伙人一直全职全薪上班，并未实质性全程参与合伙创业。综合各种原因，创业合伙最终失败。鉴于合同已过生效期，被申请人主张各自承担创业失败的损失，宣告合伙自然结束。被申请人不主张退款，申请人不主张余款，申请人自行承担仲裁导致的仲裁费、律师费等费用。

本案主要的争议点在于对合同是否为合伙合同的认定。尽管在该案件中，被申请人提出本案合同是一个整体以技术开发为主的合伙合同、申请人不能脱离完整合伙合同来孤立地主张全部开发权益的主张。但仲裁庭根据查看本案合同，注意到本案合同分为"定义""合同内容和范围""合同价格""支付与支付条件""侵权和保密""保证和索赔""税费""不可抗力""仲裁""合同的生效及其他"以及"附件"共十一个条款。其第1页载明，合同名称为"技术开发暨合伙合同"，涉及项目名称为"商务分销平台"（以下简称合同项目）。在本案合同中，被申请人为"委托人（甲方）"，申请人为"研究开发人（乙方）"。本案合同第2页载明，合同名称为"技术开发合同"，被申请人为"委托方（甲方）"，申请人为"受托方（乙方）"，双方当事人就合同项目的"设计、开发、维护等事宜，经友好协商，共同签订本合同"。

然而，有关合伙的内容仅在"支付与支付条件"中有如下约定："从签约当日算起乙方以技术入股的形式占有甲方所有公司的20.02%股权，双方对该股权的实施作如下约定和声明：甲方因业务发展转型而筹建技术部，决定对技术部配置股权。乙方在合同期内筹建为甲方的虚拟技术部，对应持有该部分股权为虚拟股权。自然人A担任（虚拟）技术部负责人（Chief Technology Officer, CTO），并整体代持该部分（虚拟）股权，同时作为特邀董事参与董事会决策。本合同期结束后，乙方可对该部分股权行权，甲方根据乙方行权做工商变更等法律程序操作，具体以实际执行方案为准。本合同期内，乙方将按照该股权比例做平台分润，分润对象为所有进入该平台的资源项目。原则上，分润的标的基数为进入该平台的资源项目所对应提取的整体费用。每个资源项目的整体费用提取标准将在具体的项目备忘录中予以明确，目前的提取比例规划为20%，具体以实际执行方案为准。双方均声明认可以上股权和分润的约定为创业合伙行为，对创业合伙的风险和不确定性均有深刻了解并达成足够谅解。双方将本着为用户创造价值的初心，共同奋斗以推动创业合伙行稳致远，取得更多更大的成功。"

根据上述内容，仲裁庭认为：本案合同尽管在第1页有"技术开发暨合伙合同"的名称并在第四条有上述有关合伙的条款，但是，纵观本案合同全文、双方当事人履约经过以及被申请人公司登记未发生股权变更的事实，可以看出本案合同应为技术开发合同，上述合伙内容条款最多可理解为双方当事人就申请人入股被申请人公司达成初步意向而已。

本案的另一争议点在于是否支持申请人要求被申请人支付所有合同和协议中未支付的项目款 2.5 万元的仲裁请求，以及申请人是否继续履行相关技术成果交付的义务。根据仲裁庭就本案合同应属于"技术开发合同"的认定，首先仲裁庭认为申请人依据本案技术开发合同主张合同价款并无不当之处。具体而言，本案合同第三条"合同价格"约定申请人所提供的合同方案包括设计方案、设计图、技术服务和技术培训等全部资料总价格为 6 万元。申请人称申请人已经完成合同方案，并提交双方当事人于 2019 年 1 月签署的本案《验收协议》作为证据，被申请人已经分批支付 3.5 万元，尚欠 2.5 万元的合同价款未付。被申请人对欠付 2.5 万元的事实不予否认，但提出合同项目交付超期、创业合伙失败、合同生效期已过、双方各自承担创业失败的损失为由而不应当继续支付合同价款。

根据仲裁庭对本案涉及《验收协议》的查看，其在前言部分载明，"今确认我方委托自然人 A 开发的'某网'，按照协议约定需要实现的功能齐全、版面完整、内容正确，均符合要求。并与相关工作人员交接完毕"。仲裁庭经庭审查明，上述《验收协议》所验收的"某网"即为本案合同项下"商务分销平台"项目。因此，在被申请人未提交任何相反证据的前提下，仲裁庭不能支持被申请人关于申请人交付合同项目迟延的主张。此外，本案合同有效期已过以及被申请人创业失败等均不能成为被申请人拒绝依据本案合同支付合同价款的正当理由。因此，仲裁庭支持申请人的此项仲裁请求。

仲裁庭同时注意到申请人在其于庭审后提交的意见中提出"在所有欠款付清后会继续交付项目代码和资料"的承诺。本案《验收协议》"支付与支付条件"约定："部署后至甲方（被申请人）完全付款前，乙方有权不交付项目源代码。如甲方未按约定期限付款逾期三个工作日后，乙方有权关闭平台运营。在甲方按规定支付项目全部款项后三个工作日内，乙方交付项目源码"。仲裁庭认为申请人有义务在被申请人支付完毕本案合同项下欠付价款后，按照约定履行前述承诺。

2. 纠纷观察与实务建议

从目前直播行业知识产权仲裁案例来看，直播行业作为新兴行业，在行业实践中，市场参与者多采用灵活的合作和利益分配模式，来实现在该行业的合作。然而，从目前的直播行业知识产权仲裁案例来看，尽管从表面来看存在类型多样的合同名称，同时合同项下也有较为复杂的权利义务和利益分配方式。就本案而言，其中尽管存在就技术合作双方有关技术开发与股权分配的相关条款内容，但仲裁庭在该案件的裁判中，充分考察合同双方在缔约后的实际行为，以探究合同双方的真实意图，从而认定案涉合同的性质，以厘清合同双方的法律关系。

作为市场竞争异常激烈的行业的参与主体，很多直播企业在自身业务拓展、技术升级与管理提升实践中，因实际业务需要，难免要与其他企业或个人签订相关技术合同，这类合同的标的往往与企业的核心技术息息相关，同时该类合同所引发的纠纷通常都将对企业产生重大影响。本案便是比较常见的一类技术合作开发合同纠纷。此外，由于技术合作开发过程通常具有风险性，因此在实践中合作方常采用技术合作费用支付和股权授予相结合的方式，以实现合作各方利益的深度绑定和风险的共同分摊。鉴于此种模式，合作双方的法律关系也可能被认定为合伙关系，从而进一步影响实际纠纷的最终裁判结果。

直播行业深度依赖技术的发展和迭代，因此技术合作开发、许可等模式必不可少，而其中如再结合到股权分配，会使得整个合作模式和其中涉及的法律关系更为复杂。对于合同缔结方而言，首先，应将各方的真实意图精准反映在合同文本中，以免因各方对合同性质的理解不同而引发争议，进而损失其中任何一方的利益；其次，就已达成合意的合同，合同各方应遵循诚实信用原则，完整履行合同各项义务。即使在合同文本层面可能存在瑕疵，根据合同各方的实际履约行为，则在相关争议的裁决中仍能体现合同当事人的真实意图。

此外，本案的仲裁实践也为其他仲裁庭审理同类纠纷提供了很好的借鉴，也建议解决同类纠纷的其他仲裁庭充分结合案涉合同文本以及当事人实际履约行为，对合同的性质作出合理研判，以确定合同当事人法律关系和对应享有的权利及承担的责任义务。

四、直播行业仲裁机制的前景展望和完善建议

（一）前景展望

仲裁的专业化对于当事人至关重要，这也为行业仲裁的快速发展奠定了基础。行业仲裁更能体现并发挥专家仲裁的优势，将会是仲裁制度发展的一个必然趋势，而直播行业仲裁则是行业仲裁在直播行业发展中不可或缺的一个环节。直播行业本身的重要性及其高速发展，直播行业法律纠纷的特殊性、多样性和复杂性，以及仲裁的专业性都决定了开展直播行业仲裁的必然性。从目前案例来看，以贸仲为代表的领先仲裁机构，一直重视并已开始开展直播行业仲裁的实践，尤其是通过已有案例的专家仲裁为直播行业法律纠纷的解决提供了更优典范。

同时，直播行业的知识产权侵权纠纷从司法实践角度近几年呈上升趋势。然而，目前直播行业的仲裁案例还集中在合同纠纷领域，游戏及赛事直播领域的著作权侵权纠纷以及直播带货领域常发的商标侵权纠纷还通常通过司法途径解决。随着仲裁解决知识产权纠纷的公信力的增强，相信更多的当事人选择通过仲裁途径解决知识产权侵权纠纷，未来也会在此方面大大提升司法资源的配置效率。

综上所述，我们理解并相信在仲裁机构和行业组织的不断努力和推动下，在直播行业相关企业和行业协会的大力助推和积极参与下，有关直播行业的仲裁将获得大发展，运用仲裁解决直播行业法律纠纷也将成为常态，仲裁公信力也将随之提升，直播行业的市场法治营商环境将进一步优化。

（二）完善建议

1. 在直播行业相关企业和重点地域推广仲裁

近几年，直播行业已成为一些地方经济发展的重要引擎。2020 年直播电商平台发布了"2020 十大直播城市"。[①] 同时，随着直播相关企业的发展，一些企

[①] 《2020 淘宝直播新经济报告》，http：//www.aliresearch.com/ch/presentation/presentiondetails?articleCode=56954219873308672&type=%E6%8A%A5%E5%91%8A&organName=，2024 年 1 月 14 日访问。

业已成为直播乃至整个互联网行业的龙头企业。随着这些城市在直播行业的发展，大批从业人员、社会民间资本涌入该行业。随着市场参与主体的增多，在这些行业重点城市和企业，必定会出现相对多的直播行业争议纠纷。

贸仲在目前直播行业发展较快的省份地区基本都有分会或仲裁中心。未来可继续加强与该地区相关政府机构以及企业的交流和合作，提升该行业相关企业对仲裁和仲裁机构的认可度，并保障这些企业在选择使用仲裁解决时能够确保仲裁条款的有效性，使得后续的争议解决可以借助仲裁途径高效解决。

同时，各地相关政府机构也在此方面有所关注，并在法规政策方面引导争议纠纷的高效解决。例如，根据北京市知识产权局于2022年8月24日发布的《北京市关于加强知识产权纠纷多元调解工作的实施意见》，在重点互联网企业建立高效解决知识产权纠纷联系人工作机制，推动涉互联网知识产权纠纷便捷高效解决。而仲裁是该类争议得以高效解决的必要方式。依托各地政策导向，以及各企业对此的强烈需求，仲裁解决直播行业纠纷的路径必定更加广阔。

2. 加强仲裁机构与行业组织的交流合作

仲裁机构应加强与直播行业相关行业组织的交流沟通，在直播行业内进行深入宣传。仲裁机构可与行业协会签署战略合作协议，以深化对直播行业法律纠纷仲裁的重要性认识，对同步推进直播行业法律纠纷首选仲裁方式解决达成进一步共识，同时进一步提升仲裁和仲裁机构的公信力。

近几年，随着直播行业的迅猛发展，有关直播行业的行业协会随之设立起来，同时原有网络、电子商务等相关领域委员会中也下设了直播行业专门委员会。此外，随着直播行业，特别是其主要分支直播带货行业成为地方经济助推的引擎，各地也设立了相关的直播电商协会。基于此，仲裁机构应积极开展与直播行业相关行业组织的合作。首先，中国电子商会网络直播与短视频专门委员会等行业组织或其下属委员会可以为包括仲裁员以及办案秘书在内的人士开展专业领域的培训，例如，行业协会的章程、行业公约、行业服务规范、行业交易规则与惯例、行业质量标准等方面知识，使该等人士更加了解直播行业的一些专业知识和商事惯例等。其次，仲裁机构可以为行业协会提供仲裁的相关咨询或者提供仲裁资料，进行仲裁优势的全面宣传等，提升其通过仲裁解决纠纷的认知度和认可度。

3. 制定并完善直播行业仲裁规则、仲裁名册

针对直播行业涉及多个产业链，并具有一定特殊性，仲裁机构应提高对直播行业法律纠纷案件的关注度，可制定更契合直播行业法律纠纷特色的仲裁规则。此外，在必要的情况下按直播行业分支细化仲裁员名册中的仲裁员的擅长领域，增加直播行业法律纠纷当事人可选择的范围，并使其更具有针对性，吸纳更多直播行业的法律专家加入仲裁员队伍。同时，允许当事人在仲裁员名册之外选择更专业的直播行业专家作为解决争议的仲裁员。未来，在服务直播行业全产业链发展方面，各仲裁机构可以通过充分调动法律与直播行业的专家资源，运用数智化平台，利用好已设立的仲裁平台等，做到进一步的支持和保障，提升直播行业法律纠纷仲裁服务的质效。

4. 推行直播行业合同示范文本

争议解决方式的选择、法律适用相关合同条款，是直播行业产业链中各个主体之间订立合同商务条款、合理平衡确定实体权利义务的同时最为重视的条款。鉴于直播行业涉及的分支行业众多，仅就直播带货行业而言，就至少包括直播营销平台、直播间运营者、直播营销人员，在直播带货行业这个价值洼地中，各个利益群体都有其诉求，并会在各方的协议中具体体现。

鉴于此，仲裁机构可主导或与行业协会联合推出适用于直播行业各个分支行业的全流程的合同示范文本。从合同缔结的前端入手，使得直播行业当事人更加了解并开始运用仲裁这一争议解决方式，从而大幅提升仲裁机构的竞争力。

例如，可在争议解决条款中明确选择具有直播行业背景的专家担任本合同项下可能发生的仲裁案件的仲裁员，可以促使仲裁机构更加关注直播行业仲裁的特殊性和复杂性，提高争议解决机制选择的规范性，避免因管辖权异议产生的诉累。同时，行业合同示范文本也是各仲裁机构之间彰显竞争力的重要体现。

第三节　网游业知识产权仲裁案例分析

游戏产业近年来发展势头迅猛，相较于实体行业，游戏自带的"口红效应"发挥显著。与此同时，版号开闸也促进了游戏行业的复苏，2023年12月国产游戏版号单次审批数量首次过百，创下新高。2023年12月25日，国家新闻出版署发布了新批准的105款国产游戏版号，单次审批数量首次突破百款，所涵盖的游戏企业范围也更广。[①] 2023年12月15日，中国游戏产业年会发布《2023年中国游戏产业报告》显示，2023年，国内游戏市场实际销售收入3029.64亿元，同比增长13.95%，首次突破3000亿元；用户规模达到历史新高，达到6.68亿人。[②]

本文通过对贸仲近年来审理的涉及游戏行业知识产权的仲裁案例，以及游戏行业内的典型侵权案例的分析，结合行业的发展历史及近期动态，勾勒出游戏行业仲裁的典型形态及处理特点，以期为该行业的仲裁争议解决机制的完善提供建设性意见和切实参考。

一、游戏行业知识产权纠纷相关特点

整体而言，游戏行业的业态大致可以分为开发和运营两个层面，即制作游戏和发行游戏，前者的核心知识产权问题在于IP及具体的制作素材的授权，后者的核心知识产权问题在于游戏整体保护及游戏内要素的单独保护的协调，以

[①]《12月份新批国产网络游戏版号数量过百》，载百家号"光明网"，https://baijiahao.baidu.com/s?id=1786-213650932551759&wfr=spider&for=pc，2024年1月10日访问。

[②]《版号政策稳定性增强，2023年国内游戏市场收入突破3000亿》，载百家号"界面新闻"，https://baijiahao.baidu.com/s?id=17863054044 70287935&wfr=spider&for=pc，2024年1月10日访问。

及宣发过程中可能涉及的商标及不正当竞争侵权的处置。具体而言，游戏行业知识产权纠纷具备以下特点：

（一）涉及的知识产权客体类型复杂且相互交织

游戏开发运营过程中可能涉及著作权（包括作品著作权和软件著作权）、商标权（游戏名称及游戏内要素名称）、专利权（游戏底层技术架构）等知识产权典型客体，呈现出以著作权保护为主，但同时涉及多种知识产权交织的特点。除此之外诸如游戏内角色名称、游戏地点、游戏玩法等即使无法归入到具体的知识产权客体类型中，如相关内容具备一定知名度，则同样可能获得反不正当竞争法的兜底保护。

简言之，游戏作为复杂的知识产权客体的集合，可能涉及的纠纷也自然类型多样且纷繁交织，处理难度显著高于一般的著作权或其他知识产权纠纷案件。

（二）涉及的案件类型具有特异性

涉及游戏的知识产权纠纷大致可以分为合同纠纷和侵权纠纷两大类，前者主要包括涉及IP改编的包括著作权授权在内的授权合同纠纷、涉及外包开发的委托创作（开发）合同纠纷以及游戏开发者和运营者之间的运营合同纠纷（实质上也大多属于著作权授权合同纠纷）；侵权领域的纠纷主体仍然是按照知识产权客体类型进行划分，著作权及不正当竞争纠纷是游戏领域侵权纠纷占绝对多数的案件，司法实践中认定的原则还是强调反不正当竞争法属于知识产权领域具有兜底性质的法律，只有在具体的知识产权权项无法对游戏特定要素进行保护的前提下，才能够援引反不正当竞争法进行兜底性质的保护。目前游戏领域内侵权案件的热点无疑集中在游戏整体画面的保护和玩法规则的保护，近年来相关大案要案的认定核心也多集中在前述要点。

（三）案件审理的专业性要求极高

游戏行业的开发、运营具有显著的行业特点，具有涉及授权类型多样、开发周期长、运营指标复杂的特点，且付款金额和付款进度往往与转化率、留存率、付费率等指标直接挂钩，而诸如委托开发的场景下游戏质量的判断也需要极强的专业性，是否违约以及相应的违约责任的判定，都需要裁判者对于游戏本身及行业运行特点具有极强的认识，方能平衡争议各方的权责认定。

至于侵权类的案件，特别是涉及游戏整体画面及玩法规则保护认定的案件，一方面需要遵循"思想—表达二分"的基本原则，对于相关游戏要素进行仔细甄别、筛选，挑选出需要进行保护的客体进行论证；另一方面此类案件因涉及要素类型、数量众多，往往需要极为繁琐细密的侵权比对，其中涉及大量具有主观性的判定环节，对于裁判者的著作权理论功底和实践经验要求极高，而侵权责任的判定更是具有极大的自由裁量权，需要参考的因素极为复杂，十分考验裁判者对于复杂市场环境下双方损失及获益的准确认知。

二、仲裁游戏行业知识产权纠纷的优势

近年来游戏领域的知识产权纠纷高发，一大显著特点在于诸多知名侵权案件对垒双方均系游戏行业的头部企业，通过提起知识产权纠纷案件遏制竞争对手发展、争夺存量市场显然已成为行业的主基调；而从游戏运营、开发的行业链条来看，市场格局竞争激烈必然导致游戏企业对于成本支出的精细化计算，呈现的直接结果就是在委托开发以及游戏运营领域 IP 方与外包技术方以及开发商与运营商的矛盾日益突出，细密繁杂的质量标准及运营考核要求导致各方围绕开发款项、运营分成款项的纠纷层出不穷，而仲裁对于解决游戏领域相关知识产权纠纷具备独特优势，具体分析如下：

（一）仲裁的专业性对于游戏相关知识产权纠纷具有重要意义。如前所述，游戏行业相关知识产权纠纷具备极强的专业性和行业特性，法官大多为法学专业出身，缺乏相应的技术或行业背景，甚至许多法官并非游戏玩家，对于游戏本身尚且缺乏直观的感性认识，对于涉及的游戏领域专业指标和复杂知识产权客体认定的情形（包括损失获益等赔偿的酌定）往往力不从心，而仲裁庭成员的安排无论是仲裁机构指定还是当事人选定，都可以选择具备相关行业背景的专业人士，处理案件更具有针对性，结果的可预期性更强；

（二）仲裁的保密性对于游戏行业格外重要，诸如改编 IP 的授权费用、费用支付方式、授权期限、具体权限等对于游戏企业均属于重要的核心商业机密，一旦被公开后由竞争对手获取，即可能对相关游戏的运营产生负面影响。此外，游戏运营中往往会涉及诸如"买量""马甲包"等灰色领域的操作，相关内容

一旦被裁判文书公开，往往会对游戏宣发及企业信誉产生重大负面影响，仲裁天然的保密性则可以有效解决这一顾虑。

（三）仲裁的程序高效性相较于当下的司法审判实践显得弥足珍贵。近年来法院系统对于知识产权案件的管辖规则变动较为频繁，但整体而言在一线城市等游戏知识产权纠纷的高发地形成了互联网法院集中管辖+知产法院专属管辖的格局，但此种管辖变动反而导致相关法院案件高度集中、数量激增，审判人员不堪重负，实际导致类似案件的审理周期大幅延长，特别是游戏类纠纷案件诉讼标的高、涉及复杂的比对等"工程量"庞杂的内容，导致相关案件审理周期极为冗长，而仲裁审理周期短、一裁终局的优势可以更加充分地发挥优势。

三、仲裁解决游戏行业知识产权纠纷的优势和典型案例

以下结合贸仲有关游戏行业纠纷典型案例，探讨实务中仲裁解决游戏行业知识产权的优势，并提供具体实务意见。

（一）典型案例一：A 传媒公司、B 网络科技公司、C 信息技术公司与 D 影视公司游戏开发授权合同纠纷（两起关联案件）

1. 案件情况

2015 年 9 月，C 信息技术公司与 D 影视公司签订《E 游戏开发授权协议》（以下简称涉案合同）约定 D 影视公司将其拥有版权的系列电视剧作品《E》剧本及相关元素授权 C 信息技术公司用于电子游戏软件开发、推广、销售业务使用。后 C 信息技术公司、D 影视公司、A 传媒公司、B 网络科技公司于 2016 年 9 月 30 日签订《游戏开发授权协议补充协议》（以下简称补充协议一），后续于 2016 年 10 月 8 日签订《E 游戏开发授权协议补充协议二》（以下简称补充协议二，两份补充协议合称"补充协议"），约定 C 信息技术公司将其在本案合同中的权利义务概括转让给 B 网络科技公司，D 影视公司将其在本案合同中享有的运营分成权转让给 A 传媒公司。

前述协议签署后，在合同履行过程中各主体之间发生了纠纷，A 传媒公司作为申请人，以 B 网络科技公司和 C 信息技术公司为被申请人提起仲裁，要求 B 网络公司支付剩余保底运营分成款 1400 万元及 20% 的违约金，C 信息技术公

司对此承担连带保证责任,形成仲裁案件一。B 网络科技公司作为申请人,以 A 传媒公司和 D 影视公司为被申请人提起仲裁,要求 A 传媒公司返还其已支付的预付分成款近 1500 万元、支付违约金 500 万元,D 影视公司对此承担连带赔偿责任,形成仲裁案件二。

针对仲裁案件一,A 传媒公司认为根据补充协议一的约定,其受让了 D 影视公司的运营分成权,保底运营分成款约定为 2800 万元,但自 2019 年 4 月起 B 网络科技公司不再向其支付运营分成款,且经多次催告 B 网络科技公司仍不履行义务,已构成严重违约,因此 B 网络科技公司应支付剩余保底分成款并承担违约责任。对此,B 网络科技公司认为,A 传媒公司和 D 影视公司提供的配合其宣传的素材与涉案合同的约定严重不符,且 B 网络科技公司使用合同约定的授权元素人物形象(某演员肖像)进行宣传时,被 A 传媒公司和 D 影视公司要求撤下相关宣传材料,导致涉案游戏宣传力度不足,且因该影视剧男主角发生负面事件导致游戏亏损严重,B 网络科技公司被迫于 2019 年 6 月下架涉案游戏页游版本,于 2019 年 9 月下架手游版本,自 2019 年 8 月起涉案游戏不再有任何收入。因此,尽管补充协议一中约定了保底分成款,但 B 网络科技公司给付保底分成款的前提是 A 传媒公司和 D 影视公司进行完整授权和元素提供后双方通过合作可以实现合同目的,而 B 网络科技公司本着诚信合作的原则,付出了巨大的人力物力成本进行游戏开发和运营,但 A 传媒公司和 D 影视公司的违约行为却导致其严重亏损,因此 B 网络科技公司不应向该等违约方支付保底分成款,亦不应承担违约责任。A 传媒公司认为,涉案合同中约定的授权元素之一的人物形象,是不包含某演员肖像的,且 B 网络科技公司在游戏开发运营合作过程中也曾多次向其确认某演员的肖像许可签署授权协议等事宜,A 传媒公司也曾多次警示 B 网络公司不得使用某演员肖像,B 网络公司对此未提出异议;该男主角负面事件发生前,涉案游戏的收益已明显减少,因此 B 网络科技公司的抗辩不成立。

针对仲裁案件二,B 网络科技公司认为,电视剧《E》播放前及播放过程中,A 传媒公司和 D 影视公司未与其进行充分沟通协调,严重影响其游戏的开发和上线宣传,导致涉案游戏宣发准备不足;A 传媒公司和 D 影视公司一直未提供某演员形象使用的授权文件，导致其无法正常进行游戏的开发和宣传；B 网络公司认为，合同中约定的授权元素之一人物形象即为电视剧内演员形象，是跟剧情内容相结合的，人物形象必须是以一个整体的方式呈现的，从演员的脸、身体到发型、发饰、服装及配饰，如没有演员的形象，是无法与剧中人物进行链接的，更达不到影游联动的效果，对此 A 传媒公司和 D 影视公司是完全知悉的，只是其在无法获得某演员的形象授权后才改变了对人物形象的说法；关于影游联动，是指影视剧和游戏的深度合作，要想达到影游联动的最大效果，需要影视剧和游戏进行多维度的配合，剧本、场景、角色、声音、档期、宣传等都需要双方的精诚合作，但在本案中，被申请人 A 传媒公司和 D 影视公司在提供授权素材内容方面有很大的缺失，导致 B 网络科技公司制作游戏周期非常紧张，进行宣传时，A 传媒公司和 D 影视公司还经常要求 B 网络科技公司撤掉特定宣传内容，导致游戏整体宣传力度不够，造成 B 网络科技公司巨大亏损；根据另案法院的判决，E 公司系电视剧《E》剧本的版权所有人，D 影视公司不享有电视剧《E》剧本的版权，其授权不具有权利基础，构成根本违约，结合上述 A 传媒公司和 D 影视公司的违约行为，根据涉案合同约定，A 传媒公司应返还其已支付的预付分成款并承担违约责任，D 影视公司承担连带责任。被申请人 D 影视公司提出抗辩，其已经与 E 公司签订《某电视剧 E 剧本游戏开发授权协议》，获得了 E 公司的授权和转授权，因此其具有相应的权利基础签署涉案合同；根据补充协议一的约定"人物形象"非授权元素，即便按照 B 网络科技公司的理解"人物形象"系授权元素之一，首先，根据补充协议一附件一的约定，明确了所涉及所有物料的使用需经演员本人和授权方的特别授权，未经特别授权，B 网络科技公司无权使用涉及演员的任何内容；其次，"人物形象"不包含特定剧中的演员肖像，某演员的影视剧照存在肖像作品著作权和肖像权双重权利，这两项权利是聚合而不是吸收，影视剧的著作权人在以影视剧播放形式行使著作权时无须征得演员的同意，但超出宣传影视剧作品有关活动范围的使用就要征得演员的许可或进行特殊约定。对此，B 网络科技公司在游戏开发运营合作过程中不存在异议，其也多次要求洽谈获得某演员的肖像权授权；从合同履行情况来说，A 传媒公司和 D 影视公司已全面履行了合同义务，B 网络公司关于获得授权、开发运营涉案游戏的合同目的已实现，涉案游戏是否盈利属于正常的经营风险，B 网络公司应承担正常的商业风险，与合同目的无关。

虽然上述两个仲裁案件系当事人分别提起，但因该两案的事实具有极大的牵连性，即仲裁案件二中 B 网络科技公司作为申请人提起仲裁的事实与理由，系仲裁案件一中其作为被申请人拒不支付游戏分成保底款项的抗辩理由，因此两案的核心问题高度统一，即作为授权方的 D 影视公司是否具有电视剧《E》剧本的游戏改编权及对外授权的权利、D 影视公司在宣传配合上是否存在严重违约行为、在素材配合上是否存在严重违约行为导致 B 网络科技公司无法实现合同目的。

仲裁庭经审理认为，D 影视公司虽然并非电视剧《E》剧本的版权人，但其经 E 公司授权，获得了电视剧《E》剧本的游戏改编、开发、运营权及转授权，其授权具有权利基础不存在严重违约情形；在宣传配合上，仲裁庭认为 A 传媒公司和 D 影视公司已提供了图片物料，基本满足 B 网络科技公司开发宣传游戏的需要，且根据 B 网络科技公司的举证，未能证明 A 传媒公司和 D 影视公司存在明显的违约行为。

授权素材配合的约定及履行系各方争议的最关键、核心的问题，即"人物形象"是不是合同约定的授权内容之一，"人物形象"与演员肖像的关系及对本案合同履行的影响。对此，仲裁庭经审理认为应结合法律规定、合同的约定以及案件证据进行判断：

合同依据方面，仲裁庭认为涉案合同及补充协议一均对授权内容进行了约定，两者关系方面补充协议一应为对合同中授权内容的细化和明确，具体的授权内容应以补充协议一及附件一的相关约定为准；在合同履行过程中，双方就授权内容的依据和剧中人物形象，主要是演员肖像使用的授权问题产生了分歧，仲裁庭认为 D 影视公司对"提供授权书"一事虽然没有明确表示"一定提供"，但其模糊不明的回复有肯定性含义并给出了预估的提供时间，B 网络科技公司基于交易习惯有理由认为其给出了承诺性回复，但由于本案改编游戏已于《需求列表》提出之前开发完毕并上线运营，因此 D 影视公司已提供的相关授权内容，已经基本满足申请人改编开发游戏的需要，明确表示不提供的内容，以及未提供的《男、女主演形象使用授权书》，没有对本案合同及本案补充协议的履行造成根本影响；关于人物形象与人物肖像的关系以及对履行素材配合义务的影响，仲裁庭认为影视作品剧照，即表演者扮演的剧中人物在剧中的影像，如一般社会公众能够将表演形象与表演者本人真实的相貌特征联系在一起，表演形象亦为其肖像的一部分，即演员对电视剧中的角色形象享有肖像权。本案中，以营利为目的使用演员肖像，包括 D 影视公司将演员剧照和影像资料等提供给 B 网络科技公司，以及 B 网络科技公司对演员剧照和影像资料的使用范围等，除应当符合合同约定外，还应经过演员本人的授权和同意方可使用。未经演员本人同意，B 网络科技公司无权直接将演员肖像用于游戏宣传，D 影视公司也无权不经演员本人同意直接授权 B 网络科技公司使用演员肖像。本案涉案合同实际履行过程中，D 影视公司已明确发邮件提到"演员形象不能用"，结合补充协议一备注中的约定，可以认定获得演员本人授权后方能使用演员肖像系双方真实意思表示。

综上仲裁庭认为，虽然 D 影视公司履行合同义务存在瑕疵但不属于严重违约行为，同时也没有证据证明其履行瑕疵对 B 网络科技公司实现本案合同目的造成严重影响或给 B 网络科技公司造成损失，针对仲裁案件一 B 网络科技公司的抗辩理由不成立，应向 A 传媒公司支付保底分成款；针对仲裁案件二，对于 B 网络科技公司要求返还预付分成款的主张不予支持，关于违约金，仲裁庭依据 D 影视公司瑕疵履行的过失程度，酌情支持 D 影视公司承担 B 网络科技公司主张数额的 30%违约金。

2. 纠纷观察与实务建议

该两案系影视剧 IP 授权改编游戏的典型案例，案件涉及授权方权利基础的核实、授权内容的界定、履行情况的认定、游戏分成款结算等与影视剧 IP 授权改编游戏及履行全流程有关的关键、核心问题，其中还涉及著作权与人身权的关系认定这一法律相对空白的领域，仲裁委在进行论述及认定时，充分考虑了缔约合同方合作的目的、结合合同约定及实际履行情况推论各方真实意思表示，同时评估违约行为及履行瑕疵对于合作情况的影响而作出综合认定，该等认定无论对于行业从业者还是对于司法从业者均具有较强的借鉴意义。

为避免此类纠纷产生或更好应对此类纠纷，建议相关行业从业者重视和关注以下几方面问题：

第一，在进行相关衍生游戏开发前，重视授权方的权利基础，做好风险把控，除在合同中对于授权方具有权利基础进行承诺和保证并约定相应违约责任外，还应关注、核实授权方提供的权利凭证，避免因权利基础存在问题导致前期巨额成本的投入损失甚至整个项目的流产；

第二，要重视与合作方的商务谈判及合同文本、条款的设计及约定。商务谈判过程中，要把握己方谈判的筹码、合作需要获取对价的底线等，合同条款应具体明确具有可操作性，并且合同条款的设计应有相关领域专业人员介入。以本案为例，B网络科技公司与D影视公司纠纷的核心问题之一即为"人物形象"与演员肖像权的界定，B网络科技公司开发的游戏想要达到"影游联动"的效果，获得演员在影视剧中的肖像权的许可并用于游戏开发、宣传至关重要，但如仲裁庭认定，演员在剧中饰演角色产生的著作权和演员本身的肖像权系两种权利，如使用演员的肖像权应额外获得演员的授权，该等问题系法律方面的专业问题，在合同条款设计及后续履行中应由知识产权方面专业的律师参与并提供专业法律意见，通过全面细致的条款锁定自身意欲获得的实际权利，才能避免后续因约定不明造成的损失。

（二）典型案例二：A娱乐公司与B科技公司、C科技公司手机游戏授权许可合作合同纠纷

1. 案件情况

A娱乐公司（申请人）具有《某IP》手机网络游戏在全球范围内的全部知识产权。2016年7月，A娱乐公司与B科技公司（第一被申请人）签署《关于〈某IP〉手机游戏之［台港澳］地区授权许可合作协议》（以下简称《合作协议》），授权B科技公司在港澳台地区运营和推广《某IP》手机游戏，授权期限为三年，自2016年7月至2019年7月。B科技公司向A娱乐公司一次性支付200万美元的授权许可费，以及每自然月按当月游戏可分配收入的30%支付收入分成（后双方签署补充协议，该分成比例降至27%）。C科技公司（第二被申请人）出具了《担保函》作为《合作协议》的附件3，该函件确认C科技

公司为 B 科技公司的关联公司，其已清楚知悉《合作协议》的全部内容，自愿对 B 科技公司在《合作协议》项下的全部义务与责任承担连带担保责任。

然而自 2020 年 5 月起，B 科技公司拖欠 A 娱乐公司 2019 年 6 月至 10 月的游戏分成款 50 余万美元。A 娱乐公司按合同约定提供了 invoice（类似于发票），经多次催告，B 科技公司仍拒绝支付。因此 A 娱乐公司提起仲裁申请，要求 B 科技公司支付拖欠的分成款 50 余万美元，并支付自 2020 年 5 月起按照每日 0.3% 的标准计算至实际清偿之日止的违约金；根据合同约定支付固定金额违约金 200 万美元；C 科技公司对上述款项承担连带责任。

B 科技公司与 C 科技公司经仲裁委有效通知未出席庭审，但提交了书面意见。B 科技公司认为自其与 A 娱乐公司合作之日开始，其支付给 A 娱乐公司的授权许可费及分成款已高达 1000 余万美元，A 娱乐公司已属于稳赚不赔，即便尚有 50 余万美元未支付，也仅占其已获得款项的百分之五，此等违约竟要求其赔偿 200 万美元的违约金，明显过重，B 科技公司认为以 10 万美元作为违约金属于合理数额；C 科技公司以 A 娱乐公司和 B 科技公司未经其同意书面变更了主债权债务合同的内容为由拒不承担保证责任。针对 B 科技公司和 C 科技公司的上述答辩，A 娱乐公司认为，其与 B 科技公司签署的补充协议将游戏分成比例从 30% 降至 27%，实质上是降低了债务负担，因此 C 科技公司应承担保证责任；B 科技公司因涉案《某 IP》游戏已获得逾 3000 万美元的巨额收入，却拖欠合作末期 50 余万美元的最后一笔分成款，其行为不合理，亦难言善意，且经其书面催告明确上述违约责任后，B 科技公司明知违约后果却仍选择违约，应视为其自愿承担违约后果。本案涉及中国香港特别行政区和中国台湾地区的被申请人，而仲裁裁决约定在中国内地作出，各方当事人在拟定《合作协议》时，对高额的跨境维权成本已有预计，并因此约定了高额违约金以覆盖可能产生的维权费用。

本案争议的核心问题是 A 娱乐公司关于固定金额违约金 200 万美元的请求是否应支持。

仲裁庭经审理认为，根据《合作协议》的约定，任何一方不履行或不完全履行约定的义务，则另一方有权要求违约方在其指定的合理期间内进行补救。

如违约方拒绝补救，或不按照守约方的要求进行补救，则宽限期满，守约方有权以书面通知的方式终止《合作协议》项下的合作，此种情况下违约方应向守约方支付与《合作协议》约定的授权费用 200 万美元等额的违约金，并且应承担守约方因此而蒙受的全部损失、损害、费用或责任。针对上述约定，双方在补充协议中进行了重申，足见双方对于该约定的后果，不仅充分理解，而且高度认可。仲裁庭认为，该条款平等地适用于双方，对任何一方不履约均构成同等程度的压力与制裁，并非仅适用于第一被申请人，该条款约定的违约制裁机制是审慎合理的，体现了双方严格履约的真实意思。在 B 科技公司对于 A 娱乐公司一而再，再而三的沟通催款、和解建议置若罔闻，一意孤行，恶意拖欠应付款项的情况下，若减低协议明确约定的违约金金额，等于对 B 科技公司言而无信、恶意违约行为的纵容，对 A 娱乐公司合理商业预期的否定，因此仲裁庭全部支持了 A 娱乐公司关于固定金额违约金 200 万美元的请求。

2. 纠纷观察与实务建议

本案系全额支持高额违约金的典型案例之一，在案件标的额本金即游戏分成款数额仅为 50 万美元的情况下，仲裁委全额支持了申请人高达 200 万美元的高额违约金请求，针对守约债权人的保护力度可见一斑。而该等认定无疑是结合本案双方的举证、合同的约定以及双方履约情况、主观意思表示等因素综合作出的，本案的裁决充分体现了商事仲裁机构对于商业主体的平等保护原则，对于中国游戏"走出去"及国内游戏开发运营主体权利保护具有较高的借鉴意义。

本案中，虽然游戏分成款本金数额较低，但仲裁委最终支持了超过游戏分成款本金数额近 4 倍的违约金，结合仲裁委作出上述认定的各种因素，从最大程度保护国内游戏开发运营主体的角度来说，建议相关企业可以从以下几个方面做好前期风险合规：

第一，注意合同条款的约定。本案中仲裁庭支持 A 娱乐公司仲裁请求的一个重要原因，就是双方针对该 200 万元违约金的约定通过《合作协议》和后续的补充协议均进行了重点约定，足以体现作为商事主体的双方针对违约责任的重视。并且该约定平等合理，不存在对合同主体一方显失公平的情形，因此合理的合同条款对于日后违约责任的主张至关重要。

第二，注意合同履行证据的留存。本案中仲裁庭支持 A 娱乐公司仲裁请求的另一个重要原因，是申请人 A 娱乐公司对于提供 invoice、多次向对方送达催告函等证据链条完整清晰充分，且进行了公证，对于仲裁庭认定申请人尽到合理催告义务、被申请人存在恶意拖欠的主观情形等提供了有力的支撑。

（三）典型案例三：杭州网易雷火科技有限公司与广州简悦信息科技有限公司著作权及不正当竞争纠纷

《率土之滨》与《三国志·战略版》的著作权侵权和不正当竞争纠纷案在 2023 年度游戏领域具有极大的影响力，案件涉及对游戏玩法保护的司法认定规则，法院判决判赔偿权利人的数额也很高，引起了相关行业、学术界及司法领域等的高度关注。由于网游行业版块现有仲裁案例还是缺乏侵权类案件的支撑，从报告内容全面反应相关法律实践的角度考虑，本报告增加了这一诉讼案例。

1. 案件情况

原告杭州网易雷火科技有限公司（以下简称网易雷火公司）自主研发、运营的游戏《率土之滨》是一款全自由实时沙盘战略手游。《三国志·战略版》则是由阿里系的广州灵犀互动娱乐有限公司、广州简悦信息科技有限公司（以下简称简悦公司）制作的一款沙盘策略手游。原告网易雷火公司认为，被告简悦公司的《三国志·战略版》游戏，大量抄袭《率土之滨》游戏，侵犯原告著作权，要求被告停止侵害原告改编权、信息网络传播权的行为，并停止不正当竞争行为。

广州知识产权法院受理案件后对以下主要争议焦点进行了认定：

（1）案涉《率土之滨》游戏是一款"赛季制地缘战略游戏"，在游戏运行过程中，通过软件程序自动或应玩家交互指令，临时调用游戏素材库中的各种文字片段、美术图片、音乐音效、特效动画等元素，进行有机组合，在终端屏幕上能呈现出可供感知的综合视听画面，满足作品的构成要件，《率土之滨》属于著作权法保护的作品；

（2）《率土之滨》游戏作为独创性体现在游戏规则、游戏素材和游戏程序的具体设计、选择和编排中的电子游戏，系文学艺术领域能以一定形式表现的智力成果，有其独特的创作方法、表达形式和传播手段，与视听作品有本质区别，亦和其他法定作品类型存在本质不同，因此不宜将《率土之滨》游戏整体认定为视听作品，而应当从八种法定作品类型中独立出来，作为一种新的作品类型去认识，被认定为符合作品特征的其他智力成果。

（3）网易雷火公司主张的106项游戏规则及其形成的游戏机制均为具体游戏规则，可以通过游戏操作界面或游戏场景画面对外叙述表达，使玩家在操作游戏过程中清晰感知并据此开展交互操作，绝大部分属于一种直观的"表达"，并非"思想"。法院从具体规则的表达、规则组合成的游戏机制及通用表达三方面分析，认定网易雷火公司主张的游戏规则，绝大部分既与在先游戏规则有较大区别，又在通用表达上进行了独创性设计，且在规则联系机制方面予以自主选择和编排，建构了高度耦合的游戏系统和机制，属于具有独创性的表达，法院在审查《三国志·战略版》游戏是否使用与《率土之滨》游戏实质性相似的具体游戏规则及这些规则相互作用的机制时，采用了原告网易雷火公司对《率土之滨》案涉游戏规则的划分，即按地图、建筑、战斗、资源、系统、赛季六大模块进行系统分析，并将网易雷火公司主张的106项游戏规则进一步划分为空间系统、资源系统、战斗系统、同盟系统、赛季系统五项进行比对，并对各系统之间的耦合进行分析。法院认定，《三国志·战略版》结构性使用了《率土之滨》79项规则及其游戏机制的独创性表达，此种未经许可的使用行为实质属于《三战》对《率土之滨》的改编，侵害了网易雷火公司的改编权，但简悦公司并未对《率土之滨》游戏进行交互式传播，因此不构成侵害信息网络传播权的行为。

（4）法院认为，《三国志·战略版》对《率土之滨》79项游戏规则均非原样复制，而且创设了大量的游戏规则，在将案涉游戏规则以及逻辑关联整合至其游戏机制之中时，亦建立了新的游戏整体架构，同时从行业发展规律、文化发展角度及包括玩家利益在内的社会公共利益角度出发，法院认为不应支持网易雷火公司关于停止运营《率土之滨》游戏的诉请。

综上，法院最终认定，简悦公司侵犯了网易雷火公司的改编权，但不构成对信息网络传播权的侵害。法院判令被告删除或修改《三国志·战略版》中

《率土之滨》独创性表达的内容、赔偿原告经济损失及维权合理开支5000万元、驳回原告要求被告停止运营《三国志·战略版》游戏等诉讼请求。

2. 纠纷观察与实务建议

该案判决对于游戏规则的著作权保护提供了新的思路，通过将游戏规则与承载游戏规则的具体表达关系进行剖析，并辅助以极为全面细致的游戏内容比对，最终认可符合一定条件的游戏规则可以构成著作权法意义上的表达，可以被认定为符合作品特征的其他智力成果，最终判定《三国志·战略版》游戏未经许可改编了《率土之滨》游戏的相关内容，构成侵权，并且在责任认定方面同样存在创新可取之处，一方面全额支持了5000万元的高额赔偿诉请，另一方面也对"停止侵权"特别是停止游戏运营的判定进行了综合分析，最终未支持网易雷火公司的这一诉请，较好地平衡了原被告双方各自权益，对类案的审判具有较强的指导意义。

但需要指出的是，该案的判决同样存在一定的问题，最为显著的一点即在于游戏规则本身与承载规则的表达之间的关系似乎仍有所混淆，极为详细的比对仍然难以打消相关从业者的困惑，游戏行业的发展属于典型的"站在巨人肩膀"上的行业，各类经典游戏中同样不乏对于在先游戏玩法的借鉴、致敬，对于游戏规则（或其表达）的著作权保护，究竟是保护规则还是保护表达，界限还是过于模糊，是否违反"思想—表达二分"的基本原则，进而最终导致特定游戏厂商对于特定玩法或游戏类型的垄断，业界和实务界的探讨延续至今，而本案的生效判决至今尚未出具，最终的结果也有待观察。

第四节　短视频知识产权仲裁案例分析

一、短视频知识产权纠纷概述

伴随着"互联网+"商业模式的兴起，新兴的文化传媒企业不断涌现，传统行业亦越来越重视通过互联网短视频平台为自身赋能。诚然，短视频平台为企业提供了可观的公域流量，但囿于企业知识产权合规经验的不足，容易就短视频创作内容产生知识产权纠纷。同时，在互联网运营市场未尽规范的背景下，一些企业或个人擅自对他人享有著作权的长视频进行剪辑，亦引发了大量短视频著作权纠纷。此类案件具有违法成本低、违法行为分散、维权机制复杂等特点。在此背景下，短视频知识产权纠纷日益成为法律热点。

随着短视频行业的快速发展，业界对短视频相关的知识产权问题愈加关注，尤其是短视频的著作权法保护问题。我国司法实践中已经出现了多起短视频案例，这些案例涉及短视频是否构成作品、构成何种作品以及如何保护等问题。短视频知识产权纠纷的背景涉及了技术、经济、法律和市场等多个方面，需要各方共同努力，建立完善的版权保护机制，促进行业的健康发展。而仲裁在短视频知识产权纠纷处理当中发挥着日益重要的作用。仲裁的保密性可以确保知识产权纠纷中当事人不想让公众知悉的技术内容、商业秘密或其他敏感信息不被公开。这不仅可以避免对当事人的市场竞争力产生不利影响，还有助于维护企业的商誉。具有互联网交易相关知识与经验的仲裁员在处理涉及互联网信息技术和人工智能等前沿领域的知识产权纠纷时，更能够做出准确的判断。在新媒体短视频运营的日渐纷繁的背景下，仲裁为短视频知识产权纠纷提供了一个高效、专业且便利的解决途径。

为更直观地展示和剖析短视频知识产权法律纠纷相关仲裁实践，本小节以贸仲本年度处理的38件涉短视频知识产权法律纠纷重要仲裁案例为观察对象，以阐明短视频知识产权法律纠纷的重点问题和仲裁在解决此类纠纷方面的优势。上述争议均以短视频知识产权为标的，涵盖投资、合作、服务、广告等多种合同关系，主体涉及实体产业、文化传媒、投资金融等领域的企业以及相关的艺人、经纪等。在上述仲裁案例当中精选了以下4个典型案例，个案分析短视频商业应用与知识产权纠纷的重点问题与仲裁要点，为相关企业的媒体运营、互联网转型提供参考借鉴。

二、仲裁解决短视频知识产权纠纷优势和典型案例

以下结合贸仲关于短视频纠纷的典型案例，探讨仲裁解决短视频知识产权纠纷的优势，并提供具体的实务建议。

（一）典型案例一：自然人A与中国B公司短视频合作合同纠纷（短视频运营模式相关典型仲裁实践）

伴随着互联网的发展，各种市场主体均产生了线上运营的需求。同时，数字经济的发展也催生了一批试图利用互联网平台创收的网络"掘金者"。数字经济的浪潮囊括了企业、艺人、互联网平台、个人创作者等多方主体，不同主体基于不同的利益诉求可能采取多样化的合作模式。相关主体可能通过签订合作协议、委托创作协议、服务协议等方式对短视频运营的合作模式进行约定，形成各式各样的法律关系。现行法律实践对于其中的某些法律关系定性不甚明确，存在某些边缘、模糊地带。这要求裁判者综合权衡交易情境与双方利益，审慎把握法律评价的尺度。

采用仲裁方式解决短视频运营模式相关的纠纷，能够更好地把握商事交易的特点，发掘不同主体在市场交易当中的利益诉求，平衡利益界限，促进短视频知识产权纠纷合理、迅捷地解决。

1. 案件情况

自然人A与B公司于2022年8月签订合作合同，约定A支付30,000元的"短视频一站式赋能入网合作费"，即可作为B的授权推荐官，享受B旗下产品使用和常规运营服务支持。本案合同签订后，A认为自己上当受骗，理由在于，

一是 B 在本案合同中约定的合作及营销模式与网络传销相似，即以授权商户推荐官为名，变相收取入门费，并设定各种奖励方式，激励会员发展下线；二是本案合同第十条第 4 项明确约定"本协议中任何手写条款无效"，而 B 的授权代表 C 仍然在 B 润滑油公司提供的格式合同上手填部分协议条款后让 A 文化公司签署。因此，A 于 2022 年 8 月当晚通过微信（文字消息和语音电话）向 C 表示要退出，要求退还已支付的入网合作费。A 与 B 就退费事宜多次沟通，且 A 已配合 B 办理完毕相关退费手续，但 B 至今仍未实际退款。B 于 2022 年 8 月通过微信发来一份《转让委托书》，A 已按照 C 的指示填写完毕并签署发回，其后 C 告知 2022 年 8 月平台转出。但时至申请仲裁之日，B 仍未退还 A 文化公司已支付的款项，且 A 已无法联系上 B 及其授权代表 C。

申请人 A 认为，《转让委托书》虽然名义为委托书，但是其可以分为两部分来看，第一部分（即第一段文字）为双方达成解除合同的合意，即"甲乙双方经协议一致，甲方（指申请人，下同，仲裁庭注）同意将退出本地化推荐官本案合同，没有时间精力，平台转让，为明确双方的权利义务达成本合同"的部分内容。横线部分为申请人依据 C 要求"把原因写在那个横杠上面，原因什么原因"手写添加，申请人将添加后的协议拍照后微信发送 C，C 对此未表示异议，说明认可申请人手填退出本案合同的内容，即申请人与被申请人于《转让委托书》第一部分达成解除本案合同的合意。

本案的争议焦点是案涉合同是否已经合意解除。A 文化公司 A 举示了其父亲 D 与 B 相关工作人员的聊天记录和《转让委托书》。聊天记录证明 D 多次催促 B 进行退费，B 经过多次推诿，最终做出了确定的回复。《转让委托书》载明："甲乙双方经协议一致，甲方同意将退出本地化推荐官合作协议，没有时间精力，平台转让，为明确双方的权利义务达成本合同。甲乙双方需配合转让事宜，转让后双方后期无任何经济责任。平台转让出去后乙方退还甲方保证金。"

仲裁庭认为，A 文化公司 A 及其父亲 D 已在微信中明确提出退出合作并要求退款，实际是终止合作，解除合同的主张。从双方 2022 年 8 月及以后的聊天记录看，D 一直在催促 B 润滑油公司办理解除合同手续，B 润滑油公司没有提出异议，并向 A 文化公司发送《转让委托书》。《转让委托书》应当理解为双方约定通过"平台转让"给第三人的方式实现 A 文化公司退出合作,合同解除的目的。B 润滑油公司收到《转让委托书》后没有提出异议,还明确表示 2022 年 8 月会转让,应当视为 B 润滑油公司接受 A 文化公司拟终止合作,解除合同的意思表示。据此,仲裁庭认定,双方已终止合作,本案合同于 2022 年 8 月解除。B 应当返还 A 已经支付的合作费近 3 万元。

2. 纠纷观察与实务建议

在本案中,仲裁庭在充分审视当事人约定的交易模式、运营模式的基础上,严格考察当事人的意思表示,为合同解除寻找当事人意思上的依据,既尊重了当事人的意思自治,又维护了公平。

互联网时代,各种各样的企业与个人都有参与数字经济的需求与欲望,相应地催生了平台与企业、平台与个人、企业与个人之间的多种线上运营合作模式。通过多样化的合作协议来配置不同当事人的参与成本与风险,有利于满足更多群体参与互联网经济的需要。但是不同主体的信息获取能力、技术能力、资金能力与交易经验等存在较大差距,强势主体有可能利用弱势主体能力不足、无经验,而采用复杂、苛刻的交易模式,造成双方权利义务与交易风险配置的不平衡。进一步言之,一些交易模式的合法性也存在争议。例如在本案中,B 公司采取的交易模式是由自然人 A 交纳合作费,并采用各种激励模式引导 A 邀请新用户、发展下线来获取返利,此种交易模式与传销有一定的相似之处。本案中 A 及时发现了交易模式可能存在的风险,并及时解除合同、要求退出,历经艰难维权,最终仲裁庭认定合同解除。但如果 B 没有明确作出同意解除合同的意思表示,则此种纠纷的处理需要对合同所涉交易模式本身的合法性进行考察。

为更好应对或尽量避免此类纠纷,建议相关企业和个人在开辟互联网线上运营时做好以下工作:第一,全面了解交易模式,审慎评估交易风险。在参与互联网线上运营合作时,应当充分了解自身权利义务,并且要关注权利实现的操作流程,如所得费用如何提现。同时,要充分审核交易相对方的主体信息,对于小规模平台的存续期间、注册资本、信用状况应当予以关注,审慎选择不成熟的交易模式与交易平台。第二,发生纠纷后,应当及时主动与对方沟通,善尽减损义务，并积极维权。本案当事人即通过反复主张权利，最终促使对方作出了同意解除合同的意思表示，进而使仲裁庭支持了其请求，树立了很好的典范。第三，如果涉及合法性存疑的交易模式，如传销等，可以采取刑民交叉的手段，向公安机关报案，通过刑事程序确认该交易模式违法。第四，数字经济的发展需要诚信来支撑，参与线上运营的各方主体都应恪守诚信，规范自身行为，遵守商业道德。同时切记勿贪小利，审慎从事交易，对自身行为负责。

（二）典型案例二：中国 A 文化公司与中国 B 润滑油公司营销推广合同纠纷（涉短视频线上营销推广相关典型仲裁实践）

随着互联网流量规模的日渐增长，互联网推广成为与地面推广相并行的销售推广方式。依靠庞大的公域流量与针对性的大数据推送机制，互联网推广可以帮助企业有效地降低营销成本、实现更好的宣发效果。当下，越来越多的传统企业选择开辟线上营销渠道，或自行创建新媒体运营部门开展互联网短视频运营，或选择与专门的文化传媒企业合作。后者所涉及的法律关系多种多样、较为复杂，可能涉及买卖合同、承揽合同、委托合同、技术合同等多种合同关系，由此产生的纠纷也具有复杂性。涉短视频线上营销推广的合作不仅需要厘清所涉法律关系的性质和内容，同时也要从知识产权保护的角度考察相关视听作品知识产权的归属与利用。

1. 案件情况

2019 年 9 月，A 文化公司与 B 润滑油公司签订《营销推广合同》，约定由 A 文化公司为 B 润滑油公司在中国境内提供电子媒体营销推广服务，B 润滑油公司支付服务费。A 文化公司为被申请人提供的服务内容包括：社交媒体账号服务、微博 IP 服务、新媒体创意设计（长视频、短视频、H5、海报、小程序等）、媒体投放服务（KOL）等。其中，社交媒体账号服务、微博 IP 服务按月计费，其他服务按项目计件收费。

2019 年《营销推广合同》履行期间，A 文化公司依照合同约定和 B 润滑油公司在项目中的具体指示为 B 润滑油公司提供服务，并相应收取了部分服务费。2020 年 11 月起，B 润滑油公司开始拖欠应付的月度服务费、已完成项目的服务费等。

2021年4月15日，B润滑油公司向A文化公司发出《解除通知函》，通知B润滑油公司《营销推广合同》将在《解除通知函》送达之日起30日后解除。截至解除之日，B润滑油公司尚欠A文化公司服务费共计人民币近150万元。

B润滑油公司辩称，A文化公司未依约履行义务，存在诸多严重违约行为，包括未能依照合同约定如期交付服务成果；交付的服务成果不符合合同约定的服务内容和标准等。同时，A在其资质和履约能力实际不符合B要求的情况下，其实际控制人主动找到B相关管理人员进行商业贿赂，违规入围、中标。B公司称2020年底在内部审计中发现，A公司的资质不符合B公司对供应商的要求，合同履行过程中存在一系列涉嫌违规的问题，遂开启内部合规调查。B公司在调查中发现，A公司在合同履行过程中存在商业贿赂及大量不合规的情形。B公司根据调查结果，第一时间解除了对此负有责任的B公司管理人员和经办人员的劳动合同。B公司进而提出反请求，要求A公司赔偿经济损失。

仲裁庭认为，案涉合同双方均已盖章签署，且不违反中国法律、行政法规的强制性规定，已依法成立并生效，可作为仲裁庭判定当事人双方权利、义务的基本依据。在本案中，A文化公司存在商业贿赂行为仅是B润滑油公司的单方陈述，并非被证明的法律事实。B润滑油公司如对供应商的选择具有刚性标准，应在招投标时予以明确并在招投标程序中严格筛选和甄别。B润滑油公司所列举的注册资本金、人员、成立时间、实际经营场所、知名度等项，均有客观数据和标准可循，在招投标过程中通过简单核实即可作出判断。在此情况下，A文化公司能够顺利通过评标，证明其符合B润滑油公司当时设定的招投标条件。即使B润滑油公司当时因主客观原因无法核实、判断申请人资质，在后续双方长达两年多的合作时间中也难言毫不知情，但B润滑油公司未就其内部在履约过程中曾对A文化公司资质提出质疑或采取过任何行动进行举证。根据现有证据，仲裁庭无法认定A文化公司存在商业贿赂行为，也不能得出A文化公司与B润滑油公司的个别员工存在串谋损害B润滑油公司利益的动机和行为这一结论。至于B润滑油公司关于A文化公司违约的主张，仲裁庭认为，双方完成了项目报价、成果发布和开票确认，被申请人在履约过程中未对已交付的成果和结算价格提出异议，且已实际付款，其提出的返还款项或赔偿主张，仲裁庭都不予支持。

2. 纠纷观察与实务建议

本案中仲裁庭坚持合同严守的立场，秉持诚信原则，对案涉合同的缔结与履行过程进行了全面审查。在全面查清案件事实的基础上，发现了 B 润滑油公司的抗辩观点与其先前行为存在矛盾，进而逐一否定了 B 润滑油公司的抗辩理由，支持了 A 文化公司的请求。展现了熟悉互联网营销推广交易的仲裁庭对于此类案件的处理优势。

在互联网线上营销推广合作当中，双方往往对授权范围、服务内容和价金支付等方面约定较为明确，但可能容易忽略提供服务、完成成果的标准。鉴于短视频新媒体运营的特殊性，适用法定的填补规则来确定服务标准较为困难，存在较大的自由裁量空间。同时，在互联网线上营销推广合作中，一方违反约定而为不完全给付，所造成的损害具有一定的弥散性、不确定性，这给权利人维权造成了一定困难。另应注意的是，当事人在合作协议中多重视对交易合作本身的规划，但可能会忽略对于相关视听作品知识产权归属的确定。按照法定的补充规则，若相关短视频是由提供服务一方制作完成的，则其著作权归属于该方。这往往不是购买服务一方在交易时希望得到的结果。

综合上述观察，为更好解决或避免此类纠纷，帮助企业更好地实现线上营销推广合作的目的，相关企业在寻求线上营销推广合作时应当注意以下方面：第一，建立完善的内部控制与合规体系，对交易相对方的主体资质与交易风险进行充分评估。一个好的内控体系应当做到关键节点的监控与过程的留痕。在上述案例中，B 润滑油公司虽然主张其内部合规体系监测到了 A 文化公司在投标中的违规行为，但是其并没有充分保留和举示相关证据，因此其主张没有得到仲裁庭的采信。第二，合同应当对提供服务、完成成果的标准进行明确约定。企业可以通过约定具体的流量指标、转化率、榜单排名等方式对服务标准予以细化。第三，合同应当明确约定合作过程中产生作品的知识产权归属，从而在交易之初对相关短视频的知识产权归属作出符合预期的安排，同时也明确了相关短视频发生侵权的责任承担主体。第四，鉴于互联网营销推广过程中违约行为造成的损害具有弥散性、不确定性，因此建议在合同中事先约定违约金。

（三）典型案例三：中国 A 公司与中国 B 公司专题片服务协议纠纷（涉短视频广告服务协议履行相关典型仲裁实践）

企业投放广告的意义在于提高品牌知名度、促进产品销售、建立消费者信任和增强竞争优势等。为了做好广告投放，企业需要制定明确的广告投放目标、合理选择广告投放平台和媒介、优化广告内容和形式以及跟踪评估广告效果并调整策略。只有这样，才能充分发挥广告投放的作用和价值，助力企业的发展。时下，许多企业都会选择与从事广告宣传的专业企业合作，并签订相关服务协议，协议内容通常涉及策划、拍摄、后期、展播等方方面面，因此也会就协议履行产生诸多纠纷，例如是否完全履行协议、是否构成严重违约、是否能单方解除协议等。

涉及互联网短视频投放的广告服务协议纠纷包括传统类型的广告服务纠纷，例如广告内容合法性、广告投放的方式与时间、广告费用计算、广告效果评估等。与此同时，此类广告的制作和投放还可能产生知识产权相关的纠纷。在广告设计和创意方面，可能存在抄袭他人作品、违反著作权法的情况。广告内容可能涉及使用他人的商标、著作权、专利等知识产权，如果没有得到相应的授权或许可，就会引发侵权争议。广告中使用的商标可能与他人的商标冲突，涉及商标权纠纷。

1. 案件情况

申请人 A 公司是一家销售定位书包的企业，为了能在 2020 年寒假期间和 2021 年暑假期间向电视台和媒体投放书包短视频广告、新闻报道等提高市场知名度，促进品牌推广和提高书包销售量，在 2020 年 9 月与被申请人 B 公司签订《中国企业品牌联合成长计划专题片服务协议书》，合同总价款为人民币近 10 万元，B 公司向 A 公司提供服务内容包括：A. 资深专题编导为企业专业策划、创作拍摄脚本；B. 专业摄制组入驻企业实地拍摄、后期包装制作；C. 知名主持人新闻专题播报；D. 三大视频网站精编展播企业新闻专题；E. 全国多家主流网络新闻媒体新闻报道；F. 180 秒企业新闻专题节目视频珍藏礼盒；G. 新闻专题入选企业荣誉授牌；并赠送企业中国 D 电视频道精简 60 秒播出；中国 D 电视频道主持人 E 为企业提供活动主持一次，A 公司先支付近 8 万元，拍摄新闻片，后期确定有主持人 E 现场活动支持，支付剩余 2 万元。

A 公司称，B 公司只履行了 A、B、C 三项服务内容，重要的服务内容 D、E、F、G 以及赠送的中国 D 电视频道精剪 60 秒播出项目内容都未履行。A 公司多次要求 B 公司提供未履行的服务内容，但 B 公司迟迟未履行。上述行为已经构成严重违约，要求 B 公司退还已支付款项及其他相关费用。

B 公司辩称，D 项约定已履行完毕，分别在三大视频网站上线展播；E 项约定已履行完毕，分别在 26 家主流网络新闻媒体报道，标题均为："热烈庆祝 A 牵手《F》栏目"；F 项中视频已制作完成且已发至 A 公司，后者亦予以确认，存储视频的 U 盘和礼盒暂未交付，且存储介质价值较低，该项已实际履行完毕；就 G 项约定，A 公司的新闻专题已经入选企业荣誉，只是 A 公司款项未交齐，荣誉授牌未做；对于备注中的第一项，赠送的企业中国 D 电视频道精剪 60 秒播出，因 A 公司提交的相关材料不符合央视要求，且该项目为赠送，其主要服务 A-G 该七项，在服务期限内，均已履行完毕。就备注中第二项，A 公司既未安排组织这项活动，未确定活动日期导致此项未实施，也未支付相应的费用。综上，A-G 项主要服务均已履行完毕。双方签订服务协议后，被申请人积极履行合同义务，认真履行合同项下的各项服务，主体义务已履行完毕。在履行过程中，申请人不断变更要求，且于 2021 年 4 月 13 日对公司做了减资并变更了企业名称导致对央视的材料审核全部需要重新提交，申请人对赠送的项目无法顺利完成有不可推卸的责任，且该项目为赠送，并未收取该项的费用，该后果应由其承担。

仲裁庭指出，案涉合同双方均已盖章签署，且不违反中国法律、行政法规的强制性规定，已依法成立并生效，可作为仲裁庭判定当事人双方权利、义务的基本依据。仲裁庭总结争议焦点为：1. 被申请人是否存在违约行为；2. 申请人已支付的合同款项是否应当退还。

仲裁庭认为：第一，B 公司履行了本案合同 A-G 服务项目的主要义务，未交付 F 项目中的新闻专题视频礼盒，未交付企业荣誉授牌的牌子，属于一般性违约。B 公司未完成央视广告播出的赠送项目，与 A 公司送审材料不符合要求有关，B 公司不存在根本性违约情形；第二，B 公司不存在根本性违约，A 公司提出解除合同没有事实依据。依据本案合同服务条款第五条违约责任第二项约定，不论合同是否解除，A 公司已支付的款项不予退还。

2. 纠纷观察与实务建议

本案的最终裁决对 A 公司提出的律师诉讼费和差旅费请求不予支持，酌定 B 公司退 10,000 元合同款项。可见，仲裁庭秉持公平原则，对案涉合同的缔结与履行过程进行了全面审查。在全面查清案件事实的基础上，指出 A 公司的部分仲裁请求于法无据，进而逐一否定了 A 公司的相应仲裁请求。同时又同时依据案件审理的实际情况，酌情审定 B 公司退还部分合同款项，展现了熟悉涉短视频服务协议的仲裁庭对于此类案件的处理优势。

涉短视频广告服务协议履行相关仲裁实践给相关企业带来了以下实务经验：首先，在履行短视频广告服务协议过程中，双方应妥善保管与合同履行相关的书面文件、电子邮件、短信、通话记录等证据，以便在发生纠纷时能够提供充分的证据支持自己的主张。另外，企业应建立风险预警机制，对短视频广告服务协议履行过程中可能出现的风险进行预测和评估，采取相应的预防措施，降低纠纷发生的可能性。企业在设计、制作广告时采用他人作品创意的，应提前进行尽职调查，确保获得了合法的授权或许可，避免出现知识产权纠纷。企业在选择广告服务提供商时，应对其进行审查，了解其资质、信誉和服务质量，避免与不合规或不可信赖的供应商合作，减少纠纷的风险。另外，企业在进行广告服务时，应建立完善的内部审批机制，确保广告内容符合企业的价值观和品牌形象，避免出现虚假宣传和误导性广告的问题。

（四）典型案例四：华视聚合公司与东方网公司侵害信息网络传播权纠纷（短视频侵权相关典型裁判实践）

短视频侵权纠纷是一个复杂且多面的问题。随着短视频行业的快速崛起，其法律问题也逐渐凸显出来，尤其是二次创作类短视频与原作长视频之间的侵权法律问题和侵权规则界定。在自媒体创作与运营的过程中，有些创作者会剪辑拥有较高知名度与流量的当红影视作品，制作成短视频片段，通过"蹭热度"的方式获取浏览量，实现宣传与变现的效果。这些剪辑拼接而成的短视频片段通常未经相关影片的著作权人授权，由此产生了一系列短视频知识产权侵权纠纷。短视频之间的关系也因此变得紧张，不仅各类诉讼频频出现，而且很多影视公司和艺人都公开呼吁广大短视频平台和公众账号生产运营者尊重原创、保护版权，反对短视频的侵权行为。

此种类型的短视频知识产权纠纷通常属于侵权案件，由法院审理，具有批量性的特点。但是影响此类纠纷产生与解决的一个重要因素是侵权行为的性质与归属，即是在何种商业模式、法律关系之下引发的侵权行为。在互联网短视频运营合作当中，如果不事先明确法律关系与责任归属，没有做好知识产权合规工作，则可能引发此类纠纷。对于商业合作过程中产生的知识产权合规风险与短视频知识产权纠纷，在未来可能存在着仲裁解决的空间。

短视频知识产权纠纷可能涉及多方主体之间复杂的法律关系。相关企业可能通过授权许可、委托运营等协议与其他主体建立短视频创作与使用的合作关系。但是如果合同存在漏洞，导致授权链条发生错误，则相关主体的创作、使用行为极有可能构成侵权。侵权纠纷是数量最多、发生最频繁的短视频知识产权纠纷类型，此类侵权纠纷往往只能通过诉讼来解决。但是在短视频商业运营与仲裁实践当中也应充分认识到，错误的授权、合同的漏洞会导致侵权行为的发生，而可能存在的侵权情节也会对合同义务、责任的判定产生影响。下述华视聚合公司与东方网公司关于电影《港囧》的侵权纠纷具有典型性，在此一并呈列，以供读者更好地认识短视频知识产权纠纷实务的全景。

1. 案件情况

华视聚合公司是电影《港囧》信息网络传播权的权利人，东方网公司是东方网的运营者。华视聚合公司在"东方头条"页面项下发现了70个未经授权对电影《港囧》进行剪辑而形成的短视频。华视聚合公司认为"东方号"的经营者为嵩智公司，东方网公司系经授权使用涉案视频，系直接侵权。东方网公司陈述，嵩智公司仅提供技术支持，东方号和东方网的实际运营者均为东方网公司，且东方号注册协议中写明东方号的视频可以发布到东方网网站的各个端口。

《东方号媒体平台用户协议》记载，东方号自媒体平台的经营者为上海嵩智公司；该协议第五部分知识产权约定"用户同意将其发布在东方号上的内容，授权上海嵩智在全球范围内的免费、不可撤销的、无期限限制的、可再许可的非独家使用权许可，上海嵩智将有权以对外授权使用、展示、推广及其他不为我国法律所禁止的方式使用前述内容，包括但不限于将用户发布在东方号上的内容使用在 tt. cn、eastday. com 域名下的网站、APP、H5 页面、公众号上"。东方网公司提交的《关于东方号自媒体平台情况说明》记载，东方资讯（mini. eastday. com）是东方网下的二级域名子频道。东方资讯板块内容，主要由"东方号"自媒体用户供应。"东方号"供稿系统技术架构，由东方网子公司——上海嵩恒网络科技股份有限公司搭建，但其自媒体作者签约、管理及具体经营，由上海嵩恒网络科技公司与他方合办的子公司——上海嵩媒文化传播公司负责。"东方资讯"自媒体原创内容供应于资讯前端平台 mini. eastday. com，但其创作发布来源，由嵩媒管理的"东方号"用户后台 tt. cn 产生。嵩恒作为技术开发方，对"东方号"的系统后台 dftt. com 实施技术管控，最终通过"东方号"用户注册协议第 5.2 条，明确各方关系，具体如下："5.2，用户同意将其发布在东方号上的内容，授权上海嵩智在全球范围内的免费、不可撤销的、无期限限制的、可再许可的非独家使用许可，上海嵩智将有权以对外授权使用、展示、推广及其他不为我国法律所禁止的方式使用前述内容，包括但不限于将用户发布在东方号上的内容使用在 tt. cn、easday. com 域名下的网站、APP、H5 页面、公众号上。"

法院认为，根据《东方号媒体平台用户协议》和《关于东方号自媒体平台情况说明》的记载，东方号自媒体平台的经营者系上海嵩智公司，用户在东方号平台发布的内容，上海嵩智公司有权对外授权使用等，包括但不限于将用户发布在东方号上的内容使用在 tt. cn、eastday. com 域名下的网站。由此可见，东方网公司在东方网上提供了涉及"港囧"的 60 个短视频，是由用户上传发布在上海嵩智公司运营的东方号自媒体平台，再由上海嵩智公司授权给东方网使用，并非由用户直接发布在东方网上，东方网公司并非仅仅提供网络技术服务的网络经营者。因此，东方网公司未经华视聚合公司授权，在其运营的东方网提供"港囧"的 60 个短视频，使公众可以在其个人选定的时间和地点获得涉案作品，侵害了华视聚合公司就涉案作品享有的信息网络传播权，依法应当承担侵权责任。

2. 纠纷观察与实务建议

本案涉及著作权侵权纠纷，并主要围绕诉讼主体认定、侵权行为认定、侵权责任承担等争议焦点展开。本案的疑难点在于，该侵权行为是否能够归属于东方网公司。如果认为东方网公司属于涉案短视频的内容提供者，即认为将涉案短视频上传至"东方头条"的行为是由东方网公司作出的，那么东方网公司构成对华视聚合公司信息网络传播权的"直接侵权"，应当依法承担侵权责任。而如果认为东方网公司仅仅是提供云端存储等技术服务的网络经营者、网络服务提供商，则其没有时刻监控网络活动的义务，上传视频的行为本身不能归责于东方网公司，应当由上传者承担侵权责任，东方网公司仅构成"间接侵权"，仅于未按照"通知—删除"规则尽到合理注意义务和作为义务的情况下才承担相应的责任。在本案中，法院通过梳理东方网公司、上海嵩智公司、上海嵩恒公司、自媒体用户等相关主体的法律关系，层层揭示授权许可关系，最终认定东方网公司是涉案短视频的发布者、提供者。

本案对于分析处理复杂的短视频知识产权纠纷具有借鉴意义。对平台运营者而言，应当妥善安排交易模式。平台运营者通常会与其他技术公司、文化公司合作，这些合作可能仅仅产生债权债务关系，也可能涉及短视频知识产权的授权使用。平台运营者需要增强对知识产权合规的重视，在合作过程中明确相关知识产权的归属和相应的责任承担者。对权利人而言，在维护自身著作权时，亦要充分调查侵权人与其他关联方的关联关系、授权关系，正确地确定短视频知识产权侵权责任的承担者。

年度小结

一、我国知识产权仲裁发展情况概述

我国知识产权仲裁的发展既有着外因的驱动也有着内生的动力。一方面，知识产权相关争议数量的激增让构建多元争议解决方式、以仲裁等替代性争议解决方式为法院分流成为大势所趋；另一方面，仲裁的专业性、保密性、灵活性、高效性、国际执行力等优势与知识产权权利人的诉求不谋而合，越来越多的企业和个人主动选择通过仲裁方式解决知识产权争议。

我国知识产权仲裁虽起步较晚，却发展迅速。立法层面，尽管我国没有关于知识产权仲裁的专门立法，但我国《仲裁法》《著作权法》等各层级的法律、法规、规章已就仲裁作为解决具体类型知识产权争议的方式作出正面规定；政策层面，以《知识产权强国建设纲要（2021—2035年）》《"十四五"国家知识产权保护和运用规划》为代表的纲领性、规划性文件亦对构建包括仲裁在内的知识产权争议多元化解决机制予以肯定，有利于知识产权仲裁发展的政策环境已经初步形成；理论研究层面，专家学者在知识产权争议可仲裁性、知识产权仲裁程序等问题上积极建言献策，为知识产权仲裁事业发展提供坚实的理论支持；实践层面，近年来，我国仲裁机构受理的涉知识产权案件数量不断增长，越来越多的仲裁机构设立专门的知识产权仲裁中心。一些仲裁机构针对知识产权争议的特点和需求制定了专门的知识产权仲裁规则，知识产权仲裁服务水平更加成熟，以仲裁的方式解决知识产权争议得到越来越多当事人的认可，中国国际知识产权仲裁的公信力与权威性不断提升。

二、我国知识产权仲裁焦点问题：知识产权争议的可仲裁性

知识产权争议的可仲裁性，即知识产权争议是否属于仲裁受案范围，一直是各国关注和研究的焦点问题。部分国家和地区认为特定类型的知识产权问题由国家法院/知识产权行政主管机关专属管辖，因而不可仲裁，并以涉及重大公共利益为由拒绝执行或撤销知识产权仲裁裁决，这在工业产权领域尤为明显。

不同国家和地区对知识产权争议的可仲裁性采取不同的态度。国际知识产权争议涉及多个法域，因各个法域关于知识产权可仲裁性的立法和司法实践不

一，这为国际知识产权仲裁案件的管辖权以及裁决执行力带来了高度的不确定性，进而影响着当事人对知识产权仲裁的选择，不利于知识产权替代性争议解决方式的构建。

破解国际知识产权争议可仲裁性带来的不确定性，是当事人选择仲裁作为国际知识产权交易争议解决方式的核心动力之一。纵观国际层面，这一不确定性正在逐渐消退，各国态度日趋相融，对知识产权仲裁的国家立场呈现逐渐开放的趋势。在知识产权可仲裁性的问题上，多数国家和地区采取的态度是肯定知识产权争议的可仲裁性、承认和执行知识产权仲裁裁决，但限制知识产权仲裁裁决的效力范围——知识产权仲裁裁决仅在仲裁当事人之间发生效力，而不能约束仲裁当事人以外的任何第三人。

目前，我国仲裁机构受理的知识产权案件以知识产权合同争议为主，知识产权侵权争议也有涉及，以上两类争议的可仲裁性基本不存在争议。虽然受案争议类型有所扩展，但我国仲裁实践中，专利、商标权利效力争议仍然尚未涉及。从我国立法来看，虽然《专利法》《商标法》没有采用《著作权法》第六十条之表述，从正面肯定专利、商标纠纷可以向仲裁机构申请仲裁，但两法亦未禁止将仲裁作为纠纷解决方式，为专利、商标具体争议类型的可仲裁性留下了讨论的空间。我国在知识产权可仲裁性问题上的态度，亦影响着我国作为仲裁地的选择，影响着我国在仲裁领域的国际声誉。围绕知识产权争议可仲裁性问题的观点争鸣，是我国知识产权仲裁实践的不确定因素，亟待立法机关对相关问题进行澄清，以正本清源。

三、知识产权仲裁年度观察之重点行业

加快推进数字化转型，实施创新驱动发展战略，实现高水平科技自立自强，需要完善的知识产权制度保驾护航。随着我国传统产业的转型升级、产业结构的不断优化、数字化与信息化建设的不断推进，各行各业的知识产权布局愈发密集、知识产权质量显著提高，企业的创新动力不断加强、研发投入稳步提高，知识产权成为信息通信业、智能制造业、现代服务业等重点行业的核心资产。相应地，各行各业都蕴藏着知识产权法律风险，知识产权相关争议数量日益攀

升，知识产权竞争形势愈发严峻。知识产权赋能重点行业发展，保护知识产权对于助力经济高质量发展具有关键意义。

由于知识产权客体的多样性与复杂性，不同行业的知识产权权利分布、争议类型差异较大，知识产权保护的侧重点有所不同。从贸仲近年来受理的知识产权案件来看，知识产权争议涉及各大行业。本报告结合贸仲典型知识产权仲裁案例，聚焦以下四大知识产权相对密集的重点行业，以行业为口径，总结知识产权仲裁案件的行业特征，如各重点行业内知识产权的常见风险点位、争议焦点问题等，以期为相关从业者提供知识产权保护指南。

1. 信息传输与通信业。信息传输与通信业涉及大量数据的传输、处理、使用，随着大数据等技术的发展，数据知识产权成为行业热点话题，其中与个人信息保护相关的纠纷在仲裁案件中频现。在个人信息保护不断加强的立法和政策背景下，信息传输与通信的各类合同纠纷，往往需要仲裁员对涉案合作事宜是否落入个人信息保护领域、数据企业的相关操作是否违反《数据安全法》《个人信息保护法》等规定的判断，而隐私保护的边界又需要仲裁员结合行业服务模式、个案背景进行综合考量。

2. 制造业。汽车制造业是知识产权密集型产业的典型代表，以专利作为保护技术的主要方式，由此引发的纠纷呈现技术性强的行业特征。由于技术表达本身的模糊性，汽车制造业的技术合同纠纷常以技术术语的内涵和外延、技术之"交付"的认定、技术合作过程中双方义务的分配为争议焦点，需要仲裁员结合汽车行业的特点对合同作出准确的解读，进而公平合理地确定双方权利义务。

3. 服务业。技术服务业是服务业中与知识产权高度相关的一个分支。技术服务业的知识产权仲裁案件以技术服务提供方追索服务报酬的合同纠纷为主，由于提供技术服务的无形性，交易双方往往围绕服务的范围、完成情况、验收标准等问题产生争议，这需要仲裁员围绕合同条款以及双方提供的证据，准确认定合同的履行情况。

4. 教科文卫行业。科技与医疗卫生产业的技术研发涉及大量知识产权，教育与文化产业更是以文化产品作为核心资产，保护知识产权是促进我国科教文卫事业繁荣的关键。教科文卫行业的各类出版合同、商标许可合同、技术开发合同纠纷，往往以知识产权相关利益的分配为争议焦点，常常涉及著作权权利用尽原则、商标使用规范等知识产权问题。

基于知识产权相关争议的行业差异性，通过具有行业背景与专业知识的仲裁庭解决知识产权争议具有诉讼无法比拟的优势。如本报告收录的案例中争议较大的技术验收标准、技术许可范围等问题，不仅涉及合同的解释等法律问题，还涉及专业性较强的技术问题，选择具有行业服务经验的仲裁员对于公正地解决冲突、分配相关利益具有重要意义。

四、知识产权仲裁年度观察之数字产业

互联网、大数据等新技术层出不穷，为经济社会不断孕育出新产业，也为经济高质量发展持续提供着新动能，但数字产业的规则体系仍然处于探索之中，诸多知识产权法律问题亟待解决。《中共中央办公厅、国务院办公厅关于强化知识产权保护的意见》明确提出完善体育赛事转播、跨境电商等新业态新领域的知识产权保护制度。作为争议解决平台，知识产权仲裁走在实践的前沿，以贸仲为代表的我国仲裁机构受理了大量互联网新经济、新业态背景下的知识产权争议案件，在一线体察着数字产业知识产权的发展。

本报告结合贸仲典型知识产权仲裁案例，聚焦于互联网时代下网络直播、游戏以及短视频三个数字产业的知识产权仲裁案例，重点讨论了直播产业链上不同主体之间法律关系的认定、网游元素的著作权法保护范围、短视频的独创性判断等兼具理论价值与实务意义的热点问题。

1. 网络直播业。直播业的知识产权仲裁案件集中表现为合同纠纷，因直播业产业链牵涉多方利益主体，直播平台、直播内容生产者、直播内容消费者等主体之间的法律关系复杂多样，法律关系的辨认往往成为直播业知识产权仲裁案件的审查焦点。本报告以直播业频发的品牌授权纠纷与技术开发纠纷为例，面对名称各异的直播合同，仲裁庭运用透过现象看本质的思维，通过合同相关条款、履行情况准确判断当事人之间的法律关系。

2. 网络游戏业。游戏是一系列复杂的知识产权客体的集合，游戏产业的开发与运营阶段均蕴藏着大量的知识产权纠纷风险，相关争议在仲裁实践中频现。本报告探讨了影视改编游戏领域人物形象授权争议、游戏公司分成与违约金相关争议、游戏要素的著作权保护规则等游戏行业实务中的常见与难点问题。

3. 短视频业。互联网技术改变了传统媒体的格局，自媒体时代，人人都可以成为视频的制作者，创作门槛降低、传播途径拓展，但随之而来的是行业无序发展、网络侵权肆虐等问题。短视频业的知识产权纠纷类型以著作权侵权纠纷特别是信息网络传播权侵权纠纷为主，产生了短视频独创性的认定、视频内容实质性相似的比对、侵权视频"提供者"的认定、网络平台与自媒体用户责任的分配等焦点问题，需要裁判者以深厚的知识产权理论功底并运用利益平衡思维作出判断。

以仲裁的方式解决数字产业的知识产权争议，不仅具有得天独厚的优势，亦能为数字产业知识产权保护规则的构建提供宝贵的实践经验。数字产业的知识产权仲裁实践，其影响不仅涉及个案当事人之间权利义务的分配，仲裁庭在个案中的精密说理与审慎判断可谓对相关领域知识产权规则的探索，为新业态新领域从业者规避知识产权法律风险给予了提示，也为数字产业的健康有序发展提供了指引，进而深刻影响着新兴市场主体未来的创新与投资动力。

五、中国国际知识产权仲裁的未来

2023年，中国国际知识产权仲裁事业呈现出宏观环境支持、国际合作深入、市场主体认可、实践成效卓著等特点。我国知识产权仲裁发展已经取得了一定的成果，但仍面临一些挑战。总体而言，我国的知识产权仲裁目前处于发展阶段，在制度建设、法治保障、服务质量、国际化水平、社会认可度等方面都存在着提升空间，发展潜力巨大：

第一，立法明确是知识产权仲裁发展的基础。除争议最大的专利、商标权利效力争议外，人身性质知识产权争议、职务发明权利归属争议的可仲裁性同样有待立法明确，为仲裁机构处理具体类型的知识产权争议提供更加明确的法律依据。

第二，政策支持是知识产权仲裁发展的关键。各级政府及其有关部门可以通过出台政策，为知识产权仲裁创造宽松的发展环境，为知识产权仲裁机构给予大力扶持，并引导各类市场主体选择以仲裁方式解决知识产权争议。

第三，完善配套制度是知识产权仲裁发展的重要保障。完善知识产权仲裁的临时措施与裁决执行制度，探索建立知识产权仲裁专家证人制度，协调权利效力争议中仲裁机构与相关行政机关的关系，助力知识产权仲裁的效率不断提高。

第四，提高服务质量是知识产权仲裁建设的重要方面。仲裁机构应当加强知识产权仲裁员队伍建设，加强仲裁员培训和管理，确保仲裁员具备良好的职业道德与解决知识产权争议所需的专业知识，探索发展专门的知识产权仲裁规则，并持续推进公正性与透明度建设，为仲裁当事人提供更加公平、高效的仲裁服务。

第五，加强国际合作与交流是我国知识产权仲裁事业的重点工作。加强与国际仲裁机构的合作与交流，积极参与国际知识产权仲裁规则的制定和完善，提高我国在国际知识产权仲裁领域的地位和影响力，共同推动国际知识产权仲裁的发展。

第六，社会认可是知识产权仲裁发展的重要目标。意思自治是仲裁制度之魂，让仲裁机构服务知识产权争议解决、发挥知识产权仲裁维护合法权益、优化营商环境等职能，需要提高知识产权仲裁的公信力，提高市场需求度与认可度，让更多的当事人信任仲裁、主动选择以仲裁方式解决知识产权争议。

构建多元争议解决机制，通过仲裁公平合理地分配相关利益、维护创新成果、激发创新活力，是保护知识产权工作的重要一环。回首2023，社会各界正通过不懈的探索，努力走出一条符合我国国情的知识产权仲裁高质量发展道路，我国知识产权仲裁事业必将迎来更好的明天。

图书在版编目（CIP）数据

中国国际知识产权仲裁年度报告.2023／中国国际经济贸易仲裁委员会编.—北京：中国法制出版社，2024.4
ISBN 978-7-5216-4460-9

Ⅰ.①中… Ⅱ.①中… Ⅲ.①国际法-知识产权法-仲裁裁决-研究报告-2023 Ⅳ.①D997.1

中国国家版本馆CIP数据核字（2024）第075725号

责任编辑：程　思　　　　　　　　　　　　　　封面设计：杨泽江

中国国际知识产权仲裁年度报告（2023）

ZHONGGUO GUOJI ZHISHI CHANQUAN ZHONGCAI NIANDU BAOGAO（2023）

编者／中国国际经济贸易仲裁委员会
经销／新华书店
印刷／北京虎彩文化传播有限公司
开本／710毫米×1000毫米　16开　　　　　印张／21.5　字数／291千
版次／2024年4月第1版　　　　　　　　　　2024年4月第1次印刷

中国法制出版社出版
书号 ISBN 978-7-5216-4460-9　　　　　　　　定价：85.00元

北京市西城区西便门西里甲16号西便门办公区
邮政编码：100053　　　　　　　　　　　　　传真：010-63141600
网址：http：//www.zgfzs.com　　　　　　　编辑部电话：010-63141806
市场营销部电话：010-63141612　　　　　　印务部电话：010-63141606

（数码样书，如有质量问题，请与本社编辑部联系。）